全面改訂

地域包括ケア時代の

施設ケアプラン 記載事例集

～チームケア実践～

全面改訂にあたり

介護保険制度の開始と共に在宅のケア現場にケアマネジメントの手法が導入され，チームケアの連携シートとしてケアプランが活用されるようになりました。しかし，それから10年を経過しても，施設でケアプランが十分に活用されるようにはなりませんでした。

「なぜ施設では十分に活用されないのか」。

この現状に一石を投じたのが前著『施設ケアプラン記載事例集』です。この中で，その原因を「施設ケアプランへの理解不足と軽視がある一方で，現場が活用したいレベルになっていない」と指摘しました。施設ケアプランを「ケアの連続性，施設ケアマネジメントの質の向上，施設マネジメントのツール」として位置づけ，それが可能となる施設ケアプランを具体的な記載事例集としてまとめました。

あれから５年が経過し，介護・医療・福祉は地域包括ケアシステムの中に位置づけられることになり，介護施設の立ち位置も大きく変わろうとしています。そしてサービス付き高齢者向け住宅や住宅型有料老人ホームなど居住系施設の急増は，介護保険施設のあり方とケアの内容に大きな変化をもたらしました。

今回の改訂版は，「地域包括ケア時代におけるチームケア実践の視点に立つ施設ケアプラン」をコンセプトとし，３つの特徴を持たせています。

第１の特徴は，地域包括ケアシステムにおける「ケアの連続性」です。施設に入所するまでの数年から10年ぐらいに実践された在宅ケアを「支援これまでマップ」で見える化することで継ぎ目のないケアを目指すことができます。

第２の特徴は，「本人らしさ」を基本においた「CADL（文化的日常生活動作：高室成幸提唱）」をアセスメント領域として位置づけた点です。施設ではIADL（料理，洗濯，掃除など）は施設側が行うため，ケアはADL中心にならざるを得ません。しかし，本人の意欲を引き出すのは「役割」「生きがい」「楽しみ」です。CADLの向上を目指すことにより，本人とケアチームに方向性と意欲が生まれます。とりわけ認知症ケアでは大切な視点であり，地域の社会資源を積極的に活用することに連動します。

第３の特徴は，「評価できる課題・目標設定」にこだわったケアプランとしたことです。プランニングはスタートです。数カ月後のモニタリングで本人の変化（改善・維持・低下・悪化）と満足度，そしてケア実践および施設ケアマネジメントが「評価」され，さらなる質の向上を目指すことができることこそ重要です。

本書は，前著で全国の介護保険施設から提供いただいた事例をこれらの視点でさらに実践的に改訂いたしました。前著で本書の趣旨を理解し，大変貴重な事例を提供いただいた施設長ならびに職員の皆様に改めて心から感謝をいたします。

本書が，持続できる地域包括ケアシステムに応えられる施設ケアプランと施設ケアマネジメントの創造と現場の施設介護支援専門員および各専門職の皆さんの一助となれば幸いです。

2017年２月

監修・執筆　高室　成幸

執筆　奥田亜由子

CONTENTS

第1章
地域包括ケアと施設ケアマネジメント

第2章
施設ケアプランのプランニング

第**3**章

施設ケアプラン記載事例
特別養護老人ホーム編

第4章

施設ケアプラン記載事例
老人保健施設編

第**1**章

地域包括ケアと施設ケアマネジメント

第１節 地域包括ケアと施設マネジメント

1．地域包括ケアにおける介護施設の機能

介護保険制度施行以降15年間，施設ケアは「施設完結型のケア」でした。自分の持ち場（施設）の利用者に対して入所期間中に提供するケアだけを考えておけばよいものでした。しかし，地域包括ケアシステムは「医療・介護・福祉・予防・住まい・生活支援サービス」の資源がシステムとして「つながる」ことを目的としています。連携とは連続性です。在宅から，入所した利用者はやがて次の「施設ケア」に移ることもあれば，そのまま施設（病院を含む）で看取りとなる場合もあります。

地域包括ケアシステムが求める施設への「新しい機能」を整理することで，施設ケアマネジメントが取り組む業務も明らかになってきます。

①短期・中期のリハビリテーションケアができる機能

要支援または要介護１～２の利用者および認知症の早期の発見と対応（リハビリテーション）はこれからの介護保険制度の大きなテーマです。在宅復帰を目指した短期・中期のリハビリテーションケアは，介護老人保健施設（以下，老健）などに求められる機能の一つです。

②長期のロングタームケアができる機能

通所介護は６～12時間のケア，短期入所は数日～30日のケアであり，いずれも在宅支援です。数年～十数年にわたるロングタームケアを担う施設で提供されるケアは，本人の「住まい方」（暮らし方）や「生き方」（ライフスタイル）を尊重したケアであり，看取りケアに連続します。これらは，介護老人福祉施設（特別養護老人ホーム：以下，特養）や特定施設入居者生活介護，介護療養型医療施設に求められる機能の一つです。

③中重度，認知症，医療重度の症状別ケアができる機能

中重度，重度の認知症，医療重度は，在宅ケアの限界の要因の一つです。「限界の受け皿」となる介護施設で症状別のケアが可能でなければ，施設ケアの存在価値はありません。

④看取りケア（ターミナルケア，ナーシングケア）ができる機能

施設ケアの新しいテーマ，それは「多死社会」への対応です。施設での「看取

地域包括ケアにおける介護施設の機能

❶ 短期・中期のリハビリテーションケアができる機能

❷ 長期のロングタームケアができる機能

❸ 中重度，認知症，医療重度の症状別のケアができる機能

❹ 看取りケア（ターミナルケア・ナーシングケア）ができる機能

❺ 身内からのDV・虐待対応，措置対応ができる機能

❻ 災害時の「福祉避難所」となれる機能

り」には，理念と倫理，そして技術が求められます。利用者の尊厳を第一にした医療・看護的ケア（ナーシングケア）とターミナルケアは施設ケアマネジメントの新しいテーマです。

⑤身内からのDV・虐待対応，措置対応ができる機能

高齢者虐待（身内からのDVを含む）からの避難場所（保護入所）として，行政機関の措置対応ができる施設の役割は高くなっています。

⑥大規模災害時に「福祉避難所」となれる機能

介護施設の新しい機能として，地震や水害などの大規模自然災害によるライフライン（電気，水道，食料など）断絶時における「福祉避難場所」としての社会的役割がますます重要になっています。小・中学校の体育館などの避難所での生活に支障を来す地域の高齢者や障がい者，妊産婦，乳幼児，病弱者などを対象とします。

市町村が作成する大規模災害マニュアルに福祉避難所として事前指定を受けた上で，地域への周知や災害避難訓練への協力，日常的に食料を含む資材や器材の確保をすると共に，介護施設独自の大規模災害マニュアルを作成しておきます。

2.「地域社会」における介護施設の機能

これからの介護施設が地域社会において担うべき機能は，「介護の駆け込み寺」というセーフティネット機能だけではなく，介護離職防止のための就労支援機能，施設職員の雇用を確保する機能，住民が集まる居場所機能，地域経済への貢献機能があり，さらに地域の福祉力・介護力を引き上げる機能を持っています。

第２節

施設ケアの特徴とケアマネジメントの役割

１．施設ケアの「５つの特徴」

施設にケアマネジメントが必要なのは，施設で提供されるケアに「５つの特徴」があるからです。

１）ケアの「共時性」

ケアという行為は，提供と利用（消費）が共時（同時）に行われるため，どのようなケアを行ったのかを再現することは不可能（不可逆性）です。ですから，計画性もなく，「思いつき」の「やりっぱなしケア」では，ケアの質を評価・改善することはできません。「消えモノ」であるケアに方向性とエビデンス（根拠）を与えるのがケアプランや記録類であり，それらをマネジメントするのが施設ケアマネジメントなのです。

２）ケアの「包括的提供」

施設には，在宅で提供されるケア資源（訪問介護，通所介護など）が「一つの建物（空間）」の中にあり，包括的およびシステム的に提供されます。ケアプランがなければ，「パターン化したサービス」「過剰ケアの提供」となるかもしれません。とりわけ外部サービス利用型の居住系施設では，支給限度額いっぱいになるようなケアプランが作成されることもあり，軽度・中度の利用者にとっては「過剰ケア」となるリスクがあります。

３）場所の「共有性」

施設は，利用者（入居者）にとっては日々の「生活する場」（暮らしの場）ですが，職員にとっては「働く場所」（職場）です。ケアチームの効率性や働く側の事情（日中の入浴など），さらにコスト削減などの経営上の事情が優先されると，利用者本位のケアサービスが低下（軽視）するリスクが高まります。

４）ケアの「日常性」

利用者の入所期間は数年から十数年にわたります。その間，施設で「日常生活」

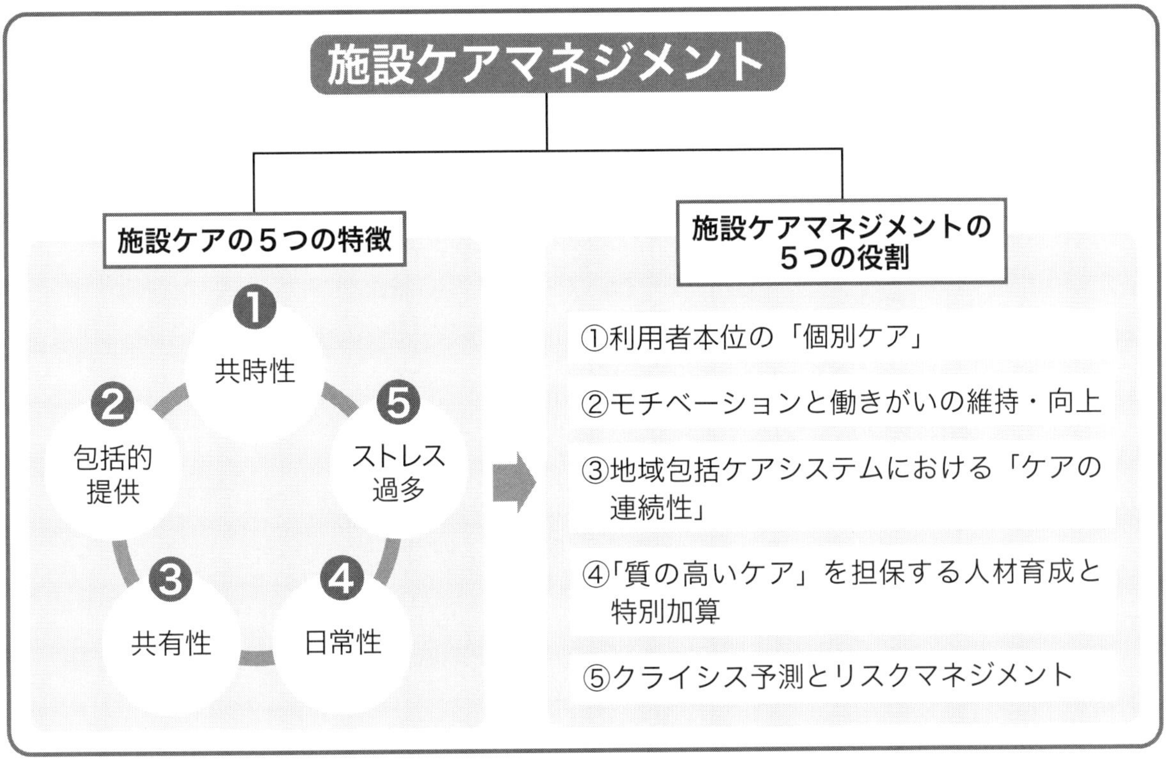

が連続するわけですから，ケアプランに表される利用者（家族）の意向や課題・目標に維持・改善・向上の意識がなければ，日々のケアサービスは一方的に提供される「処遇」に近いものになり，モニタリングも「特に変化なし」となる危険があります。

5）ケア提供における「ストレス過多」

施設の利用者は，次のような要介護度の構成になっています。

・特養（要介護３～５）
・老健（要支援～要介護５）
・介護療養型医療施設（要介護５　※医療重度者がほとんど）
・特定施設入居者生活介護（要支援～要介護５）
・居住型施設（非該当～要介護５）

中重度の利用者は転倒・転落などの介護事故や体調急変などのリスクが高いことに加え，利用者の抵抗や暴力などにもさらされるため，職員には過度なストレスがかかっています。これらのストレスは感情労働を担う現場チームから笑顔を奪い，モチベーションを下げる要因となります。

ケアマネジメントによって日々のケアに課題・目標と意味を持たせ，定期的な振り返り（評価・モニタリング，カンファレンスなど）を行うことにより，チームケアの「ブラッシュアップ」を図ることができます。

2．施設ケアマネジメントの「5つの役割」

いかなる運営母体にも，母体法人ごとに法人理念や事業展開の考え方があり，それらを進めるためのマネジメント（運営手法）があります。そして，いずれの運営母体がどのような施設運営を行ったとしても，施設ケアマネジメントは「5つの役割」を担っています。

1）利用者本位の「個別ケア」

30～100人の利用者が暮らす施設でのケアは，ともすると「集団的ケア（処遇ケア）」になりがちです。個別ケアの提供には，利用者個々が持つ「本人らしさ」と「CADL（文化的日常生活動作）」とニーズ・要望，心身の状態に着目します。

本人の自立（自律）支援に向けたケアプランに基づき，いかにケアチームが細やかに応えることができるかが施設ケアマネジメントのポイントです。

2）現場職員の「モチベーションと働きがい」の維持・向上

施設ケアは，多くの専門職により総合的に提供されます。個々で提供される「点のケア」（治療，看護，リハビリテーションを含む）に方向性を与え，施設ケアマネジメントによって「線のケア」「面のケア」に変えて共有化します。このことを通じてケアスタッフの頑張りが共有化され，評価されることになります。

職員のモチベーションが向上すれば，働く意欲と満足度を高めることになります。

3）地域包括ケアシステムにおける「ケアの連続性」の実現

地域包括ケアシステムの中で，施設が単独で存在するわけではありません。地域包括ケアシステムが求める機能は，それぞれの施設の特徴によって異なります。

［例］**老健**：病院から在宅への「中間的」利用（リハビリテーションなど），在宅支援のための施設との「往復型」利用（リハビリテーション，家族のレスパイトなど）

特養・介護療養型医療施設・特定施設入居者生活介護：在宅・老健・病院から「一方通行的」利用（終の住み処，療養など）

特定施設入居者生活介護・老健：「入所待機待ち」として利用

地域包括ケアシステムにおいて重要なのは「ケアの連続性」です。利用者個々のケア情報が「在宅～病院～施設」の地域包括ケアシステムの流れの中で「連続」し，「共有化」されることが重要です。

4）「質の高いケア」が担保される人材育成と特別加算の視点

施設の介護報酬は，「要介護度別の包括報酬＋特別加算」で構成されています。特別加算（個別機能訓練加算，栄養マネジメント加算，経口移行・維持加算，看取り加算など）は「要件」を満たすことで給付を受けることができます。

施設ケアマネジメントが質の高いケアを目指すためには，次の３点がポイントです。

①入所者の状態像（要介護度，ADLレベル，心身の状態，認知症レベル，BPSDの状況，医療依存度など）

②ケア環境（多床室，従来型個室，ユニット型個室など）に配慮した人員配置と勤務シフト

③提供する職員の質（専門性，ケア技術・知識，医療知識，経験年数，施設歴など）

これらのポイントを把握した適切なケアマネジメントによって現場を支援します。とりわけ職員の人材育成と定着率は「ケアの質」に直接影響するので，ケアマネジメントの視点としても重視します。

5）クライシス（危機）予測と「リスクマネジメント」

介護保険施設は，多様なリスクを抱えながらケアを提供しているのが実情です。クライシス（危機）とリスク（危険）を常に想定し，トラブル（事故）発生時に適切に対応するための施設のリスクマニュアルと連動した施設ケアマネジメントでなければいけません。

①**介護事故**：移動時の事故（転倒・衝突），居室内の事故（転落），食事中の事故（誤嚥・誤飲），入浴中の事故（転倒，骨折，溺水，火傷），疾病などの事故（食中毒，ノロウイルス），入所者・介護者への事故（暴力・暴言）など

②**モラルの低下**：呼び捨て，あいさつ・返事をしない，尊大な態度，遅刻・早退，いきなりの欠勤・退職，早出・残業のパターン化など

③**コンプライアンス違反**：記録の不備・不足，整合性のない記録や計画，介護報酬の不正請求，人員基準違反，個人情報の漏洩，雇用契約違反など

④**施設虐待**：身体的虐待（柵やベルト・ミトンによる拘束，叩く，つねる，投げる），心理的虐待（屈辱的な暴言，威圧的な態度，指示・命令言葉，幼児言葉，友だち言葉），介護放棄（無視），性的虐待，経済的虐待など

第3節 施設介護支援専門員の役割と仕事力

1．施設介護支援専門員の立ち位置と役割

施設の生活相談員・生活支援員は，利用者（家族）と施設，医療機関・介護サービス事業所，行政機関，地域との調整役であり，施設全体を対象としたソーシャルワーカー的役割が求められています（**表1**）。

施設介護支援専門員の役割はチームケアのマネジメントです。具体的には，**表2**のような役割を果たします。

施設介護支援専門員は，施設ケアプランを「ケアの共有シート」として活用し，利用者とケアチームをつなぐ役割を担います。

特養や介護付き有料老人ホームでは「暮らし」をベースとしたケアマネジメント，老健では「機能回復，在宅復帰」を基本としたケアマネジメント，療養病床では「医療的ケア」を基本としたケアマネジメントとなります。

表1　生活相談員・生活支援員の役割

- 入所・退所にかかわる業務（外向けの仕事）
- 入所判定にかかわる材料の提供
- 利用者（家族）からの施設生活や在宅復帰後の生活相談への対応
- 利用者（家族）からの苦情・クレームへの対応
- 医療機関，行政機関，他施設など，介護サービス事業所などへの対応
- 地域の団体やボランティアとの調整役

表2　施設介護支援専門員が果たすべき役割

- ケアスタッフからの情報収集と情報提供による情報の共有化
- ケアチームが柔軟に動けるようにするためのコーディネート
- アセスメントによるケアプランの立案
- チームで協働するためのサービス担当者会議の開催
- チームケアのモニタリングとケアプランの評価
- ケアに関する利用者（家族）からの要望や苦情の受け付けと対応
- 利用者の状態とケアチームのレベルに応じたリスクマネジメント
- 入所前の介護サービス事業所や医療機関などからの利用者情報やケア情報（ケアプラン，個別サービス計画を含む）の入手とケアチームへの情報提供

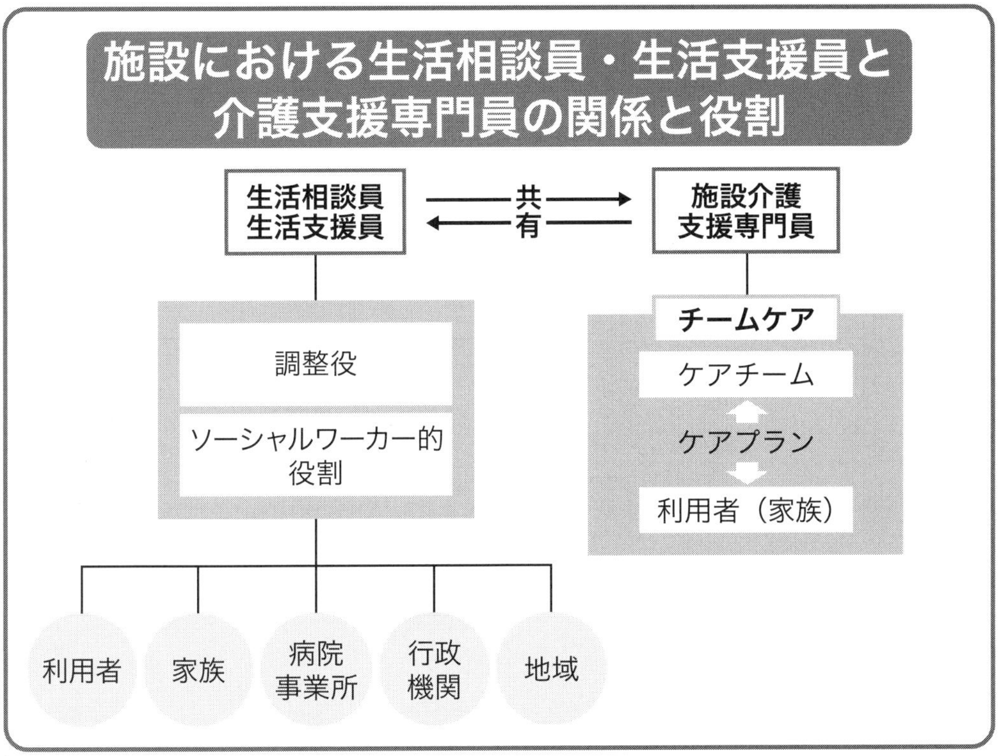

施設における生活相談員・生活支援員と介護支援専門員の関係と役割

なお，住宅型有料老人ホームとサービス付き高齢者向け住宅は，バリアフリーの居室（19～24m^2）に暮らす在宅サービスと在宅医療の導入を基本としたケアマネジメントとなります。

2．施設ケアマネジメントで求められる「仕事力」

地域包括ケアにおける施設の立ち位置は，住み慣れた地域から離れた「終着駅」ではありません。老健は「通過点」であり，ほかの介護施設は要介護になっても安心して暮らすことができる「ケア付きの住まい」です。

「ケア付きの住まい」が地域から隔離されることなく，地域と共にあるためには，施設ケアそのものが地域に開かれたものにならなければいけません。そのため，施設介護支援専門員には「３つの仕事力」が必要とされています。

１）多職種・多機関・地域資源との「連携力」

利用者には，施設に入所するまでに多様な介護事業者や医療機関，地域資源，民間資源に支えられて暮らしてきた「生活史」があります。施設で暮らしはじめても，それらの資源とどれぐらいつながっているかが地域に開かれた施設であるかどうかの「物差し」となります。具体的なものを**表３**にまとめました。

表3　連携すべき職種・機関・地域資源

介護	居宅介護支援事業所，訪問介護，通所介護，通所リハビリテーション，福祉用具，短期入所など
医療	病院（慢性期，急性期，精神科など），診療所，主治医，訪問看護師，専門医，リハビリテーション専門職，薬剤師など
行政	地域包括支援センター，障害者自立支援センター，福祉事務所，保健センター，介護保険課，高齢福祉課，消防署など
地域資源（なじみの人々）	近所近隣，町内会・自治会，老人会，地域サークル，地域ボランティア，同窓会など
民間資源（なじみの店）	商店街，スーパーマーケット，コンビニエンスストア，理・美容室，飲食店，喫茶店，銭湯など

施設に入所しても，これらの資源と「つながり」を続ける（連携する）ためには，これらの資源をケアマネジメントの一つの柱としましょう。そうすることで，「地域に開かれた施設ケア」が可能となります。

連携するために次のことを行います。

・入所時にこれまで担当だった介護支援専門員から情報を収集し，施設のサービス担当者会議に出席をしてもらう。

・サービス事業所にあいさつに行くなど「顔の見える関係」をつくる。

・施設ケアプランにこれまでの「つながり」を意識した課題設定やサービス内容を盛り込む。

・施設イベント（夏祭り，秋祭りなど）に巻き込む（参加を呼びかける，招待する，協力を依頼するなど）。

・入所者基本情報に，連携先の住所，電話番号，E-mailアドレスなども含める。

2）チームをまとめ，多職種・多機関・地域資源をつなぐ「ファシリテーション力」

ファシリテーションは，チームをまとめる手法の一つです。施設ケアではケアチームが常にトータル的にケアを提供できる環境にあります。ケアチームが利用者の状況を共有化し，個別性あるケアを総合的に提供しましょう。

施設介護支援専門員に求められる仕事力

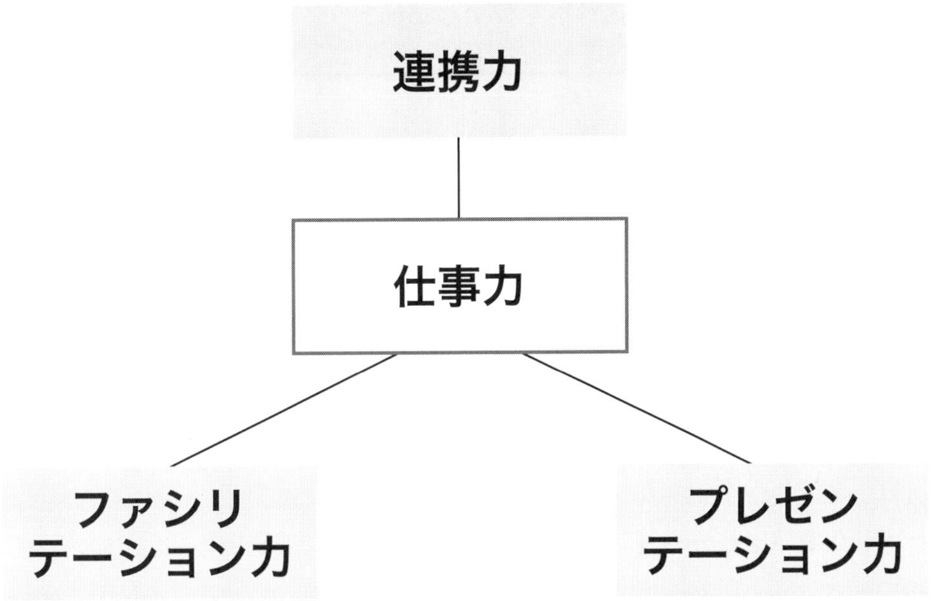

介護職，看護職，リハビリテーション専門職，栄養士（厨房を含む），さらには医師を含めたケアチームをまとめるためには，「話し合いの場」（サービス担当者会議，施設内カンファレンス）が必要となってきます。フロア会議やユニット会議，専門職会議，プロジェクト会議に参加し，ファシリテーション役を引き受けましょう。

話し合いは，情報の共有化であり，リスクの共有化・分散化です。「合意形成」の場である話し合いを上手に進めるためにはファシリテーション力が求められます。

テーマや目的に応じて話し合いの進め方は異なりますが，話し合いのパターンは6つです（**表4**）。テーマや話し合いの状況に応じて使い分けましょう。

表4　話し合いの6つのパターン

- 認識を一致させるための話し合い（手持ち情報の共有）
- 問題を発見するための話し合い
- 問題を解決するための話し合い
- 課題や目標を設定するための話し合い
- ズレを解消するための話し合い
- 仕組み改善，ルールづくりの話し合い

なお，地域ボランティアを含めた話し合いの場は，生活相談員・生活支援員と事前に準備し，話し合いの進行後を分担しましょう。施設外の多職種・多機関・地域資源が参加する会議では，より丁寧な敬語を使って話すとよいでしょう。

〔例〕「～をします」→「～をいたします」

「～についてお話しください」→「～についてお話をいただけますか」

3）多職種連携に生かす「プレゼンテーション力」

今，多職種連携の現場で求められているのはプレゼンテーション力です。一部の専門職や施設関係者にしか通じない話し方は，聞き手に「分かりづらく難しい印象」を与えます。また，他職種から転職したばかりの介護職にとって，理解不足は情報と認識の不一致を生み，介護事故のリスクを増やすことになります。とりわけ利用者（家族）や地域ボランティア，地域の民間資源への説明は慎重に行いましょう。

施設の内外にかかわらず求められるが，まさに「分かりやすいプレゼンテーション力」なのです。

■分かりやすく伝えるための４つのポイント

①専門用語は，「言い換え」「説明」「エピソード」で話す

例）・言い換え：飲水→水を飲む，補食→補助食

・説明：個浴とは個別にお風呂に入ることです。

・エピソード：〇〇さんの下肢筋力が低下しているエピソードとして，ふらつきがひどく移動に４点杖がかかせなくなったことです。

②結論（伝えたいこと）を冒頭に述べ，全体像，背景，理由，経緯，事情の順序で話す

③ダラダラと話さず，一文は短くして話す

④利用者（家族）の言葉，地域の声などは「セリフ化」して話す

■話し方のポイント

・焦らずゆっくりと話す

・少し大きめの声で話す

・抑揚（声の大小，速い・遅い，沈黙，間）のある話し方をする

・写真，動画，イラスト，地図，図解などで「見える化」する

■プレゼンテーションの道具

・ホワイトボード，プロジェクター，スクリーン

・パワーポイントソフトなど

第4節　チームケアのマネジメント

施設のケアは，専門職やボランティアがチームとなり，包括的にケアを提供します。施設介護支援専門員は，ケアチームそれぞれが自律的にケアサービスを提供できるだけでなく，チームメンバーがお互いのケア業務を意識し，時としてフォローし合える「ワークシェア」の発想が必要です。

施設介護支援専門員の重要な役割は，まさにケアチームが現場で持てる能力を発揮できるようにマネジメントすることなのです。そのために，4つのマネジメント手法を活用します。

1．コミュニケーション（認識共有：報告・連絡・申し送り，復唱，相談・話し合い）

チームが有機的に動けるためには，現場で「認識の共有」が必要となります。利用者の体調や気分（感情）は，一日の中でも変動します。夜間の睡眠過多や便秘の有無，食事の摂取量，排泄の誘導の仕方など，事細かい情報を常に現場で共有している必要があります。

1）施設ケアの難しさ

・介護職，看護職，リハビリテーション専門職，医師，療法士，相談援助職などの専門職が共有できる「共通言語」がない。
・時間帯（日勤帯，夜勤帯など）によってかかわる専門職が異なる。
・欠員補充（派遣含む）の採用が多く，人材育成も不十分であるため専門職としてのレベル，質，施設歴がバラバラである。

2）コミュニケーションのポイント

・報告・連絡・申し送りのマニュアル化（様式の統一など）を行い，新採職員にはマニュアルを基に基本業務を指導する。
・利用者別のケア手順書・看護手順書を誰でも確認したり加筆・修正したりできるように，数カ月ごとに見直す時間を設ける。
・利用者別のヒヤリハットシートを作る。

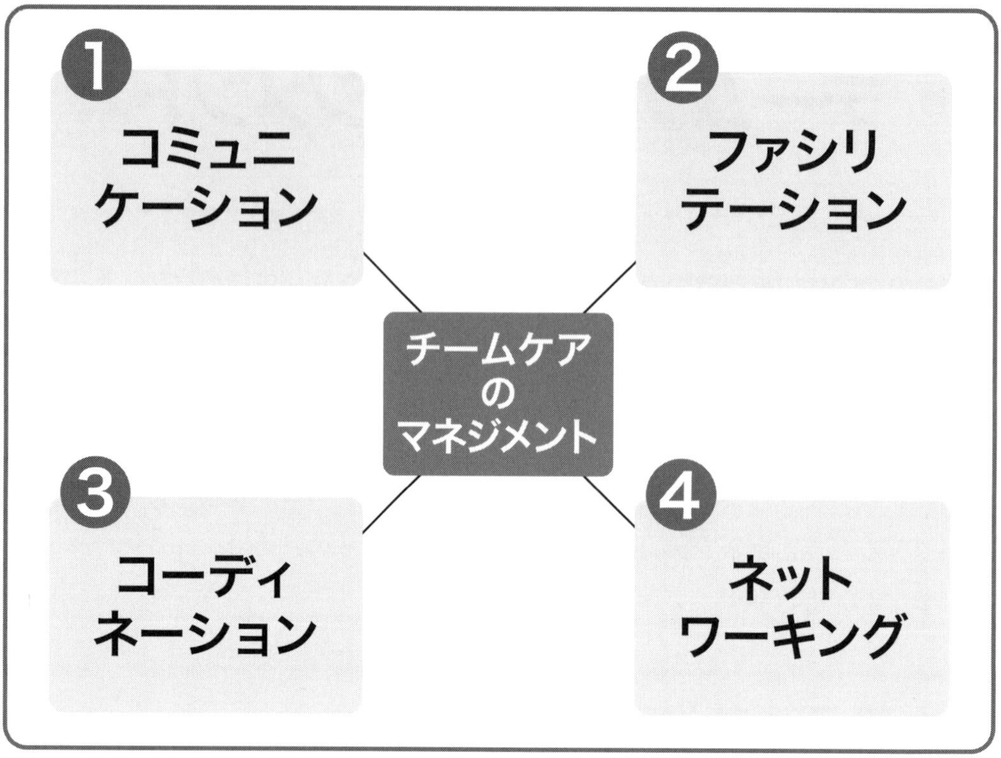

・報告・連絡・申し送り時には，必ず「復唱」することを基本とする。疑問点やあいまいな解釈はその場で修正する。

・不安や疑問，改善・提案などは個人の推測・判断にとどめず，リーダーに相談するかケアチームで話し合う（ミニカンファレンス）ように現場をマネジメントする。

2．ファシリテーション（合意形成：サービス担当者会議〈カンファレンス〉，フロアーミーティング，ユニットミーティング，部署・部門別・専門職ミーティング，ケース検討会など）

チームが自律的に動くには，チームメンバー同士の合意と納得がなければいけません。施設介護支援専門員やフロアーリーダー（ユニットリーダー含む：以下同），チームリーダーの一方的な説明と指示だけでは，現場スタッフには義務感とやらされ感しか生みません。

チームの力を最大限に引き出す手法がファシリテーションです。チームは命令によってではなく「話し合い」という場を通じてこそまとまりが生まれます。情報を共有して疑問・不安をなくし，意見・提案を行い，方向性や具体的なケアを決めるプロセスがあってこそ，責任感が生まれ自律的に動く考え方が備わってきます。

チームファシリテーションの中心的作業は話し合い（ミーティング）です。会議をうまく進行する人は，ファシリテーション上手でありマネジメントを効率的に進める人なのです。

介護支援専門員は，進行役となるサービス担当者会議以外の場では，各種会議で積極的に質問，意見，提案の発言を行うと共に，必要に応じてサブ進行役として協力しましょう。

1）ファシリテーションの場

・入所判定会議
・サービス担当者会議（カンファレンス）
・フロアーミーティング，ユニットミーティング
・部署・部門別・専門職ミーティング
・ケース検討会

2）ミーティングの「3つの効用」

・「線の支援」から「面の支援」にできる
・メンバー間の信頼づくりと意欲づくりの場となる
・メンバーでリスクの共有化と分散化ができる

3）ファシリテーションのポイント

話し合いを進める際は，次の5つを意識しながら進行します。

①多様な視点から「見立て」「手立て」を話し合う。
②「これまで」を振り返り，「これから」を話し合う。
③現場の苦労や工夫，頑張りを共有し，情緒的な支え合いの場とする。
④専門職の知識・経験を共有する。
⑤リスクやトラブルを予見し，対応策を話し合う。

3．コーディネーション（施設内連携：サービスの調整・交渉）

施設マネジメントには，施設内のサービス資源の調整と交渉という大切な仕事があります。施設にはサービス資源が包括的にそろっているために，どうしてもサービス過多となったりサービス提供側の流れが優先されがちです。また，レクリエー

ションやイベントなどでは施設外のボランティアの人との調整や交渉もあります。

常に利用者本位の立場で，利用者が望む施設での暮らしの実現に向けて利用者とベスト＆ベターな選択ができるように，調整・交渉役として動くことが施設介護支援専門員の大切な仕事です。

これらをコーディネートするには，組織全体にかかわることは施設長や事務長との事前調整が必要であり，現場にかかわることは生活相談員・生活支援員，各部門リーダーなどとの下打ち合わせや根回しが必須です。

1）チームコーディネーションの対象

組織：施設長，事務長，管理部門責任者など

現場：各部門リーダー，現場スタッフ（介護職，看護職，リハビリテーション専門職），栄養士，厨房スタッフ，ボランティアなど

イベントなど：ボランティア，専門業者，社会福祉協議会，地域サークル，町内会など

居住系施設：外部の介護サービス事業者，保険外サービス事業者

医療機関：地域連携室，看護師，医師，専門医など

2）チームコーディネーションのポイント

・部門別リーダー，フロアーリーダー，ユニットリーダーと定期的に打ち合わせを行う。強みと特徴，現状の問題点とこれからの改善点，メンバーの特徴・強みなどを把握しておく。

・部門別・フロアー・ユニットなどのミーティングに参加し，「顔の見える関係」をつくっておく。

・現場スタッフの名簿を部門・フロアー・ユニットごとに整理する。それぞれに，基礎資格，経験年数，年齢，得意なケア，性格・人柄，印象，仕事ぶり，利用者・メンバーの評判・評価，趣味・特技などをまとめておく。

・多職種を集めたケーススタディの手法を用いた事例検討会や事例研修会を定期的に行う。

3）ケース別の調整モデルをシミュレーション

あらかじめ緊急事態（介護事故，急な心身機能の低下，容態・体調の変化など）を想定して，その場での調整・交渉をシミュレーションしておくと，急な調整・交渉ごとが発生しても初動の動きがスムーズになります。

4．ネットワーキング
（人脈づくり：施設外専門職，専門機関などとのネットワーキング）

施設には２種類の相談援助職がいます。生活相談員や生活支援員は利用者（家族）と施設入所のマネジメントを行います。

施設介護支援専門員は，利用者への質の高い施設サービスが提供される後ろ側で黒子《くろこ》となってマネジメント業務に徹します。利用者の意向やCADL（文化的日常生活動作）の意向を実現するためには，施設内のケア資源だけでは不十分です。また災害時などのクライシス（危機）では，消防署（地域の消防団）や警察，防災ネットワークからの支援を要請することになります。

施設外の多種多彩な人やグループ，サークルや公的機関などと「顔の見える関係」をつくり，活用できる関係になっておきましょう。

また，施設ケアのノウハウをネットワーク先に還元することで「お互いさま」の関係（Give＆Giveの関係）をつくることになります。

１）ネットワーキングする対象

・地域のボランティア団体，ボランティアサークル，ボランティア個人，老人クラブ，老人大学など

・地域の趣味サークル（楽器，歌，演劇，落語，塗り絵，習字，パッチワーク，折り紙，ダンス，踊りなど）

・消防署（消防団含む），警察（交番），防災課，町内会，公民館，図書館，郷土資料館など

２）ネットワーキングのポイント

・地域のボランティアやサークルのイベントなどに参加し，関係づくりをする。

・イベントなどで協力できること（職員への広報，ポスターの掲示）を示す。

・どのような段取りを踏み，どのような範囲なら協力してもらえるか，時間をかけて話を詰めていく。

・施設職員にサークルや団体の知り合いを紹介してもらい，中心人物との関係づくりのきっかけとする。

・公的機関などは施設内研修会の講師に招いたり，施設側から講師として出向いたりして（講義テーマ例：「認知症と暮らし」など），関係づくりを始める。

第５節　**地域ケア資源のマネジメント**

1．エリア別（市町村，近隣，近所）の地域ケア資源の把握

介護施設や居住系施設は，単体で存在するわけではありません。市町村ごとの地域包括ケアシステムの機能として，どのような「立ち位置」を担うのかが問われています。在宅ケアが限界になったために移り住んだ「住み替え施設」でなく，施設そのものが「住み慣れた居場所」となるためには，地域ケア資源を積極的に施設ケアに生かすことが求められています。

地域ケア資源は，施設ケアマネジメントにおけるICF（国際生活機能分類）の活動（ADL，IADLなど）と参加（社会とのかかわり，役割など）に深くかかわる資源であり，利用者の本人らしさとCADL（文化的日常生活動作）を支える資源です。

施設介護支援専門員は市町村ごと・生活圏域ごとの地域ケア資源を把握し，それらの地域資源との連携手法とネットワーキングの手法を身につける必要があります。

まずは，地域にどのようなケア資源があるのかを把握しましょう。

地域ケア資源の種類

地域ケア資源には，市民センターや公民館などで活動する趣味サークルやボランティアサークル，スポーツ施設などで活動するスポーツ系サークルから学校教育関係，企業の地域貢献活動まで幅広いものがあります。

娯楽系サークル：将棋，囲碁，健康麻雀，マジック，カラオケなど

創作系サークル：絵手紙，俳句・俳画，短歌，パッチワーク，刺繍，生け花，絵本朗読，料理教室など

合唱・合奏系サークル：合唱サークル，ママさんコーラス，ゴスペル，尺八，詩吟，大正琴，ハンドベルなど

舞踊・体操系サークル：日舞，フラダンス，太極拳，ヨガなど

学校教育系：クラブ活動，ボランティア活動，福祉・介護体験など

企業の社会貢献活動：施設慰問活動，ボランティア体験，福祉・介護体験，企業内サークルなど

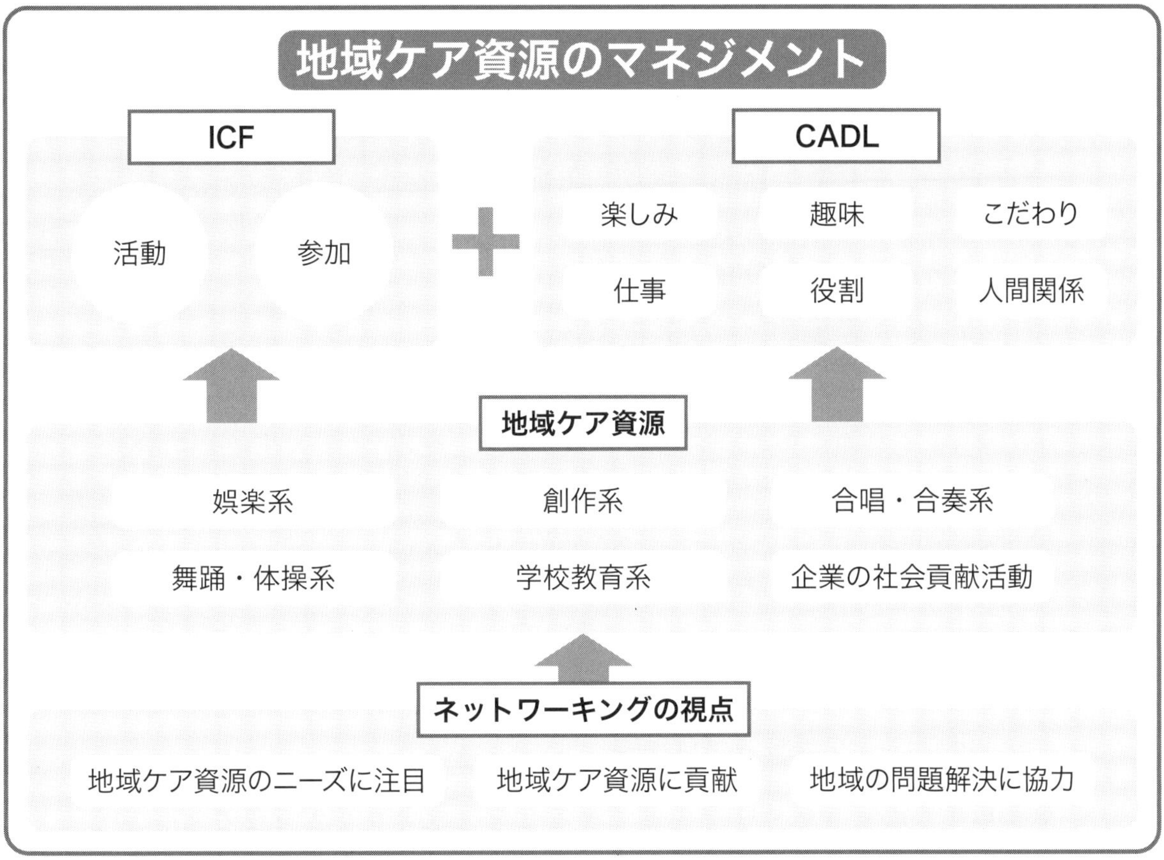

地域ケア資源は，活動場所の広報コーナーに掲示された会員募集やイベント開催を知らせるチラシ，タウン誌や新聞地方版のイベント情報などを参考に，連絡先などをリストにしておくとよいでしょう。

2．地域ケア資源との連携

施設介護支援専門員は，地域ケア資源と連携を図る上でのネットワーキングの視点，アプローチ手法，依頼方法を身につけておきましょう。

1）地域連携とネットワーキングの視点

地域ケア資源と連携を図る上で重要なのは，ネットワーキングの視点です。

・地域ケア資源のニーズに着目し，施設ケアに生かす
・施設のケア資源が地域ケア資源に貢献する
・施設ケアが地域の問題解決に協力する

地域ケア資源を利用するという視点ではなく，地域ケア資源が持つニーズに応える（発表の機会をつくる，模擬練習やボランティアの場をつくるなど），地域のケア資源に貢献する（場所を提供する，発表会の後援・協賛するなど）と共に，

地域ケア資源が抱える問題（活動資金が足りない，練習場所がないなど）を解決することで「お互いさま」の関係をつくることとなります。

こうしたことにより，活動への協力依頼などをスムーズに行うことが可能となります。

2）地域ケア資源へのアプローチ

アプローチをしたい地域ケア資源が決まったら，協力してもらいたいことを整理します。初めのアプローチはＥメールか手紙，電話で行います。次に活動日に訪問し見学をさせてもらいましょう。いきなり依頼するのではなく，まずは活動現場を見学し顔なじみになることから始めます。

ボランティア体験，福祉・介護体験を行っている学校や企業には，施設の場を提供することから関係づくりをするとよいでしょう。

3）地域ケア資源への依頼

地域ケア資源には，申し入れなどを受け付ける「窓口役」の人が必ずいます。小さなサークルの場合は，代表が「窓口役」を兼ねていることが一般的です。依頼に当たっては，問い合わせのスタイルをとりましょう。

▒「どなたにご相談すればよいでしょうか？」

依頼の手続きも施設側の都合を優先するのでなく，あくまで先方の主体性やルールを尊重します。大きなサークルや団体であれば，あらかじめ年間スケジュールを決めていることも多く，事前に三役会を開いて協議するところもあります。

▒「どのような手続きでご依頼すればよいでしょうか？」

依頼に当たり，次の項目はあらかじめ決めておきましょう。

・依頼する内容と目的
・希望する時期，期間，時間
・施設側で準備できるもの（会場，照明，音響など）
・謝礼（交通費含む）など

なお，施設側が希望する内容や時期では合意が難しい場合は，慌てずに交渉しましょう。

▒「どのような条件なら協力をいただくことができますか？」

先方の事情や条件を聞き取り，慌てずじっくりと調整や交渉に臨みましょう。

依頼する時は，「紹介者」を立てることで話がテンポ良く進むこともあります。影響力のある第三者を介したアプローチは効果的です。

3．地域ケア資源を活用した多様な施設ケアのプログラム

地域ケア資源を施設ケアのプログラムに活用する時に注意しなければならないのは，施設側を優先した発想です。そうした発想は，地域ケア資源を利用するだけで「活用」することにならないからです。

「この地域ケア資源は，施設ケアのプログラムのどのような場面で協力いただけるだろうか？」と発想することで，より幅広くユニークなプログラムをつくることができます。

プログラムを作成するに当たっては，「一緒に考える」「一緒に作り上げる」という姿勢が大切です。決して「丸投げ」をしてはいけません。

プログラムの例

音楽療法や音楽を使ったレクリエーションやリハビリテーション：合唱サークル，演奏グループ，生バンド，カラオケなど

学びや娯楽に関連したレクリエーションやリハビリテーション：書道，郷土史学習，俳句，短歌，折り紙，将棋，囲碁，麻雀，手品，落語，漫才，紙芝居など

体操や運動などに関連したレクリエーションやリハビリテーション：ラジオ体操，ジャズダンス，フラダンス，日本舞踊など

物づくりに関連したレクリエーションやリハビリテーション：刺繍，パッチワーク，編み物，陶芸，絵画，俳画など

園芸や農業に関連したレクリエーションやリハビリテーション：生け花，ドライフラワー，野菜作り，米作りなど

4．地域資源と連携した認知症ケア

認知症ケアと看取りケアは，施設スタッフだけでなく，広く地域の多職種や地域ケア資源を活用することで，より質の高いケアを行うことが可能となります。

1）認知症ケアと地域ケア資源

認知症ケアにとって効果的な手法に回想法があります。昭和10～20年代生まれの利用者にとって，昭和の風景写真や当時の教科書，生活道具類，軍歌，歌謡曲，遊びなどと触れることは，忘れられた記憶を呼び戻すことにつながります。

施設スタッフに「なじみの場所」の知識があると，利用者との会話も弾むことでしょう。

認知症ケアに生かせる地域ケア資源：郷土史家，郷土資料館，70～80代の教員経験者，地元新聞，図書館，各企業の社史など

2）認知症ケアに生かす民間資源

認知症になっても「何もできなくなる」わけではありません。施設スタッフや家族の見守り，声かけがあれば大型ショッピングモールで買い物や外食を楽しむことが可能です。これらを目標にすることでお化粧やおしゃれをすることをケアと位置づけるきっかけにすることもできます。

認知症ケアに生かせる民間資源：スーパーマーケット，ショッピングモール，ファミリーレストラン，回転ずし，100円ショップ，ホームセンター，花屋，八百屋，道の駅など

5．地域ケア資源と連携した看取りケア

看取りケアの基本は，「穏やかな生の終わり」を支えることです。看取りは，本人だけでなく家族にとってもつらいものであり，医療行為などで行えることは限られています。施設での看取りを支えるためには，介護や看護の技術だけでなく，人間としての根源的なかかわりが求められます。

さらに，利用者が他界した後は，スタッフのグリーフケア（悲嘆の悲しみへのケア）に地域ケア資源を生かす視点も大切です。

看取りケアに生かせる地域ケア資源：宗教者（僧侶，牧師，神父など），看取った経験を持つ人（家族），利用者や家族が穏やかになれる環境をつくれる人（生演奏，歌など）や好む話題が話せる人（共通した趣味を持つ人など），利用者が好む郷土料理や食べ物を作れる人（調理師，料理人など）など

施設ケアに生かす民間サービス資源：利用者の多様なニーズを満たすには，地域のボランティア資源だけでは不十分です。とりわけCADL（文化的日常生活動作）やこだわりに応えようとするのであれば，今後は民間サービス資源（自己負担）を積極的に活用することが求められます。

代行：墓参り・墓掃除，買い物，撮影など

付き添い：観劇，観戦，旅行，花見，祭り，冠婚葬祭など

第６節
地域貢献と地域公益事業のマネジメント

1．地域包括ケアシステムと求められる地域貢献

今，地域では公的制度や市場原理では対応が難しいケースが増え，地域の福祉拠点である介護施設に「公益的な活動」が求められています。とりわけ社会福祉法人は，社会福祉法の改正により，施設利用者へのサービス提供だけでなく，持続可能な「地域共生社会」の牽引役となるよう位置づけられました。

地域貢献活動の対象は，地域の高齢者や障がい者，児童・生徒，母子・父子家庭，中・高年就労者などが抱える「福祉ニーズ」です。この「地域貢献活動」には５つの意義があります。

①社会保障制度のセーフティネットとしての役割

②地域における公的法人としての役割

③地域における福祉まちづくりのネットワーク拠点としての役割

④地域が求める福祉ニーズに応える「福祉サービス」の創造

⑤地域の関係機関・団体，NPOや企業との連携と協働

では，どのような地域貢献があるのか見ていきましょう。

地域貢献の種類

①地域ボランティアへの参加および協力

施設スタッフが個人やグループとして，地域のさまざまなボランティア活動（園芸ボランティア，美化活動，文化行事など）や地域活動（町内会，PTAなど）に参加します。また，地域の祭りなどで高齢者の移動ボランティアとして施設の送迎車を提供するなども，施設だからできるボランティアです。

②専門職ボランティアとしての貢献

施設には，介護職，医療職，看護職，リハビリテーション専門職，栄養士などの専門職が働いています。専門職だから行えるのが専門職ボランティアです。祭りなどの救護ボランティアとして医師や看護師が協力する，地域で介護体験教室を開く，家族を介護している地域住民に介護方法を指導する，公民館などでの介護食・治療食教室を開くなど，専門職だからこそできることはたくさんあります。

事例1　介護家族を支援する「認知症介護家族の会」
（東京都S区Y社会福法人）

認知症の人の介護で悩む家族の苦悩（例：徘徊して迷惑をかける，近所に知られたくない，悩みを話せる人がいない）に応え，より具体的に家族を支援するために月１回会合を開いています。「話すだけで心は軽くなる」がコンセプト。情報交換のミニ講座だけでなく，個別相談，ピアカウンセリング，グループセラピーを通して介護者のエンパワメントも行っています。

事例2　アクティビティプログラムを出張型レクリエーション教室で提供（東京都O区I社会福祉法人）

都営住宅で他区から引っ越してきた一人暮らし高齢者の孤独死がきっかけで始まった活動です。当時，月に１回「さわやか茶話会」が催されていましたが，地域コミュニティの意識の低下と高齢化で下火になっていたため，町内会にデイサービスという社会資源が持つ実践的アクティビティの提供を提案し，協働して開催することとなりました。この場は，併設する地域包括支援センターの総合相談，介護予防教室の場としても活用されています。

③地域公益事業としての貢献

社会福祉法の改革により，社会福祉法人が行う第１種社会福祉事業の次に地域公益事業が位置づけられました。地域公益事業とは「無料または低額な料金で行う公益事業」とされ，その財源は行政からの助成金や給付金でなく，余裕財産（利益剰余金から必要経費を引いたもの）を充てることとなりました。社会福祉法人の公的役割を本業の社会福祉事業以外に求める地域公益事業を社会福祉法で「責務」として位置づけたということです。

2．地域公益事業の「３つの視点」

地域公益事業は，「無料あるいは低額な料金の福祉サービス」という規定しかなく，どのような事業を起こすかは，次の３つの視点から考えるとよいでしょう。

介護など得意分野を事業化：出張介護教室，介護予防教室，地域リハビリテーション教室，終活セミナー，認知症カフェ，小・中学校での福祉授業など

地域のニーズや困り事を事業化：地域の居場所づくり，一人暮らし高齢者への配食サービス，コミュニティ食堂，下校見守り隊，災害時の福祉避難所など

地域の福祉ニーズを事業化：生活困窮者向け事業，引きこもり・不登校の児童向け事業，若年性認知症向け事業など

第**2**章

施設ケアプランのプランニング

第１節　**施設ケアプランのプランニング**

1．施設ケアプランのプランニングポイント
〜在宅・施設ケアとの連続性〜

施設に入所（入居）する利用者はそれまで在宅でサービスを受けながら生活しています。地域包括ケアシステムを機能させた施設ケアプランのプランニングでは，在宅のケアプランと個別サービス計画との「連続性」が重要となります。

1）居宅ケアプランと個別サービス計画を引き継ぐ

地域包括ケアにおける在宅でのケアプランと個別サービス計画を引き継ぐ上で，次の５つの特徴を押さえておきましょう。

①ケアプランは個別性ある「本人らしさ」が尊重されている

自宅の居室は，まさに利用者の暮らしの場です。それぞれの好みの暮らし方（部屋の飾り付け，家具の配置など）や生活習慣を把握する「宝箱」のようなものです。

②ニーズに応じて「在宅」を中心にサービスが提供される

利用者のニーズに合わせて，訪問介護（生活援助，身体介護）や訪問入浴，訪問看護，訪問リハビリテーションが時間単位で提供されます。通所介護のように「お出かけ」するサービスは，他の利用者との交流や社会参加の機会ともなります。短期入所は，通所介護の利点にプラスして介護負担の軽減や夜間の見守りなどが目的となります。

③複数のサービス事業所によるチームケアでサービス提供する

ニーズや特徴（送迎エリア・方法，利用時間帯，提供できるサービス，雰囲気）に応じて，提供する事業所・法人を選ぶことができます。そのため，ケアマネジメントにはケアチームとしての情報の共有と連携が常に求められます。

④互助資源としての家族・親族，近隣住民，なじみの場所など，地域コミュニティと地域資源が身近である

利用者の暮らしや人間関係は地域にあります。住み慣れた地域には家族・親族，近隣住民，なじみの場所があり，ケアプランのサービス種別として地域の互助資源を盛り込むことが可能です。

⑤利用者の経済状況や家族の状況によってサービスの量が左右する

在宅で利用するサービスの利用料は，「積み上げ方式」（出来高払い）で，利用者はその１～２割を自己負担分として支払います。支給限度基準額以上の利用は自費負担となるため，利用料が支給限度額の５～７割程度で組まれるのが一般的です。ですから，家計の体力がサービスの種類と量などに影響します。さらに活動エリア，送迎エリア，地域資源の種類と量，地域コミュニティの支え合い度などがプランニングに影響するため，在宅のケアプランがベストプランであるわけではありません。

※これまで，どのような支援を受けてきたのかは，「支援これまでマップ」などで「見える化」してみましょう。

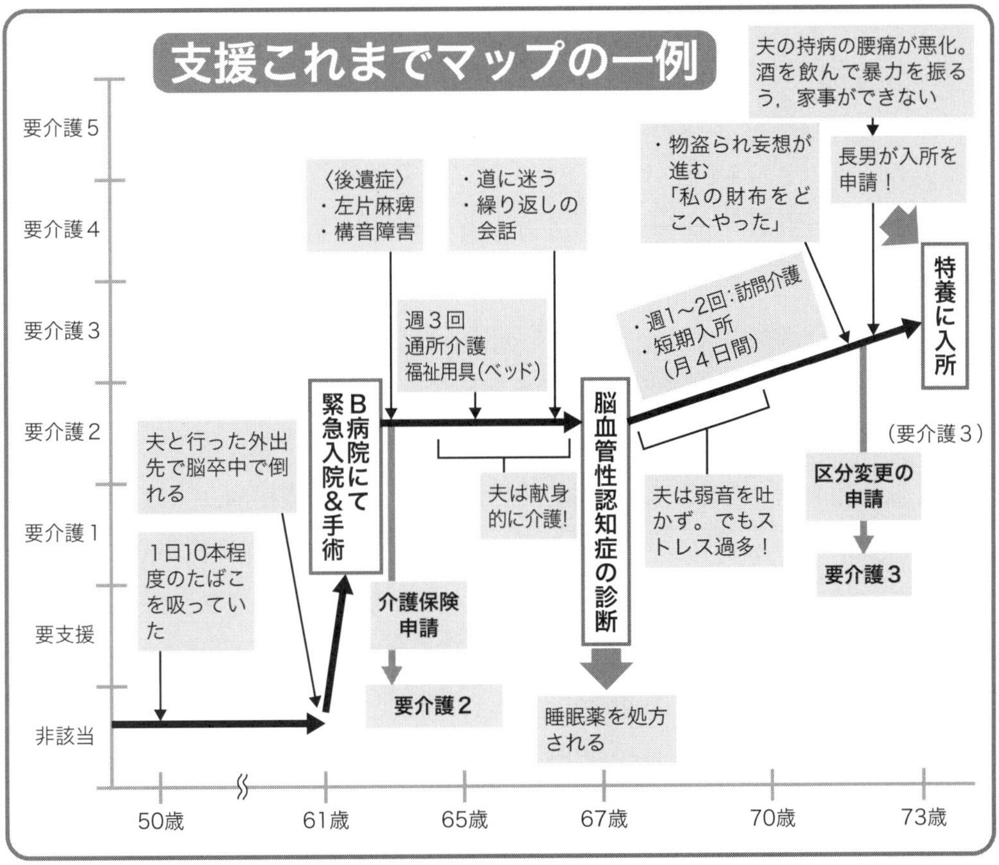

2）施設ケアマネジメントの特徴

地域包括ケア時代において，施設ケアマネジメントが目指すべき点は次の４つです。

①「本人らしさ」（CADL：文化的日常生活動作）の実現を基本にした施設ケアマネジメント

「在宅」という環境では，利用者が「主人公」です。自宅であれば，介護支援専門員は利用者本人の暮らしぶりを直接見て感じることができます。しかし，施設の居室は住み慣れたなじみの地域や自宅から離れた「住み替えた環境」です。そのため，「本人らしさ」をより意識したプランニングが求められます。

さらに，IADL（暮らしの行為：料理，洗濯，掃除）などは施設スタッフに任されるため，施設はADL中心の単調な「生きる場」となりやすく，ケアプランもそれに準じたものになりがちです。

ICFが示す個人因子や参加から導き出される「強み（ストレングス）」とプラス面，CADL（文化的日常生活動作）から導かれる本人らしさ（こだわり，生活習慣，役割，人間関係，楽しみ）などの実現を目指して，地域資源などを積極的に盛り込んだ個性豊かなプランニングに取り組むことが重要です。

②「自立（自律）支援」を意識した施設ケアマネジメント

施設ケアの特徴は，居宅サービスの介護・看護・リハビリテーション・相談といった機能がすべてそろっていることです。提供する側にとって個別性を尊重したサービスは，煩雑であり決して効率的でははありません。しかし，「効率的なシステム（流れ）」としてサービスを提供することが目的になると，個別性が尊重されなくなってしまいます。そして，本人の強みと自己決定を基本とする自立（自律）支援でない，一方通行の「やりすぎのケア」「過度なリスク予防ケア」になれば，利用者の自立への意欲をそぎ，心身の機能低下の誘因ともなり，サービス提供側の自己満足のケアを生み出す危険があるのです。

③「質の向上」を意識したケアマネジメント

施設で提供されるサービスの利用料は，在宅ケアのような「積み上げ式」ではなく「包括報酬」のため，自己負担割合は一定です。介護保険3施設と特定施設では報酬額が決まっており，包括報酬はどれだけやっても報酬額が同じなため，サービス提供側に「やってもやらなくても変わらない＝負の意識」が生まれる危険があります。これは「質の向上」とは全く逆のベクトルです。

そうならないためにも，利用者の自立（自律）と本人らしさを目指した施設ケアマネジメントによって「質の向上」を意識することが重要です。

④互助資源である家族・地域が「身近な存在」となるケアマネジメント

施設に入所すれば，住み慣れたなじみの地域や家族と離れ「縁遠く」なります。家族や地域との距離感を縮められるように，施設ケアプランには互助資源を積極的に位置づけることが求められます。

3）施設ケアプランのあるべき「5つの要素」

地域包括ケアにおいて期待される施設ケアプランは次のとおりです。

①ケアの連続性と本人らしさを支援する「自立（自律）シート」

施設に入所する前のケアの連続性を意識し，本人らしさ（CADL：こだわり，好み，心地よさなど）を支援する「自立（自律）を目指すシート」であることです。

②チームケアがシミュレーションできる「基本設計書」

施設ケアでは，施設に所属する介護，看護，リハビリテーション，栄養の各専門職とボランティアがチームとなって入所者にかかわります。ケアプランには，どのようなかかわり方をするのか，その方向性とかかわる内容，配慮するリスクポイントなどが整理・網羅され，24時間365日提供されるサービスは２～３交代の勤務シフトで「切れ目なく」提供されるという特徴があります。

ただし，個別のケアは各専門職の個別サービス計画で具現化されるため，提供されるサービスがそれぞれの専門職や現場の判断任せでは，サービスに過不足が生じるリスクがあります。ケアプランによってケアサービスの統一と連続性を図りましょう。

③本人（家族）の意向を表明する「アドボカシー（代弁）シート」

本人（家族）の意向をケアチームで共有するためには，音声ではなく文字にしましょう。口頭で希望を伝えづらい本人（家族）にとって，最も身近な表現メディアが施設ケアプランです。本人（家族）の意向も専門用語で要約するのではなく，本人（家族）の「言葉（セリフ，方言含む）」で表現します。

なお，成年後見制度を利用している利用者の場合，成年後見人にはサービス担当者会議への同席を求めると共に，年に数回は定期的な面談も行いましょう。

④リスク（危険）とクライシス（危機）を想定した「リスクマネジメントシート」

利用者は，何らかの疾患を持ち，常に医学的管理が必要な「患者」であり，ADLやIADLに困難さを抱える「障がい者」です。施設ケアプランには，ADL・IADLやコミュニケーション，バイタルサインなどにどのようなリスク（嚥下困難，転倒，ふらつきなど）があり，どのような配慮やケアが必要かが分かるようにしておくことが必要です。

また，危険な場面や危機的状況や介護事故（トラブル），火災・地震などの事故発生時にどのような対応をすべきか，初動の動きと連携先（提携医療機関，警察署，消防署，消防団，自衛隊など）との協力関係をマニュアル化しておきましょう。

⑤ケアマネジメントチェックのための「ケアマネジメントの評価ができるシート」であり「モチベーションシート」

施設ケアプランで設定された課題，長期・短期目標，サービス内容，頻度，担当，日課表を定期的にモニタリングすることは重要です。そのことで，ケアマネジメントとケアサービスは「一方通行の提供型シート」でなく，必要に応じた調整が行われる「双方向の評価型シート」になります。

まさに施設ケアの「向上シート」であり，現場にとっては「ケアの見える化」によるモチベーションシートの役割を担うことが可能となります。

2．介護老人福祉施設（特別養護老人ホーム）のケアマネジメント

特養は，介護療養型医療施設と並んで地域包括ケアシステムの最終の場所の一つであり，セーフティーネットです。将来的には，地域の「終の住み処」として重度の認知症や医療重度の利用者の看取りケアに対応できる質が求められています。

特養に入所する利用者には次のような特徴があります。

①要介護３～５で，極めて自立度が低い利用者である

３～10年前後の在宅での生活を続け，「在宅ケアの限界」となって入所してきます。多くの利用者は重い疾患を持っており，医療機関との密な連携が求められます。年齢も85～95歳という長命の利用者も多くなり，これからは100歳を超える利用者へのケアが課題となります。

②リロケーション・ダメージ（転居による環境の変化に対応できないための精神的ダメージ）が進んだ利用者がいる

住む場所が転々とした（例：自宅→病院→老健→病院→自宅→居住系施設）ために，不安と混乱を引き起こし，薬漬けとなって認知症の重度化に拍車がかかってしまっている利用者もいます。

③支援困難ケースとして「措置入所」で入所してくる利用者がいる

家族の介護虐待があったり一人暮らしが困難だったりして，地域包括支援センターや行政が措置入所を判断する場合です。家族が重い精神疾患や多重介護（２人以上の介護）に苦しんできたなどの背景が想定されます。

施設ケアマネジメントの勘所

特養のこうした利用者の特徴を踏まえ，地域包括ケアシステムという観点から施設ケアマネジメントでは次の点を押さえておきましょう。

①居宅・老健・グループホーム・居住系施設からの「連続性」を意識してケアマネジメントする

初期のケアマネジメントは「それまで」のケアマネジメントを引き継ぐと共に，リロケーション・ダメージを最小限にするための「連続性」を意識したケアマネジメントを行います。

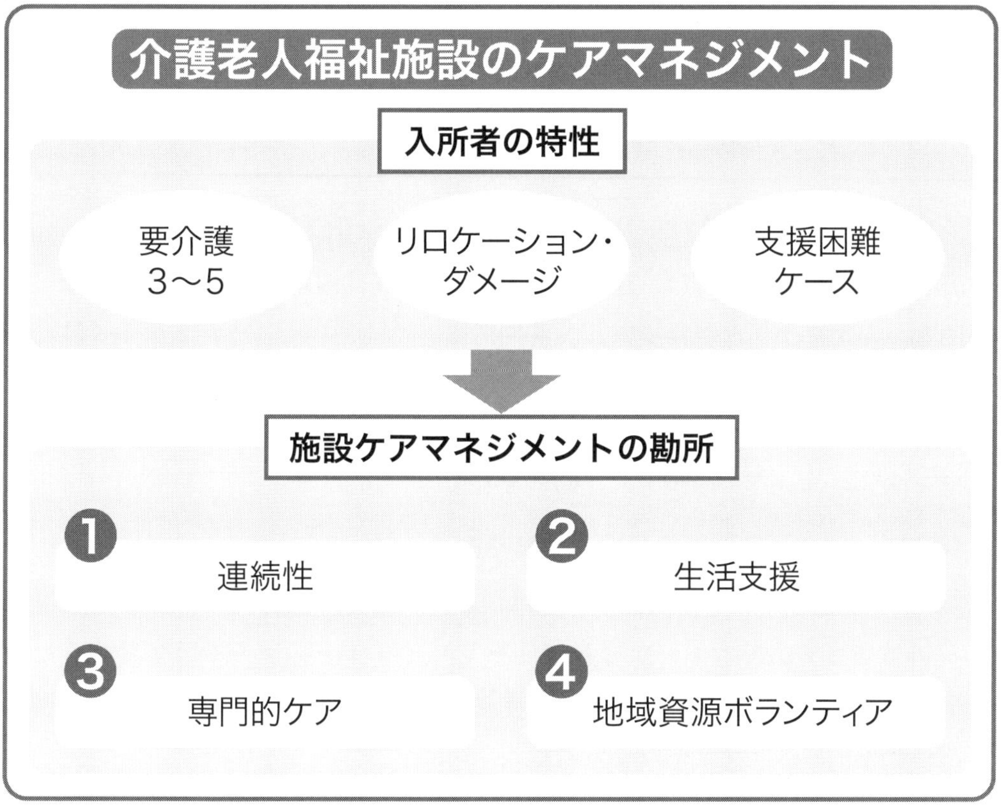

②「生活支援」を視点に，施設サービスを包括的にマネジメントする

特養のケアは「生活支援」です。「本人らしさ」（生活歴，家族歴，職業歴など）を細かく把握するために自宅を訪問すると共に，施設での最初のサービス担当者会議（施設内カンファレンス）にはそれまで担当していた介護支援専門員に参加してもらうようにします。

「できないこと」への支援だけでなく，「できること」「できそうなこと」への支援，本人のCADL（文化的日常生活動作）へのサポートは，本人の自己肯定感を支え，生きることへの動機づけとなります。

③専門的ケアを包括的にケアマネジメントする

施設の個別ケアは，よりニーズに合った形で包括的に提供することを目指します。個別機能訓練，口腔ケア，栄養ケアマネジメント，認知症ケア，看取りケアなどを利用者のニーズと自立（自律）を目指してマネジメントし，施設ケアプランで「見える化」します。

④地域資源，地域ボランティアを施設ケアマネジメントに位置づける

地域包括ケアシステムの中では，施設も「新しい住み慣れた地域の住まい」になることを目指さなければいけません。地域資源（花屋，美容院，八百屋など）や地域ボランティア（話し相手ボランティア，お芝居ボランティアなど）のサークルと提携し，積極的に施設ケアの資源として位置づけます。

3．介護老人保健施設（老人保健施設）のケアマネジメント

老健に入所する利用者は，リハビリテーションや看護などの医学的管理と介護を必要とする人です。再び，在宅で自立（自律）した生活に戻る「在宅復帰」を目的としたケアが提供されます。入所期間は一般的に３～６カ月ですが，特養への入所待ちをしている利用者もいます。いずれにしても「期限付きの入所」ですから，ケアマネジメントは短期集中型となります。

老健の利用者には次のような特徴があります。

①要支援～要介護３程度の軽度・中度であり，在宅への復帰を目指すリハビリテーションに比較的意欲的に取り組む

中には在宅生活で低下した心身機能をリハビリテーションで回復させるために，自宅と往復している利用者もいます。

②病院の事情で退院を余儀なくされた

認知症や精神疾患などが原因で発生したBPSDを薬によって抑制されている利用者は深いダメージを受けていることがあります。医療的処置ばかりで十分なケアやリハビリテーションを受けることがない利用者は，在宅復帰への意欲は決して高くはありません。

③特養の「入所待ち」として入所をしている

このような利用者は中重度で，入所期間が１年以上になることもあります。

施設ケアマネジメントの勘所

地域包括ケアシステムにおける老健での施設ケアマネジメントでは次の点を押さえておきましょう。

①「在宅復帰」を目指してケアマネジメントする

老健では，在宅復帰に向けたケアマネジメントは入所時のカンファレンス（居宅時の担当介護支援専門員に参加を依頼）からスタートします。利用者（家族）のこれからの暮らしへの意向と在宅復帰に向けた思い，施設の生活への意向などを尊重して，ケアチーム全体でアセスメントを行います。

②「心身機能と生活機能の改善・向上」の視点でプランニングする

「本人らしさ」に着目し，生活歴，家族歴，職業歴，趣味歴などを把握します。生活機能の改善・向上を可能にするためにどのようなリハビリテーションを行えばよいのか，どのようにして利用者に動機づけをすればよいのか，CADL（文化

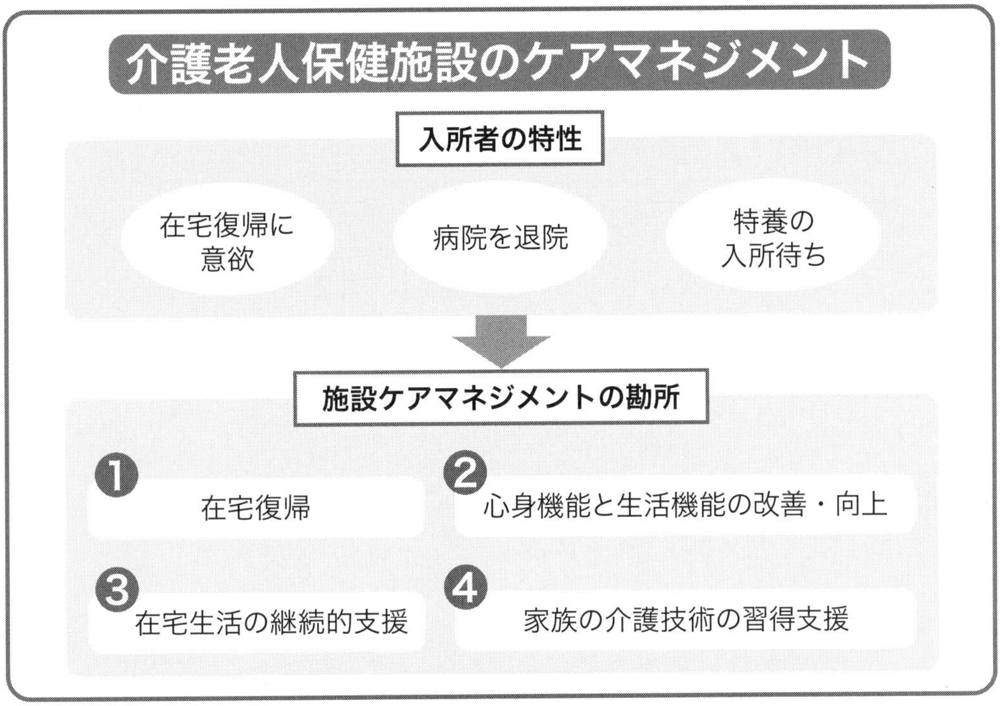

的日常生活動作）の視点を生かしながらケアプランを立てます。

在宅生活を可能にするADLと心身機能の改善・向上，IADLにかかわる生活機能の改善・向上をプランニングします。IADLには男女差があり，女性であっても料理や掃除には得手・不得手があるため動機づけに配慮します。

入所している１～６カ月の期間内で，お試し外泊や住環境整備，福祉用具の導入などもケアプランに位置づけます。プランニングは，理学療法士や作業療法士などの「見立てと手立て」を積極的に取り入れましょう。

③在宅生活の「継続的支援」を視野に入れてケアマネジメントする

老健退所後は，通所介護・通所リハビリテーション，訪問介護・訪問リハビリテーションや短期入所などの在宅サービスを利用することで，在宅生活の継続を目指します。老健で取り組んだケアプランや個別サービス計画，リハビリテーション計画などの情報を在宅のケアチームに提供し，効果的な在宅サービスが提供されることを目指します。

④家族の「介護技術」の習得支援を位置づける

多くの家族は，初歩的な介護技術（食事，移動，排泄，体位変換など）を学ぶ機会もないため，体に負担のかかる自己流の「不慣れな介護」を行っています。

介護をする家族には，入所期間中および退所時に基本的な介護技術を学んでもらう機会をケアプランで位置づけます。

なお，退所時には自宅の環境で移動・排泄・入浴・食事介助の実習を行い，介護ストレスと介護事故を減らすことを目指します。

第２節 # 施設ケアプランの作成の流れ ～入所から1カ月間

施設ケアプランはチームケアの方向性を示すものであり，各専門職の連携シートです。その目的を達成するためには，プランニングのプロセスを段階別に正しく踏むことです。施設ケアプランが居宅ケアプランとチグハグになる原因の一つに，入所者の事前面接に施設介護支援専門員でなく生活相談員・支援相談員と看護師が行き，在宅ケアの情報が把握・共有されず，入所するまでのケアと切り離された形で施設ケアプランが組み立てられてしまうことにあります。

1．入所時のアセスメント

入所時のアセスメントでは，「これまで」に着目し，入所に至るまでの経緯を正しく把握することから始めます。その上で，施設に求められている本人（家族）の意向を確認し，ケアの方向性を定めます。

1）利用者の基本情報

利用者の現在の心身機能や体調・体力，ADL・IADL・CADL（文化的日常生活動作）と疾患歴・現病歴などを把握します。これらの情報は，本人（家族）から直接得るだけでなく，これまで担当だった居宅介護支援事業所や担当主治医，入院先，入所施設などに情報提供を求めましょう。

2）利用者の生活情報

利用者の生活情報とは，在宅における24時間の生活の流れ（起床，食事時間，就寝，睡眠時間，入浴など）や性格（几帳面，大雑把など），趣味，さらに，地域の人間関係など，本人の「暮らしの情報」全般です。できればここ１年間の生活情報と要介護状態になる前の生活情報を把握すると，「本人らしい暮らしぶり」をより具体的に浮き彫りにすることができ，ケアプランを立てる際のヒントになります。なお，長期にわたり施設（老健，グループホーム，有料老人ホームなど）に入所していた場合には，その施設ケアプランの提供を求めましょう。

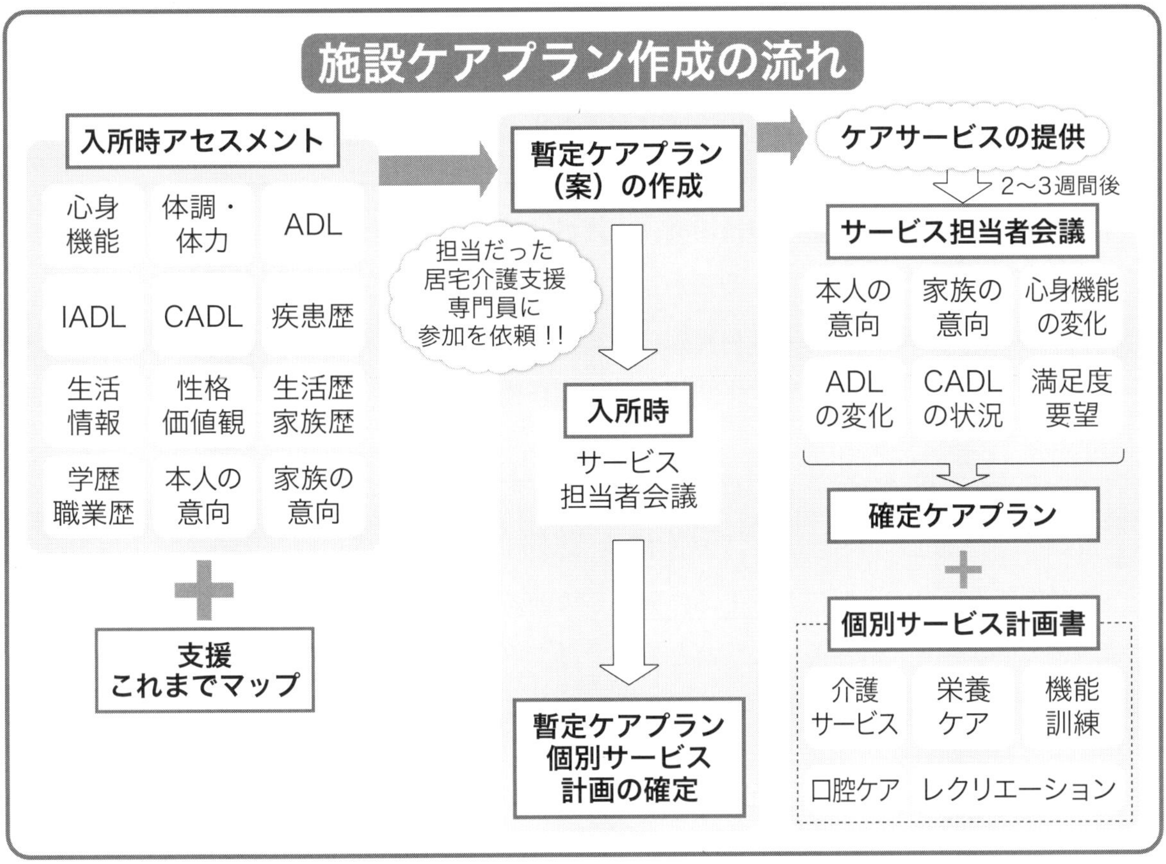

3）利用者の性格・価値観，生活歴・家族歴，学歴・職業歴など

生活情報が「点の情報」とするなら，生活歴は「帯の情報」であり，家族歴は「面の情報」と言えます。「本人らしさ」は，本人の性格や価値観，楽しみ，育った環境や家族歴，職業歴などが大きく影響しています。

Aさん（80歳）の例

・世話好き（性格）の理由が７人きょうだいの長女だった（家族歴）

・尋常小学校しか出ていなくて漢字があまり読めない（学歴）

・旅館の仲居として20代は地道に働いてきた（職業歴）

・結婚後は板前の夫と10年後に居酒屋を始め，信用第一の考え（価値観）だったので借金で苦労した（生活歴）

・テレビは相撲番組が大好き（楽しみ）　など

このように多面的な視点から把握することで，入所者を深く理解することができ，傾聴にもとても役に立ちます。

4）本人（家族）の意向

入所への意向は本人と家族とが必ずしも一致しているわけではありません。本人の意向には２つの面があります。

・前向き（例：３カ月で自宅に帰りたい）
・後ろ向き（例：自宅での生活はあきらめた，迷惑をかけられない）
同じように家族の意向にも２つの面があります。
・前向き（例：月に１回は面会に来たい，また一緒に暮らしたい）
・後ろ向き（例：とにかく預かってほしい，生活がやっていけない）

それぞれの意向を本人や家族に確認するだけでなく，担当していた居宅介護支援事業所，入所の理由や生活相談員・支援相談員からも情報を入手しましょう。

５）入所に至る経緯（ケアサービス利用歴：支援これまでマップ）

利用者は，入所に至るまでに何らかの介護サービス（訪問系・通所系など）と医療サービス（通院・入院など）を受けています。どのようなきっかけで要介護状態となり，どのようなサービスを利用してきたかは，施設サービスへの「なじみ方」に影響します。「支援これまでマップ」を作成し，要支援・要介護をなる以前から入所に至るまでのプロセスを「見える化」します。

２．入所時のサービス担当者会議（カンファレンス）のポイント

入所時のサービス担当者会議（カンファレンス）は，施設ケアのスタート地点です。あくまで暫定ケアプランと暫定の個別サービス計画を立てるための会議です。

１）参加者の構成

特養と老健では，参加者の構成は異なります。

〈特養〉

施設介護支援専門員，生活相談員，介護主任，担当介護員，看護師，管理栄養士，施設長（随時），医師（随時），本人・家族など

〈老健〉

施設介護支援専門員，支援相談員，看護師，医師，理学療法士，作業療法士，言語聴覚士，管理栄養士，介護主任，担当介護員，本人・家族など

※担当だった居宅介護支援事業所の介護支援専門員の参加も要請し，在宅での生活状況や介護サービスの利用状況を説明してもらいます。

2）用意する資料

・在宅におけるケアプラン，個別サービス計画（訪問，通所，短期入所，訪問看護，福祉用具など）

・アセスメント情報シート（ADL, IADL, CADL〈文化的日常生活動作〉, 疾患歴など）

・利用者基本情報（生活歴・家族歴等，入所に至った経緯など）

・暫定ケアプラン（案）

・当施設を利用した際（通所・短期入所など）の個別サービス計画，サービス記録など

施設によっては，入所者の住環境や過去の思い出の写真をデジタルカメラなどで撮影し，情報の共有化を図っています。

3）話し合いの進め方と暫定ケアプランの作成

入所時はケアチームにとって初めてなので，話し合いの時間は40～50分となり，進行役は施設介護支援専門員か生活相談員・支援相談員が行います。

・利用者情報の共有化（報告・質問）………………10分

・施設入所への経緯（報告・質問）…………………５～10分

・本人および家族の意向の表明（報告・代弁）……５～10分

・暫定ケアプランの報告（質問含む）………………５～10分

・暫定ケアプランの検討（提案・修正）……………10～15分

話し合いの目的は，利用者本人と家族を中心としたケアチームの方向性を決める暫定ケアプランと暫定版個別サービス計画（２～３週間）を作成するに当たってのポイント・配慮する点などの明確化です。提案型で話し合いを進めます。

3．暫定ケアプランのプランニング
～ケアの流れとチームアセスメント～

施設によっては，暫定ケアプランを確定ケアプランのように作成・提案し，その見直し・振り返りを３～６カ月後にしか行わないところがあります。しかし，初動の１カ月程度（２～３週間）はあくまで暫定ケアプランでサービスが組み立てられ，１カ月後に各職種による施設生活の中でのアセスメント結果を踏まえた上で確定プランが作成されるプロセスを踏むことが大切です。このことで，より

本人に合ったケアプランの作成が可能になります。

その理由は，施設は利用者にとっては「住み替え」だからです。一般的に住み替えた施設環境に「なじむ」までは利用者の行動や意欲は控え目になりがちで，そのスタート時点のケアプランが6カ月～1年間もケアチームの方針となることは利用者の変化（改善・向上・低下）と現場のケアの「乖離」を生むことになります。

暫定ケアプランは「とりあえずのケアの流れ」と「チームアセスメント」を行うためのケアマネジメントの「仮説」と位置づけ，２～３週間で検証を行うルール化が行いましょう。

1）施設サービス計画書（1）［第1表］のポイント

第1表は，本人（家族）の意向と総合的援助方針が「一望」できるレイアウトになっています。本人（家族）の意向とケアチームの方針は一致していることが理想です。ただし，意欲的になっていない利用者もいますし，意向を表明していないこともあります。本人（家族）の意向を読むのはケアチームのメンバーですから，個別サービス計画を作成する上で知っておくべき内容となります。また総合的援助方針は，ケアチームのメンバーだけでなく本人（家族）も読みます。専門用語も分かりやすい表現を心がけ，具体的に記載します。

〈本人の意向〉

本人の意向を引き出すには，具体的な質問が重要です。抽象的な質問（例：「施設でどうされたいですか」）は本人を混乱させるだけです。これまでの生活ぶり・在宅介護の様子を確認しながら，食事・入浴・排泄や趣味・日々の暮らしぶりなどについて具体的に質問しましょう。本人のコミュニケーション能力次第では，筆談・身振りなどを交えてやりとりをしましょう。特に老健では，在宅復帰への思いや不安などに重点を置いて聞き取ります。本人の意思がはっきりしない時は，家族などから在宅での暮らしぶりなどを聞かせてもらいます。

・施設での暮らしの希望（不安含む）

・施設ケアへの希望（不安含む）

・在宅に戻っても継続したい生活習慣や活動

・在宅生活復帰への希望（不安含む）

〈家族の意向〉

家族の意向を把握するポイントは，「これから」の視点で意向を引き出すことです。入所に至る経緯や在宅介護の困り事が細かく書かれているものがありますが，それらは利用者基本情報に記載されるべき「これまでの情報」です。家族によっては，今回の入所が「前向き」の場合も「後ろ向き」の場合もあります。いずれであっても「施設での暮らしとケアへの希望」と「家族でできること」を具体的に質問し，記載するようにしましょう。

- **施設での暮らしの希望（不安含む）と家族でできること**
- **施設ケアへの希望（不安含む）と家族でできること**
- **地域や家族・親族で継続したい活動やかかわり**
- **在宅生活復帰への希望（不安含む）と家族でできること**

なお，家族関係やつながりが複雑な場合や虐待ケースの場合は，表現の仕方に配慮します。

〈総合的援助方針〉

総合的援助方針は，施設が本人（家族）に示すケア方針であり，ケアチームへの方針・方向性を示すものでなければなりません。特に，個別サービス計画を作成する際のポイントや配慮すべき点，リスクマネジメントなどについても明記されていることが重要です。

暫定ケアプランでは，２～３週間経過した時点で検証すべき課題やアセスメント項目などにも触れておきます。これにより，ケアチームや各専門職の行うべきことが明確になります。

２）施設サービス計画書（２）［第２表］のポイント

第２表は，生活全般の解決すべき課題（ニーズ），援助目標（長期・短期），援助内容（サービス内容，担当者，頻度，期間）の３つで構成されています。入所の時点では，まだ施設生活はスタートしていませんので，課題の設定は，これまでの在宅のケアプランや訪問介護・通所介護（通所リハビリテーション）・短期入所介護や訪問看護（訪問リハビリテーション）などの個別サービス計画なども参考に作成することになります。

暫定ケアプランで過ごす２～３週間のうちに，ケアチームのメンバーは，本人のADLやバイタル情報や24時間スケールでの暮らしぶりなどを把握し，本人（家族）の意向を実現するために，どのようなことを課題とし，そのためにどのような目標を設定するか，どのようなサービス内容を誰が提供するのかを，検討することが暫定ケアプランの本来の姿です。

目標設定の検討のポイントは，次の２つです。

- **期間優先：３～６カ月の期間があれば，どのようなことが達成できるか。**
- **目標優先：○○のことを達成するためには，どれだけの期間が必要か。**

ただし，目標設定もすべてが改善・向上目標となるわけではありません。低下しがちな機能を維持することが目標として位置づけられる場合もあります。大切なことは，施設介護支援専門員が一方的に作った課題や目標，サービス内容を現場に押し付けるのではなく，現場の各専門職が「提案」し，ケアプラン作成に「参画」することです。ケアプランを実践するのは現場だからです。

3）日課計画表［第４表］のポイント

第４表は，共通サービス（担当者），個別サービス（担当者），主な日常生活上の活動の３つで構成されており，下欄に随時実施するサービスとその他のサービスを表記するようになっています。

暫定ケアプランの段階では，一日の流れの目安となります。２～３週間の生活ぶりや情報収集を経てその都度修正が加えられる性質のものです。起床・就寝，食事，レクリエーション，入浴，機能訓練などは施設のスケジュールを中心に明記できますが，他者との交流の支援や施設環境での移動介助，自立支援に向けた介助，夕方の帰宅願望への対応などの認知症の周辺症状など，施設環境での個別ケアについては実際に施設での生活およびケアが始まらないと分からない性質のものです。

暫定ケアプランを叩き台として，各職員が随時書き込むことで，より具体的に把握できる一覧表となります。

なお，書式では「主な日常生活上の活動」が右端にあるために，共通サービスが優先されてしまいがちです。施設によっては左から「日常生活上の活動」「共通サービス」「個別サービス」と並べ変えて，暮らしを支えるケアを意識できるようにしているところもあります。

4．サービス担当者会議（2～3週間後に実施）

サービス担当者会議は，２～３週間に各専門職が把握した入所者の再アセスメント情報を共有し，暫定プランに基づいたケア実践を振り返り，確定ケアプランに向けた検討を行う場です。

1）参加者の構成

入所時のサービス担当者会議の参加者と同じです。

〈特養〉

施設介護支援専門員，生活相談員，介護主任，担当介護員，看護師，管理栄養

士，施設長（随時），医師（随時），本人・家族など

〈老健〉

施設介護支援専門員，支援相談員，看護師，医師，理学療法士，作業療法士，言語聴覚士，介護主任，担当介護員，本人・家族など

※本人や家族は，状況によっては本人の尊厳のため途中からの参加する場合や参加を控える場合もあります。

2）用意する資料

・アセスメント情報シート（ADL, IADL, CADL〈文化的日常生活動作〉, 疾患歴など）

・入所者基本情報（生活歴・家族歴等，入所に至った経緯など）

・暫定ケアプラン，暫定個別サービス計画

・確定ケアプラン（案）　　　・個別サービス計画（案）

・サービス利用時・機能訓練時の写真や動画など

3）話し合いの進め方と確定ケアプランの作成

話し合いの時間は30～40分間を目安とし，進行役は施設介護支援専門員か生活相談員・支援相談員が行います。

・暫定ケアプランの確認……５分

・サービス利用状況の共有化（報告・質問）……10分

・確定ケアプラン（報告・質問）……５分（変わった点を中心に行う）

・確定ケアプラン，個別サービス計画の検討（修正・提案）……10分

２回目の会議の目的は，暫定ケアプランの検証と確定ケアプランの作成（修正・提案）です。入所時のアセスメントと２～３週間経過した後，ケアチームが把握した再アセスメント情報やサービス実施の現状，本人の満足度や変化などの情報を書面・口頭・画像（写真，動画など）で共有します。

５．確定ケアプランのプランニング
～チームアセスメントとチームプランニング～

暫定ケアプランは「とりあえずのケアの流れ」と「チームアセスメント」を行うための連携シートでした。２～３週間にわたって実践したケアとその振り返り

を踏まえ，３～６カ月（１年間も含む）を視野に入れたケアチームの方向性を示した確定版ケアプランをプランニングしましょう。

１）施設ケアプラン計画書（１）［第１表］のポイント

入所時にはイメージできなかった施設の暮らしやケアや本人（家族）の要望や不安は，２～３週間の生活で具体的になってきます。食事・排泄・入浴・就寝からリハビリ訓練や服薬など，さまざまな専門職がケアする中で本人から発せられる願いや訴えも含めて本人の意向欄に反映しましょう。

〈本人の意向〉

暫定ケアプランのプランニングの時と同様，できるだけ具体的な表現を心がけます。日常のケアやリハビリテーション訓練，レクリエーションなどの際に具体的に質問し，そこから分かった本人の意向を記載します。

・施設での暮らしの希望（不安含む）
・施設ケアへの希望（不安含む）
・地域で継続したい生活や活動
・在宅生活復帰への希望（不安含む）

〈家族の意向〉

家族は在宅介護が限界になると施設に入所させることが目的となりがちです。そのため，入所時の聞き取りでは，家族の意向が「何もない」状況であったり，「後ろ向き」であったりしがちです。しかし，施設での生活が始まると心に多少のゆとりが生まれ，客観的に話せるようになります。また家族として「できること」も，面会以外に本人の情報提供（好きな食べ物，趣味，話題，服装など）が大切だということも冷静に判断できるようになります。確定ケアプランを検討するサービス担当者会議に家族が欠席する場合は数日前に面談し（電話も可），改めて意向などを聞き取りケアチームに口頭で伝えるようにします。

・施設での暮らしへの希望（不安含む）と家族でできること
・施設ケアへの希望（不安含む）と家族でできること
・地域や家族・親族で継続したい活動やかかわり
・在宅生活復帰への希望（不安含む）と家族でできること

〈総合的援助方針〉

暫定ケアプランで示したチームケアの方向性や具体的取り組み，リスクマネジメントの内容について情報収集し，この先３カ月から１年を視野に入れた援助方針を立てます。特に各専門職や個別サービス計画の方向性を把握し，それらが反映された内容にすることで，ケアプランと個別サービス計画との「連続性」が可能となります。

2）施設サービス計画書（2）［第2表］のポイント

暫定ケアプランと暫定個別サービス計画を2～3週間実施することで，ADLの状況や課題達成の可能性と困難性，さらに期間やサービス内容を検討する手がかりが得られます。それらを踏まえて，本人（家族）の意向を実現するための課題，目標，サービス内容，担当者をより具体的にします。

確定ケアプランでも暫定ケアプランの時と同様，暫定ケアプランで立てた個別サービス計画を実践した現場の各専門職に，施設ケアプランに「提案」し，作成に「参画」してもらうことでケアチームの結束が強まります。

3）日課計画表［第4表］のポイント

入所時にあくまで目安として立てられた暫定の第4表ですが，2～3週間のケアや情報収集を経て，主な日常生活上の活動が具体的に把握できています。また，施設の生活になじむにつれて本人の生活習慣にも変化が現れることもあります。

現場の専門職が加筆修正した第4表を基に確定ケアプランを作成します。

6．モニタリング（プラン確認，生活状況・心身の機能把握，プラン評価，今後の方針）

モニタリングは，施設ケアプランとサービスの「評価」であり，変化する利用者の定期的なアセスメントの機会ともなり，新しい課題設定の場として位置づけられなければいけません。日々の介護記録だけでなくモニタリング総括表を活用し，「漏れ・ブレ・見落とし」が生じないようにします。

1）ケアプランや個別サービス計画の確認

作成したケアプランと個別サービス計画の内容に基づき，モニタリングを行います。本人（家族）の意向に変化はないか，総合的援助方針は守られているかなどを丁寧に確認し，追加・修正が必要なら適宜行います。

2）目標の達成度とサービスの実施状況

達成に向けたケアサービスやリハビリテーションなどが適切に実施されているか，

設定された課題と長・短期目標がどのように達成されているか，を確認します。

この際，本人のヒヤリング（聞き取り）だけでなく，各専門職・担当者から個別サービス計画などを基にヒヤリングします。現場が工夫していることや当初の計画どおりにいかないこと，利用者のサービスや施設環境への順応度などは，特に丁寧に聞き取るようにしましょう。

3）サービスへの満足度と身体的変化・心理的変化・暮らしの変化

施設ケアプランの場合，提供者側の「どう介護するか」「どうリハビリするか」という視点ばかりが強調され，「どうすれば利用者の満足度が上がるか」という重要な「利用者本位の視点」が欠落することがあります。

業務優先のケアプランでなく，利用者の満足度も視野に入れたモニタリングが「ケアの方向性」を確実なものとするのだということを忘れてはいけません。

利用者の今後の生活の質を向上するための自立支援と人間としての尊厳を守り，その上での入所者の施設生活やケアの満足度を把握することが求められます。

（1）サービスへの満足度

サービスへの満足度は，4段階（満足，一部満足，不満，不明）で把握します。

利用者本人に「満足していますか」と質問すると，遠慮や配慮から「満足しています」と反応が返ってきがちです。本人の言葉だけでなく，表情や態度，雰囲気，姿勢などから満足度を評価することが大切です。

（2）身体・心理・暮らしの変化

サービスを提供することがケアプランの目的ではありません。サービスが提供されることにより，利用者本人の身体・心理・暮らしに何らかの変化が生まれているかどうか，その視点で3段階（向上した，維持している，低下している）で評価します。

短期目標を達成することで，日々の身体・心理・暮らしがどのように好循環したか，その視点で評価をします。

4）今後の対応および新しい生活課題

評価を通じて，提供するサービスの問題点や改善点，新しい課題やリスクマネジメント上の問題点，短期目標の変更などが必要になることがあります。浮き彫りになった新しい生活課題などを視野に入れ，今後の対応について検討し記載します。

施設ケアプランが３カ月～１年間を視野に入れたサービス計画書とするなら，モニタリング総括表はサービス内容を練り直す材料です。それらをさらに具体的に根拠づける材料が日々の介護記録や個別サービス記録になるので，総合的に検討することで，新しい生活課題が浮き彫りになります。

７．施設ケアプランと個別サービス計画等との「連動と協働」のポイント

施設ケアプランはチームケアの「連携シート」です。個別サービス計画書は「実践シート」です。目指す課題に向けて，長・短期目標で示された「目安」を達成するために，各専門職がどのように取り組むのかを具体的に手順化したものです。

施設ケアプランと個別サービス計画書の整合性が取れていることで，それぞれの役割が明確になり，実効性のあるチームケアが実現します。施設介護支援専門員にとっては，各専門職が他の個別サービス計画書を十分に理解している状況をいかにつくるかがマネジメントのポイントとなります。

１）介護サービス計画書

介護サービス計画書は，介護員（非正規職員含む）が共有すべきものです。単なるケアの手順書ではなく，課題に向かった長・短期目標を達成するために，提供すべきサービスを日常生活レベルで具体的に明示したものです。計画書は，ヘルプ（援助）するケアだけではなく，「本人らしい暮らし」をサポート（支援）するケアの視点で作成されなければなりません。

- ADL：移動・移乗，食事，排泄，入浴，整容など
- IADL：掃除，洗濯物畳み，整理整頓，部屋の模様替え，買い物の軽作業など
- CADL（文化的日常生活動作）：楽しみ，趣味活動
- 社会参加：コミュニケーション，人間関係，施設内での役割，自主的な仕事の手伝い，地域や家族とのかかわりなど
- リスクマネジメント：転倒，転落，嚥下，脱水，服薬，バイタルサインなど

２）栄養ケア計画書

施設生活にとって，食事は１日３回ある生活の「楽しみ」であり「リズム」です。食事によって栄養状態が保たれ，体力や運動・排泄機能が維持されます。ケアプランで位置づけられた「食」にかかわる課題・目標を栄養ケア計画書でさら

に具体化し，介護員・看護師や調理員と共有しましょう。

・**低栄養状態（低・中・高），体重，BMIなど**
・**食事摂取量（少・普・多），食事摂取形態（通常・刻み・ミキサーなど），水分量**
・**食事の嗜好（本人，家族，介護員などから情報収集）**

3）機能訓練計画書

生活行為は，心と身体の機能によって支えられています。ところが，身体の機能障害の克服だけに着目してしまうと，リハビリテーションやプログラムは個別性を無視した「訓練人生」となってしまいがちです。

利用者の障害の個別性を重視し，洗濯物畳みや簡単な掃除など生活リハビリの視点とリスクマネジメントの視点および歩行補助具や装具・福祉用具を盛り込んだ機能訓練計画書を理学療法士や作業療法士が作成し，介護員，看護師，管理栄養士などと共有しましょう。

・**ADL訓練（移動，移乗，食事，排泄，入浴，整容，更衣など）**
・**IADL訓練（掃除，料理，洗濯，買い物など軽作業）**
・**CADL（文化的日常生活動作）訓練（趣味や楽しみを行うための動作など）**
・**認知機能訓練（計算，漢字，塗り絵など）**
・**訓練および療法（音楽療法，園芸療法，ペット療法など）**

4）口腔ケア計画書

口から「食べる」ことは生きることの基本です。口腔ケアは単なる咀嚼機能の維持・向上だけでなく，嚥下機能にも密接にかかわっており，誤嚥性肺炎などの全身疾患の予防にも効果を発揮します。また，発声・発語などのコミュニケーションや人間関係にも大きく影響します。主治医の診断・指示のもと，歯科医師や言語聴覚士，介護員，看護師などが連携して行います。

・**口腔内の清潔（うがい，歯磨き，義歯清掃，粘膜・舌の清掃）**
・**摂食・嚥下リハビリテーション（口唇訓練，構音訓練，舌の運動など）**
・**食事介助，義歯の見直し（改善）**

5）レクリエーション計画書

レクリエーションは施設生活の「メリハリ」であり，CADLや人間関係づくり，コミュニケーションに効果を発揮してくれる「場（機会）」として貴重です。居室にこもることを避け，人と触れ合うことで「心の健康づくり」にも役立ちます。

また，手先や頭を使う動作は，リハビリテーション効果も期待できます。

- **趣味：習字，編み物，俳画，絵手紙，麻雀，囲碁，将棋，生け花など**
- **全体：カラオケ，合唱，イベント（クリスマス，餅つき，夏祭りなど）**
- **屋外：散歩，花見，祭り見学，ミニ旅行など**

8．介護経過記録 ～チームワークの流れとマニュアル化～

介護経過記録は，チームケアの流れが記載されるので，ケアのエビデンス（根拠）となる大切な資料です。ところが介護経過記録の分量は，数行から十数行まで施設によっても職員によってもさまざまです。パターン化した「特に変化なし」などの記述にも注意します。

まずは，施設ごとに「何をどのように記載するか」をマニュアル化して，記録方法が平準化するようにします。記録に残さなければ，ケアの質を振り返ることもできません。また，介護事故など不測の事態が起きて訴訟となった際には，記録は事実関係を説明するとても重要な資料となります。

新任職員にも採用時のオリエンテーションで必ず徹底し，職員同士お互いの記録の書き方について見直す機会を定期的に持つようにしましょう。

1）何を書くか

何を書けばよいかが職員によってブレていると，記録はバラバラになります。勤務シフトによって，職員の出勤・退勤時間も違い，すべてを口頭で申し送りできるわけではありません。「たすきリレー」のたすきに当たるのがまさに介護記録なのです。介護は連続していて途切れることはありません。見過ごされがちな本人の変化も含めて他の職員や専門職への申し送りの資料として重要です。

- **サービス提供状況：提供したサービスの種類と方法など**
- **本人の利用状況：入所者のサービスの受け入れ状況（利用・拒否など）**
- **本人の変化：ADL，IADL，身体機能，心理・感情，生活・暮らし，人間関係，コミュニケーション，参加など**

2）記載時の「5つのポイント」

(1) 6W1H1Rで書く

記録の基本は「6W1H」と「1R」です。主語のWhoが抜けることが多いので注意します。Whenは，「朝」「昼」「夕方」では抽象的すぎます。「午後４時」のように数字化します。Whereは，「施設内を徘徊」では分かりづらく，「○○さんの居室まで歩く」と記載します。Whatは，杖や紙などの具体的な物と事柄（歩行，排泄，食事）を意味する場合があるので具体的に記載します。Whyは，その理由・原因などを具体的に記載し，Wishは，利用者（家族）や現場スタッフの「思い」を記載します。Howは，方法や様子を記載します。Ｒとは，「Result（結果）」です。提供した事実だけでなく，どのようになったのかを記載しましょう。

（2）事実・推測・主観を区別する

記録の基本は事実を残すことです。「○○さんは～に対して怒った」が事実です。「○○さんは怒りっぽい」は所感あるいは主観です。「食事がまずかったのだろう」は推測です。その場合，まずかったと推測した事実（例：食べ残しをした，嫌々食べていた）を記載します。ただし，「～と思われた」という表記は，推測・主観として分かるように記載します。

（3）観察の中で「気づき」を大切にし，メモ書きする

日常的なケアをしていく中で，入所者にはいくつもの変化が見られます。それらがケア情報として重要なことであっても，見過ごしや見逃しがあったり，気づいても忘れてしまったりすることは起こりがちです。常に「観察の視点」でケアを行い，大切な情報を忘れないためにメモ書きをする習慣を身につけることが質の高い介護記録には必要です。

（4）ケースカンファレンスに生かす

介護記録はケアの実践記録です。入・退所時，特別な状態の変化（低下）時，また定期的なサービス担当者会議などで，介護記録は入所者の情報として用いられます。同時に，モニタリング記録としても活用できる内容が求められます。そのため，ケアプランと個別サービス計画の長・短期目標の達成レベルや，提供したサービスの内容を記録してもらいましょう。

（5）情報開示を想定し，「伝わりやすさ」を心がける

従来の介護記録はスタッフ間の情報共有が主な目的でした。しかし，現在は介護サービス情報の公表制度や個人情報保護法により情報開示を想定した「根拠としての記録」が求められます。

また，家族は施設でどのように過ごしているか知りたいと思っています。その際に説明資料として介護記録を示すだけでなく，日々の様子やレクリエーション，イベント開催時などの様子を写真や動画で記録したものを見せることで，家族の満足度を高める効果も期待できます。

第3節 施設退所にかかわるケアマネジメント

本人の人生が「連続」しているように，ケアも「連続」しています。

在宅介護の場合も病気になれば入院して治療が行われます。退院してそのまま自宅に戻る人もいれば，リハビリテーションのために中間施設である老健に数カ月間入所する人もいます。また，在宅生活を継続するために老健と自宅を往復する人もいれば，ショートステイの延長型のミドルステイ（約１～２カ月）する人もいます。さらに自宅に戻るのではなく，すでに申し込みをしていた特養や認知症グループホーム，有料老人ホーム，サービス付き高齢者向け住宅に「住み替え」をする例もあります。同じ市町村内での「住み替え」もあれば，県をまたいだ遠くの有料老人ホームなどへの「住み替え」もあります。

老健や有料老人ホームなどから退所する際に，どのように「ケアの連続性」を保てばよいでしょうか。

1．在宅生活への復帰

最も多いのがこれまで暮らし続けてきた自宅に戻る場合です。この場合，在宅生活に「戻る」場合と在宅生活が「始まる」場合では，退所にかかわるケアマネジメントは違います。いずれの場合も施設介護支援専門員は，最初に開かれる在宅復帰・退所に向けてのサービス担当者会議を居宅介護支援専門員と共に開催し，施設での生活や心身の機能，在宅生活での注意点などの情報を直接伝えましょう。そして，退所する本人に施設ケアプランと個別サービス計画書を渡し，居宅ケアプランと個別サービス計画作成の参考としてもらうようにします。

1）在宅生活に「戻る」場合

「戻る」場合は，すでに介護が必要な生活を本人（家族）が経験しているので，再び担当する居宅介護支援事業所とサービス事業所に心身の機能レベルなどを情報提供します。心身機能が改善・向上していれば，前向きになれますが，入院・入所前より心身の機能が低下している場合に注意が必要です。以前の生活行為ができない場合，本人の生活イメージや感覚と異なるために意欲の低下や不穏な状態となる場合があるからです。

新しいケアプラン作成の検討に当たり，施設介護支援専門員の立場から「できること」「できないこと」「できそうなこと」やこれからの生活での課題，注意点などを具体的に情報提供をします。

2）介護が必要な生活が初めて「始まる」場合

介護が必要な生活が初めて「始まる」場合は，本人も家族も介護が必要なことへの不安を抱えています。在宅生活へ安心して戻れるために，できれば退所2～3週間前に「お試し日帰り（外泊)」をし，在宅での介護生活のイメージを本人(家族）が体験し，在宅生活を始める課題（例：廊下を杖で歩けるようになる，廊下・トイレに手すりを付けるなど）を設定し，入所期間中に解決しておくようにします。その際に担当する居宅介護支援事業所が決まっていることが理想です。

介護者のために，ベッドからの移乗や体位変換の方法，食事や排泄の介助の方法などを専門職が教える機会を設けたり，写真やイラストで介護の方法を説明した書面を渡したりするといった工夫もとても役に立ちます。

2．特養や認知症グループホーム・有料老人ホームなどへの「住み替え」

老健は，リハビリテーションの場ではなく，在宅に戻れないことによる待機施設となっている現状があります。特養や認知症グループホーム，有料老人ホームへの「住み替え」となる場合，「ケアの連続性」を確保するために，どのような点に配慮すればよいでしょうか。

1）施設への情報提供

・入所の経緯と生活歴・家族歴，アセスメント情報，性格・心理面など
・現在の施設ケアプラン
・個別サービス計画書（機能訓練，口腔ケア，栄養ケアなど）
・医療・看護情報（疾患の状態と症状，服薬状況など）
・介護記録（次施設に申し送りすべき情報を抽出して提供）

これらの利用者情報は個人情報ですから，本人（家族）の同意を得た上で提供します。

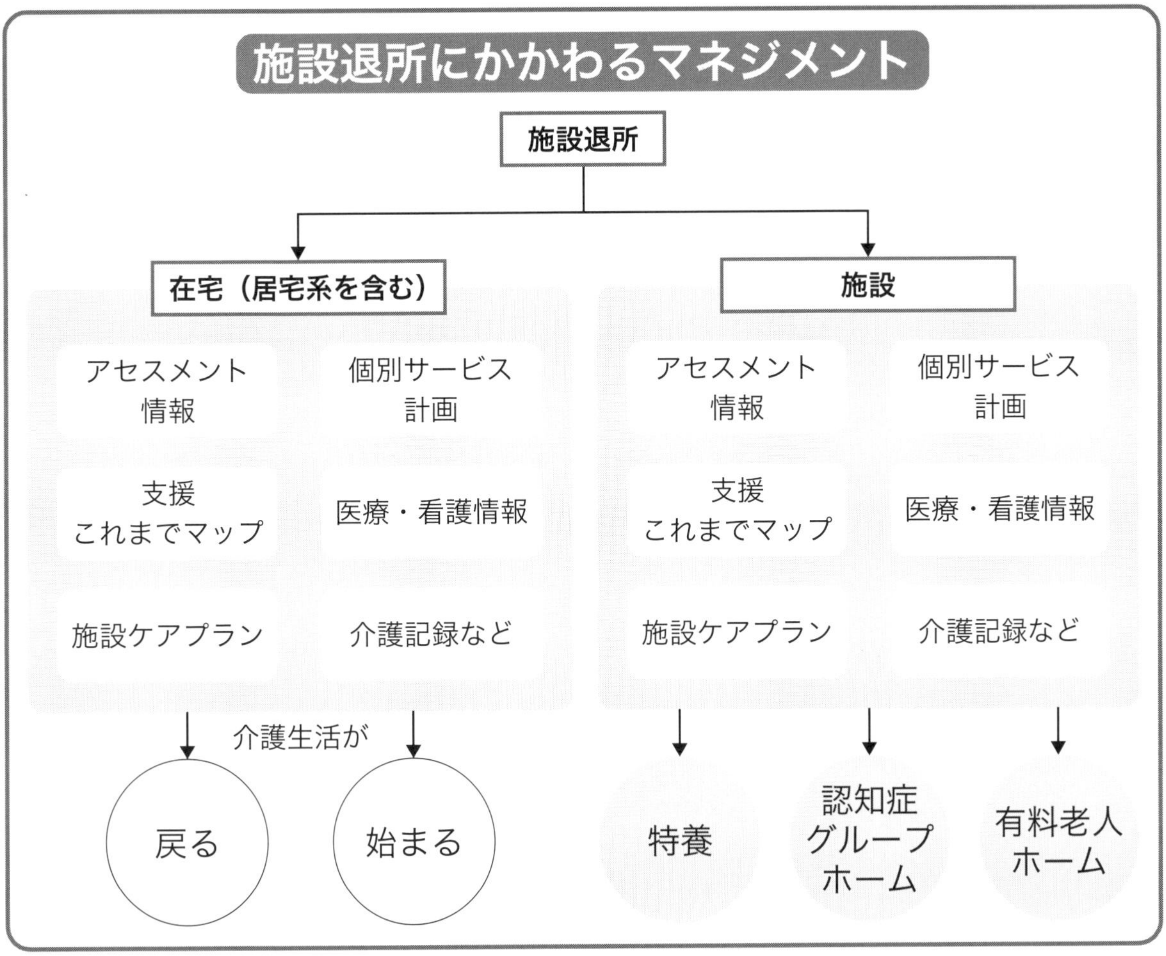

2）本人（家族）への情報提供

次の施設への「住み替え」は，本人にとって，かなり心理的な負担（リロケーション・ダメージ）を伴います。そのストレスの一つが新しい環境になじめるかどうかという不安です。事前に利用者（家族）と話し合い，不安を緩和するようにします。

- **次の施設への情報提供の内容を伝える（同意をもらう）**
- **次の施設への不安を聴き取り，代弁してもらいたい内容を聴き取る**

3）施設介護支援専門員等との連携

退所に当たって行われる最後のカンファレンスなどでは，次施設の介護支援専門員か生活相談員に参加をしてもらいます。また，次施設の最初のサービス担当者会議かカンファレンスでは，これまで担当した施設介護支援専門員か支援相談員が参加し，口頭で情報提供を行うようにします。

なお，次施設に「住み替え」ても，情報提供の依頼や相談があれば積極的に対応するようにしましょう。

第**3**章

施設ケアプラン記載事例
特別養護老人ホーム編

事例の見方・読み込み方

事例2

認知症高齢者の食事拒否と低栄養を外食レクリエーションで改善する

老健 ・ 特養
87歳・女性
要介護度　要介護3
認知症自立度　Ⅳ
自立度　C

家族構成図（ジェノグラム）は，家族関係の「見える化」。配偶者・子どもだけでなく，親族（兄弟姉妹・甥姪・いとこ）にまで広げる。

既往歴

・左大腿骨頸部骨折（87歳）：手術は行わず，保存的治療。

現病歴

・アルツハイマー型認知症（86歳）：認知症の症状が出たため，病院で診断。

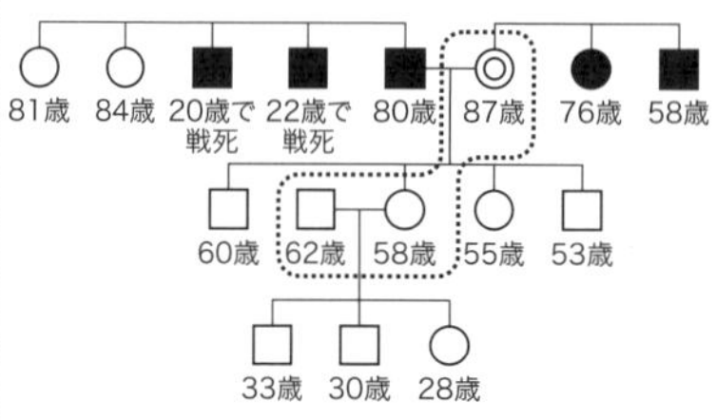

要介護となってからどのような支援を受けてきたのかを「見える化」した図。入所に至るまでの経緯が一目で分かる。

1．入所前サービスなどからの情報および入所に至った経緯

・３年前から，会話がかみ合わず何度も同じこ

・物盗られ妄想が始まり，長女家族に対しての

・夜中に家から出ようとして長女夫婦に止めら
吐いたりする行為が見られるようになる。

・２年前にＣ病院精神科を受診し，アルツハイ
れる。

・Ｃ病院精神科に入院した際，左大腿骨頸部を
かり，Ｄ病院外科に入院する。

・保存的治療が行われ，２週間後にＣ病院精神

・精神科病棟では暴れることがあるため，**薬に**

・その結果ベッド上で過ごす時間が長くなり，

・このままではかわいそうだと思った長女夫婦
することを決意する。

・薬の処方を減らすとBPSDが頻繁に見られ，

・３カ月後，長女夫婦は再び在宅介護に限界を感

どの薬で抑制されたのかを把握することが重要。

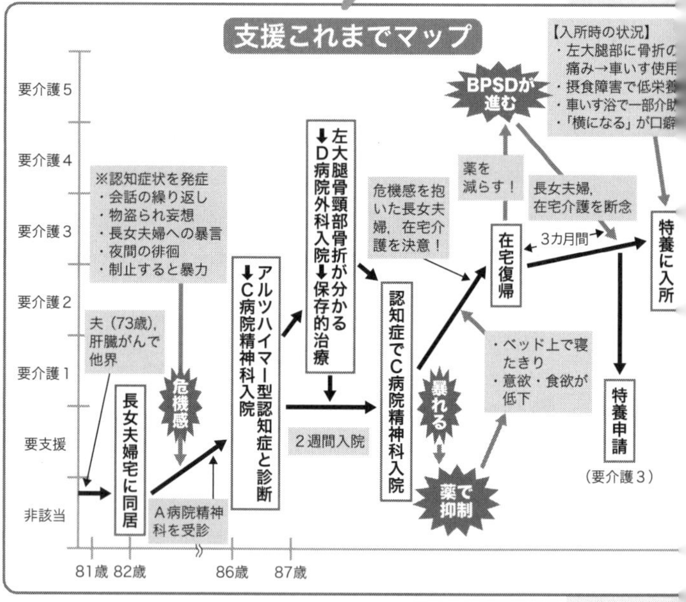

・「特別養護老人ホーム入居待ち」という位置づけで短期入所を１カ月
利用後，特養に空きが出たため入所となる。

着眼点や読み込むポイント，難しい用語などを分かりやすく解説。実践的なアドバイスでケアマネジメント力のアップを目指す。

2．初回面接からの主な情報

・家では離床時，１人でやるのが不安な時には長女夫婦を大声で何度も呼ぶことが多い。

・ゆっくりと話しかければ会話ができ，時折笑顔も見られる。

・移動：車いすを使用。左大腿部には骨折による痛みがある。車いす操作が理解できず，足を使って前進している。

・食事：摂食障害のため低栄養状態である。何を食べても「まずい」と言い，口から吐き出してしまう。食べ残しも多い。

・排泄：ポータブルトイレは使用できる。

・入浴：車いす浴で，一部介助が必要。入浴の拒否はない。

・整容：歯磨き，洗顔，更衣は一部介助があれば何とかできる。

・意欲：**痛みがあるせいか**何事に対してもやる気がなく，「横になる」が口癖となっている。

**痛みの程度，
れ方の頻度な
を医師に伝え
ことが重要。**

「初回面接の情報や入所前の生活歴および生活習慣」は，利用者（家族）だけでなく，これまでの担当介護支援専門員から入手するのがコツ。１回目のサービス担当者会議に参加を依頼するとよい。

■ サービス担当者会議の要点 第５表

利用者名　Ｂ　殿　　施設サービス計画作成者（担当者）氏名　Ｙ．Ａ

開催日：平成○年10月24日　開催場所：介護教室　開催時間：10：30～11：00　開催回数：２回目

	所属（職種）	氏名	所属（職種）	氏名	所属（職種）	氏名
会議出席者	施設長	Ｋ．Ｋ	施設介護支援専門員	Ｙ．Ａ	家族（長女）	Ｅ
	看護師	Ｔ．Ａ	ユニットリーダー	Ａ．Ｎ	本人	Ｂ
	生活相談員	Ｈ．Ｓ	理学療法士	Ｙ．Ｔ		
	管理栄養士	Ｍ．Ｓ				

検討した項目	①入所後の３週間の暫定ケアプランの評価と新ケアプランの提案　②左大腿部頸部骨折への対応について ③摂食障害と低栄養対策と脱水傾向の改善について
検討内容	①施設介護支援専門員：病院で寝たきり状態だったため，骨折による痛みがありADLの介助時に痛みの訴えが多い。食事は偏食傾向があり，高カロリー補助食品を利用する。水分摂取にも課題あり。移動・排泄・入浴などは一部介助があれば行うことができる。 ②理学療法士：引き続き骨折には保存治療が行われるので，移動は無理せず車いすの使用で対応する。車いすは，手を使わず足を動かして施設内を移動する傾向があるので，低床用車いすを試してみたい。 ユニットリーダー：気分転換に施設の外への散歩等も行ってみたいが，レクリエーションも工夫をしたい。リハビリの視点からアドバイスが欲しい。 ③看護師：摂食障害の原因を把握するために，口腔内のチェックと外食レクリエーションでのアセスメントを行ってはと思っている。ご本人は料理好きだったので，どのような食べ物や食べ方が好きか，家族（長女）から情報収集し，栄養士や介護員に伝えたい。低栄養対応については，高カロリー補助食品やジュースの購入などを家族にお願いしたい。脱水対策は，水分摂取と尿量のチェックで対応するので，介護員の協力をお願いした ④長女：もともと食べることが好きなので，何とか好物を食べら
結論	①新ケアプランへの同意　②低床用車いすの利用と外出レクリ ③口腔内チェックと好きな食べ物チェックを行う。高カロリー補 ④長女が母の作った手料理（煮物）のレシピを作ってくる
残された課題 （次回の開催時期）	身体機能を維持できていても，認知機能が伴っていないため，　ど んな工夫が必要か。

２～３週間後に開く２回目のサービス担当者会議（１回目は入所時）で，各専門職が得た情報を共有化。暫定プランに提案や修正を行い，確定ケアプランに練り上げる。

■ 施設サービス計画書（１） 第１表

利用者名　Ｂ　殿　　生年月日　昭和○年○月○日　　作成年月日　平成○年10月24日

住所　　初回・紹介・（継続）　（認定済）・申請中

施設サービス計画作成者氏名および職種　Ｙ．Ａ（介護支援専門員）

施設サービス計画作成介護保険施設および所在地　特別養護老人ホーム○○○○　○○県○○市

施設サービス計画作成（変更）日　平成○年10月24日　初回施設サービス計画作成日　平成○年10月５日

認定日　平成○年９月22日　認定の有効期間　平成○年10月１日～　平成○年９月30日

要介護状態区分	要介護１　・　要介護２　・　（要介護３）　・　要介護４　・　要介護５
利用者および家族の生活に対する意向	本人：左足の付け根が痛くてしかたないので何とかしてほしいです。家には帰りたい。忘れっぽくて仕方がない。あまり楽しいこともないので，ゆっくりとここに居られるだけでいいです。 家族（長女）：若いころの母は，厳しい人で料理が上手でした。不自由な体になってしまい，１人暮らしが無理なので同居を始めましたが，実家はそのままにしてあるので，またいつか見せてやりたいですね。週に１回は何とか面会に来たいです。
介護認定審査会の意見およびサービスの種類の指定	なし。
総合的な援助の方針	左大腿部頸部骨折の保存治療を考慮し，今後は低床用車い　害の 原因や脱水状態となる原因をチームで共有化し，食事と水分　を尊 重し，気分転換を兼ねて外食レクリエーションでメニューか　養に 対応するために高カロリー補助食品も利用します。 Ｂさんの苦痛にならない程度に離床時間を増やし，フロア　かわ りづくりのお手伝いをします。

本人と家族の意向は言葉や言い回しを含めて具体的に記載。総合的な援助方針は専門用語を控え，分かりやすい表現に配慮する。

■ 施設サービス計画書（2） 第2表

利用者名　　B　　殿

生活全般の解決すべき課題（ニーズ）	援助目標				援助内容			
	長期目標	（期間）	短期目標	（期間）	サービス内容	担当者	頻度	期間
本人の「おいしさ」に着目し，必要な栄養と水分を自分で摂取できるようになり，体調を改善する。	摂食障害を改善し，自分で必要量を摂取できる。	H○ 10/24 〜 H○ 9/30	摂食障害の原因を見つけ，本人が「おいしい」と思える食べ物と食べ方を見つけ，低栄養を改善する。	H○ 10/24 〜 H○ 1/31	①食べ物の好き嫌いを把握して，食事形態や内容を工夫する(水分も同様)。→栄養ケアマネジメント加算	看護師 介護員 管理栄養士	食事時	H○ 10/24 〜 H○ 1/31
					②食事時の環境因子も考えられるため，外食レクリエーションなどを行い，環境を変えてみる。	看護師 介護員	食事時	
					③食事量が低下している時は，高カロリー補助食品を食べてもらう。	介護員 管理栄養士	毎食後	
					④水分摂取量と尿量をチェックする。	介護員	定期的	
認知症の症状を改善するために，入所者の人たちとふれ合い，活動的な日常生活を送ることができる。	生活動作・認知機能が維持され，施設内レクリエーションにも楽しんで参加できる。	H○ 10/24 〜 H○ 9/30	現在行えている生活動作を維持する。	H○ 10/24 〜 H○ 1/31	①離床時または臥床時に，立位がとりやすいようL字柵を使用する。	介護員	離床・臥床時	H○ 10/24 〜 H○ 1/31
					②車いすでの移動は，手を使わずに足を動かして前進できるので，低床用車いすを使用する。	介護員 理学療法士	随時	
					③転倒予防のため，スタッフが見守りを行う。	介護員		
		H○ 10/24 〜 H○ 9/30	施設の生活で楽しみが見つかり，刺激のある生活が送れる。	H○ 10/24 〜 H○ 1/31	①外食レクリエーションに参加したり散歩をしたりして，気分転換を図る。	看護師 介護員 ○○回転すし	随時 レクリエーション時	H○ 10/24 〜 H○ /31
					②施設内レクリエーション（マジッ	介護員		

課題は本人とケアチームを動機づける表記となっているか，長・短期目標は評価しやすい表記になっているか，個別サービス計画は作成しやすいサービス内容になっているか，などが重要。

■ 施設介護経過 第7表

利用者名　　B　　殿　　　施設サービス計画作成者氏名　　Y．A

年月日	内容
H○.10/5	P病院（精神科）より入所。左大腿部頸部骨折の保存治療中で，移動介助や入浴・排泄介助では，痛みがあり，介助の拒否がある。
10/6	２日目は居室で過ごす。レクリエーションへの参加は拒否。ベッド上で寝ていることが多い。施設の環境に慣れない様子である。
10/12	食事の量にむらが多い。食べはじめは機嫌良く食べようとするが，後半は意欲がなくなり，介助をしてもようやく半分程度を食べるのみ。「まずい，食べたくない」と発語。もともと料理好きなせいか，施設の食事に馴染まないよう。
10/15	ようやく施設内を移動してみようとする気持ちが出てくる。腕の力が弱いため，右足で床を蹴って車いすを動かす。理学療法士より低床用の車いすが良いのではないかと提案があり，サービス担当者会議で検討することにする。排泄はポータブルトイレで対応。
10/24	サービス担当者会議を開催。(別紙)
10/25	摂食障害対策として，食事形態を栄養士と相談して変更する。米飯に代わりパン食にすると食べたい意向を示す。パンは朝・昼と各２枚を食べる。主食７割・副食５割。
10/27	２日前からパン食にしているが，今日は，食事量は５割に減る。「まずい」とつぶやく。低栄養状態なため，夕食時に高カロリー補助食品を提供する。
10/31	リハビリ体操のおかげで，離床・臥床時の立位は安定してきている。
11/5	昼食後，車いすを自走して居室に１人で戻ろうとしているところを，介護員が見つける。車いすからずり落ちそうになっていた。
11/8	施設内レクリエーションに参加をしたいと申し出がある。初めは眺めていたが，参加を促すと断る。「家に帰る」「もう寝たい」などの言葉があり，居室にて寝てもらう。
	サービス担当者会議で決まった外食レクリエーションを行う。ファミリーレストランでスタッフと同じハンバーグとパンを注文する。初めは食べていたが，途中から，まずそうな表情となり手が止まる。

年月日	内容
12/2	２回目の外食レクリエーションに参加する。今回は，家族（長女）から「母は刺し身が大好きです」と情報収集ができたので，回転寿司に行く。皿が回ってくるのを不思議そうに眺めている。「マグロが食べたい」「イクラがいい」と普段にない意欲的な言葉で注文をする。手づかみでおいしそうに口に運ぶ。計６皿を食べる。すべて自分で食べることができた。
12/3	昨日の回転寿司の外食レクリエーションを参考に，食事形態を変えてみる。米飯は握り寿司に似せて俵型にして，副食は極刻み食にする。「お寿司ですよ」と言うと「おいしそうだと手づかみで食べはじめる。自力で全量を食べる。
12/6	この日から，３食をすべて寿司に似せた俵型の米飯にする。本人の食欲はとても旺盛になる。
12/10	血液検査の結果，低栄養状態ではなくなったと医師が判断する。今後も食事の形態を「寿司型」に似せたものとする。
12/20	本日は施設行事のクリスマス。今日は，ボランティアによるマジックショーや輪投げ，カラオケショーがあった。長女夫婦は「本当に穏やかになってくれて驚きです。母は刺身が好きと言ったことが，これほど役に立つとは思いませんでした」と感謝の言葉を述べられた。
12/30	大みそかと正月の４日間，長女夫婦の自宅に外泊。当日，長女に服薬管理の知識と方法，食事介助の方法を教える。
	司も
	。
	たわ
	訪れ

編注）事例提供施設の記録スタイルを基 …… せん。

支援経過記録は「ケアのエビデンス（根拠）」であり，モニタリング記録である。施設で表記をルール化し，記録レベルの均質化と統一化を目指す。

■ モニタリング総括表

利用者名　B　殿　　　　評価日：平成○年１月28日

課題	短期目標（H○年10月～H○年１月）	目標の達成度 ○：達成 △：一部達成されず ×：達成されず		サービスの実施状況 ○：提供できた △：一部提供できた ×：提供できなかった		サービスの満足度 ○：満足 △：一部満足 ×：不満 ××：不明		身体的変化／心理的変化／暮らしの変化 ◎：向上 ○：維持 ×：低下		今後の対応および新しい生活課題
本人の「おいしさ」に着目し，必要な栄養と水分を自分で摂取できるようになり，体調を改善する。	摂食障害の原因を見つけ，本人が「おいしい」と思える食べ物と食べ方を見つけ，低栄養を改善する。	○	主食を好物のおすしの形（俵型）にしたところ，自ら進んで食べるようになった。	○	食べ物の好き嫌いを把握し，食事形態や内容を工夫した（水分も同様）。食事時の環境にも配慮し，外食レクなどを行い，環境を変えてみる。食事量低下時は，高カロリー補助食品を食べてもらう。水分摂取量・尿量をチェックを行った。	○	回転寿司に行った時は，食が進んだ。「○○を食べたい」ととても積極的だった。	◎	外食レクリエーションに参加することで，食の好みが分かり，自ら摂取することが増えてきたことはチームにとっても発見だった。食事がとても楽しい時間になった。	摂取状態・栄養状態に問題がなければ，今後も継続していく。
認知症の症状を改善するために，入所者の人たちとふれ合い，活動的な日常生活を送ることができる。	現在行えている生活動作を維持する。	○	体力がつくことで車いす移動，立位がとれるようになった。	△	離床時や臥床時に立位がとりやすいようL字柵を使用する。車いす移動時は，手を使わず右足で床を蹴って前進する傾向があるため，低床用車いすにする。転倒予防のため，見守りを行うことができた。	△	低床車いすを使用した。ただし，下肢を動かしての自走中，車いすからずり落ちそうになる。	○	車いすで自走することが増えたが，自分で危険を回避することはできない。ただし，施設内の仲の良い利用者の部屋に行くことができるようになった。	車いす自走時は，必ず見守りを行う。立位は安定しているため，車いす浴からリハビリ浴への変更ができるかどうか検討する。
	施設の生活で楽しみが見つかり，刺激のある生活が送れる。	△	レクリエーションに参加するが，途中で飽きてしまい居室に戻る。ただし，クリスマスのレクリエーションには楽しく参加できた。	○	レクリエーション・散歩の参加を促し，常に声かけを行った。施設内レク（マジックショー，カラオケなど）参加してもらうことができた。	△				考慮 みを

モニタリング総括表で課題・短期目標の達成度，サービスの実施状況と満足度，心理的・身体的・暮らしの変化を総合的にモニタリングする。

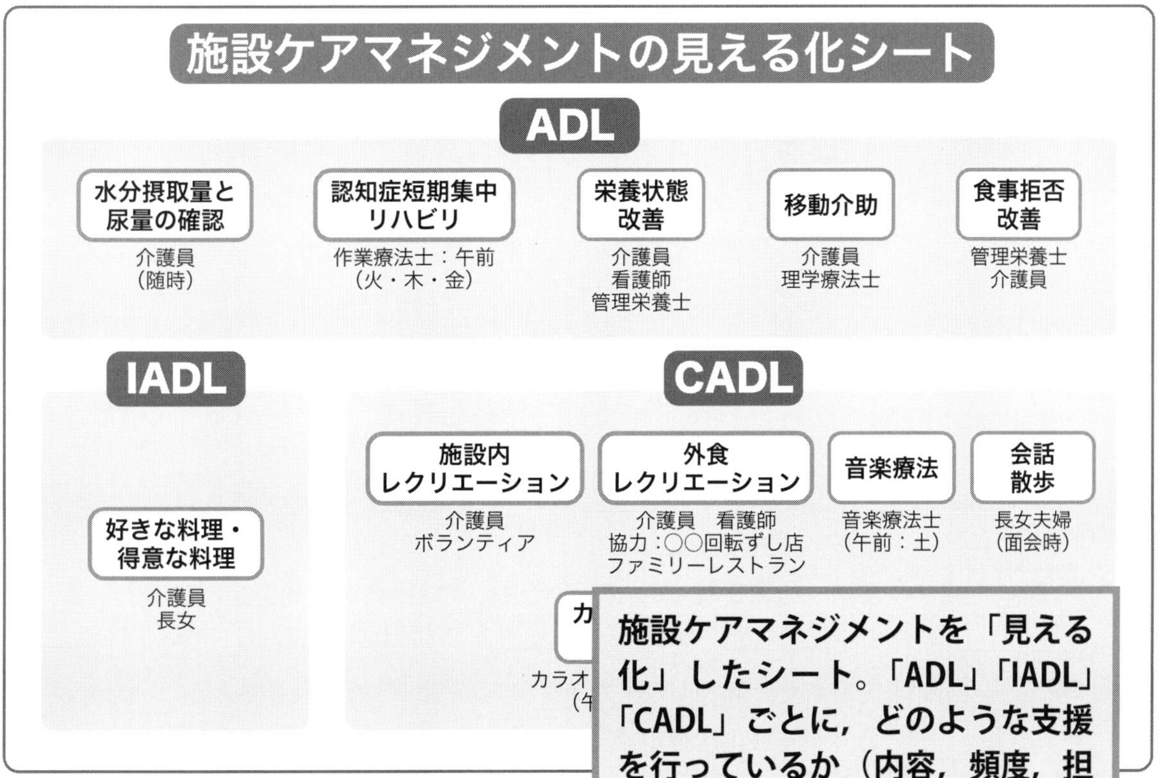

施設ケアマネジメントを「見える化」したシート。「ADL」「IADL」「CADL」ごとに，どのような支援を行っているか（内容，頻度，担当，期間）が一目で分かる。

事例1

物盗られ妄想もフォトブックを活用して混乱が改善する

老健・特養	
73歳・女性	
要介護度	要介護3
認知症自立度	Ⅱb
自立度	B

既往歴

・脳卒中（61歳）：発症し，リハビリを行い，退院。左片麻痺と構音障害の後遺症が残る。

現病歴

・認知症（67歳）：発症。精神科の内服薬継続中。
・高血圧症（服薬治療）

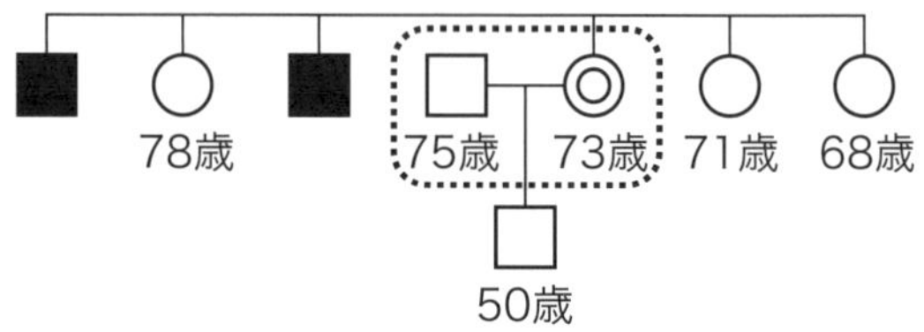

1．入所前サービスなどからの情報および入所に至った経緯

・男勝りの働き者だったせいか，1日10本程度たばこを吸っていた。

家族の記念日は，本人らしさを浮き彫りにできる。

・**61歳の誕生日**に，夫と行った外食先で脳卒中に倒れる。
・緊急入院し，手術。3カ月間入院する。リハビリテーションを頑張ったが，左片麻痺とわずかに構音障害の後遺症が残る。
・退院時に介護保険を申請し，要介護2と認定される。

「家が古い」という主観的な表現ではなく，数字化するとよい。

・**築30年の戸建て住宅**は段差が多く，着替えや入浴など日常生活に介助が必要で亭主関白の夫が介護をすることになる。
・67歳になったころから道に迷い帰れないことがたびたびあり，娘と電話で同じ話題を繰り返し話したりすることが増える。
・市内の精神科を受診したところ脳血管性認知症と診断され，不眠のための睡眠薬を処方される。

男性が本音を話す時の意識が「弱音を吐く」となりやすい。

・夫は，**弱音を吐くことなく**介護をしていたが，酒を飲んで本人に暴力をふるうことが増えてくる。
・短期入所を利用していたが，夫の体調が悪く，家事もできないため，長男が施設入所を申請した。

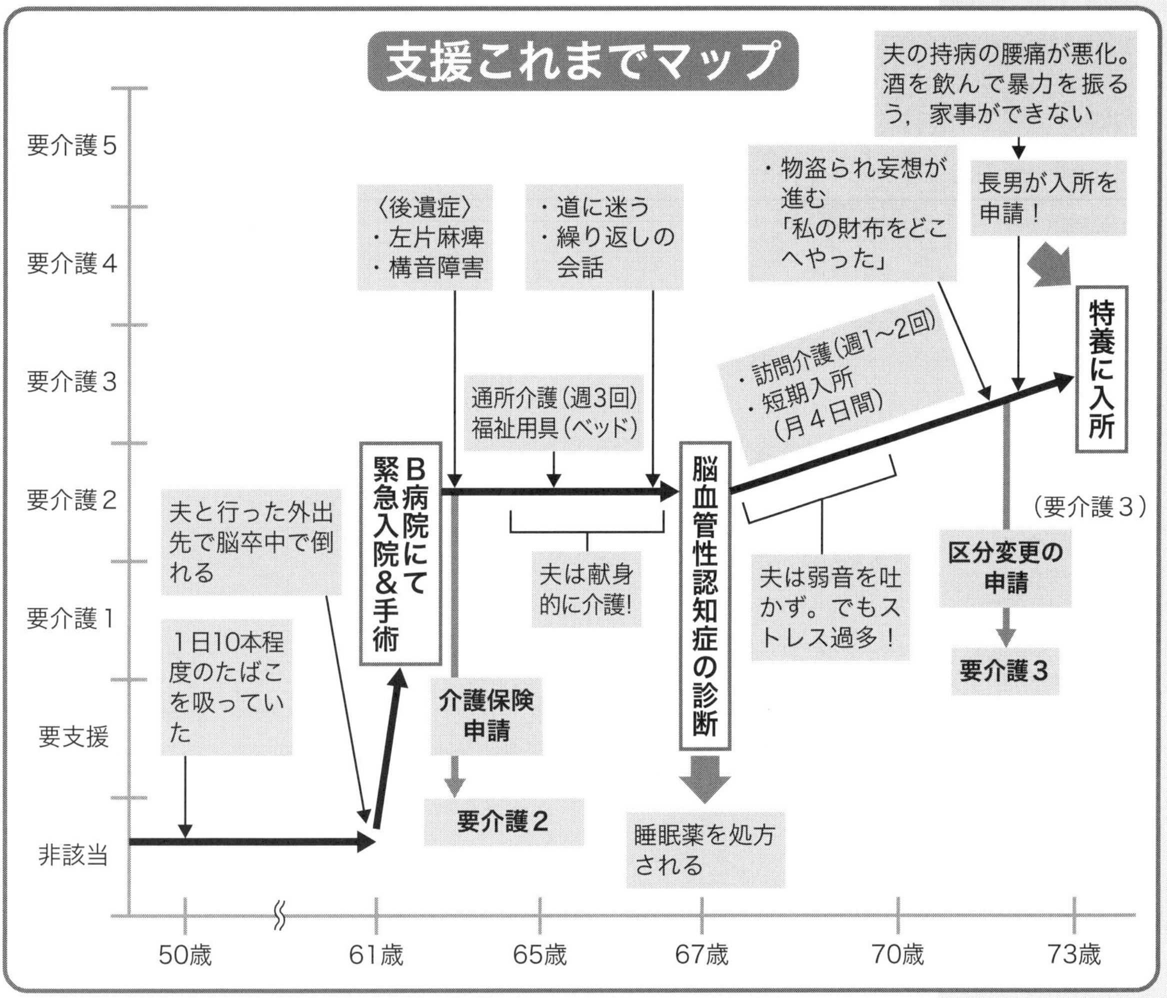

2．初回面接からの主な情報

- 夫が同居をしていたが，持病の腰痛が悪化し家事もできないため，週１～２回の訪問介護と月４日間の短期入所を利用して在宅生活を維持していた。
- 入所前は，**介護タクシー**を使って通院していた。

> **介護タクシーを活用していたのは，夫が自動車を運転できないから。**

- 認知症が進んだので１年前に区分変更を申請し，要介護３となる。
- 自宅では夫に「私の財布をどこにやった」と怒ることが多く，**物盗られ妄想**がかなり進んでいた。

> **物盗られ妄想が出る時間帯やなくす物の種類・特徴などを把握しておく。**

- 独身の長男は車で30分の隣市に住む。スポーツジムのインストラクターをしており，不定期にしかかかわれない。父親の苦労を見て，施設入所を申請した。

3．入所前の生活歴および生活習慣

生活歴

- 生家は貧しい米農家で，６人きょうだいの４番目に生まれる。中学校卒業後，地元の果樹園で10年ほど働く。

・22歳で結婚し，子どもは男１人。働き者で，30～40代は地元の20人ほどの縫製工場に勤めていた。

・その後，妹が働いていた乾物を扱う商店に勤める。

生活習慣

> **花の種類が分かれば会話の話題に使える。**

・趣味は，花を植え育てること。実家の周りには**たくさんの花**が咲いていたらしい。

・テレビの料理番組が大好きで，片麻痺になっても片手で簡単な調理をしていた。

・セーターを手編みできるほど，手先が器用だった。

> **物を捨てられず，溜めがちになる原因の一つ。**

・貧しかったので，物を大切にする習慣が身にしみている。**「もったいない」が口癖**だった。

4．プラン立案のポイント

・初期のかかわりとして，気持ちが不安定になった時の対処法をケアチームとして探ることを第一とした。

・物盗られ妄想が顕著なので，その際は，なくなった物を一緒に捜すことで本人の不安の出所《でどころ》を探る。

> **捜し物を写真で「見える化」することで，本人に安心感を持ってもらうことができる。**

・確認するツールとして，洋服などの持ち物を写真に撮り，**フォトブック作成**を試みることとした。

・家族から聞いた本人の好み（大好きな力士を応援する，一緒に料理する，テレビ鑑賞，読書など）をケアに位置づける。

5．課題の優先順位

課題１：困ったことが起こっても，いつでも相談・解決でき，安心した生活をする。

> **口癖の「もったいない」は象徴的である。**

〔理由〕本人の不安は，物盗られ妄想からきていることが大きい。貧しかったので，**物への執着が妄想となって現れる**。衣類は撮影してフォトブックに載せ，現金は出納帳などを見せることで安心できる環境づくりを試みることにする。

課題２：自分の趣味や今までの暮らしで好きだったことを生かし，家族や他の利用者と楽しい時間を過ごす。

〔理由〕料理好きや相撲好き，テレビ好きに着目し，本人が家族や入居者と楽しく過ごすことを通じて本人の意欲を引き出すことにした。花を植え育てるのが好きだったことが分かったので，塗り絵本を使っての塗り絵作品作りに取り組むことにした。地域のボランティアの人たちを**巻き込むことも試みることにする**。

> **地域包括ケアとして，地域のボランティアを巻き込む視点が重要。**

■ サービス担当者会議の要点 第５表

利用者名　A　殿　　施設サービス計画作成者（担当者）氏名　T．S

開催日：平成○年５月６日　　開催場所：会議室　　開催時間：13：30～14：00　　開催回数：２回目

	所属（職種）	氏名	所属（職種）	氏名	所属（職種）	氏名
会議出席者	施設長	K．I	ユニット統括リーダー	S．M	本人	A
	看護師	E．W	ユニットスタッフ	Y．K	家族（長男）	C
	生活相談員	Y．O	介護支援専門員	T．S		
検討した項目	本人の状態確認と本人の物盗られ妄想への対応。					
検討内容	・お金や服がなくなり，スタッフの誰かが盗ってしまったのかもしれないとの訴えが本人から出ている。このままでは，本人が不安な気持ちになり，施設での生活に支障が出るので対策を考えていく。 ・スタッフ間で，本人の認知症状の情報共有が不十分なために，本人を怒らせてしまう場面があった。 ・更衣で困っている。着る服に納得しないと頑として拒否するので，どう話せばよいか分からないと現場の声がある。 ・家族と会えないので寂しいという訴えにどう対応したらよいか，方向性を決めたい。					
結論	・認知症の被害妄想が関係している。本人の一日の生活リズムが決まっているので，それを崩さない支援を心がけ，本人の望んでいる満足できる活動，読書やテレビ鑑賞，料理などを支援していく。 ・物盗られ妄想と考えられても，本人にとっての真実に耳を傾け，本人へのかかわり方を他のユニットのスタッフにも伝え，情報とケア方法・対応を共有していく。 ・本人の衣類をすべて写真に撮ってフォトブックを作成し，本人が納得して服を選んだり，収納を確認したりできるようにする。 ・本人が不安にならないように声かけを行い，長男や妹・姪など家族にも協力をしてもらう。					
残された課題（次回の開催時期）	・本人の声に耳を傾け，訴えがあった時は介護職員同士の話し合いで終わらず，多職種チームとしてカンファレンスを開催していく。 ・家族にも連絡を取りながら，本人が落ち着いて生活できる支援を考えていく。					

■ 施設サービス計画書（1） 第1表

利用者名　A　殿　生年月日　昭和○年○月○日　　作成年月日　平成○年５月６日

住所　　初回・紹介・継続（○）　認定済（○）・申請中

施設サービス計画作成者氏名および職種　T．S（介護支援専門員）

施設サービス計画作成介護保険施設および所在地　特別養護老人ホーム□□□　○○県○○市

施設サービス計画作成（変更）日　平成○年５月６日　初回施設サービス計画作成日　平成○年４月21日

認定日　平成○年３月25日　認定の有効期間　平成○年４月１日～　平成○年３月１日

要介護状態区分	要介護１　・　要介護２　・　要介護３（○）　・　要介護４　・　要介護５
利用者および家族の生活に対する意向	本人：体調が不安定で疲れやすいです。体調を見ながら，身の回りのことは自分でやれますが，夜間にお薬（眠剤）を飲むとふらつくので，トイレに行く時は手伝ってもらいたいです。他の利用者の方たちと楽しく過ごし，自分のペースで生活がしたいです。息子との手紙のやり取りを続けたいです。 家族（夫）：左片麻痺のため歩く時にいつも難儀しているので，転ばないようにお願いします。母の気持ちが不安定な時は，本人の言葉に耳を傾けていただき，どうしても難しい場合は，私に連絡をくだされば，話し相手などのお手伝いはできます。
介護認定審査会の意見およびサービスの種類の指定	なし。
総合的な援助の方針	気持ちが不安定な時や困ったことが起きた時には，職員が本人の話をよく聞き，納得できるような対応をして，安心して穏やかに生活ができるよう支援していきます。 スタッフと一緒に衣類の整頓や夏物・冬物の入れ替えを行った際，タンスにしまった衣類などを写真に撮り，フォトブックを作成します。持ち物がなくなったと訴えられた時は，一緒に写真で確認して，本人が確認・納得・安心できるよう支援します。 片手で料理をされますが，のり巻きなどはスタッフが作るものよりも上手で皆さんに褒められています。大相撲のファンで，ユニットには本人と一緒に作成した力士の等身大パネルがあり，一緒に応援されています。 ご本人が得意とする料理や，昔から好きなテレビ鑑賞や読書を通じて，楽しみのある生活をしていきましょう。 お姉様がショートステイを利用されていますので，姉妹で気軽に面会でき話をしやすい環境を提供していきます。

■ 施設サービス計画書（2） 第２表

利用者名　　A　　殿

生活全般の解決すべき課題（ニーズ）	援助目標				援助内容			
	長期目標	（期間）	短期目標	（期間）	サービス内容	担当者	頻度	期間
困ったことが起こっても，いつでも相談・解決できる安心した生活がしたい。	物が紛失することがなくなり，落ち着いた気持ちで生活することができる。	H○ 5/6 〜 H○ 3/31	物がなくなったり，困ったことが起こったりした時には，すぐに職員に相談し，問題を解決する。	H○ 5/6 〜 10/31	①物を盗られたのではないかとの相談があった場合は，本人にとっての真実を傾聴し，安心できるようすぐに一緒に確認する。	介護員	必要時	H○ 5/6 〜 10/31
					②衣類を視覚で確認ができるように，衣類をすべてカメラに収める。本人とユニットスタッフが確認できるように，フォトブックを作成し，本人が納得できるよう，一緒に捜す。	介護員	必要時	
					③知人や姉から現金をもらった時は，本人に話をして事務所に預けるように声かけをし，ユニットスタッフと一緒に現金を事務所に預ける。金額なども含め，正確に記録に残す。	介護員 家族 （姉など）	必要時	
	家族といつでも話ができ，落ち着いた生活を送れる。	H○ 5/6 〜 H○ 3/31	家族と定期的におしゃべりしたり，悩みを相談したりできるようになる。	H○ 5/6 〜 10/31	①長男，妹や姪の面会時や姉のショートステイの利用時には，話ができる環境を整える。	家族 （長男，姉,妹,姪）	必要時	H○ 5/6 〜 10/31
					②自分の悩みや不安が生じた時は，本人の希望に応じて，家族と電話で相談してもらう。	家族 介護員 事務職員	必要時	
自分の趣味や今までの暮らしで好きだったことを生かし，家族や他の利用者と楽しく時間を過ごしたい。	自分の趣味ができ，活動的に楽しく過ごす時間が増える。	H○ 5/6 〜 H○ 3/31	家族やさまざまな関係者と交流することで，楽しく過ごせる。	H○ 5/6 〜 10/31	①気分転換を兼ねて，本人が望む時には，子どもたち，地域の人，実習生との交流を大切にし，一緒に楽しめる場を提供する。長男にも時々話をしに面会に来てもらう。	地域の人たち 介護員 長男	月１回	H○ 5/6 〜 10/31
					②大相撲（本人と一緒に作った力士の等身大パネルと一緒に応援）やドラマ，花の塗り絵などで話題をつくり，会話を楽しめるような雰囲気をつくる。	介護員 他の利用者	毎日	

■ 施設介護経過 第7表

利用者名　A　殿　　施設サービス計画作成者氏名　T．S

年月日	内容
H○.4/21	夫と共に入所。野菜を細かく刻み，たこ焼き作りをする。作り立てのたこ焼きをおいしいと言って食べている。
5/6	サービス担当者会議（別紙）
5/9	朝からお金を数えている。
	本人：「お金が足りなくなっても困るので，事務所にお金を預けてきてもいいですか？」と尋ねるので，スタッフは「心配なら，預けてきてはいかがですか？」と答える。
	本人：「そうですか。預けてきます」と自分で事務所へ行き，その後，「預けてきたので安心しました」と話す。理髪分（2,500円）については，ユニットで預かる。
6/3	「○○君，少し話があります」と居室に呼ばれたため，訪室。
	本人：「どうして私のお金を勝手に盗っていくのですか？　朝早くに来て，枕の下にある財布から私のお金を持って行きましたよね？　私には分かっているのですよ。何も黙って盗っていかなくてもよいのではありませんか？　○○君を良い青年だと思っていたのに……」
	スタッフ：「今来たばかりなので，Aさんのお部屋に行く時間はありませんでしたよ」
	本人：「そんなこと知らない。私を叩くこともあるし，どうしてそういうことをするのですか？　意地になって，お金を盗っていかなくてもいいのに……」と号泣する。
7/7	今朝，早く来た人に頭を叩かれ，服を盗られたと涙目で訴えがあった。スタッフは「そうですか。頭は痛くありませんか？　どの服がなくなったか，フォトブックで確認しながら捜しましょう」と声をかけ，一緒にフォトブックを眺めているうちに落ち着いた。
7/19	午前にショートステイを利用している姉が会いに来て，本人に2,000円を渡している。午後，本人自ら「事務所に預けたい」と言うので，スタッフと一緒に2,000円を預ける。預り帳に記録する。
8/23	朝食後，黒い衣類が１枚ないと泣いて訴える。その後，Y相談員と一緒に衣類を捜したところ，タンスの中に衣類があり，安心した。しかし，自分でしまった所と違うと言い，「タンスの中を物色された」と不安そうな表情である。
8/31	ユニットスタッフより連絡あり。衣類がなくなったので，確認してもらいたいと訴えがあり，訪室する。
	本人：「○○君，薄手のカーディガンがなくなったので，見てもらえませんか？　Hさん（他の利用者）のお部屋に服を預けているのですが，確認してきたらなかったもので…」とのこと。Y相談員がタンスの中を確認するが，それらしき服は見当たらない。「もう一度，Hさんの部屋に行き，一緒に確認しませんか？」と言うと，「先ほど見てきましたが，ありませんでした。でも，もう一度見に行こうかしら」とY相談員と一緒にHさんの部屋に行き，衣類を捜すとその衣類が見つかる。
	本人：「あった！　これだ！！　きちんとあって良かったです」と，ホッとされた様子。
9/14	夫と長男が面会に来て会話を楽しんでいる。好きな力士の写真立てを持参する。
	本人：「これ，知っている？　昭和の大横綱なのよ」と他の利用者に見せびらかせてご機嫌である。
10/16	ナースコールがあり，訪室すると「21時の薬をまだ飲んでいません。お薬を飲まないと眠れないので，飲ませてください」と訴える。
	スタッフ：他のスタッフと服薬していないことを確認し，服用してもらう。
	本人：「良かった。これで眠ることができます」と言い，眠る。

編注）事例提供施設の記録スタイルを基に本事例において特徴的な部分を抽出した記録であり，記録のすべてではありません。

■ モニタリング総括表

利用者名　　A　　殿

評価日：平成○年７月28日

課題	短期目標 （H○年５月～ H○年10月）	目標の達成度 ○：達成 △：一部達成されず ×：達成されず		サービスの実施状況 ○：提供できた △：一部提供できた ×：提供できなかった		サービスの満足度 ○：満足 △：一部満足 ×：不満　××：不明		身体的変化／心理的変化／ 暮らしの変化 ◎：向上　○：維持 ×：低下		今後の対応および 新しい生活課題
困ったことが起こっても，いつでも相談・解決できる安心した生活がしたい。	物がなくなったり，困ったことが起こったりした時には，すぐに職員に相談し，問題を解決できる。	○	自分の居場所が分からなかったり，物を盗られたのではないかとの相談があったりした場合は，本人の話を傾聴し，安心できるようすぐに一緒に確認ができた。	○	衣類がなくなったりした時に確認ができるように，衣類すべてを写真に撮っておく。本人とユニットスタッフが確認できるように，フォトブックを作成し，本人が納得できるよう，一緒に捜す対応ができた。	○	本人の話を傾聴し，一緒になくなった物を捜したり，確認したりすることができ，納得する場面が増えた。	◎	落ち込みが見られる時があるが，本人の話を聞いて納得できるかかわりをしている。	本人の訴えに対しては，チームで同じように支援していく。
	家族と定期的におしゃべりしたり，悩みを相談したりできるようになる。	○	妹，姪，姉，夫，長男がやってきて，楽しく話をする機会を持つことができた。	○	家族が来た時は気楽に話せる環境をつくることができた。	○	家族が来てくれた日はご機嫌で，落ち着いた日々を送ることができた。	◎	家族が来てくれた時は，物盗られ妄想が少ないことが分かった。	家族との時間を継続的に持つこと。
自分の趣味や今までの暮らしで好きだったことを生かし，家族や他の利用者と楽しく時間を過ごしたい。	家族やさまざまな関係者と交流することで，楽しく過ごせる。	○	実習生との会話や好きな相撲番組を見て，スタッフと一緒に楽しむことができた。	○	野菜の皮むき，焼きそば，のり巻き作りを行い，楽しいと喜んでいた。	○	本人が楽しいと喜んで過ごしていた。	◎	料理の楽しさを共感することで，本人の気持ちの向上につなげることができた。	共感だけではなく，頑張ってくれた本人に感謝の気持ちも伝える。

施設ケアマネジメント見える化シート

ADL

- **食事の介助**　介護員（随時）
- **入浴の介助**　介護員（随時）
- **トイレの介助**　介護員（随時）
- **夜間のトイレ移動**　介護員（随時）
- **服薬治療 ・高血圧症 ・認知症薬**　主治医 看護師

IADL

- **所持品を写真撮影**　介護員 家族（長男, 姉, 妹）（随時）
- **お金の管理**　介護員 家族（長男, 姉, 妹）（随時）
- **食材の買い出し**　介護員 ○○スーパーの店員（随時）
- **行事食のお手伝い**　介護員 料理ボランティア（月１回程度）
- **料理作り おやつ作り**　介護員 料理ボランティア（週１～２回程度）

CADL

- **家族との語らい**　介護員 家族（長男, 姉, 妹）（面会時間）
- **大相撲のTV観戦**　介護員　他の入居者 ボランティア（16時～18時）
- **好きな絵本の読み合わせ**　介護員　家族 絵本ボランティア（週１回程度）
- **花の塗り絵描き**　介護員 塗り絵ボランティア（週３回および随時）

1．施設ケアの評価と助言

評価１：本人から「あなたがお金を盗った」「服を盗られた」と訴えがあっても，職員があわてずに本人の話を傾聴し，フォトブックで確認をすると，落ち着きを取り戻すことができた。

〔**助言**〕不安への対応を，説明や説得でなく「見て分かるフォトブック」にしたことはとてもよい。大切なのは本人の納得であり，それに丁寧に付き合えている。

> 言葉化できなくても，体に身についた記憶を引き出して活用することはできる。

評価２：スタッフも一緒にテレビの相撲中継を楽しむことができた。認知症であっても料理などの**手続き記憶**はできることも多く，部分的にでも本人に積極的に参加してもらうことができている。

〔**助言**〕楽しみを「共感」するだけでなく，料理をもてなしてもらうことで「感謝」をする。それが本人の自己肯定感を支えることになる。食べることも大切な支援である。

2．地域包括ケアシステムにおける施設が果たす役割の提案

> 趣味が同じだと，話題も広がる。初対面でも会話は十分に成立する。

・**相撲好きの高齢男性**に話し相手のボランティアとなってもらうのがよい。

- 長男がスポーツジムのインストラクターなので，**施設の体操ボランティア**にかかわってもらうのもよいだろう。
- **長男の仕事ぶりを見学するために**，スポーツジムに出かけることを１年をかけた課題の一つにする。
- 塗り絵の作品がたまったら，施設内や地域公民館などで展示会を開くと外出支援のきっかけになる。
- 食べることが好きなので，市内のグルメマップなどを基に話をするのもよいだろう。

入所者の身内から地域資源を探し出す。

長男の働く姿を見ることは母親として誇りとなる。

地域貢献事業のヒント

人気の高い外出先はショッピングモールでのお買い物

外出支援のポイントを「どこに行くと楽しいか」ということ。施設では春のお花見会や秋の紅葉狩りなどが計画されがちですが，天候に左右されやすく危険も伴います。施設で暮らす利用者は，季節の行事も楽しみには違いないのですが，同じように「街の今の暮らし」に触れることを「とても刺激的」ととらえているようです。

- 大型スーパーマーケットで買い物をする
- ショッピングモールでウインドウショッピングを楽しむ
- 家電量販店で最新の家電製品に触れてみる

自分の目で見て選んで買い物をする行為などは，利用者にとって大きな「楽しみ」と言えるでしょう。さらに，大型店はどこもバリアフリーになっていますので，車いすの移動にも支障がありません。付き添いはボランティアセンターに協力を要請します。行き先となる店舗には，事前に依頼し，今後も外出支援の行き先として協力してもらえるように関係づくりを継続します。

買い物の様子を写真に撮り，広報誌などに掲載しましょう。

事例2

認知症高齢者の食事拒否と低栄養を外食レクリエーションで改善する

老健・特養
87歳・女性
要介護度　要介護3
認知症自立度　Ⅳ
自立度　C

既往歴

・左大腿骨頸部骨折（87歳）：手術は行わず，保存的治療。

現病歴

・アルツハイマー型認知症（86歳）：認知症の症状が出たため，病院で診断。

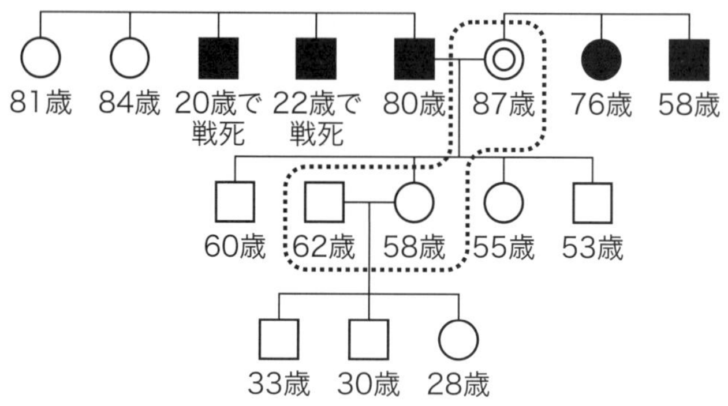

1．入所前サービスなどからの情報および入所に至った経緯

・3年前から，会話がかみ合わず何度も同じことを話すようになる。
・物盗られ妄想が始まり，長女家族に対しての暴言がひどくなる。
・夜中に家から出ようとして長女夫婦に止められると，叩いたり唾を吐いたりする行為が見られるようになる。
・2年前にC病院精神科を受診し，アルツハイマー型認知症と診断される。
・C病院精神科に入院した際，左大腿骨頸部を骨折していることが分かり，D病院外科に入院する。
・保存的治療が行われ，2週間後にC病院精神科病棟に戻る。
・精神科病棟では暴れることがあるため，**薬による抑制**が行われる。

どの薬で抑制されたのかを把握することが重要。

・その結果ベッド上で過ごす時間が長くなり，意欲も食欲も低下した。
・このままではかわいそうだと思った長女夫婦は，自宅で母親を介護することを決意する。
・薬の処方を減らすとBPSDが頻繁に見られ，食事拒否が進む。
・3カ月後，長女夫婦は再び在宅介護に限界を感じ，施設入所を決断する。

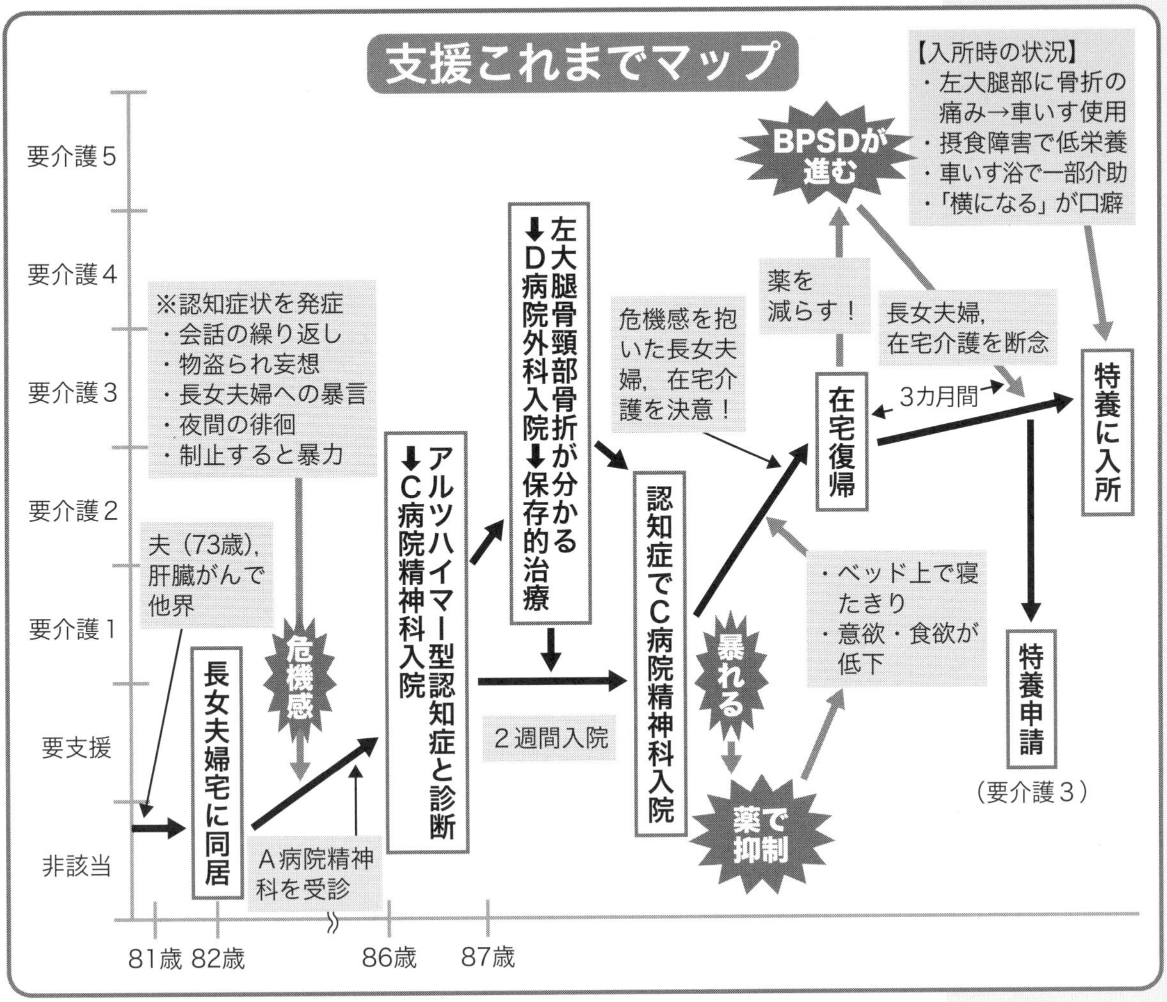

・「特別養護老人ホーム入居待ち」という位置づけで短期入所を１カ月利用後，特養に空きが出たため入所となる。

２．初回面接からの主な情報

・家では離床時，１人でやるのが不安な時には長女夫婦を大声で何度も呼ぶことが多い。
・ゆっくりと話しかければ会話ができ，時折笑顔も見られる。
・移動：車いすを使用。左大腿部には骨折による痛みがある。車いす操作が理解できず，足を使って前進している。
・食事：摂食障害のため低栄養状態である。何を食べても「まずい」と言い，口から吐き出してしまう。食べ残しも多い。
・排泄：ポータブルトイレは使用できる。
・入浴：車いす浴で，一部介助が必要。入浴の拒否はない。
・整容：歯磨き，洗顔，更衣は一部介助があれば何とかできる。
・意欲：**痛みがあるせいか**何事に対してもやる気がなく，「横になる」が口癖となっている。

痛みの程度，表れ方の頻度などを医師に伝えることが重要。

3．入所前の生活歴および生活習慣

生活歴

・中山間地の生まれ。15歳の時に実母が結核で他界し，父は30歳年下の女性と再婚。29歳の時に弟が生まれる。
・きょうだいは９歳年下の妹と異母きょうだいの29歳下の弟。
・20歳から家業の材木業の経理を手伝っていた。
・26歳の時に叔父の紹介で２歳年上の教員とお見合い結婚をする。
・夫は再婚。先妻とは結婚２年後に病気で死別する。

> 「家族との楽しい思い出」が意欲づくりに効果的に働く可能性がある。

・**夫は家庭を大切にする人で，７年間で４人の子どもを産む。**
・料理が得意で，いつも５品以上のおかずが食卓を飾っていた。
・夫は小学校の校長を務めた後に退職。その後は民生委員の会長などの公的な仕事に就き，地域で信頼される。
・夫が80歳の時に肝臓がんと診断され，１年後に他界する。

> 高齢期の転居（リロケーション）はダメージになりやすい。

・夫の死後，１人暮らしを心配した隣県に暮らす長女夫婦の提案で，自宅はそのままにして**長女宅で同居生活を始める。**

生活習慣

・母の代から使い続ける80年ものの糠床で漬けた漬物が自慢。

> 「好みの料理」は生活リハビリでは大切な情報。料理名まで把握するのがポイント。

・**好みの料理**は煮物と漬物。認知症の進行に伴い，味付けができなくなってきた。
・自宅で飼っていたインコの世話をすることが唯一の楽しみだった。
・長女宅は犬を２匹飼っているが，子どものころに犬に噛まれたことが忘れられず，犬は大嫌い。

4．ケアプラン立案のポイント

・摂食障害と食事拒否ための低栄養状態への対応を課題とする。

> 「おいしさ」の個別性に着目している点がよい。

・栄養補助食品に頼るのではなく，**「本人にとってのおいしさ」（嗜好）からアプローチする。**
・認知症の症状改善のため，散歩や外食レク，施設内レクを位置づける。

5．課題の優先順位

> 「自力摂取」が位置づけられている。

課題１：「本人のおいしさ」に着目して，必要な栄養と水分を**自分で摂取できるようになり**，体調が改善する。

〔**理由**〕もともと食べることが好きなので，食事拒否と低栄養の改善を目指す栄養ケアマネジメントの課題として位置づけ，チームケアに方向性を付ける。

課題２：認知症の症状を改善するために，入所者の人たちとふれあい，活動的な日常生活を送れることを目指す。

〔**理由**〕生活動作を維持すると共に，散歩やレクリエーションなど施設生活の中に楽しみを見つける。

■ サービス担当者会議の要点　第５表

利用者名　B　殿　施設サービス計画作成者（担当者）氏名　Y．A

開催日：平成○年10月24日　開催場所：介護教室　開催時間：10：30～11：00　開催回数：２回目

<table>
<tr><th rowspan="5">会議出席者</th><th>所属（職種）</th><th>氏名</th><th>所属（職種）</th><th>氏名</th><th>所属（職種）</th><th>氏名</th></tr>
<tr><td>施設長</td><td>K．K</td><td>施設介護支援専門員</td><td>Y．A</td><td>家族（長女）</td><td>E</td></tr>
<tr><td>看護師</td><td>T．A</td><td>ユニットリーダー</td><td>A．N</td><td>本人</td><td>B</td></tr>
<tr><td>生活相談員</td><td>H．S</td><td>理学療法士</td><td>Y．T</td><td></td><td></td></tr>
<tr><td>管理栄養士</td><td>M．S</td><td></td><td></td><td></td><td></td></tr>
<tr><th>検討した項目</th><td colspan="6">①入所後の３週間の暫定ケアプランの評価と新ケアプランの提案　②左大腿部頸部骨折への対応について
③摂食障害と低栄養対策と脱水傾向の改善について</td></tr>
<tr><th>検討内容</th><td colspan="6">①施設介護支援専門員：病院で寝たきり状態だったため，骨折による痛みがありADLの介助時に痛みの訴えが多い。食事は偏食傾向があり，高カロリー補助食品を利用する。水分摂取にも課題あり。移動・排泄・入浴などは一部介助があれば行うことができる。
②理学療法士：引き続き骨折には保存治療が行われるので，移動は無理せず車いすの使用で対応する。車いすは，手を使わず足を動かして施設内を移動する傾向があるので，低床用車いすを試してみたい。
ユニットリーダー：気分転換に施設の外への散歩等も行ってみたいが，レクリエーションも工夫をしたい。リハビリの視点からアドバイスが欲しい。
③看護師：摂食障害の原因を把握するために，口腔内のチェックと外食レクリエーションでのアセスメントを行ってはと思っている。ご本人は料理好きだったので，どのような食べ物や食べ方が好きか，家族（長女）から情報収集し，栄養士や介護員に伝えたい。低栄養対応については，高カロリー補助食品やジュースの購入などを家族にお願いしたい。脱水対策は，水分摂取と尿量のチェックで対応するので，介護員の協力をお願いしたい。
④長女：もともと食べることが好きなので，何とか好物を食べられるようになってほしい。</td></tr>
<tr><th>結論</th><td colspan="6">①新ケアプランへの同意　②低床用車いすの利用と外出レクリエーション参加について合意
③口腔内チェックと好きな食べ物チェックを行う。高カロリー補助食品の必要時の購入に同意
④長女が母の作った手料理（煮物）のレシピを作ってくる</td></tr>
<tr><th>残された課題
（次回の開催時期）</th><td colspan="6">身体機能を維持できていても，認知機能が伴っていないため，転倒のリスクが高くなっている。このリスクをなくすためにどんな工夫が必要か。</td></tr>
</table>

■ 施設サービス計画書（1） 第１表

利用者名　B　殿　生年月日　昭和○年○月○日　　作成年月日　平成○年10月24日

住所　　初回・紹介・継続　　認定済・申請中

施設サービス計画作成者氏名および職種　Y．A（介護支援専門員）

施設サービス計画作成介護保険施設および所在地　特別養護老人ホーム○○○○　○○県○○市

施設サービス計画作成（変更）日　平成○年10月24日　　初回施設サービス計画作成日　平成○年10月５日

認定日　平成○年９月22日　　認定の有効期間　平成○年10月１日～　平成○年９月30日

要介護状態区分	要介護１　・　要介護２　・　要介護３　・　要介護４　・　要介護５
利用者および家族の生活に対する意向	本人：左足の付け根が痛くてしかたないので何とかしてほしいです。家には帰りたい。忘れっぽくて仕方がない。あまり楽しいこともないので，ゆっくりとここに居られるだけでいいです。 家族（長女）：若いころの母は，厳しい人で料理が上手でした。不自由な体になってしまい，１人暮らしが無理なので同居を始めましたが，実家はそのままにしてあるので，またいつか見せてやりたいですね。週に１回は何とか面会に来たいです。
介護認定審査会の意見およびサービスの種類の指定	なし。
総合的な援助の方針	左大腿部頸部骨折の保存治療を考慮し，今後は低床用車いすを使った移動ができるように支援していきます。摂食障害の原因や脱水状態となる原因をチームで共有化し，食事と水分が増えるように援助します。料理好きだったご本人の希望を尊重し，気分転換を兼ねて外食レクリエーションでメニューが豊富なファミリーレストランも定期的に活用します。低栄養に対応するために高カロリー補助食品も利用します。 Bさんの苦痛にならない程度に離床時間を増やし，フロアーで他の入居者の方々と交流できるように，スタッフがかかわりづくりのお手伝いをします。

■ 施設サービス計画書（2） 第2表

利用者名　B　殿

生活全般の解決すべき課題（ニーズ）	援助目標				援助内容			
	長期目標	（期間）	短期目標	（期間）	サービス内容	担当者	頻度	期間
本人の「おいしさ」に着目し，必要な栄養と水分を自分で摂取できるようになり，体調を改善する。	摂食障害を改善し，自分で必要量を摂取できる。	H○ 10/24 〜 H○ 9/30	摂食障害の原因を見つけ，本人が「おいしい」と思える食べ物と食べ方を見つけ，低栄養を改善する。	H○ 10/24 〜 H○ 1/31	①食べ物の好き嫌いを把握して，食事形態や内容を工夫する(水分も同様)。→栄養ケアマネジメント加算	看護師 介護員 管理栄養士	食事時	H○ 10/24 〜 H○ 1/31
					②食事時の環境因子も考えられるため，外食レクリエーションなどを行い，環境を変えてみる。	看護師 介護員	食事時	
					③食事量が低下している時は，高カロリー補助食品を食べてもらう。	介護員 管理栄養士	毎食後	
					④水分摂取量と尿量をチェックする。	介護員	定期的	
認知症の症状を改善するために，入所者の人たちとふれ合い，活動的な日常生活を送ることができる。	生活動作・認知機能が維持され，施設内レクリエーションにも楽しんで参加できる。	H○ 10/24 〜 H○ 9/30	現在行えている生活動作を維持する。	H○ 10/24 〜 H○ 1/31	①離床時または臥床時に，立位がとりやすいようL字柵を使用する。	介護員	離床・臥床時	H○ 10/24 〜 H○ 1/31
					②車いすでの移動は，手を使わずに足を動かして前進できるので，低床用車いすを使用する。	介護員 理学療法士	随時	
					③転倒予防のため，スタッフが見守りを行う。	介護員		
		H○ 10/24 〜 H○ 9/30	施設の生活で楽しみが見つかり，刺激のある生活が送れる。	H○ 10/24 〜 H○ 1/31	①外食レクリエーションに参加したり散歩をしたりして，気分転換を図る。	看護師 介護員 ○○回転すし	随時 レクリエーション時	H○ 10/24 〜 H○ 1/31
					②施設内レクリエーション（マジックショー，カラオケなど）に参加する。	介護員 カラオケボランティア 手品ボランティア		

■ 施設介護経過　第７表

利用者名　B　殿　　施設サービス計画作成者氏名　Y．A

年月日	内容
H○.10/5	Ｐ病院（精神科）より入所。左大腿部頸部骨折の保存治療中で，移動介助や入浴・排泄介助では，痛みがあり，介助の拒否がある。
10/6	２日目は居室で過ごす。レクリエーションへの参加は拒否。ベッド上で寝ていることが多い。施設の環境に慣れない様子である。
10/12	食事の量にむらが多い。食べはじめは機嫌良く食べようとするが，後半は意欲がなくなり，介助をしてもようやく半分程度を食べるのみ。「まずい，食べたくない」と発語。もともと料理好きなせいか，施設の食事に馴染まないよう。
10/15	ようやく施設内を移動してみようとする気持ちが出てくる。腕の力が弱いため，右足で床を蹴って車いすを動かす。理学療法士より低床用の車いすが良いのではないかと提案があり，サービス担当者会議で検討することにする。排泄はポータブルトイレで対応。
10/24	サービス担当者会議を開催。（別紙）
10/25	摂食障害対策として，食事形態を栄養士と相談して変更する。米飯に代わりパン食にすると食べたい意向を示す。パンは朝・昼と各２枚を食べる。主食７割・副食５割。
10/27	２日前からパン食にしているが，今日は，食事量は５割に減る。「まずい」とつぶやく。低栄養状態なため，夕食時に高カロリー補助食品を提供する。
10/31	リハビリ体操のおかげで，離床・臥床時の立位は安定してきている。
11/5	昼食後，車いすを自走して居室に１人で戻ろうとしているところを，介護員が見つける。車いすからずり落ちそうになっていた。
11/8	施設内レクリエーションに参加をしたいと申し出がある。初めは眺めていたが，参加を促すと断る。「家に帰る」「もう寝たい」などの言葉があり，居室にて寝てもらう。
	サービス担当者会議で決まった外食レクリエーションを行う。ファミリーレストランでスタッフと同じハンバーグとパンを注文する。初めは食べていたが，途中から，まずそうな表情となり手が止まる。

年月日	内容
12/2	２回目の外食レクリエーションに参加する。今回は，家族（長女）から「母は刺し身が大好きです」と情報収集ができたので，回転寿司に行く。皿が回ってくるのを不思議そうに眺めている。「マグロが食べたい」「イクラがいい」と普段にない意欲的な言葉で注文をする。手づかみでおいしそうに口に運ぶ。計６皿を食べる。すべて自分で食べることができた。
12/3	昨日の回転寿司の外食レクリエーションを参考に，食事形態を変えてみる。米飯は握り寿司に似せて俵型にして，副食は極刻み食にする。「お寿司ですよ」と言うと「おいしそうだと手づかみで食べはじめる。自力で全量を食べる。
12/6	この日から，３食をすべて寿司に似せた俵型の米飯にする。本人の食欲はとても旺盛になる。
12/10	血液検査の結果，低栄養状態ではなくなったと医師が判断する。今後も食事の形態を「寿司型」に似せたものとする。
12/20	本日は施設行事のクリスマス。今日は，ボランティアによるマジックショーや輪投げ，カラオケショーがあった。長女夫婦は「本当に穏やかになってくれて驚きです。母は刺身が好きと言ったことが，これほど役に立つとは思いませんでした」と感謝の言葉を述べられた。
12/30	大みそかと正月の４日間，長女夫婦の自宅に外泊。当日，長女に服薬管理の知識と方法，食事介助の方法を教える。
H○.1/3	長女宅より帰設。「自宅では服薬管理はなんとかできた。寿司もよく食べ，ぐっすり眠ってくれた」と長女から報告を受ける。
1/10	低栄養の状態が改善され，「３カ月前と比べてふっくらとしたわね」と長女がうれしそうに本人に話しかける。
1/15	車いすの自走で，時間をかけながら仲の良い利用者の部屋を訪れていた。車いすからずり落ちそうなので見守りをする。
1/20	外食レクリエーションで回転寿司に行く。

編注）事例提供施設の記録スタイルを基に本事例において特徴的な部分を抽出した記録であり，記録のすべてではありません。

■モニタリング総括表

利用者名　B　殿

評価日：平成○年１月28日

課題	短期目標 （H○年10月～H○年１月）	目標の達成度 ○：達成 △：一部達成されず ×：達成されず		サービスの実施状況 ○：提供できた △：一部提供できた ×：提供できなかった		サービスの満足度 ○：満足 △：一部満足 ×：不満 ××：不明		身体的変化／心理的変化／暮らしの変化 ◎：向上　○：維持 ×：低下		今後の対応および新しい生活課題
本人の「おいしさ」に着目し，必要な栄養と水分を自分で摂取できるようになり，体調を改善する。	摂食障害の原因を見つけ，本人が「おいしい」と思える食べ物と食べ方を見つけ，低栄養を改善する。	○	主食を好物のおすしの形（俵型）にしたところ，自ら進んで食べるようになった。	○	食べ物の好き嫌いを把握し，食事形態や内容を工夫した（水分も同様）。食事時の環境にも配慮し，外食レクなどを行い，環境を変えてみる。食事量低下時は，高カロリー補助食品を食べてもらう。 水分摂取量・尿量をチェックを行った。	○	回転ずしに行った時は，食が進んだ。「○○を食べたい」ととても積極的だった。	◎	外食レクリエーションに参加することで，食の好みが分かり，自ら摂取することが増えてきたことはチームにとっても発見だった。 食事がとても楽しい時間になった。	摂取状態・栄養状態に問題がなければ，今後も継続していく。
認知症の症状を改善するために，入所者の人たちとふれ合い，活動的な日常生活を送ることができる。	現在行えている生活動作を維持する。	○	体力がつくことで車いす移動，立位がとれるようになった。	△	離床時や臥床時に立位がとりやすいようL字柵を使用する。車いす移動時は，手を使わず右足で床を蹴って前進する傾向があるため，低床用車いすにする。転倒予防のため，見守りを行うことができた。	△	低床車いすを使用した。 ただし，下肢を動かしての自走中，車いすからずり落ちそうになる。	○	車いすで自走することが増えたが，自分で危険を回避することはできない。 ただし，施設内の仲の良い利用者の部屋に行くことができるようになった。	車いす自走時は，必ず見守りを行う。立位は安定しているため，車いす浴からリハビリ浴への変更ができるかどうか検討する。
	施設の生活で楽しみが見つかり，刺激のある生活が送れる。	△	レクリエーションに参加するが，途中で飽きてしまい居室に戻る。ただし，クリスマスのレクリエーションには楽しく参加できた。	○	レクリエーション・散歩の参加を促し，常に声かけを行った。施設内レク（マジックショー，カラオケなど）参加してもらうことができた。	△	興味のある時とない時があった。気分のむらはあるが，スタッフのかかわりで改善することが分かった。	○	車いすでの散歩時，笑顔が見られることもあった。 レクリエーションも体調の具合で変わることがあり，その点を配慮していきたい。	身体・精神状態を考慮し，食事の次の好みを発見していく。

施設ケアマネジメントの見える化シート

ADL

水分摂取量と尿量の確認
介護員
(随時)

認知症短期集中リハビリ
作業療法士：午前
(火・木・金)

栄養状態改善
介護員
看護師
管理栄養士

移動介助
介護員
理学療法士

食事拒否改善
管理栄養士
介護員

IADL

好きな料理・得意な料理
介護員
長女

CADL

施設内レクリエーション
介護員
ボランティア

外食レクリエーション
介護員　看護師
協力：○○回転ずし店
ファミリーレストラン

音楽療法
音楽療法士
(午前：土)

会話散歩
長女夫婦
(面会時)

カラオケで歌う
カラオケボランティア
(午後：随時)

マジックショー
手品ボランティア
(午後：随時)

> なぜ「刺し身」が好きなのか，をしっかりと分析することで「見えてくること」もあるでしょう。

1．施設ケアの評価と助言

評価１：家族からの**「刺し身が好き」**という情報に基づき，外食レクで回転ずしに行く。食欲がとても旺盛でスタッフも驚く。自分で選んで食べられることが意欲を引き出すことになった。

〔助言〕一方的に食事拒否と決めつけるのではなく，「本人のおいしさ」に着目した動機づけポイントを探す努力を継続する。

評価２：食事の改善で体力がつき，低床車いすでの移動もできるようになったため，仲の良い利用者を訪問することができ，日々の意欲につながっている。

〔助言〕車いすを使って自力で移動する意欲は生まれてきたが，いすからずり落ちたりぶつかったりする危険がある。スタッフによる見守りは継続する必要がある。

> ユーザーの高齢化は，外食産業にとってもウィークポイント。協力店づくりは地域包括支援センターと一緒に行うのがベスト。

2．地域包括ケアシステムにおける施設が果たす役割の提案

・外食レクリエーションに**協力してくれる他の店舗（例：回転ずし）を開拓する。**

> 「ケアの連続性」のためには大切なことである。

・外食レクリエーションの成果を**栄養ケアマネジメントに引き継ぐ。**

・年末から正月にかけて自宅に帰ることを目指し，食事介助だけでなく認知症へのかかわり方やストレスケアの手法を伝える。

・長女夫婦に**施設ケアのボランティア体験をしてもらう**。

・回転ずしでよく食べるすしネタをメモし，施設の食事メニューに反映させる。

・**地域のすし店に**，ボランティアとして施設内すしパーティーに協力をしてもらう。

介護家族にとって，認知症ケアを学び体験できる機会の提供は重要である。

地域の店舗を地域ケア資源と位置づけ，連携を取る。

ムロさんのちょっといい話

地域の居場所づくり～施設で喫茶店型のサロンを展開～

大阪府Ｈ市にあるＳ社会福祉法人では，施設の建物１階部分を地域に開放し，地域住民がコミュニティサロン「喫茶ひだまり」を運営しています。

「誰もが気軽に集まれる居場所づくり」をコンセプトにして始まった取り組みは，元喫茶店のマスターとの出会いで話が具体化し，「喫茶店型のサロン」とすることが決まりました。

「集いやすい価格と無理のない運営」が基本で，福祉ニーズを持つ人にはボランティアとしてかかわってもらっています。

営業は週２回，14：00～16：00の２時間で，本格的なコーヒーを１杯100円で飲むことができます。スタッフには，地域住民，近隣大学生，発達障がいのある学生などがボランティアとして参加しています。

サロンは，施設の敷地内にあるため，施設入居者も気軽に参加でき，地域との「接点」としての役割を担っています。

事例3

認知症の拒否・暴言を2語文コミュニケーションで改善。在宅生活への復帰を目指す

老健・特養（特養に丸印）	
85歳・女性	
要介護度	要介護3
認知症自立度	Ⅳ
自立度	A

既往歴	現病歴
・肺がん（67歳）：手術 ・乳がん（70歳）：手術	・アルツハイマー型認知症（82歳）：薬物療法を開始。

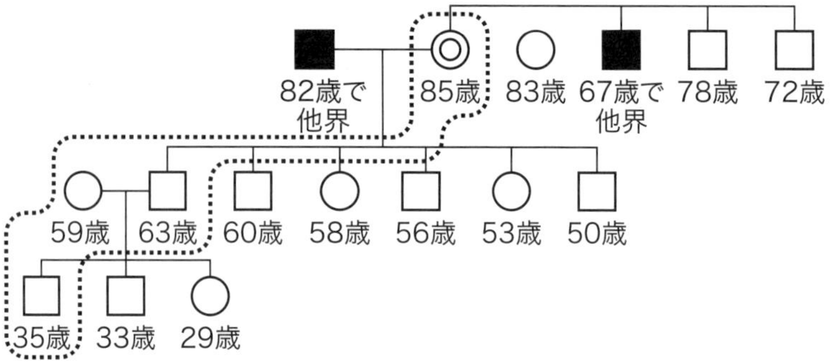

1．入所前サービスなどからの情報および入所に至った経緯

・82歳：徐々に物忘れが多くなっていると，なじみの美容院から情報提供がある。

・83歳ごろ：物盗られ妄想（お金や食べ物がなくなったなど）の言葉を頻繁に言うようになり，スーパーマーケットで万引き騒ぎを起こす。

・民生委員からの助言もあり，長男夫婦が付き添って受診したところ，アルツハイマー型認知症と診断され，要介護2の認定を受ける。

・長男の妻が頼りで，**そばにいると落ち着いている。**

・長男の妻は，日中は働いている（ホームセンターでパート職）ため，平日は週3回デイサービスを利用してきた。

> 2人の関係性を知るだけでなく，施設でのかかわり方の参考としたい。

2．初回面接からの主な情報

・**BPSD症状**として，夜中にトイレで混乱する，いろいろなものを集めてくる（収集癖），暴言・暴行が激しいなどがある。

・84歳のころから，夜中トイレに行くと戻れなくなったり，タンスを開けて何かを捜したりするようになる。

> BPSD症状が現れる時間帯や態度，言葉の傾向などを把握し，施設ケアに生かす。

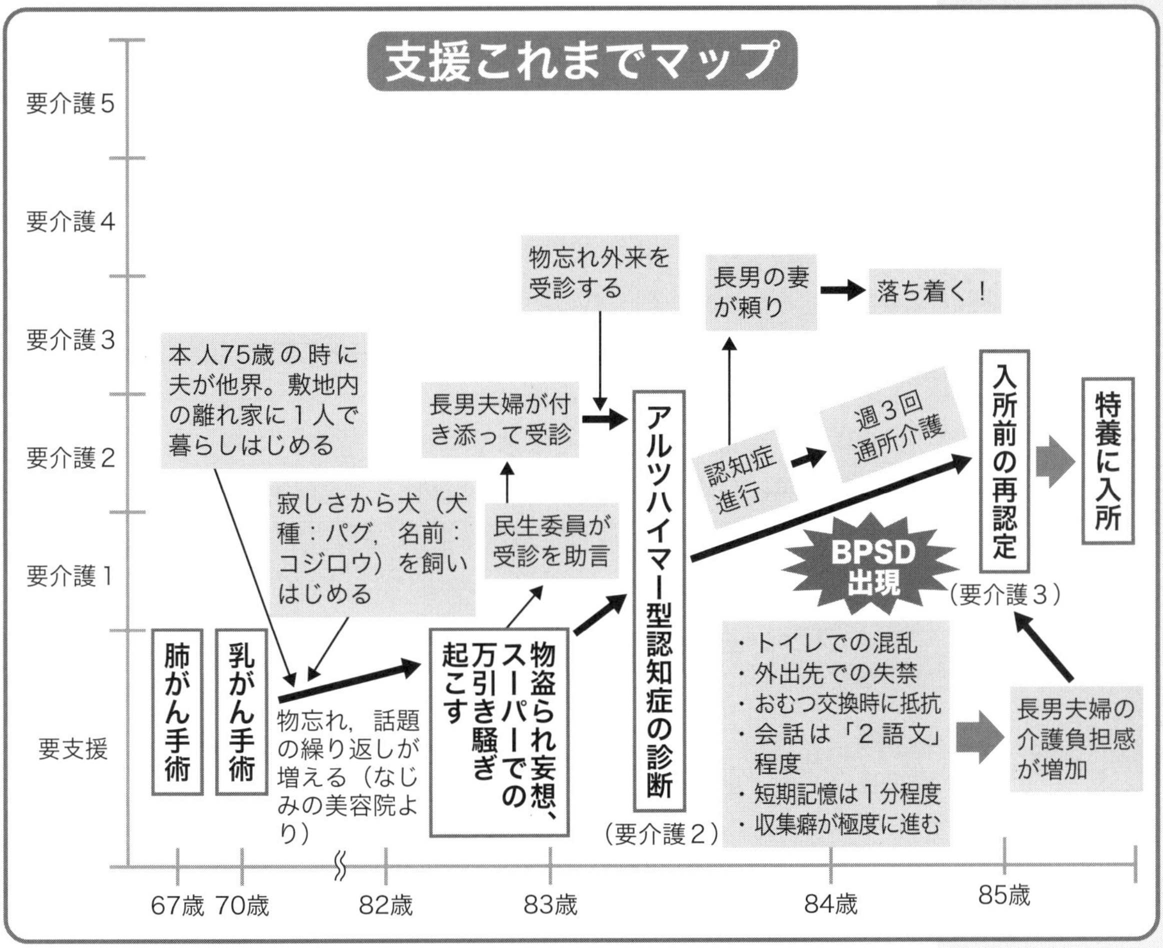

・外出先での失禁が増え，集めたものを下着の中に隠すようになる。
・排泄：おむつを使用し，交換時には抵抗する。
・入浴：脱衣の時に暴言を吐き，強く抵抗する。
・整容：元々は化粧をするのが好きだったが，今は全介助。
・会話のやりとりは２語文程度しか理解できない。
・短期記憶の保持は１分程度。繰り返しやりとりする必要がある。
・集めたものを長男の妻が取ろうとすると，暴言を吐いたり暴行したりするようになり，**長男夫婦の介護負担感が増しはじめる**。

> 介護負担感の改善がなければ在宅復帰は難しい。解決策を具体的に考える必要がある。

３．入所前の生活歴および生活習慣

生活歴

・農家（りんご栽培）の５人きょうだいの長女として生まれる。
・小学校卒業後は家業の農家を手伝っていた。
・20歳と時に林業を営む７歳年上の男性（長男）と結婚する。
・義母はとても厳しく，いじめられたことを今でも口にする。
・農家の嫁として**６人の子どもを育て上げる**。
・長男夫婦と孫１人と同居していた。

> ６人の子どもたちを「ケアの担い手」として巻き込むことで，長男夫婦の介護負担感の軽減が図れる。

・75歳の時に夫が他界した後は，母屋には長男夫婦が住み，敷地内に建つ離れ家に１人で暮らすようになる。

・寂しさから犬（犬種：パグ，名前：コジロウ）を飼いはじめる。

生活習慣

・農家だったので，朝５時には起床していた。

> 役割を担うことに積極的な面がある。ケアに活かす視点で当時の活躍ぶりを情報収集するとよい。

・評判の働き者。農協の**婦人会でもリーダー的存在だった**。

・家事の中でも特に料理と洗濯は得意だった。

・日中は，活動的に畑仕事や家事をする時と寝ている時がある。

・就寝時間は眠くなれば眠るという習慣だった。

・楽しいことが好き。テレビ番組は歌番組（好きな歌手は氷川きよし，天童よしみ）が好きだが，夫の影響で野球やボクシングの中継もよく観ていた。

4．プラン立案のポイント

・アルツハイマー型認知症のBPSD（拒否，暴言・暴行）が極度に出現しているので，精神的に落ち着ける関係をつくる。

・暴言・暴行を抑止するのではなく，行動や状態をよく観察し，タイミングを図って気持ちを他に向けるようにする。

・自分でできることを増やし，過介助にならないようにする。

・理解できない話し方をすると不安を増長させるため，会話は２語文程度のやりとりにする。

> 本人の「楽しみ」とADL・IADLの改善の取り組みが相互効果を生むように配慮する。

・**本人の楽しみ**（テレビの歌番組や野球・ボクシング中継）を尊重し，できることは現場で行うようにする。

5．課題の優先順位

課題１：認知症状の暴言・暴行を減らし，精神的に落ち着いた状態でコミュニケーションが取れるようになる。

〔理由〕 BPSDである暴言・暴行が長男夫婦の介護負担を増大させているため，２語文でも意思のやりとりができるコミュニケーションの方法の開発を最優先し，施設スタッフがうまくいったコミュニケーション手法を**長男夫婦にも会得してもらう**。

> 長男夫婦の介護負担軽減には効果的である。

課題２：季節ごとに居室の飾り付けなどができるようになる。

〔理由〕 居室の飾り付けにもこだわりがあるので，本人の肯定感が持てるように，簡単な掃除などから取り組めるようにする。

課題３：長男夫婦と共に毎日楽しさを感じながら生活できる。

〔理由〕 本人の楽しみの歌などは一緒に歌ってリハビリ効果を狙う。好きな野球やボクシングの中継は録画して繰り返し楽しめるように工夫する。長男夫婦にも**母親との楽しみ方を覚えてもらう**ことは，在宅復帰にはとても効果的である。

> 在宅復帰に向けた課題設定がされている。

■ サービス担当者会議の要点 第5表

利用者名　C　殿　　施設サービス計画作成者（担当者）氏名　H．K

開催日：平成○年11月22日　　開催場所：会議室　　開催時間：16：30～17：00　　開催回数：２回目

	所属（職種）	氏名	所属（職種）	氏名	所属（職種）	氏名
会議出席者	家族（長男夫婦）	F，M	生活相談員	K．W	管理栄養士	T．S
	施設長	T．O	作業療法士	M．Y	介護支援専門員	H．K
	看護師	N．Y	介護福祉士	N．S		
						＊本人は出席せず。

検討した項目	①本人の健康状態や認知症状に関して，専門的視点からのアセスメントの報告 ②暴言，暴行，易怒性に対しての支援方法について ③今後の家族への情報提供と在宅復帰について
検討内容	①介助方法やかかわり方を工夫することで，排泄や入浴動作を行うことができ，清潔保持や健康管理をしていける。日常生活で，自分でできることがあっても声かけや一部介助を必要とするので，つい過介助になりがちである。ADLで本人のできることややりたいことを把握して，可能な限り残存能力を引き出した生活を送っていただくように支援する。 ②認知症状で暴言や暴行となるのは，本人が何をするのかが分からず混乱した状態のまま介助をされることで，不安感を強くさせてしまうことが原因ではないか。その時は，本人も精神的な負担を感じている。２語文程度の声かけや身ぶりによる指示などの工夫を行い，スタッフ間で共有する。 ③家族には，認知症状や施設生活に対する不安感が軽減できるように，定期的に介護支援専門員から健康状態・生活状況の説明を行うと共に，在宅復帰のスケジュールを具体的にする。
結論	①アルツハイマー型認知症の進行の状況とADLの状態についてケアチームで情報を共有する。 ②短時間（１分程度）の近時記憶は可能なので，声かけ時に表情を見て介助する。怒りっぽくなっている時は，数分後に再度声かけをしたり，注意の移りやすさを利用して複数の職員で声かけをしたりしながら，介助する。本人のコミュニケーション能力の低下を十分に把握し，短い単語でゆっくりと声かけする。記録化し，スタッフ間で共有する。 ③面会時に家族への報告を随時行い，どのような会話なら本人が楽しいか，情報を提供してもらう。
残された課題 （次回の開催時期）	暴言や暴行の症状が軽減できず，より強く見られた場合は，薬の調整をどのタイミングで行うかを医師に相談する。 （次回は３カ月後に予定）

■ 施設サービス計画書（１）第１表

利用者名　C　殿　　生年月日　昭和○年10月１日　　作成年月日　平成○年11月22日

住所　　初回・紹介・(継続)　　(認定済)・申請中

施設サービス計画作成者氏名および職種　H．K（介護支援専門員）

施設サービス計画作成介護保険施設および所在地　特別養護老人ホーム○○○○　○○県○○市

施設サービス計画作成（変更）日　平成○年11月22日　　初回施設サービス計画作成日　平成○年11月８日

認定日　平成○年８月16日　　認定の有効期間　平成○年９月１日～　平成○年８月31日

要介護状態区分	要介護１　・　要介護２　・　(要介護３)　・　要介護４　・　要介護５
利用者および家族の生活に対する意向	本人：（意向把握できず）「早く早く」「ばか」などと言い，誰かに近くに来てもらい安心したい様子がうかがえる。 家族（長男の妻）：元気なころは穏やかな性格だったので，病気になってもできる限り家で過ごしてもらいたいと思っていました。しかし，どんどん何も分からなくなって，口調もきつく，手を上げるようになってきたので，どうすればよいのか分からずに困っています。他の利用者やスタッフに対しても，きついことを言ったり，手を上げてたりしてしまうと思うので，心配しています。義母も，どうしたらよいのかが分からなくて苦しいようです。義母にとっても，再び私たちと落ち着いた生活ができることが一番だと思います。歌番組や野球，ボクシングを見ることが好きなので，できるだけ見せてあげてください。週に１回は面会に来たいと思っています。
介護認定審査会の意見およびサービスの種類の指定	なし。
総合的な援助の方針	施設生活の中で介助を必要とする場面で，暴言・暴行などの易怒性が極端に現れることがあります。その際には，スタッフが２語文の指示や身ぶりを交えた声かけや誘導・介助方法を工夫し，本人の混乱や精神的負担を減らせるように支援していきます。残存能力を観察し，日常生活の活動やお茶入れ，テーブル拭きなど，自分でできることは少しでも自分でやっていただき，能力を維持していくようにしましょう。 歌が好きで口ずさんでいる歌もあるので，スタッフと共に歌を楽しめる環境づくりをしていきます。 ご家族は今でも在宅での生活を望まれています。自宅に戻ることが可能となった時はご本人の生活を安心して見守っていただけるように，面会時などにスタッフから現状の説明や介助方法の工夫点，かかわり方のコツなどを随時説明させていただきます。

■ 施設サービス計画書（2） 第２表

利用者名　　C　　殿

生活全般の解決すべき課題（ニーズ）	援助目標 長期目標	（期間）	短期目標	（期間）	援助内容 サービス内容	担当者	頻度	期間
認知症状の暴言・暴行が減り，精神的に落ち着いた状態でコミュニケーションが取れる。	誰とでも落ち着いたコミュニケーションが取れる。	H○ 11/22 ～ H○ 8/31	暴言・暴行などの表現ではなく，コミュニケーションが取れるようになる。	H○ 11/22 ～ H○ 1/31	①スタッフや他利用者などへの拒否的反応がある場合は，その都度近くに行き，本人の話をゆっくりと聞く。今の状況を汲み取っていることを本人に分かりやすく伝える。	看護師 介護員	随時	H○ 11/22 ～ H○ 1/31
					②脱衣・更衣を伴う活動（排泄，入浴）では，易怒性を高めないようにスタッフの声かけは短く行い，タイミングを変える，複数のスタッフで行うなどの工夫をする。	介護員	排泄・入浴時	
					③長男夫婦も２語文程度のコミュニケーションがとれるように，施設スタッフに付いてやり方を学ぶ。	長男夫婦	週１回程度	
居室の飾り付けなどができるようになる。	テーブルクロスなど簡単な縫い物ができるようになる。	H○ 11/22 ～ H○ 8/31	施設内での家事（掃除など）ができる場面を増やす。	H○ 11/22 ～ H○ 1/31	①日常の家事などの生活動作・作業活動（お茶入れやテーブル拭き：生活リハビリ）を行う。	作業療法士 介護員	毎日	H○ 11/22 ～ H○ 1/31
					②バリデーションを工夫し，家事動作や得意の花作りなどできる部分を褒める。	園芸ボランティア	週２回 （午後：火・木）	
他の入居者と共に楽しさを感じながら施設で仲良く生活ができる。	心穏やかに生活できる。	H○ 11/22 ～ H○ 8/31	好きな歌や好きな話題，野菜作りなどを通して，楽しい気分で過ごす機会を増やす。	H○ 11/22 ～ H○ 1/31	①余暇活動として，歌を一緒に歌ったり，音楽鑑賞やビデオ鑑賞をしたりする。	看護師 介護員 長男夫婦	余暇時間 週１回程度	H○ 11/22 ～ H○ 1/31
					②楽しいことを共有できるよう，一緒になじみの歌を歌うなど，タイミングをみて積極的に働きかける。	作業療法士 カラオケボランティア	週３回	
					③施設内の畑で他の入居者と協力して野菜作りを行う。	作業療法士 園芸ボランティア	週１回程度 （午後：水）	
					④長男夫婦の面会の時に犬のコジロウと施設の外を散歩する。	長男夫婦 ペットボランティア	週１回程度	

■ 施設介護経過 第７表

利用者名　C　殿　　施設サービス計画作成者氏名　H．K

年月日	内容
H○.10/15	長男夫婦に連れられて入所。自分がなぜここにいるのか，分からない様子である。
10/16	移動は自分で行え，食事も食べることができ，ほぼ全量摂取する。入浴を促すと脱衣の際に強い抵抗があり，「ばか，ばか」と言う。
10/17	おむつ使用でトイレも全介助である。おむつ交換は特に嫌がる。会話はできないが２語文程度なら理解できる様子。周囲の人をすべて「ばあちゃん」と呼ぶ。
10/19	今日は午後のテレビ番組で歌番組を楽しむ。気分はかなり落ち着いてきている。
11/1	サービス担当者会議
11/8	食堂で席に着き「早く」と本人が言っていたが，スタッフが他の利用者のケアを行っていたため，２分後に対応したところ「早く，ばか」と手を上げる。スタッフが謝る身ぶりをするが，様子が変わらないため，別のスタッフを呼び２人で声かけしてみたところ，注意がそれたのか，落ち着いた。
11/10	昼食を食べている際に，テーブルに味噌汁が少しこぼれていたのを見て，おしぼりで拭く姿が見られた。スタッフが身ぶりと指差しでテーブルを大きく拭くように促すと，そのとおりにできた。おやつの時などでも，テーブル拭きを促していく。
11/13	朝から表情が険しく，「早く」「ばか」の言葉が多い。他の利用者がその様子を不快に感じ「うるさい」と大声で怒ったところ，手を上げようとする。スタッフが気づいて注意をそらしたため，他利用者に手を上げることはなかったが，スタッフを叩いてしまった。
11/17	フロアーミーティングにて他者とのトラブルとならないように環境づくりについて話し合う。まず，食堂でのいすの位置を変更することにした。本人が「早く」などと言っている時には，すぐに近くに行って対応することを徹底する。
11/20	個別リハビリを実施する。茶の間にて，歌番組のビデオを見ながら，お茶を入れる作業を行ってもらう。お茶入れは，スタッフが指差しで説明すると，茶筒を開け，急須に入れることが可能。ポットから湯をそそぎ，湯のみ３つにお茶を入れた。指差しと「あっち」「こっち」などの短い声かけで注意を向けると一連の動作ができた。
11/22	サービス担当者会議（別紙）
11/24	個別リハビリで歌を聴き，「○○○音頭」に反応し，口ずさむ。近時記憶・即時記憶の障害は重度であるが，折り紙など手続き記憶は残存しているものが多い。日常生活動作においても残存している能力を評価することで，援助者への指導も行っていく。
12/3	入浴の声かけをすると，いすから立って浴室までスムーズに来る。身ぶりで脱衣を促すが，「ばか」と言い，動作が進まない。お気に入りの男性Ｋスタッフを呼び，会話の中で「ありがとうございます」「ばあちゃん」の言葉を入れると，落ち着いた様子になる。再度，指差しと「お風呂」という声かけで脱衣を促してみる。10分程度はかかったが，介助を受けながら脱衣を行えた。
12/10	記憶の保持が１分程度しかないため，周囲の状況や自分の不安をスタッフに求める手段が理解できず，「早く，ばか」と言う傾向があることが分かる。その言葉が出る前に声かけすることで，暴言が激化しないことが分かった。排泄や入浴などでは，行為直前の声かけを繰り返すことを試みると効果があることが分かった。
12/15	今日の入浴では，スタッフが身ぶりで脱衣を促すと，嫌々ながらゆっくりと介助を受けながら脱ぐことができる。着衣行為は，複雑で混乱するため，介助を受けてもできなかった。
12/22	クリスマス会では，穏やかな表情で歌を口ずさんでいた。
H○.1/3	長男夫婦が正月の面会に訪れる。正月の歌番組を一緒に見ている。機嫌が良い。
1/14	朝から機嫌が悪く，「早く，ばか」の言葉が多い。入浴も脱衣はしたが，「ばか」と言って拒否する。

編注）事例提供施設の記録スタイルを基に本事例において特徴的な部分を抽出した記録であり，記録のすべてではありません。

■ モニタリング総括表

利用者名　C　殿　　　　評価日：平成○年１月29日

課題	短期目標 (H○年11月～ H○年１月)	目標の達成度 ○：達成 △：一部達成されず ×：達成されず		サービスの実施状況 ○：提供できた △：一部提供できた ×：提供できなかった		サービスの満足度 ○：満足 △：一部満足 ×：不満 ××：不明		身体的変化／心理的変化／暮らしの変化 ◎：向上　○：維持 ×：低下		今後の対応および新しい生活課題
認知症状の暴言・暴行が減り，精神的に落ち着いたコミュニケーションが取れる。	暴言・暴行などの表現ではなくコミュニケーションが取れるようになる。	△	暴言は頻回に続いているが，他者とのトラブルや激昂することは軽減している。２語文でのかかわりは効果がある。	△	スタッフによってかかわる同じタイミングや方法が異なっているので統一することが必要である。	△	暴言・暴行はほぼ毎日の繰り返しであるが，激昂しなくなった。長男夫婦も２語文コミュニケーションのコツが分かってきた。	○	ADL・IADLは多少残存しているが，生活の中で介助がなければ実行することはできない。 行動に移る前の声かけやコミュニケーションの受け止めはよい。	「早く，ばか」の言葉が出ても，次の行為のための声かけを繰り返すことが必要。 長男夫婦が自然に２語文でやりとりができるようにトレーニングすることが必要。
居室の飾り付けができるようになる。	施設内での家事（掃除など）ができる場面を増やす。	△	理解しやすく伝わりやすい短い言葉で指示するとできている。	△	短期記憶の保持が１分程度のため，繰り返しの指示を行った。	○	どの程度の理解か判定できないが，落ち着いている時間も増えた。	○	家事や生活動作を自らやってみたいと求めることはない。 拭きそうじなどはできるようになった。	生活動作も本人の興味や関心の場面を長男夫婦からも情報収集し，あらかじめ推測して対応をする。
他の入居者と共に，楽しさを感じながら施設で生活できる。	好きな歌などを通して，楽しい気分で過ごす機会を増やす。	○	歌の時間だけでなく，落ち着いている時は好きな歌を口ずさみ，機嫌良く過ごすことができる。 畑作業の時も少し鼻歌を歌っていた。	○	個別レクで歌の時間に皆が歌い始めても，本人のやる気を促す必要がある。 畑作業は，声かけすれば水やりや草むしりができる。	△	歌を聞いたり口ずさんだりすることで，一瞬の間は楽しくしている。 隣りに気に入った人がいると機嫌が良い。 畑作業については，気嫌にムラがある。	○	その時の一場面のみであるが，本人なりに楽しめている。テレビの歌番組も好きで，好きな演歌歌手が出演しているだけで機嫌が良い。 畑仕事のおかげで，手先の機能は改善が見られる。	人間関係づくりの試みとして，５人程度の小グループで歌を歌ったり聞いたりする場面を試してみる。 小グループでのレクリエーションの時に，長男夫婦が参加できる機会をつくる。 長男夫婦に畑を一緒に見てもらい，褒めてもらうようにする。

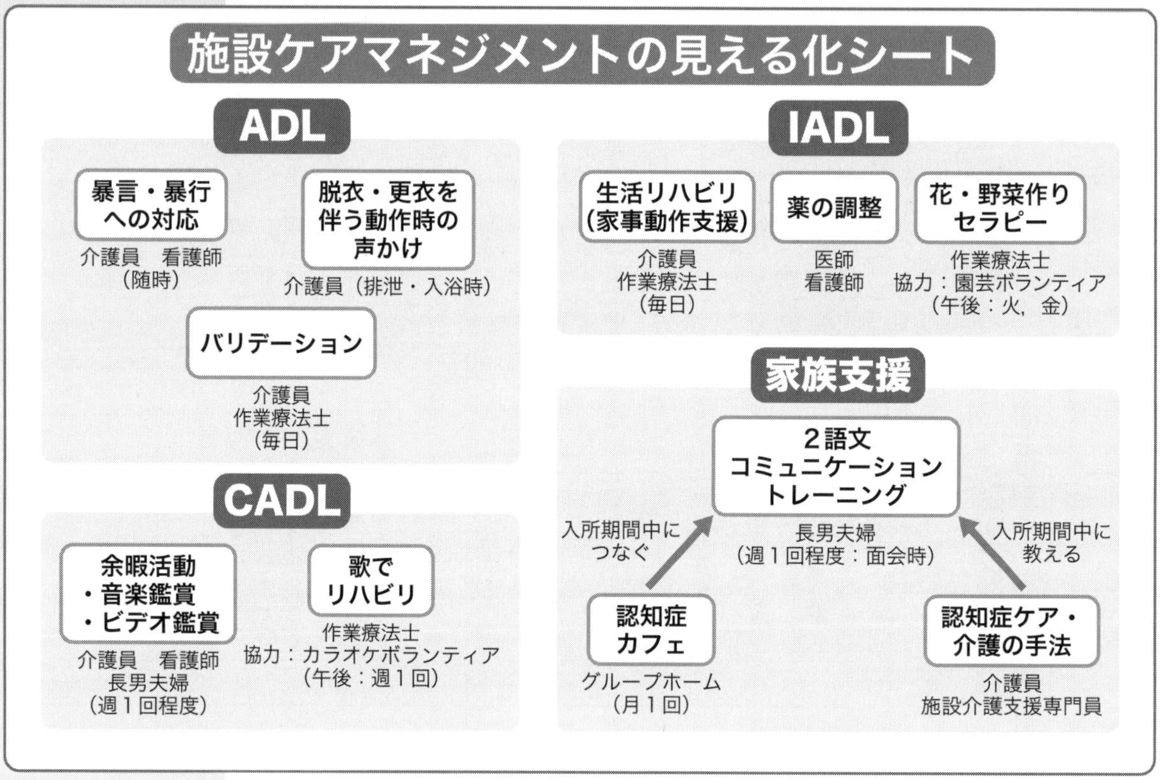

1．施設ケアの評価と助言

次は2語文コミュニケーションの内容の幅を広げてみる。

評価1：2語文でのコミュニケーションのコツをスタッフたちが共有化し，暴言はあっても激昂することは減った。

〔助言〕2語文でコミュニケーションを取るコツを共有することでケアに一貫性が生まれた。これを長男夫婦が会得できれば，在宅復帰の可能性が広がる。

「早く」「馬鹿」の言葉は，自分への苛立ちの表れ。本人のペースを尊重することで気持ちを落ち着ける。

評価2：声かけをして指示するとお茶を入れられるようになった。拭き掃除などもやってみようとする変化が見られた。

〔助言〕けっして急かさず，時には動作も見せ，本人の理解と納得を得ながら進めることで行えることが増えていく。

評価3：歌を歌うために口を開いたり口ずさんだりすることも増えている。本人との関係づくりができてきている。

〔助言〕5人程度の小グループで歌うなどの試みは，人間関係づくりの試みとしてとてもよい。その際にタイミングを見て長男夫婦を含める試みも評価できる。

2．地域包括ケアシステムにおける施設が果たす役割の提案

・在宅復帰できた時の介護負担の軽減のために，長男夫婦を**認知症カフェ**や認知症家族の会につなぐ。

・施設の駐車場などで「朝市」を開き，畑作業で収穫できた野菜と市民農園で獲れた野菜を販売する。

認知症カフェは長男夫婦の介護負担の軽減にも役に立つ。

地域貢献事業のヒント

市民ボランティアには「得意技」「趣味の技」で協力を依頼

施設と地域との懸け橋役となってくれるのが市民ボランティアです。利用者のADLの介護や健康管理は介護スタッフや看護師が行いますが，「心のケア」「日々の楽しい過ごし方」の支援は施設のスタッフだけでは限界があります。

特にCADL（文化的日常生活動作）を満たすためのケアは，介護スタッフではなく「その道に詳しい人」にお願いするのが一番です。ボランティア自身も，自分が得意とすることや趣味であれば一緒に楽しめる利点があります。

- 文化活動：歌，演奏，絵画，書道，写真，絵手紙，囲碁，将棋，麻雀，カラオケなど
- 手作り品：刺繍，裁縫，パッチワーク，手芸など
- 健康づくり：体操，ダンス，舞踊，ヨガなど
- 園芸など：花作り，野菜作り，庭木剪定，ガーデニング

また，ボランティア募集も「一芸ボランティア募集」などと工夫し，登録ボランティアの顔写真を施設のホームページや広報誌に掲載して，頑張りと楽しさの「見える化」を行いましょう。

事例4

重度認知症の高齢者でも「ウキウキすること」で「役割」を担うことができた

老健・特養
73歳・女性
要介護度　要介護3
認知症自立度　Ⅲa
自立度　J

既往歴

・肺がん（53歳）：手術。

現病歴

・C型慢性肝炎（50歳）：服薬治療を継続中。
・高血圧症（50歳）：服薬治療を継続中。
・アルツハイマー型認知症（69歳）：服薬治療を継続中。

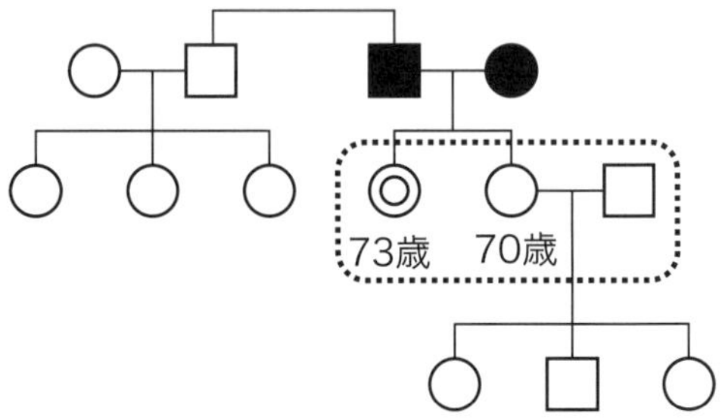

1．入所前サービスなどからの情報および入所に至った経緯

同居の経緯などは，家族間の力関係などを把握する上で参考になる。

・69歳で認知症状が現れ，**妹夫婦の勧めで同居を始める。**
・本人は嫌がったが，妹夫婦の強い勧めでようやく精神科を受診し，アルツハイマー型認知症と診断される。
・介護保険の申請を行い，要介護２と認定される。
・認知症のリハビリテーションを兼ねて，通所介護を週２回，訪問介護を週３回，介護ベッド，配食サービスを週５日利用する。
・72歳ごろから徘徊が頻回になる。１日に何度も近所を徘徊するが，近所の見守りもあり，自宅に帰ることはできていた。
・半年前から，高価な植木鉢を川で洗う，妹夫婦との会話に混乱し突然怒り出す，尿失禁をするなどの症状が見られるようになった。
・その後，家でガスレンジを消し忘れ，**台所が焼けてしまう。**
・緊急で短期入所を利用し，そのまま入所となる。

近所との関係が難しくなったことも予測できる。

2．初回面接からの主な情報

・歩行に支障はなく，施設内を散歩できる。
・短期入所利用時は，10日間程度で自分の部屋を理解できるようになった。

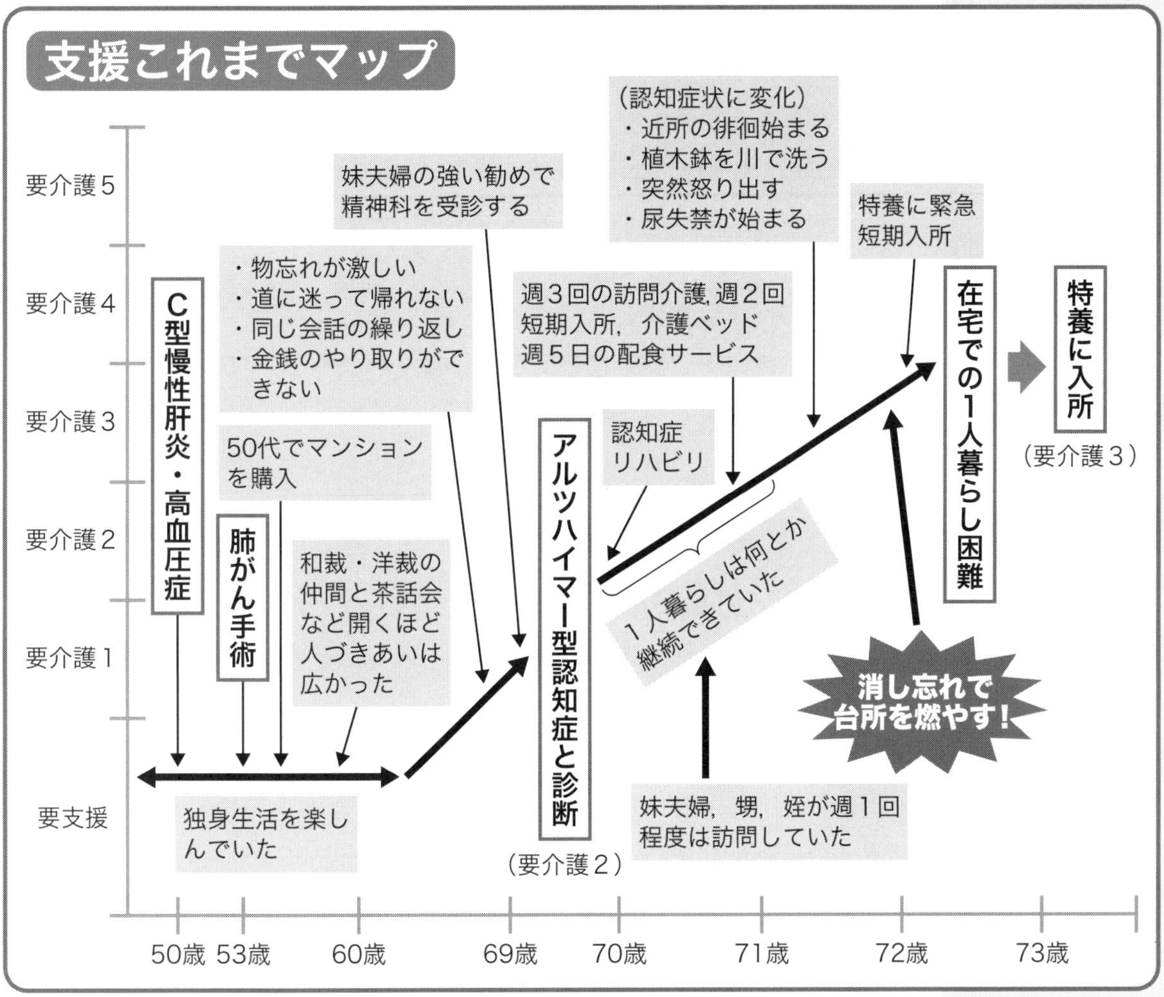

・排泄や入浴に介助を要するが，**激しく嫌がる**ことが多い。

・料理をする時間は，鍋の蓋を開けたり味見をしたりして楽しんでいる。

・食事は自力で食べられるが，ご飯におかずを混ぜて遊びだすため，結局，食べないことが多い。

・箸を使って食べるが，使い方が分からない時もある。

・短期入所中に妹が面会に来た時は，ホッとしたような笑顔で会話を楽しんでいる。

認知症の本人にとって入浴や排泄の介助はどのような印象か，考えてみよう。

３．入所前の生活歴および生活習慣

生活歴

・実家は３代続く呉服屋。明治生まれの厳格な祖父母と大正生まれの父母，昭和生まれの娘２人の６人家族。

・空襲で焼け出され，呉服屋は廃業。その後，**父は闇屋となる**。

・母から洋裁や和裁を習ったおかげで，１人暮らしをしても生計を立てることができた。このころから独立心は旺盛だった。

終戦時の配給制のころは闇屋は犯罪者として摘発された。闇屋をやらざるを得ないほどの追い詰められた生活であった。

> 結婚するのが当たり前の当時は，身内からの批判を覚悟する強さがある。

・見合いをするが縁がなく，**30歳のころ，結婚はしないと決める。**
・親類が集まった時は，自分が長女であることを強調する発言が多く，**長女としての役割や立場を強く意識していた。**
・30代から1人暮らしをし，50代でマンションを購入する。

生活習慣

> 強い女性の一面とかわいい動物を愛玩する一面がある。本人らしさを把握する良いエピソードである。

・50代から，洋裁仲間と頻繁に茶話会などを行う。
・**血統書付きのチワワをかわいがり**，毎日の散歩を楽しむ。
・チワワの写真集をながめていると落ち着く。
・おしゃれが好きで髪形にもこだわり，ピンクの色地を好む。
・マニキュアにこだわりがあり，派手めの化粧を好む。

4．プラン立案のポイント

> 思いどおりに生きてきたからこそ，思いどおりにならない「もどかしさ」は，情けなさなどの自己否定につながりやすい。

・今まで**思いどおりに生きてきた**ので，本人の意欲やその時の気分を尊重したかかわりを行う。
・施設での生活でも本人の好みを取り入れる。
・本人のCADL（例：食べ物，食器，エプロンなどへのこだわり）を，本人の反応を観察し，ケアのさまざまなシーンに取り入れる。
・もともとおしゃべり好きで，社交的な面がある。日中のアクティビティでは，他の入居者とは意図的に距離のある会話をしている。
・ユニットの強味である食事作りへの参加や服・小物への刺繍などをプランニングし，認知症状の進行の防止に役立てる。

5．課題の優先順位

課題1：自分好みの楽しい食事環境で，おいしく食べられるようになる。

〔理由〕ユニットケアでは，本人のさまざまな「こだわり」を大切にしてケアに取り入れることで，施設の暮らしになじめることを目指した。

食べるだけでなく，**地域のスーパーマーケットへ**の食材の買い出し，**地域ボランティアの協力**による郷土料理作りやおやつ作りなどにも取り組むこととした。

> 食べることを目的とするのではなく，地域のさまざまな資源を活用すると，意欲づくりにつながるだけでなく地域とのネットワークづくりにも役立つ。

課題2：施設でうきうきと過ごせる「楽しみ」をつくり出す。

〔理由〕職員が本人の「楽しみ」を一方的に決め付けるのではなく，妹夫婦から聴き取りを行い，「うきうき」という表記を加えた。

聞き取りで分かったのは，**犬好き**ということ。歩行の誘導に，施設で飼っているヨークシャーテリアを活用することを決める。また，**お出かけ先**によっておしゃれ（例：服，化粧，マニキュア）を楽しめるように工夫する。

■ サービス担当者会議の要点 第５表

利用者名　D　殿　施設サービス計画作成者（担当者）氏名　H．A

開催日：平成○年６月30日　開催場所：会議室　開催時間：13：30～14：00　開催回数：２回目

	所属（職種）	氏名	所属（職種）	氏名	所属（職種）	氏名
会議出席者	施設長	M．K	ユニット統括リーダー	K．D	介護支援専門員	H．A
	施設長補佐	A．U	看護師	N．E	管理栄養士	I．T
	生活相談員	C．H	ユニットリーダー	T．F	本人	D
			ユニットスタッフ	A．G	家族（妹）	E
検討した項目	①入所後の状態把握と課題 ②今後の生活支援についての確認					
検討内容	①環境の変化で認知症が進んだためだろうか，食べることに意欲が持てず，食事行為そのものが理解できなくなった様子。ご飯とおかずを混ぜてしまって食べない時もある。食事そのものに全く関心を示さない時があり，スタッフも戸惑いがちであったが，いくつかの工夫が効果的だった。 ②排泄や入浴の時に介助されることに激しく抵抗する。世話にならざるを得ないことのいら立ちと恥ずかしさからくる行動ではないか。 ③最初の１週間は施設内を自由に散歩して楽しめていた。他の利用者とエプロンを買いに外出した際に化粧をして出かけることがうれしそうな様子である。本人のCADLとして位置づける。					
結論	①食べたくなるような環境づくりとして，外出時のレストラン食（例：F区のレストラン○○），ひと口大のおにぎりにふりかけなど，引き続き工夫する。 ②排泄時や入浴時の介助は女性スタッフが行い，やさしい声かけなどで羞恥心に配慮したケアを心がける。 ③好きなペット（犬：ヨークシャーテリアの○○）との散歩を楽しみ，活動量を増やすことで食欲の増進につなげる。おしゃれや化粧にも心配りをし，本人の表情が豊かになるようにかかわる。 ④生活相談員が妹から子ども時代のエピソードについて聴き取りをする。 ⑤洋裁仲間と協力して，施設で刺繍を指導する役割を担ってもらう。					
残された課題 （次回の開催時期）	食べられない日が続いた場合は，管理栄養士や看護師，介護職と連携しながら，チームでカンファレンスを行う。 （次回は１カ月後に開催予定）					

■ 施設サービス計画書（1） 第1表

利用者名　D　殿　　生年月日　昭和○年○月○日　　作成年月日　平成○年６月30日

住所　　初回・紹介・継続　　認定済・申請中

施設サービス計画作成者氏名および職種　H．A（介護支援専門員）

施設サービス計画作成介護保険施設および所在地　特別養護老人ホーム□□□　○○県○○市

施設サービス計画作成（変更）日　平成○年６月30日　　初回施設サービス計画作成日　平成○年６月15日

認定日　平成○年５月15日　　認定の有効期間　平成○年６月１日～　平成○年５月31日

要介護状態区分	要介護１　・　要介護２　・　要介護３　・　要介護４　・　要介護５
利用者および家族の生活に対する意向	本人：かわいい犬との散歩は楽しい。外に行く時はきれいにして行きたい。おしゃれは大好きなので，化粧する時には手伝ってほしいです。 家族（妹70歳）：食べ方を忘れたのか，食器で遊んだりおかずを混ぜたりして食べない時もあるので，本人の気分に合わせて食べられるようにうまく勧めてほしい。昔は洋裁の仕事をしていてとてもおしゃれできれい好きだったので，身の回りをきれいにし，髪も，おしゃれにカットしてほしい。頑固で自分の主張は通す性格なので，本人の気持ちを大事にしてほしい。独身で，今まで自分の思うとおりに生きてきた姉なので，本人の気持ちを聞きながら，かかわってほしいです。 生活の中に楽しみがあればいいですね。もともと多趣味（植木や畑仕事，ペットの飼育など）なので，そういう機会があれば参加させてほしいです。地域に洋裁の仲間や知人がいるので，面会に来ることがあれば会わせてあげてください。
介護認定審査会の意見およびサービスの種類の指定	なし。
総合的な援助の方針	ご本人が昔から好きでされていたことを生活の中に取り入れて，活気のある暮らしができるように支援いたします。洋裁・和裁が得意でおしゃれが好きとのことですので，日常的な身だしなみは清潔にし，おしゃれに過ごしていただきます。ご本人の気持ちに合わせて化粧をして出かけたり，楽しみのある生活をしていただきます。施設で飼っているペット犬（ヨークシャーテリア）の飼い主になっていただいて一緒に散歩をしたり，畑仕事などの際には，一緒に手伝ってアドバイスをしていただきたいと思います。食事など手助けが必要な場面では，ご本人の力を生かしながら支援いたします。ご家族や友人・知人の面会時にはゆっくり過ごしていただけるよう，環境などに配慮します。

■ 施設サービス計画書（2） 第２表

利用者名　　D　　殿

生活全般の解決すべき課題（ニーズ）	援助目標				援助内容			
	長期目標	（期間）	短期目標	（期間）	サービス内容	担当者	頻度	期間
自分好みの楽しい食事環境でおいしく食べられるようになる。	食事を楽しみながら自分の力で食べることができる。	H○ 6/30 ～ 12/31	自分から進んで食べることができる場面を増やす。	H○ 6/30 ～ 9/30	①食事を楽しめるように，メニューの説明をしたり，好みのきれいな色彩の料理を工夫したりすると共に，好きな食べ物は何か知るようかかわる。	介護員 調理員 管理栄養士	食事時	H○ 6/30 ～ 9/30
					②他の利用者と食事をしながら，会話を楽しみ，食欲が増すよう環境を整える。	他の利用者 介護員	食事時	
					③時には，ご飯をのり巻きやおにぎりにして，彩の良いふりかけをかけ，色にも配慮して食べやすい工夫をする。	介護員	随時	
					④きれいな色やかわいい柄の食器やランチョンマットで食卓を飾る。時には，エプロンや割烹着などを着てもらう。	介護員	随時	
					⑤食べたい食材をスーパーに買い物に行った後，郷土料理やおやつ作りを他の利用者と共に行い，食べたい気持ちを引き出す。	他の利用者 介護員 ボランティア	月１回	
					⑥本人のペースを大切にして，自分で食べられるよう勧める。	介護員	食事時	
					⑦食べられない日が続いた場合は，管理栄養士・看護師と連携し，食事のメニューを工夫する。	看護師 管理栄養士	随時	
施設の暮らしで，うきうきと過ごせる「楽しみ」をつくりだす。	おしゃれなどを生かし，外出の機会を月１回はつくる。	H○ 6/30 ～ 12/31	楽しみながら日中の活動量を増やし，レクリエーションにこまめに参加する。	H○ 6/30 ～ 9/30	①本人の気持ちに合わせて園内散歩に誘い，地域の話などをしながら，楽しい時間を過ごしてもらう。園内で飼うヨークシャーテリアと一緒に散歩をしたりして，楽しく運動する。笑顔や表情にも気を配る。	介護員 ヨークシャーテリア	毎日	H○ 6/30 ～ 9/30
			好きな刺繍で小物などを作れるようになる。	H○ 6/30 ～ 9/30	①洋裁仲間にも協力してもらい，週１回は刺繍でハンカチづくりなどを指導する。	介護員 洋裁仲間	随時	H○ 6/30 ～ 9/30
					②おしゃれをして外出し，買い物をしたりレストランで昼食を楽しんだりする。	他の利用者 介護員	月１回	

■ 施設介護経過　第7表

利用者名　D　殿　　施設サービス計画作成者氏名　H. A

年月日	内容
H○. 6/1	火の消し忘れで台所を燃やし，緊急短期入所からの入所となる。歩行は自立していたが，多少混乱が見られる。
6/3	食事は食べられるが，集中できずについつい遊んでしまいがちになるので，声かけをする。
6/7	自分の部屋に戻れず，施設内を不安そうに歩き回っている。部屋に誘導しようとすると拒否する。
6/10	食事作りはとても楽しそうにする。ユニットでは包丁は使えないが，味見をして味付けをする。
6/13	食事時，かわいいランチョンマットで飾ると，とてもうれしそうに食事に集中できる。ただ隣のＦさんと軽く口論になる。
6/15	昼食時，味噌汁を飲んだだけで立ち上がり，他の利用者が食べるのを見ているのみ。何回か声をかけるが，嫌がって食べない。不機嫌になり席を立ち，部屋に戻る。
6/18	朝食時，スタッフが着ているエプロンに興味を持ち，しきりに触っている。着てもらうと，にっこり笑顔になり喜ぶ。
	おやつの時間，エプロンを着けて一緒にホットケーキを作ると，ジャムを付けておいしそうに食べている。隣りの利用者にも分けてくれた。朝食と昼食は食べたが，夕食は食べず。
6/30	サービス担当者会議（別紙）
7/15	朝から機嫌が良く，散歩に誘うと一緒に行く。その後，お気に入りのソファーに座って犬をかわいがっている。楽しそうな笑顔が見られた。
	昼食時，ご飯を一口大のおにぎりにしてピンクのふりかけをかけると「あらー」と声を出して喜ぶ。残すことなく食べている。
7/22	妹の面会あり。初めは，顔が分からず戸惑っていたが，徐々に理解し，会話を楽しんでいた。妹にエプロンを気に入っていることを伝えると，昔から着けていたので，購入して良いとのこと。妹と一緒に，機嫌良く食事をする。
7/25	他の利用者と一緒に，エプロンを買いに外出。化粧をして自分で作ったお気に入りのブラウスを着てうれしそうな笑顔が見られた。自分で選んだエプロンを購入。
	昼食は，レストランでハンバーグとソフトクリームを食べる。周りを眺めて楽しそうにしている。
8/7	子どもたちの訪問があり，風船バレーに参加する。一生懸命手を伸ばして活躍。おなかがすいた様子で，昼食はしっかり食べる。
8/15	先日，購入したエプロンを着けて，近所のスーパーマーケットへ買い物に出かける。トマトやきゅうりを手に取り，選んでいる様子。帰って来てから，他の利用者と一緒に昼食のカレーを作る。カレーの味見をしたり，サラダ用のいもをつぶして和えたりして活躍。おいしそうに食べていた。
8/22	調理員が手作りの寒天をおやつに出してくれる。寒天は食べず，うさぎの絵が描かれたピンクの皿が気に入って放さない。夕食時，そのうさぎの皿におにぎりを乗せて出したら食べた。21日，22日もうさぎのお皿に乗せて食事を出すと，うれしそうに食べる。
8/23	園内を散歩し，就労支援の障がい者のミニ売店“ポケット”まで行く。アイスクリームを買って休憩する。皆に声をかけられ，照れる。
9/4	喫茶店から招待があり，友人と歩いて出かけ，ケーキとお茶をご馳走になる。店の人に話しかけられ緊張した表情になる。
9/9	通所介護に来ていた地域の友人が面会に訪れ，地域の話や昔の思い出話をしてくれる。うなずいたり，目を大きくしたりして聞いている。家のそばにある菓子屋の和菓子をお土産にもらい食べている。
9/12	部屋におらず，自分で散歩に出かけている。犬の所に来ているとスタッフから連絡あり。ソファーに座り「みかん」と名前を呼びかわいがっている。「一人で来たのですか？」と声をかけると，「へへへ」と笑って得意そうにしている。

編注）事例提供施設の記録スタイルを基に本事例において特徴的な部分を抽出した記録であり，記録のすべてではありません。

■モニタリング総括表

利用者名　D　殿　　　　評価日：平成○年９月20日

課題	短期目標 (H○年６月～ H○年９月)	目標の達成度 ○：達成 △：一部達成されず ×：達成されず		サービスの実施状況 ○：提供できた △：一部提供できた ×：提供できなかった		サービスの満足度 ○：満足 △：一部満足 ×：不満 ××：不明		身体的変化／心理的変化／暮らしの変化 ◎：向上　○：維持 ×：低下		今後の対応および新しい生活課題
自分好みの楽しい食事環境でおいしく食べられるようになる。	自分から進んで食べることができる場面を増やす。	○	ご本人が食べたくなるような環境をつくり，かかわりが持てた。	○	本人が好む色彩や手作りの料理や食器など環境にも配慮することができた。	△	工夫したことに関しては，笑顔が見られ，食事も進んでいたが，食べない時や機嫌を損ねてしまう場合もあった。	○	本人が好む環境を工夫して提供でき，笑顔も見られ食事を楽しんでいた。手作り料理や食材の買い出しも張り切って楽しそうに活躍していた。他の入居者から「おいしい」とお礼を言われ，うれしそうにしていた。	食べない時の対応をユニットのスタッフや管理栄養士と検討する。 他はプランを継続する。
施設の暮らしで，うきうきと過ごせる「楽しみ」をつくりだす。	楽しみながら日中の活動量を増やし,レクリエーションにこまめに参加する。	○	入所１カ月は，散歩に誘っても嫌がらないようになった。犬の散歩も楽しんでいた。子どもたちが訪問した時は，一緒に運動ができた。	○	本人の気持ちに合わせて提供できた。	○	おしゃれをして外出したり，園内の散歩ができたり,目的を持って出かけることで楽しそうにしている様子が見受けられた。	◎	売店や喫茶店に遊びに行ったり，おしゃれをして買い物に出かけたり刺繍をすることで，生活の中に活気が生まれ，さまざまな表情が見られた。地域の友人の昔話を聞いている時は目が輝いており，良い表情だった。8月からは，自分で散歩に行きたいと訴えるような時もあった。	プラン継続。 引き続き本人が意欲的になれることを発見し，ユニットでのケアに生かしていく。
	好きな刺繍で好きな小物などを作れるようになる。	○	洋裁仲間の協力でハンカチ５枚にきれいな刺繍を完成させることができた。	○	介護員も一緒に楽しんで参加することができた。	○	刺繍が完成したハンカチをずっと手に握っていることがあった。	◎	認知症があるものの集中して取り組め，ハンカチを５枚完成させられたことは自信になった。	刺繍の完成品は，施設の展示コーナーで期間限定のお披露目会を行い，妹夫婦に来てもらう。

施設ケアマネジメントの見える化シート

ADL

- **食事の見守り**
  介護員
  （随時）
- **入浴の介助**
  （女性）介護員
  （週３回）
- **トイレの介助**
  （女性）介護員
  （随時）
- **歩行の誘導**
  介護員
  ヨークシャーテリア犬の○○
- **おしゃれの介助（髪形，化粧，マニキュア）**
  （女性）介護員
  ○○美容室
  美容ボランティア
  （週１回）
- **服薬治療**
  ・C型肝炎症
  ・高血圧症
  ・アルツハイマー型認知症
  主治医 看護師 管理栄養士

IADL

- **食事作りお手伝い**
  ユニット介護員
  料理ボランティア
  （随時）
- **郷土料理・おやつ作り**
  ユニット介護員
  料理ボランティア
  （週１回）
- **食材の買い出し**
  ユニット介護員
  ○○スーパーの店員
  （週１回）
- **服や小物に刺繍**
  洋裁の仲間
  （午後：水・金）

CADL

- **おしゃれに関する会話とお手伝い**
  洋裁の仲間
  なじみのブティックの店員（木）
- **ウキウキできる楽しみを話す**
  妹夫婦 介護員
  （随時，面会時）
- **○○レストランで外食**
  介護員 家族 ○○レストラン店長
  （月２回程度）
- **チワワの写真集**
  介護員 家族
  話し相手ボランティア
  （随時）

1．施設ケアの評価と助言

評価１：食べる環境づくりを目指し，他の入居者との弾んだ会話，**好みの食器や盛り付け**などが行えた。食材の買い出しもスーパーマーケットの店員の協力もあり，地域ボランティアの協力で料理も行えた。

〔助言〕食べることだけでなく，本人にとっての「食べることの楽しさ」の環境づくりに着目した点が良い。**おしゃれも場所別で違ってくる**ので，工夫ができている。

評価２：本人の楽しみを焦って探すのではなく，妹夫婦からの聴き取り，暮らしぶりの観察や**地域の友人や洋裁仲間との語らい**や協力して行った刺繍指導などから把握することができている。

〔助言〕73歳では，80代の入所者と楽しみが一致しないこともある。施設で飼っている犬を活用したアニマルセラピー，地元のレストランや喫茶店におしゃれをして出かけるなど，ユニークなケアをつくり出すことができている。

> **食事のこだわりはメニューだけでなく，食器や盛り付け,おしゃれにもある。**

> **家族が本人の好みを知らないことも多い。友人がよく知っていることもある。**

2．地域包括ケアシステムにおける施設が果たす役割の提案

・本人らしさ（例：おしゃれ）を引き出すには，地域の民間資源（例：美容室，化粧品店，洋品店）の人に本業を生かした**ボランティア協力**を依頼する。

・**70代の話題**が話せる話し相手ボランティアを募集する。

> 同じ世代だからこそ盛り上がる話題がある。話し相手ボランティアを世代別に募集するのはよい。

・食材の買い出しを「地域社会への参加」と考え，定期的な訪問先として位置づける。

・完成した刺繍は，施設内だけでなく「施設からの地域発信」として**地域イベントなどで展示する機会をつくる。**

> 社会福祉法人の地域貢献事業としても取り組む。

・施設利用者の外出先として，地元のレストランや回転すし店や喫茶店など，さまざまな店舗に協力を依頼する。

・地域のペットショップにアニマルセラピーのテーマで協力してもらうなど，日頃から連携を深める。

ムロさんのちょっといい話

生活の質（QOL）を上げるアニマルセラピー

アニマルセラピーとは，動物との交流によるセラピー（療法）の一種で，日本で生まれた造語です。動物介在療法，動物介在活動とも言われ，精神障がいや情緒障がい，リハビリテーションなどで活用されています。

動物が持つストレス軽減効果や動物を世話をするという役割効果，動物がなついてくることによる自己肯定感の回復などの多面的な効果は，高齢者分野だけでなく障がい者や引きこもり・不登校の子どもたちにも効果が注目されています。

アニマルセラピーで活躍する動物は，犬，猫，ウサギ，モルモットなどが多いようです。

事例5

転倒のリスクの高い認知症高齢者に「楽しみ」を取り入れたケアで心身機能を活性化

老健 ・ 特養
89歳・女性
要介護度　要介護4
認知症自立度　Ⅲa
自立度　A

既往歴

・肺炎（85歳）
・大腸炎（85歳）
・右大腿骨頸部骨折（86歳）

現病歴

・アルツハイマー型認知症（86歳）

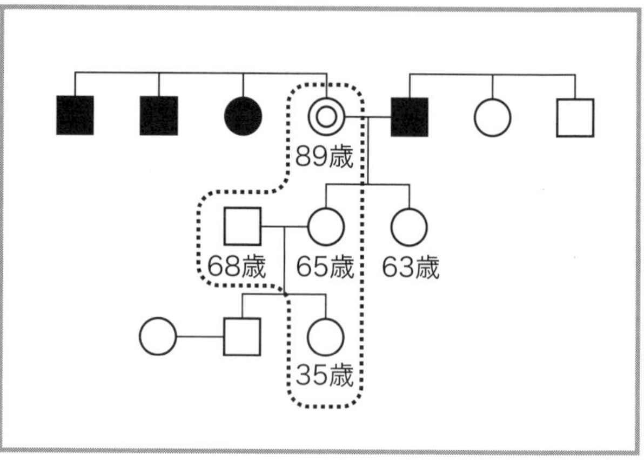

1．入所前サービスなどからの情報および入所に至った経緯

長女の母親への思いを把握できる情報として貴重である。

・84歳で階段から転落。腰を激しく打ち入院。右足の骨折が分かり，長女が認定調査を申請。要介護１と認定される。
・１人暮らしは無理と判断した長女が引き取り，**同居介護を試みる**。
・週３回デイサービスを利用していたが，見知らぬ人ばかりで不穏な状態となることが多かった。
・長女の夫（68歳）と孫娘（35歳）がいる環境はかなりのストレスだったようで，幻覚（死んだ夫と会話するなど）が現れたり，夜間に突然外に飛び出すなど不穏状態になったりした。
・**幻覚の現れ方**が強いため，86歳の時にA病院精神科を初めて受診した。
・その後，同居介護は無理と判断し，B介護老人保健施設に入所する。

どのような幻覚が多かったのかを具体的に把握することが重要。

2．初回面接からの主な情報

・86歳の時にA病院精神科に１カ月間入院する。
・翌月，B老健に入所する（要介護２）が，８月に肺炎で系列のA病院に入院，11月に大腸炎を発症して１カ月間再入院する。
・翌年５月に転倒して右大腿骨頸部を骨折し，A病院に再入院（要介護４）。

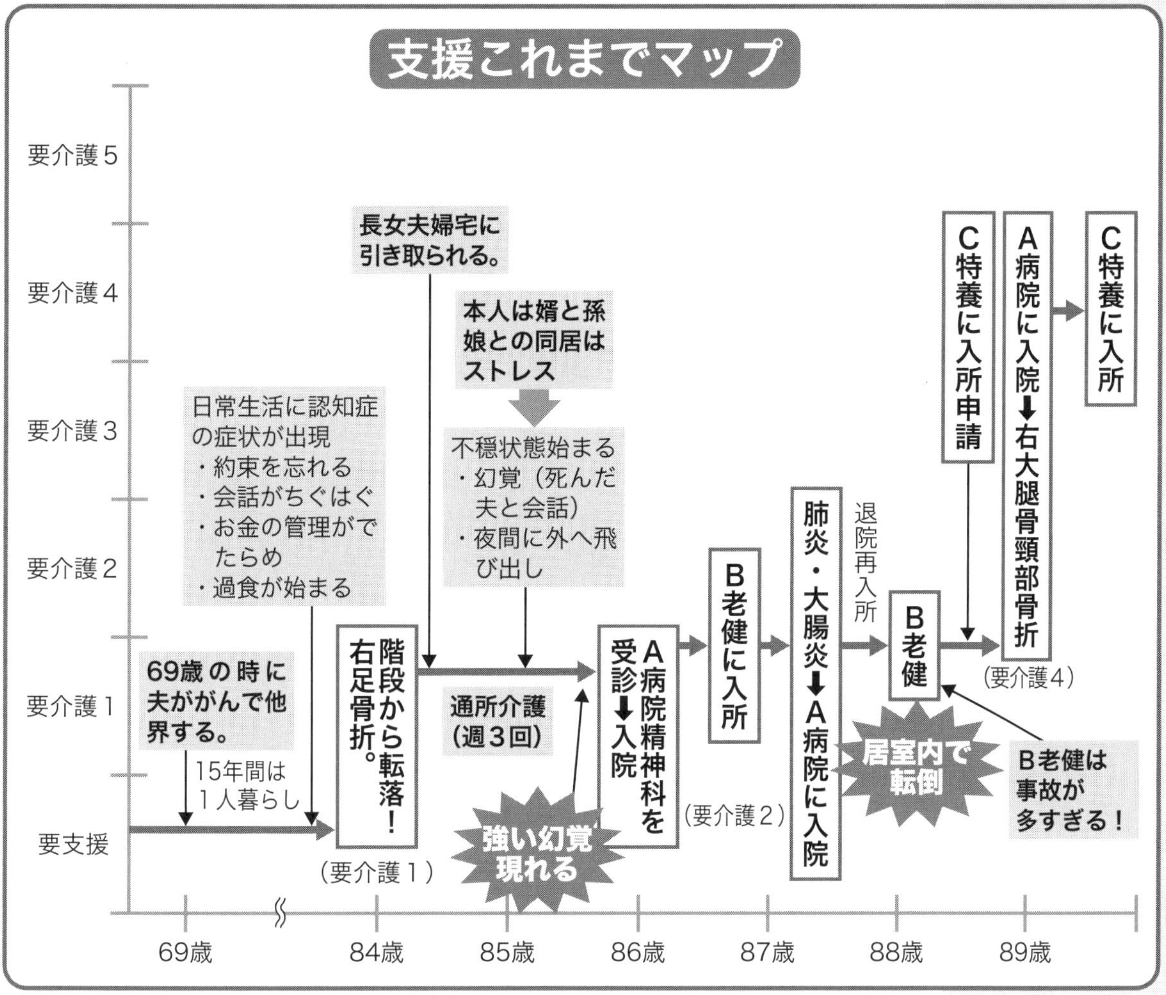

・B老健は**事故が多すぎる**と家族が判断し，B老健への再入所を拒否。
・1年前に申請していたC特別養護老人ホームに確認すると入所可の返事がある。

どのような事故が多かったのかをリスクマネジメントとして把握する。

3．入所前の生活歴および生活習慣

生活歴

・生家は商店街にある乾物屋で，4人きょうだいの末娘として育つ。
・戦災で家が焼けてしまった上，父親がギャンブル好きで，家族の生活はかなり困窮していた。
・明るい性格で，両親や近所の人にはかわいがられていた。
・18歳で電話交換手の仕事に就き，23歳の時に7歳年上の公務員の男性と見合い結婚をする。
・郊外に築20年の家を購入し，2人の娘を育て上げる。
・69歳の時に夫が胃がんで他界してから**15年間は1人暮らし**。
・84歳のころから，約束は忘れがち，会話がチグハグになる。

どのように自立した1人暮らしを送っていたのかは，在宅復帰のポイントとなる。

・お金の管理ができない（買い物の時に何度も支払いをする），１週間分の食料を２～３日で食べてしまう，幻覚（女の子がいるなど）の症状が現れるようになっていた。

> 長女の施設ケアへのかかわりが期待できるエピソードである。

・車で１時間のところに住む長女が，**週に１回泊まりに来て**，１週間分の現金や食料を置いていた。

生活習慣

> どのような服を手作りしていたのか，アルバムを見せてもらうのも効果的である。

・几帳面な性格で，洋裁と編物が得意。２人の娘の衣服は**ほとんど手作り**していたのが自慢でもある。

・きれい好きで，朝夕の洗顔が習慣となっていた。

・はっきりとした色（赤，オレンジ）の服が好み。

> 化粧や服装はアルバムを見て情報収集しよう。同年代の人に尋ねるのもよい。

・アルバムを見ると，**化粧も派手**だったのが分かる。

・しつけが厳しいので，娘たちには怖い母だった。

4．プラン立案のポイント

・認知症自立度レベルはⅢａだが，介護員と機能訓練指導員，管理栄養士が本人が「できること」に着目した。

・本人が楽しめる趣味（塗り絵，編み物，陶芸，おやつ作りなど）を位置付け，現場スタッフが個別計画を立てやすいように配慮した。

・転倒予防のための身体機能の維持・改善のため，個別リハビリテーションや集団リハビリテーション，フロア体操まで具体的に盛り込んだ。

> チームケアとして専門職の視点が生かされている。

・**機能訓練指導員が「立位のバランスが悪く，転倒のリスクが高い」と評価**したので，転倒予防のため手引き歩行を位置づけた。

5．課題の優先順位

> 生活動作は具体的に明記することは重要。

課題１：体調管理とリハビリテーションを行い，**生活動作（更衣，排泄など）**を改善・維持できる。

〔理由〕既往症に慢性心不全があるので，体調管理が重要である。生活動作を表記することで自立への動機づけを図る。

課題２：好きな趣味などをして，日々を楽しく過ごしたい。

〔理由〕几帳面で何事も夢中でやりたい性格を尊重した課題設定として，２番目に趣味への取り組みを位置づけている。

課題３：転倒しないための身体機能を維持する。

> 本人の不安に着目することは重要である。

〔理由〕大腿骨頸部を骨折したことが**移動を不安にさせている**。転倒や転落に注意し，軽介助で歩行できる身体機能の改善を図ることを３番目とした。

■ サービス担当者会議の要点　第５表

利用者名　E　殿　　施設サービス計画作成者（担当者）氏名　S．T

開催日：平成○年２月12日　　開催場所：会議室　　開催時間：10：30～11：00　　開催回数：２回目

会議出席者	**所属（職種）**	**氏名**	**所属（職種）**	**氏名**	**所属（職種）**	**氏名**
	生活相談員	M．Y	機能訓練指導員	H．Y	家族（長女）	D
	介護リーダー	T．A	管理栄養士	Y．O	家族（孫の妻）	F
	介護支援専門員	S．T			本人	E
検討した項目	①入所以降の２週間の報告 ②２カ月以降のケアプランの説明（本人の希望と残された機能および施設ケアの確認）と家族の協力 ③入所以降の流れについての確認					
検討内容	①入所以降の２週間の報告（現状報告） 現在の認知面の低下の状況を説明。移動は左右のバランスが悪いため，転倒リスクがある。右大腿部と股関節の痛みについては，レントゲンでは異常がなく，今後，経過観察を要する旨を説明する。編み物や陶芸などの趣味活動には前向きに参加できている。 ②ケアプランの説明と家族の協力 本人の希望する楽しみ（陶芸，編み物，塗り絵など）を再確認し，施設のレクリエーション内容を紹介し，どのような参加の仕方がよいかを検討する。暑がりのためすぐに脱衣行為をするので，薄手の衣服の準備をお願いする。 ③入所以降の家族のかかわり					
結論	①ケアプランへの希望と同意を確認する。 衣服では薄手のパジャマ，入れ歯洗浄剤を家族側で近日中に持参してもらう予定。転倒骨折軽減パンツも購入することで了解をもらう。 ②生活機能については本人ができることを見いだし，今行っている「生活の楽しみ」を継続できるようにする。 規則正しい生活を送り，洗濯物畳みやおやつ作りに参加する。編み物など夢中になれるものを引き続き探す。塗り絵・書道も試みる。 ③今後について 家族（長女家族）として週に１回は面会に来たい。					
残された課題 （次回の開催時期）	転倒の危険性が高いが，自分でできることを積極的に行っていただくためには，専門職が連携してさらにどのような工夫ができるかについて１カ月後のカンファレンスで話し合う。					

■ 施設サービス計画書（1） 第1表

利用者名　　E　　殿　　生年月日　昭和○年○月○日　　作成年月日　平成○年３月４日

住所　　初回・紹介・継続　　認定済・申請中

施設サービス計画作成者氏名および職種　　S．T（介護支援専門員）

施設サービス計画作成介護保険施設および所在地　　特別養護老人ホーム○○の里　○○県△△市

施設サービス計画作成（変更）日　　平成○年３月６日　　初回施設サービス計画作成日　平成○年１月28日

認定日　平成○年12月24日　　認定の有効期間　平成○年１月１日～　平成○年12月31日

要介護状態区分	要介護１　・　要介護２　・　要介護３　・　要介護４　・　要介護５
利用者および家族の生活に対する意向	本人：いろいろなことをやって楽しく過ごせたらいいと思います。自分の足で歩けるので，建て物の中を自由に動き回りたいです。 家族（長女）：何回もの入院で母にはとてもつらい思いをさせました。これ以上，積極的な治療などで，母に痛い思いをさせたくありません。楽しく穏やかに過ごしてほしいです。母の好きなものは歌や編み物などです。楽しんで生活してほしいと思っています。
介護認定審査会の意見およびサービスの種類の指定	なし。
総合的な援助の方針	現在，可能な身体機能を維持しながらも，廊下やトイレへの移動では左右のバランスが悪く，転倒する危険が高いので見守りを行います。施設内での生活やリハビリテーションもご本人の楽しめる趣味（塗り絵，編み物，陶芸，お菓子作り）などを中心にボランティアの協力も得てプログラムを組み立てます。 また，施設のレクリエーションや簡単な作業（タオル畳みなど）も提案し，集中して取り組めるのは何か，そしてどのようなものが楽しめるか，どのような参加の仕方がよいかも検討・調整していきます。 これまでの生活機能を維持・改善できるようにケアチームで情報を共有し，取り組んでいきます。

■ 施設サービス計画書（2） 第2表

利用者名　　E　　殿

生活全般の解決すべき課題（ニーズ）	援助目標 長期目標	(期間)	短期目標	(期間)	援助内容 サービス内容	担当者	頻度	期間
体調管理とリハビリを行い，生活動作（更衣，排泄など）を改善・維持する。	体調が良く，施設生活を楽しく過ごせる。	H○ 2/12 〜 12/31	排便と食事を管理し，健康状態を維持する。	H○ 2/12 〜 4/30	①偽膜性腸炎の既往があるため，排便の性状を確認をする。	看護師 介護員	排泄時	H○ 2/12 〜 4/30
					②内服管理を行い，確実に内服できたか確認する。	看護師	内服時	
					③慢性心不全の既往があるため，全身状態の観察，塩分6gの食事の提供，胸部症状の有無を確認する。	看護師 介護員 管理栄養士	随時	
	生活動作（排泄）が向上する。	H○ 2/12 〜 12/31	自分で行える生活動作（排泄）が改善する。	H○ 2/12 〜 4/30	①排泄時，上げ下げしやすいように終日リハビリパンツのみを使用し，確認する。	看護師 介護員	排泄時	H○ 2/12 〜 4/30
好きな趣味などをして，日々を楽しく過ごしたい。	生き生きと作品作りに取り組める。	H○ 2/12 〜 12/31	入居者と交流し，楽しみを発見する。	H○ 2/12 〜 4/30	①興味のあるレクリエーションに参加する。	介護員	レク時	H○ 2/12 〜 4/30
					②レクに参加した時は，他の利用者と会話が弾むようにサポートする。	介護員 長女家族	レク時 面会時	
					③個別ケア（塗り絵，編み物，陶芸，おやつ作り）をボランティアの協力で進める。	介護員 ボランティア	随時	
					④おやつ作りに参加してもらう。	介護員	週1回（金）	
					⑤ドールセラピーを実施する。	介護員	随時	
転倒しないための身体機能を維持する。	身体機能を維持することができる。	H○ 2/12 〜 12/31	軽介助で歩行できるようになる。	H○ 2/12 〜 4/30	①集団リハビリを実施する。	機能訓練指導員	週2回(水・土)	H○ 2/12 〜 4/30
					②個別リハビリを実施する。			
					③フロア体操に参加してもらう。	介護員	毎日	
					④時折，歩行時に足の痛みを訴えるため，歩行状態を観察する。	看護師 介護員	随時	
			転倒や骨折をすることなく過ごせる。	H○ 2/12 〜 4/30	①歩行の際は，手引き歩行を行う。	看護師 介護員	歩行時	H○ 2/12 〜 4/30
					②トイレ案内時は，見守りをする。	看護師 介護員	排泄時	
					③夜間，ベッド周りの環境を整備する。	介護員	夜間	

■施設介護経過　第７表

利用者名　E　殿　　施設サービス計画作成者氏名　S．T

年月日	内容
H○.1/28	A病院から家族と一緒に入所する。日中，頻回に尿意を催して何度もトイレに行く。嘱託医に報告。慢性心不全の既往があり，利尿剤を服用中なので様子観察の指示あり。
1/29	おやつ作りに参加し，クッキーを作る。作り方の指導があり，混乱しないかと心配だったが，談笑しながら楽しく作業を行えた。
1/30	トイレ誘導時，目を離すと便器の水で顔を洗ってしまうことがある。認知症で区別がつかない様子である。
2/1	トイレ覚醒時，転落防止柵の隙間から出ようとしている。
2/3	リハビリを始める。その場での意思疎通は良好だが，見当識，即時記憶の低下が著しい。
2/4	主食を粥から米飯に変更をする（介護員の評価）。
2/5	機能訓練指導員の提案で，ドールセラピーを実施。人形に対し反応が良く，子どもが好きと職員に話し，着替えを楽しんでいる。
2/7	ナイトケア時，タオル畳みに集中。エプロンは畳み方が分からず，イライラしてしまう。
2/8	陶芸に参加。「どうするの」「何を作るの」と何度も質問あり。その都度，説明するがすぐに忘れてしまう。しばらくすると，自ら粘土をこね，思いつく方法でしっかり成型している。満足そうな表情である。陶芸ボランティアと楽しくやりとりができている。
2/10	家族から情報提供のあった編み物を介護員が提案する。かぎ針編みがとても上手で，１時間以上も編み物を集中して行う。
2/12	サービス担当者会議（別紙）
2/13	個別リハビリで書道を実施。集中して書ける。他の利用者の作品を称賛することもあり，穏やかである。
2/15	塗り絵セラピーをする。４色のクレヨンを使う。集中しつつも枠からはみ出してしまい，笑っている。○○高校の福祉サークルの高校生や他の利用者と談笑しながら取り組める。
2/19	歩行時，右股関節部痛あり。嘱託医より，レントゲンの指示あり。結果，異常なし。
	ベッド付近にて不穏な行動が増え，脱衣行為もあり。編み物を提案するが，拒否する。
2/21	右大腿部を叩きながら「痛っ」と訴える。
	22時ごろ，ベッド上にて立ち上がろうとする行為を介護員が見つける。
3/5	風船バレーを行う。積極的に楽しく参加する。
3/5	個別リハビリ。右足部に引きつるような痛みを訴える。右股関節に伸展制限もあり，下肢筋力の低下が著明である。
3/6	約１カ月経過のファミリーカンファレンス開催。現状報告を行う。暑がりなので，夏物の長袖パジャマの持参を依頼する。了承済み。
3/13	CT撮影。主治医の所見は海馬・脳の委縮あり。長谷川式スケールの評価は３点。
	「忘れちゃうんだもの，どうすんだこれ」「段々馬鹿になっていく」と落ち込んだような発言がある。
3/14	○○小学校合唱サークル来苑。「すごいね，感心するわ」の声あり。
3/15	個別リハビリ。塗り絵より計算がしたいと希望あり。しかし，１桁の加算も曖昧。本人はピンときていない。
3/20	トイレで居眠り後に覚醒し，便器で洗顔しようとする。
3/20	個別リハビリ。好きだったというトランプを渡すと，いろいろと並べて遊ぶ。
3/21	15時。トイレにて「どうするんだっけ」と脱衣行為あり。
3/25	洗面台まで歯磨きに誘導すると，ふらつきあり。「めまいがしたの。時々あるのよね」とつぶやく。
4/6	近くの公園に車いすでお花見に出かける。いつになく機嫌が良く，笑い声もある。
4/10	ドールセラピーで人形に話しかける。赤ん坊が好きらしく，「かわいい」と無邪気に笑っていた。
4/18	トイレからなかなか出てこないので，介護員が確認すると脱衣更衣をしていた。「見るな，恥ずかしい」と言葉を荒らげる。
4/25	編み物を１時間近く集中してやる。３カ月目のファミリーカンファレンスを開催。長女が参加する。

編注）事例提供施設の記録スタイルを基に本事例において特徴的な部分を抽出した記録であり，記録のすべてではありません。

■ モニタリング総括表

利用者名　　E　　殿　　　　評価日：平成○年４月27日

課題	短期目標 （H○年２月～ H○年４月）	目標の達成度 ○：達成 △：一部達成されず ×：達成されず		サービスの実施状況 ○：提供できた △：一部提供できた ×：提供できなかった		サービスの満足度化 ○：満足 △：一部満足 ×：不満　××：不明		身体的変化／心理的変化／暮らしの変化 ◎：向上　○：維持 ×：低下		今後の対応および新しい生活課題
体調管理とリハビリを行い，生活動作（更衣，排泄など）を改善・維持する。	排便と食事を管理し，健康状態を維持する。	○	体調が落ちることなく，維持できた。	○	服薬の管理と排泄の誘導等の申し送りも徹底させることができた。	○	本人も体調が良くなり，柔らかい表情が多くなった。	○	トイレなどでの脱衣行為があった。 入浴時，寝巻などの衣類の調整が必要。	体調に合わせた衣類調整の実施が必要（家族に薄手の衣類を持参いただく）。
	自分で行える生活動作（排泄）が改善する。	○	自分でリハビリパンツの上げ下げができた。 声かけと見守りで自立できた。	○	更衣・洗面道具を用意し，また排泄ではリハビリパンツを用意した。	○	自分なりのペースでできることが自信になった。	○	更衣・洗面などについては，従来のやり方で何とか維持できている。	認知機能の低下により同様の動作の繰り返しあり。引き続き見守りを行い，本人のペースを尊重する。
好きな趣味などをして，日々を楽しく過ごしたい。	入居者と交流し，多くの楽しみを発見する。	○	他職種の協力のもと，本人の得意分野の発見ができた。	○	スタッフがいろいろと提案し，編み物という楽しみを発見できた。	○	本人なりにとても夢中になって行えた。1時間以上も毎日行えた。	◎	集中して取り組める時間が増える。 ぼんやりした表情だったが意欲的になり，笑顔が見られるようになった。	手先が器用なので，手先を使うものでより多くの得意分野を発見する。
転倒しないための身体機能を維持する。	軽介助で歩行できるようになる。	○	ベッドからトイレへの移動などは，介助があればできる。	○	下肢の状態を見ながら移動を補助できた。	○	本人なりに頑張って行えた。 下肢の痛みには随時対応をした。	○	右大腿部痛，右股関節部に痛みあり。 レントゲンでは問題なし。	歩行状態を観察し，下肢の痛みをこまめに本人確認し，移動手段の検討を行う。
	転倒や骨折をすることなく過ごせる。	○	見守りの中，けがなく過ごすことができた。	○	介護職がこまめに声かけや見守りを行った。	○	ベッド上の立ち上がりや柵越えなど，事故につながる前に防げた。	○	けがをすることなく，身体機能を維持することができた。	認知症の進行により，より不穏な行動などについて，丁寧な観察と予知予見が必要である。

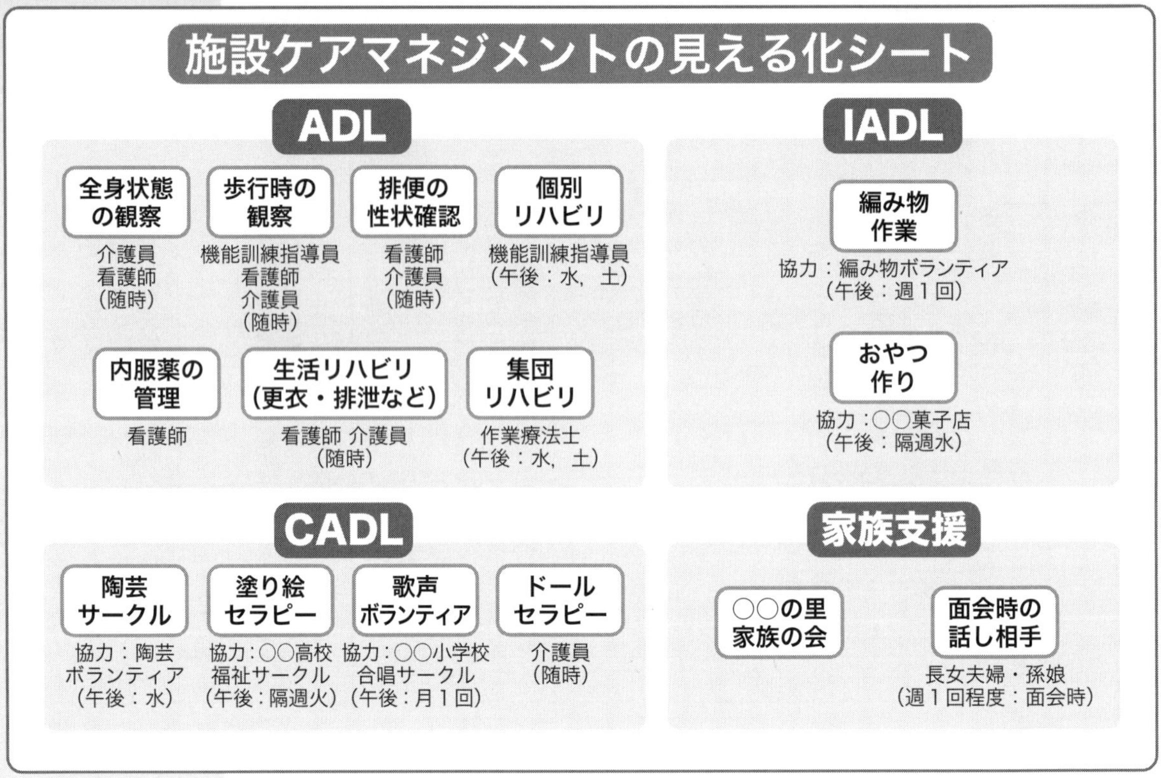

1．施設ケアの評価と助言

評価１：服薬の管理と食事・排泄の管理が適切に行え，本人も体調が良くなったためか表情が柔和になった。リハビリパンツの上げ下げなども介助なしでできるようになった。

〔助言〕今後認知機能が低下することを考えると，更衣や排泄動作ではより丁寧な支援（声かけ，確認）が求められる。

評価２：夢中になれる趣味（塗り絵，編み物，陶芸，おやつ作りなど）に集中して取り組むことが，手先のリハビリテーションになった。

施設内展示や昼食時での紹介などで発表の機会が，工夫できる。

〔助言〕次は，**発表の機会をつくる**ことで承認欲求を満たすことができ，自己肯定感に効果が期待できる。

評価３：スタッフが下肢の状態を観察し，下肢の痛みには随時対応することで，転倒することなく日々を過ごせている。

痛みを表情や動作の観察で発見することは重要である。

〔助言〕現場のスタッフが言葉だけでなく**表情や動作から痛みを読み取る**ことで，転倒リスクを把握する。

2．地域包括ケアシステムにおける施設が果たす役割の提案

・趣味を利用したリハビリテーションは，機能訓練指導員やボランティアが講師を務めるだけでなく**地元の専門家（地域資源）に依頼**することも考える。

> 専門家を巻き込むことでレベルアップを図ることができる。

・地元の小学校や高校の生徒の塗り絵や歌声のボランティアは素晴らしい。今後は「介護体験」にも参加してもらう機会をつくる。

・施設職員が学校に出向き「車いす体験」「認知症の人との会話法」など**福祉授業**への協力を行う。

> 社会福祉法人の地域貢献事業として「教育と福祉のコラボレーション」を実践する。

・陶芸や塗り絵の作品などを年１回，地域の人が集まる場所（例：公民館，市民センター，郵便局など）でミニ展示会を行う。

地域貢献事業のヒント

子どもたちも地域の社会資源
～小学校のボランティア交流から始まった職場体験～

Ｔ県Ｓ市のＫ社会福祉法人では，小学生を対象にした職場体験を施設で受け入れています。元々は，中高生を対象としたボランティア体験や小学生との交流事業でしたが，県の社会福祉協議会が主催する同種の事業があったため，一歩踏み込んだ「職場体験」として再スタートしました。

実施にあたっては，オリエンテーションを兼ねて事前に小学校に出向き，認知症サポーター養成や車いす操作の講習，高齢者疑似体験を行っています。

小学生を受け入れる事業所は，関連のデイサービス，ケアハウス，グループホームを含めた６事業所で，レクリエーション，園芸，作品作り，おやつ作りのほか，食事の盛り付けから配膳・下膳などまであります。さらに，食事形態の違いや，その必要性などについても学びます。

近年は施設が企画するばかりでなく，児童たちにも考えてもらい，企画・運営を任せることにもチャレンジしています。

事例6

末期がんの入所者の生活習慣を丁寧に聴き取り，看取りにつなげる

老健・**特養**	
83歳・男性	
要介護度	要介護3
認知症自立度	Ⅲa
自立度	A

既往歴

・多発性脳梗塞（74歳）
・大腿骨転子部骨折（75歳）：手術せず

現病歴

・前立腺がん（78歳）：骨に転移。
・３カ月に１回，ホルモン療法の注射を施行していた。鎮痛薬の麻薬も服薬。
・認知症（79歳）

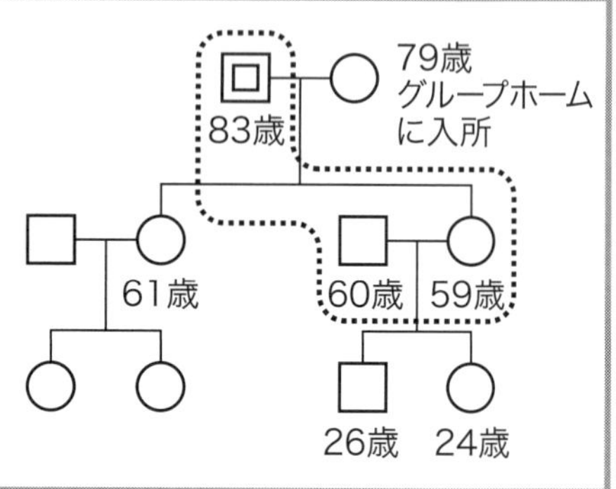

1．入所前サービスなどからの情報および入所に至った経緯

どのように妻を介護していたのか，家族から聞き取ることで本人の人柄が把握できる。

・２人の娘が結婚して独立した後は，ずっと妻と２人暮らし。
・14年前，**妻（65歳）がアルツハイマー型認知症を発症。**
・５年前に妻がグループホームに入所した後は，１人暮らし。
・74歳の時に多発性脳梗塞を発症し，３週間入院する。
・75歳の時に裏庭で転倒する。大腿骨転子下部を骨折するが，手術はせずにギプスを着けて治療する。
・その後，**１人で頑張ってきた**が，歩行が危なっかしくなったので，同市内に住む次女夫婦と３人で暮らしはじめる。

人に頼らず，１人で頑張ることを信条としている男性は多い。

2．初回面接からの主な情報

・78歳の時に前立腺がんを発症。骨に転移していた。３カ月に１回のホルモン療法による治療が始まる。鎮痛薬の麻薬も服薬している。
・79歳の時，脳血管性認知症の軽い症状が現れる。
・要介護３と認定され，訪問介護と短期入所を利用して次女宅での生活を続けてきた。
・排泄はポータブルトイレを使用している。
・入浴は，脱衣の時に暴言を吐き，強く抵抗するが，整容は全介助である。
・短期記憶があいまいな時もあり，繰り返しのやりとりが必要である。

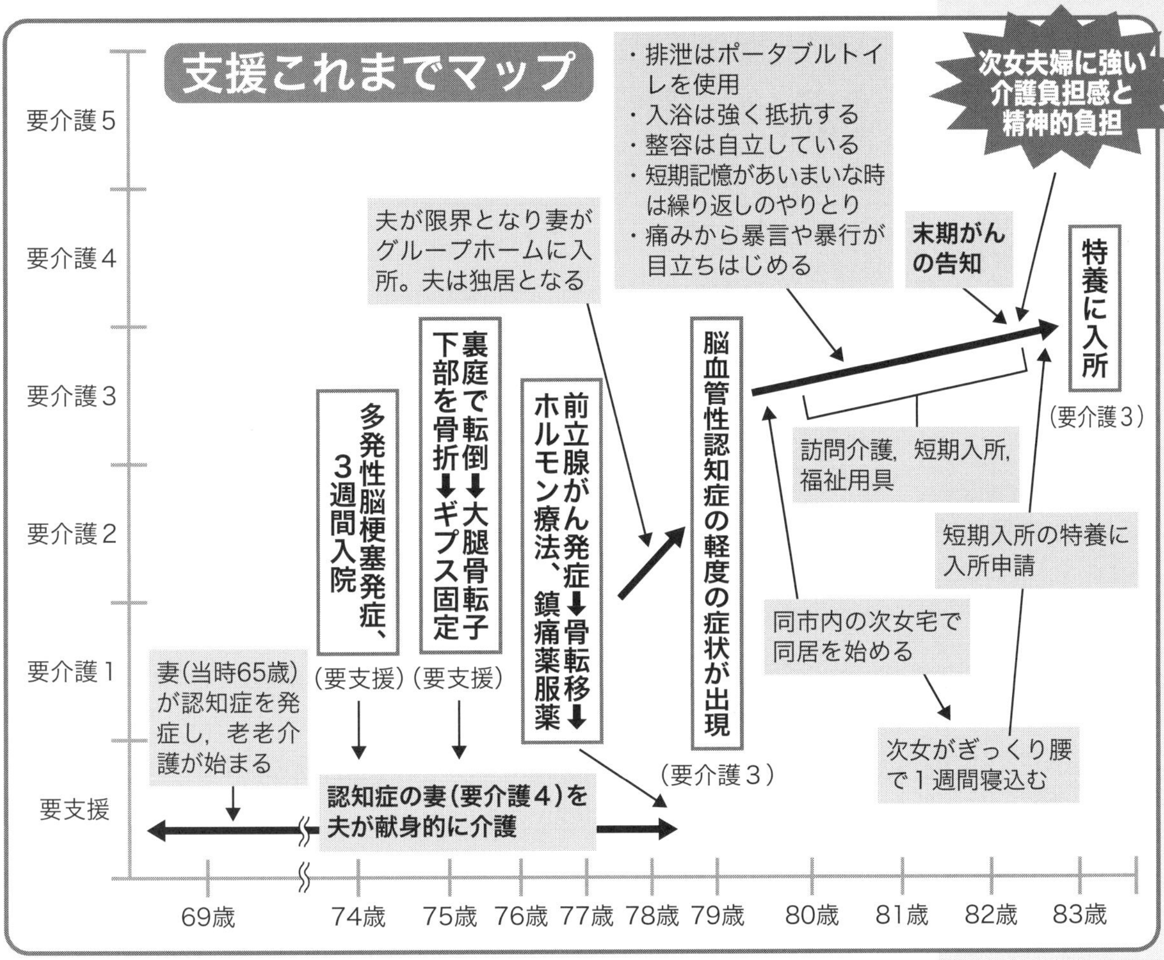

・暴言や暴行が目立つようになり，**次女夫婦の介護負担感が増す。**

> 入所時に聴き取りを行い，家族の心の負担をケアしておくことは重要である。

3．入所前の生活歴および生活習慣

・今年，次女がギックリ腰のため1週間寝込む。

・医師から**末期がんと告知**がある。次女夫婦は在宅での介護は限界となり，施設に入所を申請する。

・本人は，妻と50年近く暮らした**自宅で最期を迎えたいと思っている。**

> 末期がんの告知をどのように受け止めたかは，看取り支援に大切な情報である。

生活歴

・生家は関東のこんにゃく農家。6人きょうだいの3男。

・10代のころは**軍国少年で，特攻隊にあこがれていた。**

・若いころから，自分でできることはすべて自分でしていた。

・他人に何か言われて行動することを嫌がった。

・18歳で農協に就職。27歳で結婚し，実家の隣町に家を建てる。

・性格は頑固で短気。いったん怒り出すと手が付けられない。

・**偏屈者と言われても平気。**他者と交わることを好まない。

> 神国日本崇拝の軍国少年は，終戦で価値観の転換を迫られ，少年期に強烈な喪失感を経験している人もいる。

生活習慣

・クラシック音楽を流し，砂糖いっぱいのモーニングコーヒーを飲むのが日課であった。

・必ず朝刊を読み，午前・午後はテレビのワイドショーを観て政治情勢や事件を知る。

・**好きな番組は時代劇**。『鬼平犯科帳』『忠臣蔵』が大好き。

> 介護スタッフは，時代劇の知識を持つことで共通の話題が増え，会話がスムーズになる。

・猫が好きで，実家で飼っていた猫のタマの世話は熱心にやっていた。

4．プラン立案のポイント

・本人から「施設で看取ってほしい」と希望があり，強い不安や痛みの軽減を目指した**「緩和ケア」プラン**としてプランニングをする。

> 身体の痛みと心の痛みの両面を視野に入れた「緩和プラン」が必要である。

・これまでの生活習慣（例：モーニングコーヒー，新聞を読む，情報番組や芸能番組を見る）を日課でも尊重する。

・好みの食べ物（アイスクリーム，サイダー，わらび餅など）もできるだけ食べてもらえるようにする。

・入浴は好まないので，部分浴や清拭などを**選択できるようにする**。

> 選択できることで自己決定することが保証される。実践的な本人の意向の尊重である。

・「できる限り自分でやりたい」という意欲を尊重し，自分では不安な排泄や掃除などのサポートをする。

・認知症の悪化と下肢筋力の低下の予防のために，「１日２回の施設内散歩」を位置づける。

・看取りに向けて家族と連絡を密にする。

5．課題の優先順位

課題１：30年来の生活習慣を続けていくことができる。

〔理由〕生活習慣にはかなりのこだわりがあり，それが施設でもできることが分かれば「心の元気」につながる。短期目標では，**食べ物と実家の猫**に着目をした。

> 偏屈な人でも子どもや動物には柔和な表情になる人は多い。それも本人らしさである。

課題２：がんの痛みがひどくならずに穏やかに暮らせる。

〔理由〕本人はかなり辛抱強い性格だが，がん末期の痛みは相当につらい。医師から処方されている麻薬が適切に服薬されるように配慮し，「**心の痛み**」にはボディタッチや傾聴などで寄り添い，**次女夫婦の訪問**も頻回にしてもらう。

> 心の痛みに効果があるのは，家族の訪問である。

課題３：定期的に体を清潔にし，施設内を散歩できる。

〔理由〕入浴は好きではないので，本人の気分に配慮し，部分浴や清拭などで対応する。清潔になることが目的化しないように，施設内の散歩や次女夫婦との面会など，清潔への動機づけをする。

■ サービス担当者会議の要点　第5表

利用者名　F　殿　　施設サービス計画作成者（担当者）氏名　Y．Y

開催日：平成○年９月15日　　開催場所：会議室　　開催時間：16：00 ～ 16：30　　開催回数：２回目

<table>
<tr><td rowspan="5">会議出席者</td><td>所属（職種）</td><td>氏名</td><td>所属（職種）</td><td>氏名</td><td>所属（職種）</td><td>氏名</td></tr>
<tr><td>本人</td><td>F</td><td>主治医</td><td>N．T</td><td>ユニットリーダー</td><td>S．S</td></tr>
<tr><td>家族（次女夫婦）</td><td>M．S</td><td>生活相談員</td><td>T．K</td><td>ユニットスタッフ</td><td>Y．T</td></tr>
<tr><td>看護師</td><td>K．T</td><td>管理栄養士</td><td>M．K</td><td>介護支援専門員</td><td>Y．Y</td></tr>
<tr><td></td><td></td><td></td><td></td><td></td><td></td></tr>
<tr><td>検討した項目</td><td colspan="6">①末期がんに対する施設でのかかわり方について（本人の痛みに対してのケア）
②施設での生活に対する要望について</td></tr>
<tr><td>検討内容</td><td colspan="6">①本人は，「病院に行って治るのであれば病院に行きたいが，病院に行って治るわけではない。自宅でも末期と知りながら生活してきたが，最期は施設で看取ってほしい」と希望している。痛みや不安が大きくなってきた時に，病院でできる治療は限られているので，施設としてできることは何かを検討する。
②これまでの生活習慣を継続することについて</td></tr>
<tr><td>結論</td><td colspan="6">①について
・少しでも痛みを軽減できるよう，スタッフによる訪室回数を増やし，本人の話を傾聴する。
・痛みの訴えがある時は，本人の希望である痛みの部分をなでるように優しくさするようにする。
・食事量が少なくなってきた時は，無理をせず，本人の好きな物（バニラアイスやトマト，わらび餅，サイダーなど）を提供する。厨房には管理栄養士から協力を依頼する。
・家族（孫や親族）の面会を増やしてもらうよう協力をお願いし，本人の希望である実家の猫と会えるように環境を整えていく。
・夜間に激しい痛みが伴った場合については，看護師と相談し，麻薬の坐薬を使用して痛みを軽減しながら，夜勤者同士で協力していく。
②について
これまでの生活習慣（モーニングコーヒーやテレビ鑑賞など）を尊重し，身の回りのことはできるだけ自分でしていただく。入浴は本人の意思を確認してケアを行う。</td></tr>
<tr><td>残された課題
（次回の開催時期）</td><td colspan="6">なし。</td></tr>
</table>

■ 施設サービス計画書（1） 第1表

利用者名　F　殿　生年月日　昭和○年○月○日　作成年月日　平成○年９月15日

住所　　初回・紹介・継続　認定済・申請中

施設サービス計画作成者氏名および職種　Y．Y　介護支援専門員

施設サービス計画作成介護保険施設および所在地　特別養護老人ホーム□□□　○○県○○市

施設サービス計画作成（変更）日　平成○年９月15日　初回施設サービス計画作成日　平成○年９月１日

認定日　平成○年８月22日　認定の有効期間　平成○年９月１日～　平成○年８月31日

要介護状態区分	要介護１　・　要介護２　・　要介護３　・　要介護４　・　要介護５
利用者および家族の生活に対する意向	本人：がんで身体はつらいが，できる限り身の回りのことは自分でやります。グループホームに預ってもらっている妻のことが心残りです。最期は病院や施設でなく，本音は築40年になる自宅で迎えたいね。施設では，排泄の後始末や清掃ができない部分は手伝ってもらえるとありがたい。 これまでの生活習慣をこれからも続けていきたい。フロは好きではないので，気が向いた時だけでいいです。痛みがある時は，そばに付き添ってもらいたい。痛みの部分をなでるように優しくさすってもらえるとラクになります。 家族（次女夫婦）：できるだけ父の意向に合わせてください。定期的に通院しなければならないので，家族でできることは協力します。 最期は施設でお願いできればと考えています。今後，病気が進行したら病院を選択するかもしれないので，その都度，本人と相談して決めていこうと思っています。 グループホームにいる母に父のがんのことを話しても，ピンときていないようです。
介護認定審査会の意見およびサービスの種類の指定	なし。
総合的な援助の方針	ご本人の生活習慣とやり方に合わせ，できない部分を手伝い，声かけや相談をし，進めていきます。食べたい物や好みの物（バニラアイス，トマト，わらび餅，サイダーなど）を提供し，ご本人の意向に沿って支援します。身体の清潔，精神的な穏かさ，住みやすい環境に配慮し，気持ち良く過ごしていただけるようにしていきます。体調の把握をこまめに行い，服薬による痛みの緩和を主治医・看護師を中心に進め，全スタッフの協力の下，最期までご本人らしい生活を支えていきます。 猫好きなご本人の喜びが大事なので，ご実家の猫に会えるようにご家族にお連れいただきましょう。体調が変化した際は，ご家族との連絡を密にしながら，ご本人にとって最善の方法が選択できるように進めていきます。

■ 施設サービス計画書（2） 第2表

利用者名　F　殿

生活全般の解決すべき課題（ニーズ）	援助目標				援助内容			
	長期目標	（期間）	短期目標	（期間）	サービス内容	担当者	頻度	期間
30年来の生活習慣を続けていくことができる。	好きなものや好きな人とのかかわりの中で，穏やかに過ごせる。	H○ 9/15 ～ H○ 3/31	日課の，モーニングコーヒーを飲むこと，好きな物を食べること，ワイドショーを観て世の中の情勢や芸能情報を知ることを続ける。	H○ 9/15 ～ 10/31	①本人の話や訴えをしっかり聴き，本人の意向に沿って支援する。	全スタッフ	毎日	H○ 9/15 ～ 10/31
					②自立して生活したいという気持ちを強く持っていることを，スタッフがしっかり受け止めてかかわっていく。	全スタッフ	毎日	
					③本人の訴えに応じて，好きな食べ物や飲み物（バニラアイス，トマト，甘いコーヒー，サイダー，氷水）を提供する。	介護員 管理栄養士	毎日	
			１週間に１回猫に会う。	H○ 9/15 ～ 10/31	①家族に実家の猫を連れてきてもらい，触れ合いの場を提供する。	家族（次女）	週１回	H○ 9/15 ～ 10/31
がんの痛みがひどくならずに穏やかに過ごし，妻や友人に遺言を書く。	苦痛なく穏やかに過ごすことができる。	H○ 9/15 ～ H○ 3/31	痛みの緩和を図り，落ち着いた日々が送れる。	H○ 9/15 ～ 10/31	①麻薬を服用しているため，服薬管理を徹底する。所定の記録簿にサインし，薬の空も捨てずに医務室へ戻す。	介護員 医師 看護師	毎日	H○ 9/15 ～ 10/31
					②家族にも協力してもらい，治療（３カ月に１回のホルモン療法）の際は，定期的に通院介助を行う。	家族（次女） 病院		
					③頻回に訪室し，安心感を持って過ごしてもらえるようなかかわりを大切にする。	介護員		
					④痛みの訴え時は，痛みの部分をなでるように優しくさする。	介護員		
定期的に身体を清潔にし，施設内を散歩できる。	本人の意向に沿った入浴ができる。	H○ 9/15 ～ H○ 3/31	本人の状況を把握し，入浴や清拭を行う。	H○ 9/15 ～ 10/31	①執拗に入浴を促したり，強引に入浴させようとしたりしない。	介護員 看護師	随時	H○ 9/15 ～ 10/31
					②本人が希望する時には，入浴または部分浴を介助する。			
					③１日１回は施設内を10分程度散歩する。			

■ 施設介護経過　第７表

利用者名　F　殿　　施設サービス計画作成者氏名　Y．Y

年月日	内容
H○.9/1	本日入所。食後，お茶が少し残っているカップを差し出し，「少しだけど，コーヒーいただけますか？」と。「甘いコーヒーですね」と聞くと，「そうです。とても甘いコーヒーをください」と話す。食後のコーヒーを飲み，居室へ戻る。
9/15	サービス担当者会議（別紙）
9/25	【入浴方法】一般浴【入浴】○
	「今日，あの人（特定の女性スタッフ）と入ってみます」と，スタッフにわざわざ報告に来てくれる。入浴後，ニコニコしながら戻って来る。
10/15	【入浴方法】一般浴【入浴】×
	スタッフが誘いに行ったが，気分が優れないからと断る。
	本人の気持ちを優先する。
	頻回にコールがあり，右腹部の痛みを訴え，「おなかをさすって欲しい」と弱々しい声で話す。時々，喘鳴が聞かれ，切なそうにしている。「暑い」と言って肌着をめくっている。頻回に訪室し，体調を観察する。
10/31	モニタリング評価を実施。
11/18	本人より病院に行きたいと話があり，家族に報告する。
	次女より電話あり。長女と相談した結果，入院治療を希望するとのこと。
	嘱託医に家族の希望を伝えてもらいたいことを伝える。
	家族：明日朝一番に嘱託医を訪ね，話をしたいとのこと。
11/19	息づかいはそれほど苦しそうな様子ではない。話をゆっくり聞かせてほしいと言うと，「そこに座れ」と言って，しばらく話を聞かせてもらう。自宅の猫を拾ってきた時の話や，自分が動物好きなので，孫も好きになった話をうれしそうに話す。
	次女が主治医より説明を受け，○○病院に行くことになる。胸部レントゲン検査の結果，医師より「転移したがんが心膜に及び，とても厳しい状態です。できる治療は何もありません。施設に戻り，嘱託医に診てもらいながら見守ってあげる方がよいでしょう」と話がある。
	13時15分施設に戻る。
11/25	妻への遺言と子どもたち，会社の同僚たちへの遺言を書き上げたと主治医に誇らしげに話される。
12/15	腹部張り胸部苦痛，呼吸苦痛あり。息切れあり。呼吸不規則（30秒で16回呼吸し30秒の無呼吸を繰り返す）。本人より，苦しいから病院に連れて行ってほしいと訴えあり。
	本日入所。嘱託医に状態報告。本人が病院に行くことを希望していると伝える。○○病院に入院となる。
	家族：○○病院泌尿器科に紹介状持参で受診することとなる。
12/17	次女より連絡あり。本人持ちの電気毛布と長いピンクのストローを本日中に取りに行くとのことで，ユニットスタッフに用意してもらい事務所に預ける。
12/19	相談員，看護師と一緒に，医師より状態説明を聞きに○○病院に出かける。医師の説明の前に，本人と面会する。
12/20	面会のため，病院を訪れる。「おう，よく来てくれた！」と弱々しくではあるが，声をかけてくれる。目を閉じながら，「○○（地名）の方は，雨がひどくて荒れてきているだろうなぁ…」と出身地の話など，いろいろ話をしてくれる。「一度は自宅に帰りたい」の希望を伝えると，医師から自宅に帰る許可が出る。
12/22	長女・次女夫婦と一緒に１泊だけ自宅に帰る。
12/25	次女と孫が面会に訪れ，肩や足をさすってあげていた。寝ている時間が長くなってきたが，目を開けた時に「痛いところはありませんか？」と聞くと首を横に振られた。
12/26	呼吸が荒く，SpO_2が90だったので看護師に連絡。看護師がバイタルを測り嘱託医に連絡。嘱託医から「30分ごとに訪室するように」と指示がある。ご家族に状況を伝える。
12/27	朝から家族とタマが面会に訪れる。次女や孫が話しかけると目を開けるが，すぐ目を閉じる。14時過ぎに下顎呼吸となり，家族の呼びかけにも反応しなくなる。嘱託医に連絡し，「私が行く前に息を引き取ったら時間を確認しておくように」と指示を受ける。19時12分，ご家族や可愛がっていたタマに見守られながら息を引き取る。

編注）事例提供施設の記録スタイルを基に本事例において特徴的な部分を抽出した記録であり，記録のすべてではありません。

■モニタリング総括表

利用者名　F　殿　　　　評価日：平成○年10月31日

課題	短期目標 (H○年９月～ H○年10月)	目標の達成度 ○：達成 △：一部達成されず ×：達成されず		サービスの実施状況 ○：提供できた △：一部提供できた ×：提供できなかった		サービスの満足度 ○：満足 △：一部満足 ×：不満 ××：不明		身体的変化 心理的変化 暮らしの変化 ◎：向上 ○：維持 ×：低下		今後の対応および 新しい生活課題
30年来の生活習慣を続けていくことができる。	クラシック音楽を流し，モーニングコーヒーを飲むこと，好きな物を食べること，ワイドショーを観て世の中の情勢や芸能情報を知ることを続ける。 １週間に１回猫に会う。	○	・本人の訴えに応じて，好きな食べ物や飲み物（バニラアイス，トマト，甘いコーヒー，サイダー，氷水）を提供できた。 ・家族に実家の猫を連れてきてもらい，１週間に１回の触れ合いの場を提供できた。	○	本人の話や訴えをしっかり聴き，本人の意向に沿って支援している。	○	体調が悪くても好きな物を食べられたり，ペットをかわいがったりできている。猫に会えて，穏やかな表情になれた。	○	少しずつ体力低下が見られるが，できるだけ他者の力を借りず，自分で行っている。	今後も自立して生活したいという気持ちを強く持っていることを，スタッフがしっかり受け止めてかかわっていく。
がんの痛みがひどくならずに穏やかに過ごし，妻や友人たちに遺言を書く。	痛みの緩和を図り，落ち着いた日々が送れる。	○	・痛みを訴える時は，痛みの部分をなでるように優しくさすり，痛みの緩和ができた。 ・看護師と連携を図りながら，状態の変化に早期に気づけるよう努め，対応できた。	○	・家族にも協力してもらい，定期的に行う治療（３カ月に１回のホルモン療法）の際は，通院介助を行った。 ・頻回に訪室し，安心感を持って過ごしてもらえるようなかかわりを大切にできた。	○	苦痛がある時はおなかをさすってあげると，痛みが緩和できているとのことである。ペンが持てないので，パソコンで遺言を書きはじめる。	×	状態が少しずつ悪くなっている。	本人，家族の気持ちを確認しながら，最期まで支えていく。麻薬を服用しているため，今後も服薬の確認を徹底する。所定の記録簿にサインし，薬の空包装も捨てずに医務室へ戻す。
定期的に身体を清潔にし，施設内を散歩できる。	本人の状況を把握し，入浴や清拭を行う。	○	・本人が希望する時には，可能な限りいつでも入浴，また部分浴を介助できた。月２回入浴し，毎日，清拭か部分浴をした。しばらく入浴していない時には，話し合いをして日にちを決めて入浴してもらえるように支援した。 ・清拭や部分浴を選んでもらう介助した。	△	特定の女性スタッフが声かけすると入浴することもあるので，女性スタッフに協力を依頼し，声かけをして入浴や部分浴をした。	○	強引に入浴させようとしたりしなかったため，本人の自立心，自己決定を尊重することができた。	○	本人の希望どおりに入浴はできているが，清潔感が保たれないこともあった。	今後も，強引に入浴させようとしたりせずに，本人の自立心，自己決定を尊重していく。

施設ケアマネジメント見える化シート

ADL

好みの食べ物・飲み物
介護員 管理栄養士
（食事時，随時）

痛みの緩和
介護員 看護師
（随時）

服薬管理
・緩和薬（麻薬）
・ホルモン療法
医師 看護師
家族（通院時）

入浴・清拭の介助
介護員 看護師
（随時）

施設内を散歩する
介護員
（1日2回）

CADL

本人の意向への支援
全スタッフ
家族（次女夫婦）
（随時）

30年来の生活習慣を継続する
介護員 次女家族
（随時）

クラシック音楽を聴きながら珈琲を飲む
介護員
喫茶○○の店長
（週1回：30分程度）

家族の支援

生活習慣の情報提供
次女夫婦
長女
（随時）

実家の猫と過ごす
次女夫婦
（週1回：面会時）

グループホームの妻の情報提供
次女夫婦
生活相談員

1．施設ケアの評価と助言

> 本人の「満足感」に着目した支援。家族の役割もつくることができた。

評価1：本人と家族から30年来の生活習慣を聞き取り，好きなものを食べ，**自宅の猫とも数回再会することができた。**

〔助言〕食べ物の好みを丁寧に聞き取り，家族とも協力した対応ができている。家族が自宅の猫を週1回の頻度で連れて来たのもよかった。

評価2：がんの痛みの緩和のために，頻回に訪室し，痛みの場所をさすることで日常的な痛みの緩和は行えた。がんが，心膜に転移してからは呼吸苦痛がひどくなり，入院するまでは，看護師と連携し，服薬の管理も徹底して行えた。

> あらかじめがん転移を想定しておくと，素早い対応がしやすい。

〔助言〕がん末期は転移することも多く，その場合の対応を事前に話し合っておく必要があった。自宅に戻って看取ることも想定した家族への支援を丁寧に行っておくことも必要だった。

2．地域包括ケアシステムにおける施設が果たす役割の提案

・本人の希望が在宅での看取りならば，特養に入所せずに，看取りに積極的に取り組む小規模多機能型居宅介護や訪問看護ステーションにかかわってもらう選択肢もあった。

・次女が腰痛となったのは，介護技術の未熟さからかもしれない。**専門家の介護技術を教える**ことも介護負担の軽減となる。

> 家族支援として，「○○さんの介護方法」を在宅の環境で実践的に教える視点が重要。

・本人は大のクラシック音楽好きなので，「思い出づくり」としてクラシック音楽が流れる**名曲喫茶に行き，コーヒーを楽しむ機会をつくる**こともやってみてもよかった。

地域の店舗を地域ケア資源と位置づけ，連携を取る。

ムロさんのちょっといい話

施設での看取り介護―利用者・家族支援と現場のグリーフケア

「自然に，かつ穏やかな最期を施設で迎えたい」と希望する利用者（家族）が増え，施設で「看取り介護」を行うことが増えています。「終の住処」として，特養の存在価値が社会的にも認められる一方で，看取り介護の質向上が求められるようになりました。

■利用者への支援

ボディケア：バイタルサインの確認，居室などの環境整備，清潔への配慮，栄養・水分補給，排泄ケア，発熱・疼痛への配慮など

メンタルケア：精神的苦痛の緩和，コミュニケーションの重視，プライバシーへの配慮，楽しみ・やり残しへの支援

医療・看護処置：医師の指示に基づく点滴や酸素吸入，栄養補給などの看護処置

■家族への支援

家族の心（願い，不安，心配事）に真摯に向き合い，家族の身体的・精神的負担を軽減すると共に，看取りケアの方法（例：手に触れる・さする，耳元で話す）や死期・臨終の流れ，死後の援助（グリーフケア）も含めた支援を行う。

■介護員・看護師への支援

看取り介護や臨終寸前のケアは，現場の介護員や看護師の心に「負のダメージ」を与えるため，介護員・看護師のグリーフケアも大切です。「デス・カンファレンス」では，かかわった専門職が抱いた感情の表出，できたこと・できなかったことの確認だけでなく，これからの看取り介護の課題，意思決定や家族間調整の課題などを話し合うことがグリーフケアとなります。

事例7

おむつを外したい気持ちが歩行訓練と布パンツに向かわせ，生け花を指導するようになる

老健・特養（特養に丸印）
80歳・女性
要介護度　要介護5
認知症自立度　Ⅲa
自立度　B

既往歴
- 脳梗塞（右片麻痺）（75歳）：薬物療法にて治癒。
- 出血性胃潰瘍（78歳）：薬物療法にて治癒。

現病歴
- 胃潰瘍（78歳）：薬物療法開始。
- 脳梗塞後遺症（75歳）：薬物療法開始。
- 心臓性浮腫（76歳）：薬物療法開始。

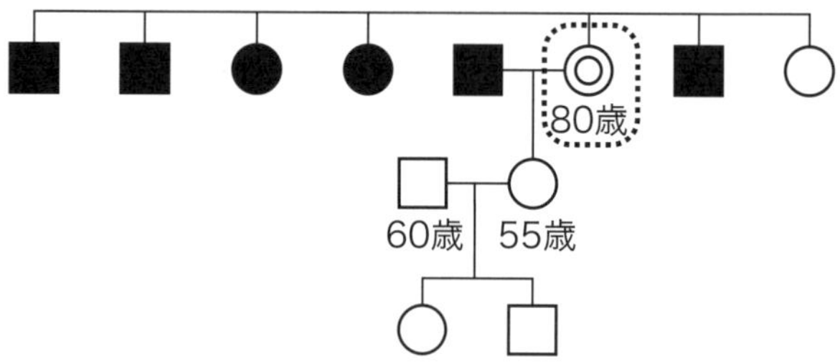

1．入所前サービスなどからの情報および入所に至った経緯

夫の献身ぶりや老老介護の様子を当時の介護支援専門員や家族から聞いておきたい。

- 75歳の時に脳梗塞を発症し，A病院で手術を受ける。後遺症で右片麻痺となり，要介護2の認定。
- **夫（80歳）が主介護者となり**，自宅で暮らしていた。
- 78歳の時，出血性胃潰瘍のため入院。薬物療法を受け，状態は落ち着く。
- 同じ年に夫が肝臓がんのため闘病生活となり，自宅に戻ることができなくなった。その半年後に夫は他界する。
- 長女は仕事を持っているため，自宅に戻ることが不可能となったため，B病院の療養病棟に転棟した（要介護4）。
- 80歳の時，特別養護老人ホームに入所となる。

2．初回面接からの主な情報

- 療養病棟では，やる気が乏しく依存心が強くなる。
- 日中はベッド上で過ごし，尿意・便意を訴えることもなく，紙おむつを使用していた。
- おむつはどのタイプも使うことを嫌がったという。
- 現在は，自分で食事をとることはできる。

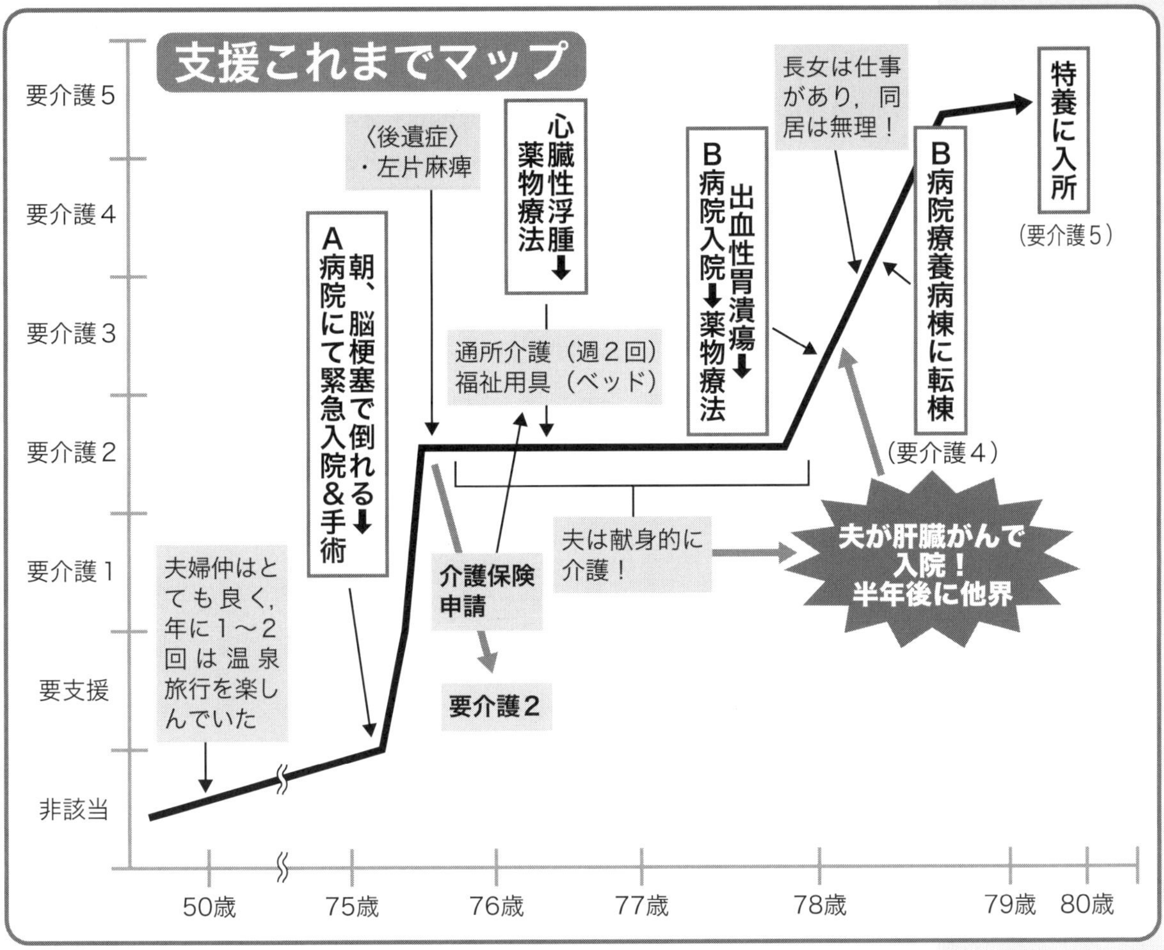

・顔を洗ったり簡単な化粧をしたりすることはできる。
・一人娘との関係は良好で，週に２回程度は面接に来たいという要望がある。

３．入所前の生活歴および生活習慣

生活歴

・北陸の農家に生まれ，兄２人，姉２人，弟１人，妹１人の７人きょうだいで育つ。
・23歳の時，４人きょうだいで跡取りの次男（29歳）と結婚し，25歳で一人娘をもうける。
・舅姑は明治生まれで，厳しく子どもを育てた。
・本人はもともと身体が弱いため，農作業はあまりできなかった。
・娘を出産後に２度妊娠するが，いずれも流産となる。
・**跡取りとなる男の子を産めないと申し訳なく考えていたが**，いつも夫がかばってくれた。

当時は男子が生まれないと，親族からのプレッシャーが大きかったと考えられる。

生活習慣

・社交的な面があり，娘が小学生の時にはPTA役員などをやる。

- お酒は飲める方で，塩辛い食べ物が好きだった。
- 料理はあまり得意ではなかったが，**季節ごとの行事食**などは娘と一緒に作っていた。

> どのような行事食（おせち，雑煮，ひな祭り，お盆など）を作ったか，家族から聞き取りしてみるとよい。

- 人に頼るよりは，**世話をする方が好きだった。**

> 世話好きなタイプは援助されることを拒否する傾向が強い。

- 夫婦仲はとても良く，年に１～２回は温泉旅行に行っていた。
- 趣味は，生け花と折り紙。サークルにも入っていた。

4．プラン立案のポイント

- 主介護者の夫が亡くなったことで意欲がかなり低下した状態なので，本人の元気を回復することをプランの柱と位置づける。
- 療養病棟では**自力摂取ができていたとの申し送り**があり，見守りと声かけで完食できることを目指す。

> メニュー，食べ方，かかる時間，好み，注意点などを引き継ぎすることはとても重要。

- ほぼ寝たきりで尿意や便意を訴えることもなく，排泄はおむつの全介助だが，おむつへの抵抗感は強い。
- 排泄動作の改善として下肢筋力のトレーニングを行い，立位訓練から歩行訓練の目標を立て取り組むことにする。
- 下肢筋力のトレーニングと並行して，本人や長女から聞き取った生活歴や好み・楽しみなどを**「本人らしい楽しい過ごし方」として目標化する**ことにした。

> 排泄動作改善や下肢筋力のトレーニングのみが目標化しないためにも大切な視点である。

5．課題の優先順位

課題１：施設内を歩き，友達の部屋を訪問できるようになる。

〔理由〕排泄を自立するためには，立位と歩行機能を改善する必要がある。歩く目的を**「友達の部屋への訪問」**とすることで，もともと社交的な本人の意欲を引き出すことにした。

> 歩行機能の改善に合わせて，訪問する友達の部屋に行く経路を変え，歩行距離を延ばすのもよいだろう。

課題２：世話になることなくトイレで排泄できるようになる。

〔理由〕介護という表現でなく「世話」とした。世話をかけないことが意欲につながる。トイレの排泄訓練を前向きに位置づけた。

課題３：規則正しい生活リズムを続け，施設の暮らしを楽しむことができる。

〔理由〕排泄も，生活リズムをつくるとタイミング良く声かけができるようになる。生活リズムを排泄だけでなく「施設の暮らし」を楽しむことと関連づけることで，施設レクレーションや**趣味活動**にも積極的にかかわれることを狙った。

> 「やっていた趣味」だけでなく，「やりたかった趣味」を聞き取ることで幅を広げることができる。

■ サービス担当者会議の要点 第５表

利用者名　G　殿　　施設サービス計画作成者（担当者）氏名　T．K

開催日：平成○年１月28日　　開催場所：介護ステーション　　開催時間：13:30 ～ 14:00　　開催回数：２回目

<table>
<tr><td rowspan="5">会議出席者</td><td>所属（職種）</td><td>氏名</td><td>所属（職種）</td><td>氏名</td><td>所属（職種）</td><td>氏名</td></tr>
<tr><td>看護師</td><td>T．K</td><td>生活相談員</td><td>T．M</td><td>家族（長女）</td><td>C</td></tr>
<tr><td>介護職員</td><td>K．T</td><td>管理栄養士</td><td>Y．T</td><td>本人</td><td>G</td></tr>
<tr><td></td><td></td><td>介護支援専門員</td><td>T．K</td><td></td><td></td></tr>
<tr><td></td><td></td><td></td><td></td><td></td><td></td></tr>
<tr><td>検討した項目</td><td colspan="6">①療養病棟から入所後２週間の生活情報の共有。
②車いすから歩行への支援をどのように行うか。
③紙おむつを外し排泄の自立を図るために，どのようなケア目標を立てるか。</td></tr>
<tr><td>検討内容</td><td colspan="6">①入院中は生活意欲が低く依存することが多かった。日中は特にやることもなく，ベッドに寝たきりになっていることが多かった。本人の生活歴を長女から聞き，生活意欲が向上するようなCADLを聴き取り援助する。食事は自力摂取ができ，ほぼ全量摂取している。
②自ら歩きたくなるようなきっかけとして排泄へのニーズが高い。転倒に注意した環境を整える。
③入院中は寝たきり状態で，紙おむつを使用していた。自分の意思を伝えることは十分にできるのが分かったので，排泄に関しては，「紙おむつ→リハビリパンツ→布パンツ」へ移行していく方向で援助を行う。
家族（長女）：母はもともと身体は弱いが，自分のことは人に頼りたくない人です。寝たきりになり，紙おむつでの排泄は本人にとっては嫌だと思います。</td></tr>
<tr><td>結論</td><td colspan="6">①②入院中はほとんどベッド上で過ごしていたので，意欲が低下してしまった。入所後は職員や利用者の方々とのかかわりを持ち，生活に張り合いを持ってもらえるようなCADLを課題設定する。日中はお化粧をしてもらってデイルームに出てもらい，職員や他の利用者と社交的な面が引き出せるような会話ができるようにかかわる。
③排泄は30分ごとのトイレ誘導を行い，排泄パターンを把握する。要望があればすぐに対応できるようにし，ポータブルトイレに慣れ，それ以降はトイレで排泄することを援助していく。紙おむつから布パンツへ移行していくことを目標とする。</td></tr>
<tr><td>残された課題
（次回の開催時期）</td><td colspan="6">下肢筋力の向上と生活意欲の向上につながるCADLの把握をどのように進めていくか。
（次回開催は１カ月後）</td></tr>
</table>

■ 施設サービス計画書（1） 第1表

利用者名　G　殿　生年月日　昭和10年○月○日　作成年月日　平成○年１月28日

住所　初回・紹介・(継続)　(認定済)・申請中

施設サービス計画作成者氏名および職種　T．K（介護支援専門員）

施設サービス計画作成介護保険施設および所在地　特別養護老人ホーム□□□　○○県××市

施設サービス計画作成（変更）日　平成○年１月28日　初回施設サービス計画作成日　平成○年１月13日

認定日　平成○年12月20日　認定の有効期間　平成○年１月１日～　平成○年12月31日

要介護状態区分	要介護１　・　要介護２　・　要介護３　・　要介護４　・　(要介護５)
利用者および家族の生活に対する意向	本人：できるだけ自分でやれることは自分で頑張りたい。おむつはかゆくて嫌いなので，できれば，おむつを外してほしい。 家族（長女）：右側に麻痺がありますが，自分で食事を食べることができているので，このまま自分で食べることは続けてほしいです。母はもともと人に頼ることが苦手な性格です。自分で頑張ってほしいのですが，自分の身の回りのことは頼ってほしいです。週に１回程度は夫婦で交代して面会に来るつもりです。
介護認定審査会の意見およびサービスの種類の指定	なし。
総合的な援助の方針	療養病棟では寝たきりで過ごされることが多く，排泄は介助に頼らざるを得ない状況だったようですが，お気持ちの中にご自分でやろうというしっかりとした意欲があります。施設の中で，毎日を元気に過ごせるように，他の利用者との交流を図り，定期的に行っているレクリエーションや余暇活動へ積極的に参加できるようにお手伝いします。 自分でできることは自分で行っていただき，足腰のリハビリを行い，施設内を歩くことができるように環境づくりを含めて支援します。 おむつでの排泄がとても恥ずかしく，つらいということですので，紙おむつが外れ，トイレで気持ち良く排泄できるようにケアチームで支援していきます。まずは，紙おむつから布パンツに移行できるように支援していきます。

■ 施設サービス計画書（2） 第２表

利用者名　　G　　殿

生活全般の解決すべき課題（ニーズ）	援助目標				援助内容			
	長期目標	（期間）	短期目標	（期間）	サービス内容	担当者	頻度	期間
施設内を自分の力で歩き，友達の部屋に訪問できるようになる。	ゆっくりと自力で歩行できるようになる。	H○ 1/28 ～ 6/30	立位訓練を行い，安定した立位がとれる。	H○ 1/28 ～ 2/28	①トイレ誘導時や車いすへの移乗時には，しっかりと立ってもらうように声かけをし，立位を維持しながら移乗する。	介護員 看護師	移乗時	H○ 1/28 ～ 2/28
			20mの歩行ができるようになる。	H○ 1/28 ～ 2/28	①午前・午後に１回ずつ歩行訓練を行う。	介護員 看護師	１日２回	H○ 1/28 ～ 2/28
					②膝にホットパックを行い，痛みを和らげてから歩行練習を行う。	機能訓練指導員	歩行前	
					③両下肢の立位がとれるような日は，歩行器による移動の練習を行う。		随時	
世話になることなく，トイレで排泄できるようになる。	紙おむつが外れ，布パンツへ移行し，トイレで排泄できる。	H○ 1/28 ～ 6/30	尿意・便意を訴えることができ，トイレで排泄できる。	H○ 1/28 ～ 2/28	①排泄リズムをつかむために，日中は30分おきにトイレ誘導を行う。	介護員 看護師	排泄時	H○ 1/28 ～ 2/28
					②把握した排泄リズムに合わせてトイレの誘導を行う。	介護員		
					③尿取りパッドを使用し，布パンツに移行する。尿意・便意の訴えがあれば，訴えを大切にし，速やかに対応する。	介護員 看護師	排泄時 随時	
					④尿意の有無を声かけで確認をする。	介護員 看護師	排泄時	
規則正しい生活リズムを続け，施設の暮らしを楽しむことができる。	他の利用者と楽しい会話ができるようになる。	H○ 1/28 ～ 6/30	日中，寝ている生活をやめ，デイルームで過ごせるようになる。	H○ 1/28 ～ 2/28	①日中は，デイルームに移動し，多くの人と交流して過ごす。	介護員	毎日	H○ 1/28 ～ 2/28
					②レクリエーションに参加する。	介護員	随時	
					③職員と一緒に趣味（生け花，クラフト，折り紙）を楽しむ。	介護員 ボランティア	随時	
					④家族の面会時に，折り紙を一緒に楽しむ。	長女夫婦	面会時	

■ 施設介護経過 第7表

利用者名　G　殿　　施設サービス計画作成者氏名　T．K

年月日	内容
H○.1/11	○○療養病棟から新規入所。 入院時は病室で食事をしていた様子だが，夕食はほかの利用者と食事をする。近くに介護員がいるので，精神的には安心した様子で，食事は自力で完食できた。食事を中心に，自分でできることはできるだけ自分でしてもらい，意欲を持って生活できるようにかかわることを説明する。
1/14	本人より「トイレに行きたい」と訴えが度々ある。すでに失禁していることもあるし，タイミング良く排泄できることもある。トイレ誘導をこまめに行い，排泄パターンの把握に努めることとする。
1/17	おむつ内で排便が出かかっている。移乗時の立位も良好で，車いすでの座位も比較的安定しているため，ポータブルトイレでの排泄を試みるよう提案する。多量の排便があり，本人も気持ちが良かったと喜ぶ。安定して座ることができたので，翌日よりリハビリパンツを着用し，トイレ誘導を行うこととする。
1/18	食事はおいしく食べることができている。
1/28	サービス担当者会議（別紙）
1/29	本日より3日間，トイレ誘導をこまめに行っていく。まずは30分間隔で声かけし，誘導することで排泄リズムを把握する。 下肢筋力もしっかりしており，入浴時などは患側も少しずつではあるが前に出るようになる。本人も歩きたいという気持ちがある。安定した立位がとれるように援助していくこととする。
2/1	ベッド上で端座位になっていることがあり，尋ねると「行かないと」と返事があり，自分なりにトイレに行こうとしているのではないかと推測できた。自ら行けるように低床ベッドにし，転倒防止に努める。
2/3	尿意を訴え，夜間に大声を出す。すぐに対応する。
2/5	布パンツに移行することを説明する。紙おむつへの抵抗感があったので，本人なりにすぐに納得をする。この日は上げ下げの練習を行う。 転倒する危険があるので歩行器を使ってトイレに行くように説明する。本人は体力もついてきたので，何とかやってみたいと言う。 歩行器の使用に当たり，慣れるまでは介護員が介助することとする。
2/6	歩行器の歩き方で患側も少しずつスムーズに前に出るようになり，時間をかければ20mぐらいは歩行できることが分かる。
2/8	心配された布パンツだったが，排泄の失敗回数も減少してきた。
2/10	立位がしっかりととれるようになり，歩行器の扱いも慣れてきた。わずかずつだが両下肢に力が入るようになり，しっかりした歩き方になったきた。本人のうれしそうな表情が印象的である。
2/12	握力が回復してベッドから起き上がれるようになる。ベッドへの腰かけも安定し，自分で降りてトイレに行くようになる。
2/15	体力がついてきたことで，歩行器ではなく車いすで自走を試みようとする姿が見られるようになった。
2/16	日中はデイルームで過ごすことが日常的になり，他の利用者と楽しい会話をする場面も増えてきた。
2/17	うつ傾向のDさんの居室を訪れ楽しそうに会話をしていた。
2/19	趣味として生け花に取り組もうとする意欲が生まれてきただけでなく，他の入居者や介護員に生け花のコツを指導する様子が見られるようになった。クラフトづくりにも興味があるようだ。
2/25	長女の面会時，自分がやった生け花が展示してあるコーナーを見せて楽しく会話していた。
2/28	歩行器を使ってデイルームまで移動し，レクリエーションに参加する。

編注）事例提供施設の記録スタイルを基に本事例において特徴的な部分を抽出した記録であり，記録のすべてではありません。

■ モニタリング総括表

利用者名　　G　　殿　　　　　　　　　　評価日：平成○年２月28日

課題	短期目標 (H○年１月～H○年２月)	目標の達成度 ○：達成 △：一部達成されず ×：達成されず		サービスの実施状況 ○：提供できた △：一部提供できた ×：提供できなかった		サービスの満足度 ○：満足 △：一部満足 ×：不満 ××：不明		身体的変化／心理的変化／暮らしの変化 ◎：向上 ○：維持 ×：低下		今後の対応および新しい生活課題
施設内を自分の力で歩き，友達の部屋に訪問できるようになる。	立位訓練を行い，安定した立位がとれるようになる。	○	健側下肢に十分に力が入り，安全な立位がとれるようになった。	○	しっかりと立位を維持する援助ができ，歩行器を使って20m歩行も繰り返した。	○	しっかりと立って歩けた時には，うれしそうな表情をしていた。	◎	今までベッド上で過ごすことが多かったが，立位も安定してスムーズに移乗することもでき，離床して過ごせるようになった。	移乗バーを使って自分で立ち上がり，立位をとることができるようになることを目指す。
	20mの歩行ができる。	○	歩行器を使って20mの歩行ができるようになった。	○	午前・午後１回ずつ歩行器を使用して練習できた。	○	歩行訓練後はうれしそうにしていた。	◎	車いすを自走しようとすることや，身の回りのことを自分から行おうとするなど，活動に意欲が出てきた。	下肢の筋力をつけ，歩行距離が伸びてしっかりとした足どりで歩けるようになることを目指す。
世話になることなく，トイレで排泄できるようになる。	尿意・便意を訴えることができ，トイレで排泄できる。	○	失敗することもあるが，成功することもある。トイレ誘導により，布パンツへの切り替えを実施できた。	○	30分ごとにトイレ誘導を行ったことで排泄のリズムができた。	○	尿意がある時は，自分から職員に訴えることができ，意欲は向上した。	◎	自分で起き上がり，ベッドに腰掛けて自分でトイレに行こうとする場面が見られるようになった。	布パンツを着用することで，トイレ誘導をしなくても，自分で排泄できるようになることを目指す。
規則正しい生活リズムを続け，施設の暮らしを楽しむことができる。	日中，寝ている生活をやめ，デイルームで過ごせるようになる。	○	日中は起きていて，デイルームでいろいろな人との交流ができるようになった。	○	日中はデイルームに誘導し，座って過ごしてもらえるように支援できた。 本人のCADLである生け花を支援することができた。	○	職員や他の利用者との交流・会話が多くなり，生け花を褒めてもらうことで笑顔が見られるようになった。	◎	日中は目を覚ましていることが多くなり，夜間の睡眠が安定してきた。 夜間の排泄も次第に少なくなってきた。 日常の表情にほほえみが増えてきた。	認知症状が進まないように，声かけやレクリエーションを継続し，日々を楽しく過ごせる環境づくりをケアチームで行う。

施設ケアマネジメント見える化シート

ADL

- **見守りと声かけによる食事の完食**
  介護員 管理栄養士
  （随時）
- **排泄動作の改善とおむつはずし**
  介護員 看護師
  （随時）
- **朝の整容，お化粧の支援**
  介護員
  （随時）
- **下肢筋力訓練と歩行訓練**
  介護員 看護師
  機能訓練指導員
  （1日2回）
- **服薬治療**
  ・胃潰瘍
  ・高血圧
  ・心臓性浮腫
  医師 看護師

IADL

- **施設内の生け花**
  介護員
  本人が生け花ボランティア
  （週3回および随時）

CADL

- **家族との語らい**
  長女夫婦
  孫たち
  （水・日の面会時）
- **折り紙作り**
  介護員
  ボランティア
  （週2～3回）
- **他の利用者との語らい（役割）**
  介護員 ボランティア
  （随時）

Dさんとどのような話題で盛り上がるのかを把握し，ケアチームで共有することが重要。

羞恥心への配慮はとても重要。排泄の自立が入居者との交流などに「参加」を動機づける成功例。

1．施設ケアの評価と助言

評価1：ベッド上で過ごすことが減り，立位も安定して歩行にも改善が見られる。歩行器や車いすを自走し，うつ傾向の**友達のDさんの部屋への訪問も試みる**ようになった。

〔助言〕転倒のリスクは常にある。歩行器や車いすなどを効果的に使うこともリスクマネジメントとして有効である。

評価2：30分ごとの声かけで排泄リズムが生まれ，尿意の訴えもできるようになる。布パンツに切り替えることができた。

〔助言〕羞恥心は気持ちを滅入らせる原因の一つ。排泄の自立が本人の気持ちを前向きにできているのがよい。

評価3：他の利用者や職員とデイルームなどで楽しく会話ができるようになり，生け花に取り組むだけでなく，他の利用者に指導するようにもなる。

〔助言〕話し相手になるには，共通の趣味や話題，経験があるとよい。介護員が入居者の情報を家族から丁寧に把握し，本人が意欲的になれること（本人らしさ）を肯定的にとらえ，役割を担ってもらえるように動機づけたことがよかった。

2．地域包括ケアシステムにおける施設が果たす役割の提案

・**テーマ別に，話し相手ボランティア募集**のポスターを地域の集会所などに貼らせてもらう。

・本人の得技を生かしたボランティア（例：華道）の作品の展示を広く呼びかける。

> おしゃべりの楽しさは共通した話題があること。旅行，温泉，将棋などテーマ別の募集はよい。

ムロさんのちょっといい話

利用者の力を質問力で引き出し，社会参加を動機づける

利用者とのやりとりが「～をしましょう」「～をしてください」という言葉ばかりでは指示・命令していることになります。「～を介護します」という言い方も，本人の意向をくみ取っていなければ，援助側の一方的な通達でしかありません。

利用者の力を引き出すには，質問力の仮設質問（「もし仮に～になったら何を～」）がとても効果的です。

ケアマネジャー：昨日，生け花をされてみて，いかがでしたか？

Ａさん：久々だったから楽しかったわ！

ケアマネジャー：皆さんも「さすが」「上手だね」と褒めてらっしゃいましたね。私も驚きました。

Ａさん：ふふふ，とてもうれしかったです（笑）。

ケアマネジャー：トイレの心配が減ったら，お出かけしてみたいところはありますか？

Ａさん：そうね……，○○生花店で切り花を買いに行きたいわね。連れて行ってくれるの？

ケアマネジャー：私はご一緒できませんが，トイレの心配が減ってきたら施設のスタッフにお願いしてください。きっと連れて行ってくれると思いますよ。私たちはＡさんのサポート役ですから。

これは実際にあった話です。本人の力を肯定的に受け止め，続いて意向を引き出し，本人の自己決定を促し，自立（自律）支援の関係を築いています。

事例8

認知症により尿意を伝えられず失禁。排泄の失敗を減らすケアで「本人らしさ」を取り戻す

老健・特養	
96歳・女性	
要介護度	要介護3
認知症自立度	Ⅱb
自立度	B

既往歴	現病歴
・転倒により胸椎12番・腰椎１番の陳旧性圧迫骨折と右大腿骨転子部骨折の疑い（90歳）	・多発性脳梗塞・アルツハイマー型認知症（95歳）

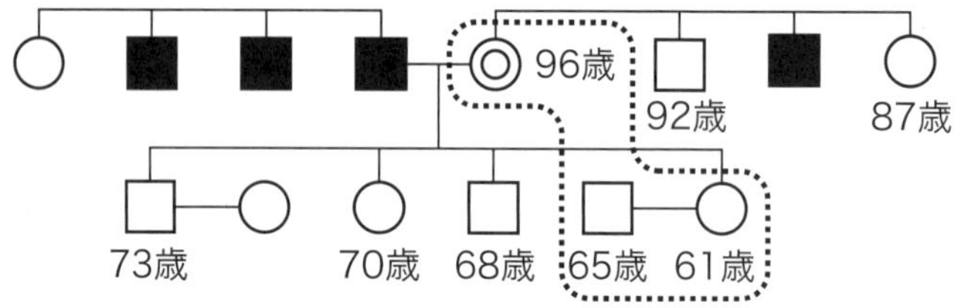

1．入所前サービスなどからの情報および入所に至った経緯

・90歳の時に玄関で転倒し，胸椎12番・腰椎１番の陳旧性圧迫骨折と右大腿骨転子部の骨折の疑いで２週間入院。

・退院後，介護老人保健施設の短期入所で３週間療養する。要介護２の認定。

・退所後は長男家族と同居し，通所リハビリテーションと訪問看護を利用する。

なぜアルコール依存症になったのかに着目する。

・91歳の時，**アルコール依存症だった長男**（73歳）が喉頭がんとなる。長男の妻は仕事を持っており，夫の看護で手一杯になったため，約１年間は次女が長男宅に通い，介護をしていた。

介護離職して在宅介護を選択したが，施設入所を独断で決めたとする長男夫婦との関係に着目したい。

・その後，次女は体力的な負担から**介護離職**し，父を自宅に引き取り介護をすることにする。

・95歳の時，次女の夫の糖尿病が悪化し，失明寸前となる。

・本人もアルツハイマー型認知症を発症する。

・通所介護と短期入所を利用していたが，在宅での介護に不安を感じた**次女が施設への入所を希望した**。

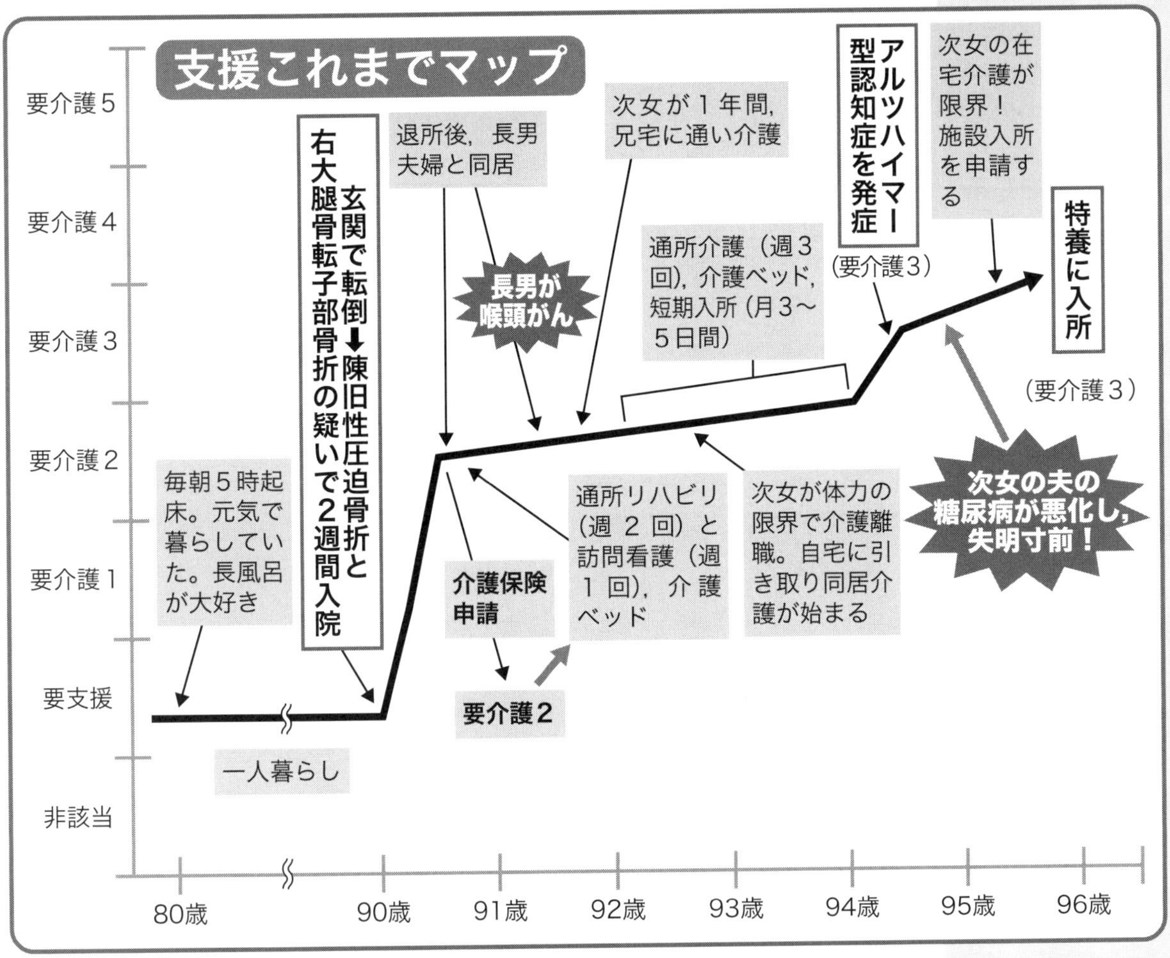

・本人は「近くにそんな良い所があるなら行ってみようか」と，前向きな気持ちで特別養護老人ホームに入所することとなった。

2．初回面接からの主な情報

・トイレなどへの移動は，手引き歩行でできる。
・尿意の訴えがあるが，出ないことも多い。失禁してしまうので，紙パンツを使っている。
・会話のやりとりはできるが，難聴気味である。
・同じ話を繰り返すことが多く，場所と時間の認識があいまいである。

3．入所前の生活歴および生活習慣

生活歴

・乾物屋を営む家の5人きょうだいの3女として生まれる。
・20歳の時，呉服屋の男性（25歳）と見合い結婚し，2男2女をもうける。
・33歳の時に夫が結核で他界し，その後は**一家の大黒柱として郵便配達や保険関係の仕事をし**，家に居ることはほとんどなかった。

男勝りで仕事をする母を4人の子どもたちはどのように思っていたか。

この経験から，コミュニケーション能力の高さと本人の誇り・こだわりを知ることができる。

・定年後は母子家庭や寡婦の人たちを支援するため，**母子福祉会の会長も務める**。

生活習慣

・仕事のため，朝は５時に起きる生活を続けてきた。
・若くして亡くした夫を愛し，再婚はしなかった。
・朝の仏壇の水やりはかかしたことがない。

女性だから家事が得意とは限らない。苦労話を引き出すのも一つ。

・**家事は不得意**だった。
・おしゃれが好きで，化粧をすると表情が晴れやかになる。
・同じ服でいることが嫌。好きな色はピンクである。
・長風呂が好きで，スーパー銭湯巡りが趣味の一つである。

４．プラン立案のポイント

「これまでの立場」に着目すると，本人がこだわる自分らしさが浮かび上がる。

・**リーダーシップを発揮してきた本人**にとって一人で排泄ができないことが自己肯定感を下げている。
・24時間の排泄パターンを把握し，生活リズムに合わせた声かけとトイレへの誘導（手引き歩行）を行うこととする。
・認知症の進行抑制と生きがいづくりとして，レクリエーションや季節の行事などへの参加をプランニングする。

食事の盛り付けは家事が苦手でもできること。仕上がりを褒めることで自己肯定感のアップを図る。

・野菜の皮むきや**食事の盛り付け，タオル畳み**など「できることからの協力」をケアプラン上にも位置づける。
・本人が築き上げた自信や誇りをチームで共有して支援に生かすことを確認する。

５．課題の優先順位

人としての尊厳やこだわりに着目する。

課題１：失敗することなく，トイレで排泄できる。

〔理由〕 年齢・性別に関係なく，**「トイレの失敗」は自己肯定感の喪失に近い**ものがある。また，排泄を我慢することで体調の異変も起こりやすい。本人にとって最もニーズが高いことなので，最優先の課題として位置づけた。

また，立ち座りのための屈伸による下肢筋力の改善，排泄時にいきめるように腹筋のトレーニングも組み込んだ。

本人の意欲を集団の中で引き出す。

課題２：他の入所者と共に，楽しい毎日を送る。

〔理由〕 ボランティアの経験もあり，**社交的な一面**もある人柄を尊重し，他の入所者と交流する機会や同じ作業（雑貨の手作り）などをすることで関係づくりをすることを２番目の課題とした。

■ サービス担当者会議の要点 第5表

利用者名　H　殿　　施設サービス計画作成者（担当者）氏名　T．K

開催日：平成○年５月12日　　開催場所：○ユニット　　開催時間：10：30～11：30　　開催回数：２回目

会議出席者	所属（職種）	氏名	所属（職種）	氏名	所属（職種）	氏名
	家族（次女）	A	介護支援専門員	T．K	看護師	M．K
	本人	H	理学療法士	T．M		
	生活相談員	Y．M	管理栄養士	M．K		
検討した項目	①失禁なくトイレで排泄ができるようになるには，どのようなケアを行うか。 ②他の入居者と楽しく生活するための関係づくりをどのように行うか。					
検討内容	①24時間の排泄パターンを把握する。規則正しい生活のリズムをつけるようにし，本人の体力に合わせた活動を積極的に行いながら，トイレでの排尿を習慣化できるよう支援する。 トイレ移動の際，転倒のリスクを防ぐために，スタッフは手引き介助を行うことを徹底した方がよい。 失禁ばかりに目を向けるのではなく，成功の状況を観察し，本人の自信につながるよう配慮した声かけをすることが大切である。 歩行動作の向上のため，本人用の個別運動メニューを作成し，スタッフと共に取り組む。 ②本人が好むレクリエーションや行事，慰問，体操など，さまざまな活動が楽しみや生きがいにつながるように支援する。 野菜の皮むきやご飯の盛り付けなどの家事を行うことはどうだろうか。以前は，ボランティアにも熱心だった方なので，役割を担うことで得られる達成感や生活感を感じてもらえるように支援する。					
結論	①排泄パターンを把握し，手引き介助でトイレ誘導を行う。歩行訓練の個別運動メニューを作成し，スタッフと共に実行する。 ②次女から本人の趣味や楽しみを情報収集し，施設での行事やユニット内での食事作りの役割を担っていただけるようにする。					
残された課題 （次回の開催時期）	次回６カ月後開催予定。毎月のモニタリング会議にて本人の状態およびサービス内容が現在の本人に適しているプランか否かを評価する。					

■ 施設サービス計画書（1） 第1表

利用者名　H　殿　　生年月日　大正○年○月○日　　　作成年月日　平成○年５月12日

住所　　　初回・紹介・継続（丸囲み）　　認定済（丸囲み）・申請中

施設サービス計画作成者氏名および職種　T．K（介護支援専門員）

施設サービス計画作成介護保険施設および所在地　特別養護老人ホーム○□○□　○○県○○市

施設サービス計画作成（変更）日　平成○年５月12日　　初回施設サービス計画作成日　平成○年４月28日

認定日　平成○年２月24日　　認定の有効期間　平成○年３月１日～　平成○年２月29日

要介護状態区分	要介護１　・　要介護２　・　要介護３（丸囲み）　・　要介護４　・　要介護５
利用者および家族の生活に対する意向	本人：トイレでしたいが，１人では怖くてトイレに行けない。スタッフの人たちのお世話になりたいです。他の皆さんと一緒に，歌や体操を楽しんでみたいです。昔から胃腸が弱い。健康に気をつけながら過ごしていきたい。 家族（次女）：母が話しているとおり，自分でトイレで排泄できるようになってくれればありがたいです。自分でできることは，できる限り自分でやりたい母です。多少わがままを言うかもしれませんが，もうかなりの年齢なので，母の希望に沿うようにしてもらえるとうれしいです。私も週１回は面会に来たいです。
介護認定審査会の意見およびサービスの種類の指定	なし。
総合的な援助の方針	定年まで仕事をし，定年後は母子福祉会の会長職を担われるほど，人との交流や社会貢献をされた方なので，施設でもリーダー的存在として役割を担っていただければと考えています。レクリエーションや体操を通じて，他の入所者と仲良く過ごせるように，職員が間に入りつつ会話や交流を進めていきます。 また，心配されている排泄については，ご本人やご家族の希望である「トイレでの排泄」が実現できるように，排泄のパターンや動きやすい環境を考え，失敗することが減るように支援していきます。夜間はポータブルトイレを使い，介護員が介助します。

■ 施設サービス計画書（2） 第2表

利用者名　H　殿

生活全般の解決すべき課題（ニーズ）	援助目標				援助内容			
	長期目標	（期間）	短期目標	（期間）	サービス内容	担当者	頻度	期間
失敗することなく，トイレで排泄したい。	失禁せず，気持ち良くトイレで排泄できる。	H○ 5/12～ 11/30	トイレに歩いて行けるようになる。	H○ 5/12～ 8/31	①排泄パターンを把握し，希望時およびトイレ誘導時には，トイレで排泄できるように支援する(規則正しい生活を送り，本人の体力に合った活動に参加することで，トイレでの排泄を習慣化できるよう支援する)。	介護員 看護師	トイレ誘導時および希望時	H○ 5/12～ 8/31
					②失敗に目を向けるのではなく，成功を本人と共に喜び，自信がつくように配慮する。	介護員	排泄時	H○ 5/12～ 8/31
					③トイレへの移動時は，転倒しないように安全の確保に努め，手引き介助を行う（日中はトイレまで歩行介助を行う。夜間は間に合うようにポータブルトイレ介助を行う)。	介護員	トイレ移動時	H○ 5/12～ 8/31
			トイレで立ち座りができる。	H○ 5/12～ 8/31	④歩行動作向上のため，個別運動メニューを作成し，職員と共に毎日実施する。 ・足踏み運動20回２セット ・バランス訓練10回２セット	介護員 理学療法士	毎日	H○ 5/12～ 8/31
			排泄時に腹筋を使えるようになる。	H○ 5/12～ 8/31	⑤かけ声を出すことで腹筋力をアップさせる。（行い方は別紙参照）	介護員 理学療法士	毎日	H○ 5/12～ 8/31
他の入所者の皆さんと共に，楽しい毎日を送りたい。	参加活動の充実が図れ，達成感や生活感を感じられる。	H○ 5/12～ 11/30	レクリエーションや行事，体操に参加して楽しむことができる。	H○ 5/12～ 8/31	①レクリエーションや慰問，体操，行事，雑貨作りなどの活動が楽しみや生きがいにつながるよう支援する。	介護員 次女 ボランティア	随時	H○ 5/12～ 8/31
					②野菜の皮むきや食事の盛り付けなどの家事に参加し，役割と生活感を感じられるよう支援する。	介護員	随時	H○ 5/12～ 8/31

■施設介護経過　第7表

利用者名　H　殿　　施設サービス計画作成者氏名　T．K

年月日	内容
H○.4/28	次女宅より入所。 主に本人からの訴えで，トイレ誘導を実施。転倒の防止に努め，手引き歩行を行いトイレへ向かうが，すでに失禁していることや便器に座っても尿意が曖昧で排尿がないこともしばしば見られた。希望時にトイレ誘導を行っても，便器に座って排泄することは半分くらいであった。性格は社交的ではあるが，耳の聞こえが悪く，他者との会話があまり図れない。
5/12	サービス担当者会議を開催。（別紙）入所当初より，本人や家族より「トイレで排泄できるようになりたい」と希望があったことを踏まえ，ユニット間でカンファレンスを開催し，現在の本人の状態および排泄状況の把握に努めることとする（ケア用品は昼夜共に紙パンツを使用）。
5/15	個別運動メニューを理学療法士と一緒に行う。バランス訓練の10回の2セットはちょっときつそうである。身体を動かした後の食事は積極的である。便通も良い。
5/20	ケアを始めてから3週間が経過。希望時に加えてのトイレ誘導でも嫌がる様子はなく，トイレへ向かう。トイレ誘導を行うようになってからは，失禁は減少したものの排泄がない時も見られる。 また，参加活動においては，毎日の体操を職員とマンツーマンで意欲的に行っている。その他，レクリエーションやボランティアの慰問等にも参加し，職員が他の入所者との間に入ることで耳の聞こえの不十分さを職員が補っている。
5/25	本人の負担とならないよう配慮しつつ，活動量が増えるように支援する。日中の取り組みである野菜の皮むきやタオル畳みなどの家事を実施。他の入所者と共に協力しながら笑顔で家事を行っている。
5/27	今日から，食後や体操，家事などが一区切りした後にトイレ誘導を実施すると，便器内に排尿することが多くなった。本人も「おー，出た出た」と喜んでいる。
5/30	毎日の体操時も，しっかりと声を出して数を数えられるようになり，排尿状態を見ると腹部の筋力が強化されたと考えられる。また，他の入所者とのコミュニケーションや家事を通して自分の役割，達成感・満足感が得られているのも良い結果を生んでいると思われる。
6/2	失禁に関しては，取り組みを始めてから約3週間でほとんど失敗はなくなった。 トイレでの排泄も，便器に座ると出ることが多く見られるようになり，紙パンツから布パンツへの変更を検討する。
6/6	紙パンツ内に失禁が見られなくなったことから，本日より布パンツに変更して様子を見る。紙パンツから変更したことで，本人が布パンツを汚してはいけないと気が焦らないよう職員にも注意を促す。 体操やレクリエーション，家事は，変わらず積極的に行っている。
7/26	モニタリング会議にて，現況報告および今後のケアが話し合われる。 失禁については失敗もなく，便器内に排尿することが多くなっており，今後も布パンツを継続する。日中は職員が手引き歩行で安全に努めているが，夜間は自力でポータブルトイレに移乗しようとしていたことがあり，転倒に注意が必要。参加活動においては，家事や体操，レクリエーション，慰問，行事に毎回参加し，以前にも増して楽しんでいる様子がうかがえる。また，家族の面会も頻回にあり，談笑の機会を喜んでいる。

編注）事例提供施設の記録スタイルを基に本事例において特徴的な部分を抽出した記録であり，記録のすべてではありません。

■モニタリング総括表

利用者名　H　殿　　　　評価日：平成○年８月26日

課題	短期目標 (H○年５月～ H○年８月)	目標の達成度 ○：達成 △：一部達成されず ×：達成されず		サービスの実施状況 ○：提供できた △：一部提供できた ×：提供できなかった		サービスの満足度 ○：満足 △：一部満足 ×：不満 ××：不明		身体的変化／心理的変化／ 暮らしの変化 ◎：向上　○：維持 ×：低下		今後の対応および 新しい生活課題
失敗することなく，トイレで排泄したい。	トイレに行って排泄ができる。	○	排泄パターンを把握し，希望時のほかにも時間誘導することで，失敗がほとんどなくなり，トイレで排泄できるようになった。	○	・排泄パターンを把握できた。希望時のほかに時間誘導することができた。 ・歩行能力の向上のために，個別リハビリメニューを作成し，実行した。	○	トイレでの排泄が習慣になった。失敗することがほとんどなくなり，うれしいとのこと。	◎	以前に比べて表情が明るくなり，本人からの発語も増え，体操などの取り組みによって身体面でも向上した。 腹筋が改善したことで，排尿動作だけでなくコミュニケーションにも積極性が見られるようになった。	夜間のポータブルトイレの利用時の自立に向けて，取り組んでいく。
他の入所者の皆さんと共に，楽しい毎日を送りたい。	レクや行事，体操，雑貨の手作りに参加して楽しむことができる。	○	職員が輪に入ることで会話が進み，他の入所者とのコミュニケーションが円滑に図れるようになった。 雑貨作りでは，小物入れ（2個）と雑巾縫い（5枚）を完成させることができた。	○	さまざまな行事や家事への参加を促し，他の入所者と楽しみながら役割を持てるように支援できた。 雑貨作りは，次の動作を声かけしながら行うことができた。	○	家族との談笑する場面や他者との交流時に，リーダー的存在感を見せるようになった。自信のある表情や言動が出てきた。 １つずつ仕上るたびに自信ある表情になった。	◎	自ら進んで家事を行うな，ど物事に対して前向きな行動が見られるようになった。 失禁もなくなり，着替えをすることもなく，安心して皆とのおしゃべりにも入れるようになる。 作品を周囲の職員に見せるシーンもよく見られるようになった。	今後も継続した取り組みを実施し，新たに本人が希望する活動を随時ケアチームで検討していく。 今後は，次女宅や他の場所などで必要な小物を聴き取り，制作が生きがい（CADL）となるように動機づけていきたい。

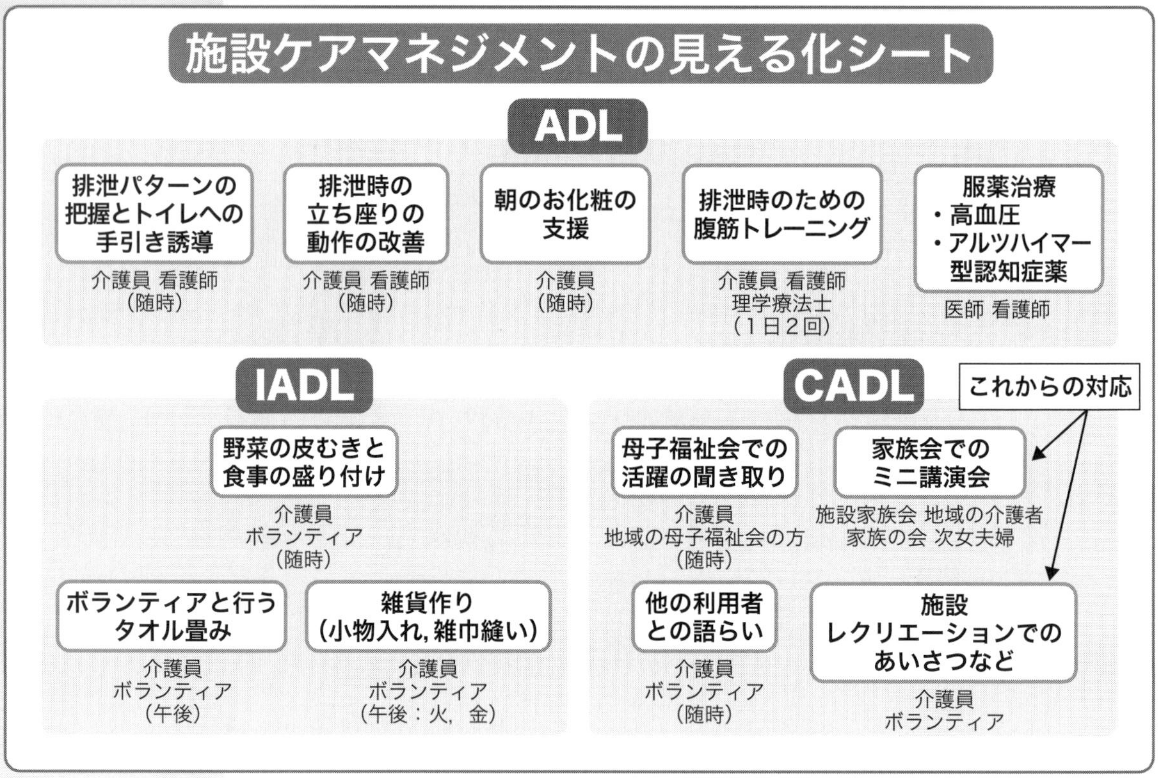

1．施設ケアの評価と助言

１つできたことが次の可能性を広げることになる。

評価１：何よりも，排泄の失敗を少なくしたことが本人の自信につながり，活動にも意欲的に取り組むことができるようになった。

〔助言〕本人からの発語も増え，表情が明るくなったことはケアチームの自信にしてよい。**腹筋の改善**が排泄動作だけでなくコミュニケーションにも良い影響を与えている。

周囲が一目置くことで，自己肯定感を取り戻すことができた典型的な事例である。

評価２：家族との談笑や他の入所者とのやりとりでも**リーダー的な雰囲気**が見えるようになった。今までの経験や性格，担ってきた社会的な役割を尊重することができた。

〔助言〕失禁の改善と腹筋の改善が自信となり，本人らしさが自然に生まれてきた。96歳という高齢だが，施設のリーダー的な役割（例：あいさつ，司会役）を担ってもらうのもよい。

2．地域包括ケアシステムにおける施設が果たす役割の提案

当事者だからこそ共感を呼ぶ話ができる。なじみの場所への訪問を意欲づくりに生かすのもよい。

・地域の介護者家族の会や小・中学校などでの**ミニ講演などを持ちかけ**，社会貢献活動の中での役割を促す。

・社会貢献活動で訪れたなじみの場所を聞き取り，外出支援として訪問することも計画してみる。

地域貢献事業のヒント

小学４年生への福祉授業

東京都Ｓ区にあるＹ社会福祉法人に近隣の小学校から４年生の総合学習の一つとして福祉に関する授業をしてほしいと依頼があり，同法人は地域貢献事業として積極的に取り組むことを決めました。

まずは子どもたちに「高齢者に対するイメージ」「高齢者に聞いてみたいこと」「介護の仕事をしている人に聞いてみたいこと」の３点についてアンケートを行い，その結果から，「子どもの視点から見た高齢者」をテーマに参加型の授業を行うことにしました。

次は授業で使う資料づくりです。子どもたちが学習している漢字や言葉を用いた表現に苦労しつつ，退屈しないような進行を考え，工夫しました。

当日は，２クラス合同で保護者も参加しての授業のため，体育館で行われました。裁縫をする高齢者や戦争体験を話す高齢者の様子，介護を受ける様子などを写真や動画で見せたり，クイズ形式を盛り込んだりして工夫された授業は，親子の会話のきっかけづくりともなりました。

その後もＹ社会福祉法人とこの小学校とは，学校行事に招待したり，子どもたちが施設のホールを利用したりするなどのかかわりが継続しているということです。

事例9

家族との温泉旅行で動機づけ。立位がとれない状態から6カ月で手引き歩行までに改善する

老健 ・ 特養	
90歳・女性	
要介護度	要介護3
認知症自立度	Ⅱb
自立度	A

既往歴

・右大腿骨折（87歳）：保存療法にて完治。
・皮膚がん（89歳）：手術。
・心臓弁膜症（88歳）：手術。

現病歴

・不整脈（78歳）：薬物療法を開始。
・骨粗鬆症（80歳）：薬物療法を開始。
・アルツハイマー型認知症（89歳）

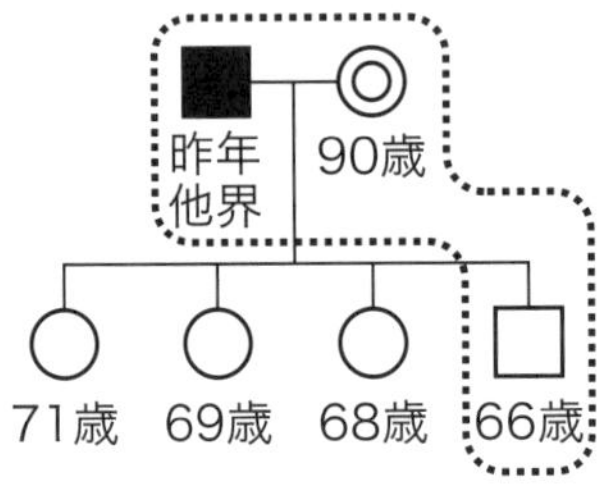

1．入所前サービスなどからの情報および入所に至った経緯

・87歳までは，車を運転するなど日常生活はほぼ自立していた。
・87歳の時に公園の階段でふらついて転倒。右大腿骨を骨折。
・88歳で心電図の異常を指摘され，心臓弁膜症の手術をする。
・このころから火の消し忘れなどの認知症の症状が見られるようになる。
・89歳で皮膚がんの手術を行う。同年，８年間にわたり老老介護をしてきた**夫が他界**。以降，認知症が著しく進行する。要介護２の認定。
・寂しさから日中寝たきりで過ごすことが多くなり，体力が低下し日常生活の動作が困難になる。

配偶者の死がきっかけで認知症状が進行することは多い。

2．初回面接からの主な情報

・同居していた長男が異動のため単身赴任となる。
・自己負担限度額の上限まで短期入所を利用し，自宅に戻った日は**隣市に住む３人の娘たち**が交代で介護していた。
・３人の娘たちも，自分たちの生活と介護の両立が難しくなり，短期入所を利用していた特別養護老人ホームへの入所を申請し，１カ月後に入所となる。

３人それぞれの移動距離，移動手段，移動時間を押さえておく。

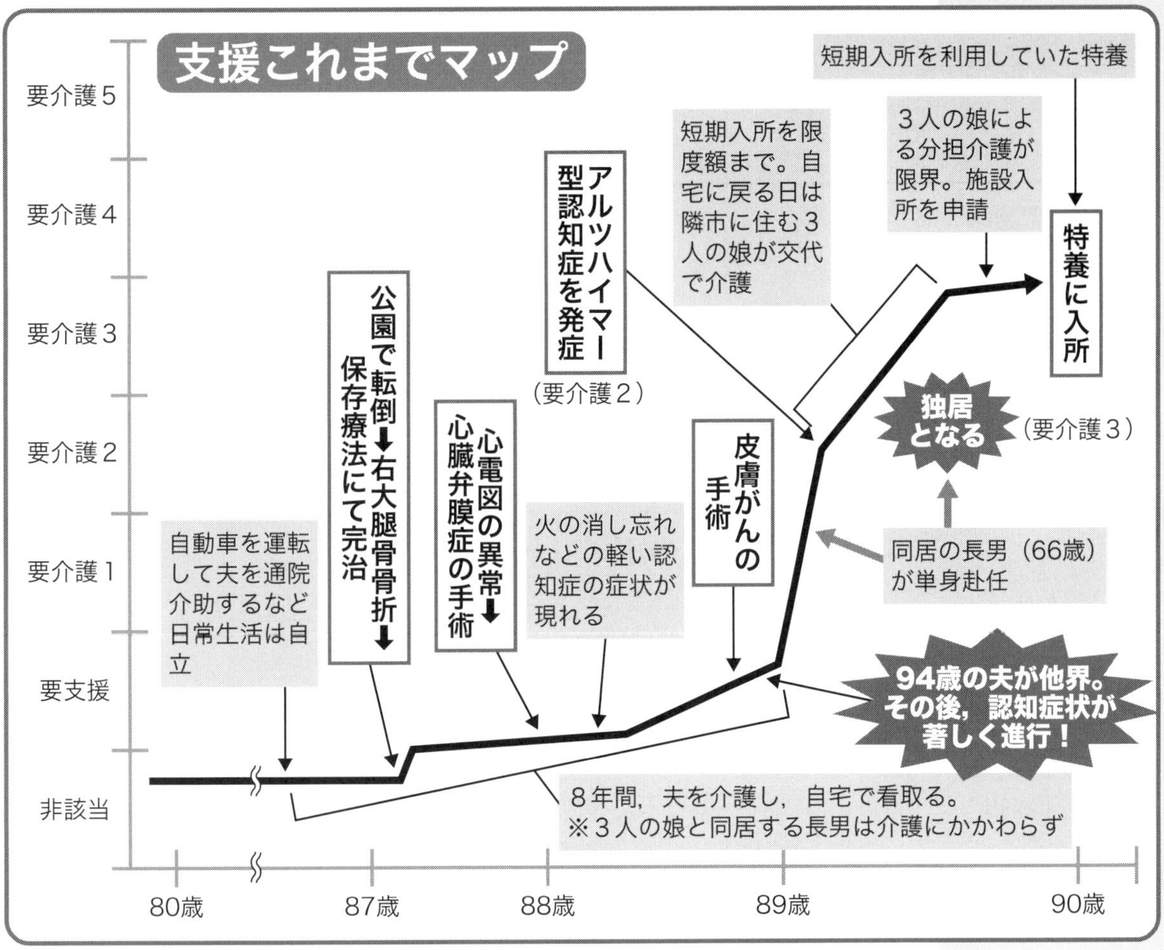

・自宅では歩行器を使って室内を移動していた。
・食事は自立しているが，食べる量にむらがある。
・認知症は進んでいるが，自分のことは人に頼ることなく**自分で行いたい気持ちが強い**。
・トイレでの排泄は，便器への移乗動作と下衣の上げ下げを介助すれば自分で行うことができる。

> できることを奪うのは，自尊心や自己肯定感の喪失となりやすい。どうすれば自力でできるのかをアセスメントするのが専門職の視点。

３．入所前の生活歴および生活習慣

生活歴

・コンニャク農家に５人きょうだいの末っ子として生まれる。２人の兄は南方戦線で戦死。姉は15歳の時に結核で他界する。
・19歳，５歳年上の夫と親戚の紹介で結婚。４人の子どもをもうける。
・夫は車の修理工場を自営していたので手伝っていた。
・23歳の時に隣り町に移り住む。
・**マイカーブーム**に乗って修理工場は大きくなり，一時は20人ほどの従業員を雇うまでになる。
・娘は３人とも県内に在住。時折孫を連れて遊びに来ていた。

> 高度経済成長で自動車は「一家に１台」となり，やがて「１人に１台」となった。20人を雇える修理工場はかなり大きい。

生活習慣

- 従業員寮があり，従業員の朝食も作っていたので，毎日４時に起きていた。
- 社交的で，地元ではなかなかの酒豪としても有名。日本酒が好きで**利き酒に凝った**こともある。

利き酒ができるのは舌がかなり敏感。味へのこだわりも強く，まずいものを嫌う。

- 商工会婦人部で活躍し，毎年旅行などにも行っていた。
- 趣味は日本舞踊やカラオケ，ゲートボールなど。
- 短期入所では塗り絵に凝っていたらしい。

４．プラン立案のポイント

- リハビリテーションへの意欲づくりのため，生活の目標を「家族と大好きな温泉に行きたい」という願いとする。
- サービス担当者会議では，多職種がそれぞれの役割と支援目標を具体的に立てて実行していく。
- 願いの実現のために，移動能力や更衣能力の向上を目指す。
- 実際の生活場面では，機能訓練指導員と管理栄養士，介護員が連携し，**生活目標を実現するための**日々のリハビリテーションや栄養改善に取り組んだ。

生活目標は常に具体的であること。訓練やリハビリテーションが目的となってはいけない。

５．課題の優先順位

課題１：歩けるようになって，みんな（家族）と○○温泉に行く。

〔理由〕本人の意欲を引き出すために「家族との温泉旅行」を最優先に位置付ける。短期目標は温泉旅行を可能にするために３つに分割した。第１は介助があれば短い距離（20m）が移動できるようになること，第２は伝い歩き時の転倒予防，第３は更衣能力の向上とした。

課題２：１日に必要な食事量を食べ，体力が落ちないようにする。

〔理由〕食事は自立しているが，食べる量にむらがあり，体力の低下の原因の一つとなっている。そのため，２つの短期目標を設定した。第１は，必要な食事量を毎日摂取できることとした。メニューは，食欲の低下が食事量の低下となるため，本人の好む食事を提供することとした。第２は入所時の体重（34kg）を維持できることとした。そのため，介護職員だけでなく，管理栄養士が**栄養ケアマネジメントを行い**，調理職員も協力してもらうことにした。

栄養ケアマネジメントは，現場の調理員を巻き込むことがポイント。

■ サービス担当者会議の要点 第５表

利用者名　Ｉ　殿　施設サービス計画作成者（担当者）氏名　Ｔ．Ｍ

開催日：平成○年４月３日　開催場所：○ユニットリビング　開催時間：14：00 ～ 14：30　開催回数：２回目

<table>
<tr><th rowspan="5">会議出席者</th><th>所属（職種）</th><th>氏名</th><th>所属（職種）</th><th>氏名</th><th>所属（職種）</th><th>氏名</th></tr>
<tr><td>介護支援専門員</td><td>Ｔ．Ｍ</td><td>管理栄養士</td><td>Ｔ．Ｉ</td><td>家族（長女）</td><td>Ａ</td></tr>
<tr><td>生活相談員</td><td>Ｋ．Ｙ</td><td>介護員</td><td>Ｙ．Ｋ</td><td>本人</td><td>Ｉ</td></tr>
<tr><td>看護師</td><td>Ｙ．Ｍ</td><td>機能訓練指導員</td><td>Ｔ．Ｎ</td><td></td><td></td></tr>
<tr><td></td><td></td><td></td><td></td><td></td><td></td></tr>
<tr><th>検討した項目</th><td colspan="6">①現在の身体状況の確認と食事や歩行，移乗動作のリハビリに対する本人の意欲と動作向上の可能性について。
②今後，どのような方向で食事や歩行，移乗動作およびリハビリに取り組んでいくのか。
③家族で温泉に行きたいという希望についてどのように取り組むか。</td></tr>
<tr><th>検討内容</th><td colspan="6">①機能訓練指導員：現在は立位がとれない。認知症だが，自分でやろうとする意思はある。足腰が不安定なため，転倒のリスクが高い。
②管理栄養士：食事を取れないことが予測できるので，食事摂取量と体重を丁寧に観察し，速やかに対応する必要がある。
介護職員：本人の好む食事を把握し，動機付けるようにした方がよい。移乗動作の時には，見守りと声かけを行い，転倒事故を防ぐようにする。
機能訓練指導員：サドル付き歩行車など段階を追った歩行訓練を試みたい。
③温泉に行くには，体調管理が行え，車いすや便器への移乗動作ができるようにリハビリの動機づけをしてはどうか。</td></tr>
<tr><th>結論</th><td colspan="6">①②について
・最初は，サドル付きの歩行車によるリハビリから進め，歩行距離が伸びたところでアーム付き４輪歩行車によるリハビリに移る。
・体重34kgを維持し，食事摂取量が５割に満たない場合は，補食（高カロリー栄養食）を提供する。
・家族（長女）から好みの食事を聞き，提供できるように検討する。施設の食事の好みも把握していく。
③温泉旅行は，1年後くらいを予定して随時計画を立てていくこととする。</td></tr>
<tr><th>残された課題
（次回の開催時期）</th><td colspan="6">本人は訓練に対して意欲があるが，頑張りすぎてしまうため，体調を考慮しながら無理のないように進めていく。
今後，引き続き温泉旅行の可能性を探り，必要な動作について検討していく。
次回サービス担当者会議は1年後に開催する。※訓練内容に関しては随時評価し検討。</td></tr>
</table>

■ 施設サービス計画書（1） 第1表

利用者名　Ｉ　殿　　生年月日　大正○年○月○日　　作成年月日　平成○年４月３日

住所　　初回・紹介・（継続）　（認定済）・申請中

施設サービス計画作成者氏名および職種　Ｔ．Ｍ（介護支援専門員）

施設サービス計画作成介護保険施設および所在地　特別養護老人ホーム○○○○　○○県○○市

施設サービス計画作成（変更）日　平成○年４月３日　　初回施設サービス計画作成日　平成○年３月15日

認定日　平成○年１月16日　　認定の有効期間　平成○年２月１日～　平成○年１月31日

要介護状態区分	要介護１　・　要介護２　・　（要介護３）　・　要介護４　・　要介護５
利用者および家族の生活に対する意向	本人：自分のことは自分でしたいです。歩く練習をして以前のように少しでも○○まで歩けるようになりたい。歩けるようになったら散歩できるようになり○○温泉に行きたい。昔は踊りやカラオケ，ゲートボールをよくしていました。施設の行事に参加して，楽しい毎日を送りたいと思っています。 家族（長女）：まずは今の身体状態を維持してほしい。以前のように歩けるようになってほしいですが，頑張りすぎると疲れるようなので，無理はしないようにしてほしい。風呂が好きなので，できるだけ回数を多く入れてやってください。母は短期入所を利用していたので，親しくなった人もいて施設の生活にすっかり慣れており，思ったより楽しんでいるので安心です。母らしい施設生活を送れることを希望しています。わがままでマイペースなので迷惑を掛けることがあるかもしれませんが，よろしくお願いします。
介護認定審査会の意見およびサービスの種類の指定	なし。
総合的な援助の方針	転倒の危険があるので，車いすでの移動を続けさせていただきます。時々，一人で排泄やベッドへの移乗をする際に，車いすのブレーキを掛け忘れることがあり，転倒などでけがをさせないように介助します。 また，ご本人より「皆で温泉に行きたい」という希望が出ています。職員とご本人，ご家族で一緒に温泉に行く計画を立てて，大好きな温泉を楽しんでいただけることを目標として，ご本人の体調管理に留意し，意欲を大切にしながら移乗動作や歩行のリハビリを進めていきましょう。

■ 施設サービス計画書（2） 第２表

利用者名　Ｉ　殿

生活全般の解決すべき課題（ニーズ）	援助目標				援助内容			
	長期目標	（期間）	短期目標	（期間）	サービス内容	担当者	頻度	期間
歩けるようになって，みんな（家族）と○○温泉に行きたい。	歩けるようになり，家族と１泊２日の温泉旅行をする（最初は，担当女子介護員が同行することを検討する）。	H○ 4/3 〜 H○ 1/31	家族と外出し，近くの店で外食ができる。短い距離（20m）であれば，介助のもと歩くことができる。	H○ 4/3 〜 9/30	①以下のリハビリを実施する。 ・80～100m程度，サドル付きの歩行車で散歩する。 ・平行棒で立位保持とバランス訓練を行う。足上げ運動も実施する。 ・アーム付き４輪歩行車を使用して，20m程度の歩行訓練をする。 ②家族と一緒に近くの飲食店で外食をする。車での送迎と歩行時の手引きをする。	機能訓練指導員（1，2） 介護職員（3） 家族（娘・孫）	週２回 毎日 月１回程度	H○ 4/3 〜 9/30
	室内の伝い歩き，乗り移りは転ぶことなく自立できる。	H○ 4/3 〜 H○ 1/31	移乗動作時や居室内の伝い歩き時の転倒を防ぐ。	H○ 4/3 〜 9/30	①移乗動作や伝い歩きが安全にできるように，見守りや声かけをする。 ※必要時に腰を支えて介助する。	介護職員	随時	H○ 4/3 〜 9/30
	ズボンなどの更衣は，少しの介助でできるようになる。	H○ 4/3 〜 H○ 1/31	上衣は自分で行い，下衣は途中までは自分で行う。	H○ 4/3 〜 9/30	①更衣の際は，なるべく自力でできるよう声かけし，下衣の上げ下げは一部介助する。	介護職員	毎日	H○ 4/3 〜 9/30
１日に必要な食事量を食べ，体力が落ちないようにする。	栄養が取れ，活動的な生活を送れる。	H○ 4/3 〜 H○ 1/31	必要な食事量を毎日食べられる。	H○ 4/3 〜 9/30	①食事量の低下が見られる際は，必要に応じて本人の好む食事を提供する（食事摂取量が５割に満たない場合は，補食・高カロリー栄養食を提供）。	管理栄養士 調理職員 介護職員	随時	H○ 4/3 〜 9/30
	体重が40kg（BMI19.0）になる。	H○ 4/3 〜 H○ 1/31	入所時の体重（34kg）を維持できる。	H○ 4/3 〜 9/30	①体重の増減を確認し，必要に応じて食事の量や内容を検討する。	管理栄養士 調理職員 介護職員	随時	H○ 4/3 〜 9/30

■ 施設介護経過　第７表

利用者名　I　殿　　施設サービス計画作成者氏名　T．M

年月日	内容
H○. 3/20	本日付けで短期入所からの入所となる。顔なじみの職員が多いので混乱はない。20秒以上の立位保持が難しい様子。足は動かせるので，サドル付き歩行車にて毎日20～30m程度の訓練を実施し，様子を見ることとする。本人の体調に合わせて，無理のない範囲で実施していくこととする。
3/25	リハビリ評価を行う。 サドル付き歩行車での歩行訓練は，予想していたより無理なく実施できている。80～100m程度なら疲れない様子ということが分かる。下肢の筋力も戻り，便器への移乗動作も安定してきた。今日からは，平行棒につかまっての立位保持・バランス訓練（週２回）を開始する。
4/3	サービス担当者会議（別紙）
4/5	更衣が自力でできるように声かけをしながら見守るが，上衣はできても下衣ができない。介護員に頼る場面もある。
4/10	３日間ほど，食事量が低下しているため，長女から情報提供してもらった好みの食事（肉じゃがと焼きそば）にすると全量摂取した。
4/30	〈リハビリ評価，ケアプラン変更〉 １カ月間サドル付き歩行車での訓練と，立位保持・バランス訓練を継続してきたことで体力が向上。これまでの訓練を継続しつつ，アーム付き４輪歩行車での歩行訓練（週２回）を５m程度から開始する。 職員が腰臀部を軽く支えることによって，アーム付き４輪歩行車を押して歩行できる。両腕で身体を支える力が必要なため，首や肩の痛みが生じないか観察していく。
5/30	〈リハビリ評価〉 アーム付き４輪歩行車での歩行訓練も距離が伸びてくると意欲的になり，10～15mまで移動できるようになる。親しい利用者の居室を訪問する時もある。更衣は下衣が途中までできるようになる。
6/10	〈リハビリ評価〉 アーム付き４輪歩行車での歩行訓練も順調に実施。移乗動作や支持物につかまっての伝い歩き（短距離）も見守り対応で可能。 家族「本人も立てるようになり，温泉旅行も現実的になった。秋くらいに予定したい」との話がある。
9/29	〈リハビリ評価と温泉旅行に向けて〉 温泉旅行に行くための取り組みを始める。長い距離の移動は車いすで対応することとする。屋内などの短い距離は，支持物につかまって伝い歩きすれば安定しており，見守り対応で可能であることが分かる。トイレでのズボンの上げ下ろしや更衣も本人のできない部分の介助のみでよいので，家族で対応できることが分かる。 長女と介護員で，本人の身体機能を考慮した介助しやすいバリアフリーの温泉旅館を探しはじめる。
10/27	家族（長女，次女）と一緒に自家用車で１泊２日の○○温泉に旅行に出かける。 本人「夢，かないました。また行きたい。リハビリを頑張ります」 家族（長男）「以前のように立つことができたので，不安だったトイレの介助も何とかなりました。皆さんのおかげです」 担当の女子介護員も同行した。入浴介助や移乗介助方法などを実際に家族に見てもらいながら説明し，注意点などを助言した上で，家族にも行ってもらった。

編注）事例提供施設の記録スタイルを基に本事例において特徴的な部分を抽出した記録であり，記録のすべてではありません。

■ モニタリング総括表

利用者名　I　殿　　　　評価日：平成○年９月25日

課題	短期目標 (H○年４月～ H○年９月)	目標の達成度 ○：達成 △：一部達成されず ×：達成されず		サービスの実施状況 ○：提供できた △：一部提供できた ×：提供できなかった		サービスの満足度 ○：満足 △：一部満足 ×：不満 ××：不明		身体的変化／心理的変化／暮らしの変化 ◎：向上　○：維持 ×：低下		今後の対応および新しい生活課題
歩けるようになって，みんな（家族）と○○温泉に行きたい。	家族と外出し，近くの店で外食ができる。短い距離（20m）であれば，介助のもと歩くことができる。	○	家族との外食が月１回できるようになった。20mなら歩行器や手引きで歩けるようになった。	○	・サドル付き歩行車で散歩 ・平行棒での立位保持とバランス訓練 ・足上げ運動も実施 ・アーム付き４輪歩行車での歩行訓練	○	外食に行けたことをとても喜び，意欲的にリハビリに取り組めた。	◎	歩行距離が20mに伸びたことで，自信が付いた。また，実際に一般のレストランなどに食事に行けたことで，生活の質が上がったことを実感し，笑顔が増えた。	歩行リハビリを継続し，温泉旅行に行けるように，歩行距離を伸ばし，介助部分を少なくできるようにする。
	移乗動作時や居室内の伝い歩き時の転倒を防ぐ。	○	見守りの中で取り組みを継続することで，動作が向上し，転倒することはなかった。	○	移乗動作や伝い歩きが安全にできるように，見守りや声かけをした。 ※必要時に腰を支える介助をした。	○	職員の見守りのもと，室内は自分で注意しながら伝い歩きができ，安心できた。	◎	移乗の際の腰の支えがいらなくなった（見守り対応）。職員を頼る回数が減った。	職員を頼らなくなり自己動作が増えたことで，転倒に注意が必要。新たな動作自立の見極めが必要となる。
	上衣は自分で行い，下衣は途中までは自分で行う。	○	見守りの中で取り組みを継続することで，下衣の着脱も途中まででなら，できるようになった。	○	更衣は自力でできるよう声かけし，下衣の上げ下げは一部介助。	○	もう少し手伝って欲しいこともあったとのこと。	◎	初めは職員に頼ることが多かったが，できる部分はやれるようになった。	本人のペースと不安な気持ちに配慮しながら援助する。
１日に必要な食事量を食べ，体力が落ちないようにする。	必要な食事量を毎日摂取できる。	○	時折，食事量にむらがあったが，おしなべて必要な食事量を取ることができた。	○	食事量が５割に満たない時は，随時補食を提供できた。	○	食事内容について，本人と話し合うことができた。	◎	安定した食事量を摂取でき，体力を維持・向上することができた。	継続して取り組む。
	入所時の体重（34kg）を維持できる。	○	長期目標の40kgに向けて，37kgまで増加できた。	○	体重の増減を確認し，本人の好みに合わせて食事の内容を検討できた。	○	補食により，必要な栄養を取ることができ，体調が良くなった。	◎	体重と健康状態の維持ができた。	継続して取り組む。

施設ケアマネジメントの見える化シート

ADL

サドル付き歩行車で散歩ができる
機能訓練指導員 看護師 介護員
（随時）

移乗動作と伝い歩き時の転倒防止
介護員
（随時）

上衣・下衣の着替え
介護員
（随時）

必要な食事量が食べられる
管理栄養士 調理員 介護員
（1日3回）

入所時の体重（34kg）を維持
管理栄養士 調理員 介護員
（1日3回）

服薬治療
・不整脈　・骨粗鬆症
・アルツハイマー型認知症薬
医師 看護師

CADL

歩けるようになって家族と温泉旅行
3人の娘
機能訓練指導員 介護員
（年1回）

家族との外食
3人の娘
介護員
（月1回）

塗り絵作品を娘にプレゼントする
介護員
塗り絵ボランティア
3人の娘

温泉の話題で会話を盛り上げる
介護員
話し相手ボランティア

1．施設ケアの評価と助言

評価1：温泉旅行に行くことを動機づけに，サドル付き歩行車での散歩，足上げ運動などで下肢筋力が向上し，手引き歩行で外食に行くことができた。

〔助言〕歩く目的（温泉旅行に行く）をチームが共有することで話題にでき，もともと社交的な性格を意欲につなげた。

> **歩くことは行為である。歩くことでできることが目的。**

評価2：温泉では着替えが必要なので，自力で更衣ができるように取り組み，下衣は一部介助でできるようになった。

〔助言〕これからは，本人が着てみたい服や**温泉旅館の浴衣**の着替えなどにもチャレンジしてみるのもよいだろう。

> **着替え行為のリハビリテーション用に意欲的になれる「旅館の浴衣」を取り入れるのはとてもユニーク。**

評価3：本人と話し合って食事内容を決めることで，必要な食事量を取ることができ，体重を3kg増やすことができた。

〔助言〕おいしさの基準は本人の中にある。食べたいメニューだけでなく，行事食などを相談して決めるのもよい。

2．地域包括ケアシステムにおける施設が果たす役割の提案

・要介護者でも利用が可能な温泉旅館など，**社会資源をリストアップ**する。

・温泉旅行が可能になったこの事例を施設の広報紙にして地域に発信する。

・**要介護高齢者の温泉旅行などをサポートしてくれるトラベルヘルパー**を社会資源として探す。

・要介護高齢者でも地域で買い物などが楽しめる店舗を募集する。

要介護者や障がい者の受け入れ可能な旅館リストはとても重要。

末期がん患者のハワイ旅行に同行するなどの実績がある。

ムロさんのちょっといい話

介護ヘルパーが常駐する宿泊施設に期待

バリアフリーという言葉が一般的となりました。公共施設や公共交通機関では，エスカレーターやエレベーター，階段の手すりの設置が義務づけられ，ホテルや旅館の多くが大浴場に手すりや要介護者用のシャワーチェアを設置しています。

しかし，いくら設備があっても，介助してくれる人がいなければ入浴できない要介護高齢者は大勢います。要介護高齢者でも家族と一緒に気軽に旅行できるように，介護ヘルパーを予約できる，あるいはスタッフが介護ヘルパーの資格を取るホテルや旅館が増えると「新しいニーズ」の掘り起こしにつながります。

事例10

地元の言葉で心が通じ合い，昼夜逆転が改善して生活意欲が向上する

老健 ・ 特養
86歳・女性
要介護度　要介護4
認知症自立度　Ⅲa
自立度　B

既往歴

- アルツハイマー型認知症（82歳）：内服治療していたが，改善なく中止。
- 左大腿部頸部骨折（85歳）：外科的治療にて治癒。

現病歴

- 多発性脳梗塞（84歳）：内服治療中。
- 高血圧症（82歳）：内服治療中。
- 心房細動（84歳）：内服治療中。

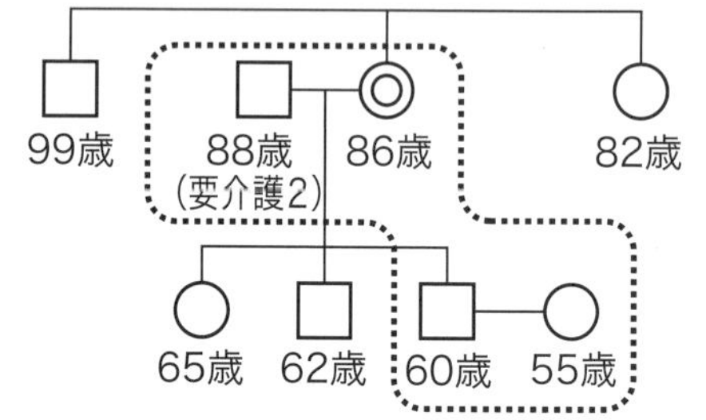

1．入所前サービス等からの情報および入所に至った経緯

- 82歳ごろよりアルツハイマー型の認知症状が出はじめ，生活に支障（失火，徘徊，尿失禁）が出てきた。要介護2となる。
- 週3回，通所介護を利用。次第に，夫だけでは日中の見守りや夜間の介護が困難になる。
- 83歳の時に**次男夫婦の家で同居**を始める。

> 次男夫婦同居には葛藤がなかったか把握したい。

- 介護老人保健施設の短期入所を利用して介護負担の軽減を図っていたが，それでも家族で介護することは困難となる。
- 85歳の時に老健に入所したが，すぐ転倒し，左大腿部頸部を骨折して入院。手術をして5カ月間入院。
- 5カ月後，再び老健に再入所。それ以来，生活全般に意欲がなく，全介助を要するようになる。
- ほとんど寝たきりの状態で過ごすことになり，86歳の時に特別養護老人ホームに入所する。

> なぜ傾眠状態となるか。このアセスメントでアプローチが変わる。

2．初回面接からの主な情報

- **日中は傾眠状態**となることが多い。
- 意欲がなく，**食事中も箸を持ったままぼうっとしている**ため，食事介助をすることが多かった。

> 昼夜逆転の傾眠傾向は食事だけでなく，入浴・排泄にも影響する。

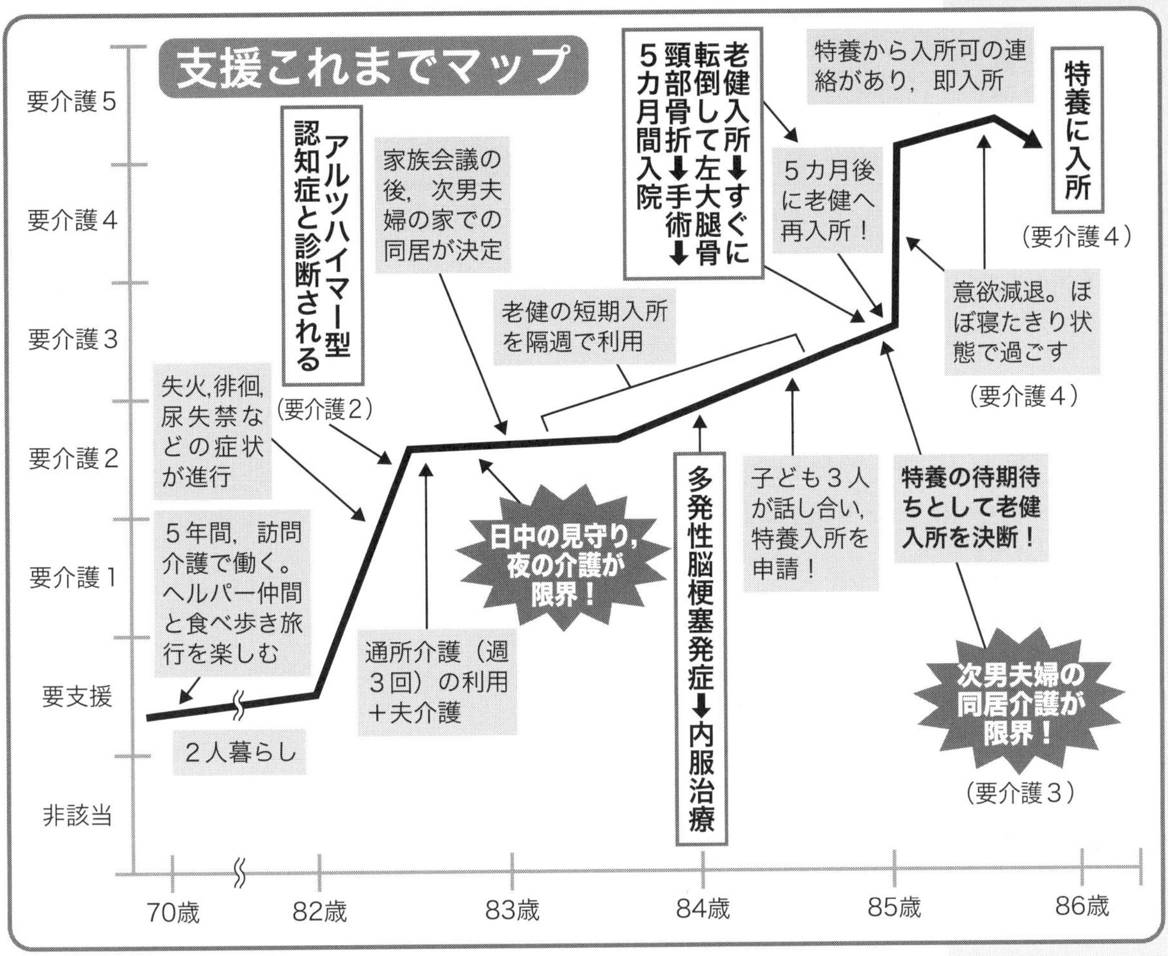

・完食することはなく，水分を取ることも嫌がった。
・朝や入浴時の衣服の着脱に介助が必要である。
・誘導すればトイレまで行けるが，座位が取れない。

3．入所前の生活歴および生活習慣

生活歴

・葉たばこ農家の長女に生まれ，弟1人妹1人の3人きょうだいで育つ。
・7歳の時に病弱だった母親（40歳）を肺炎で亡くす。
・父親は再婚の話も断り，男手で3人を育て上げる。
・23歳で隣町の農家の男性と結婚し，1女2男をもうける。
・3人の子どもたちは結婚し独立。夫婦だけで過ごしていた。
・人とかかわることが好き。地元の婦人会では中心的な存在で，**盛り上げ役**だったという。
・世話好きな性格を見込まれ，70代の時に小遣い稼ぎのつもりで5年間ほどホームヘルパーとして働いていた。
・ホームヘルパーの仲間とよく**食べ歩きの旅行**を楽しんでいた。

本人の人柄を知るには大切な情報の一つ。

本人のCADLとして「食べ歩き」を動機づけとして生かしたい。

生活習慣

縫物は分かりやすい手続き記憶。認知症になっても，手先の記憶は鮮明に残っている。

- きれい好きで，子どもたちの部屋もいつも掃除をしていた。
- 自慢の料理は，里芋を使った郷土料理と奈良漬け。
- **縫物が得意**だったので，子どもの衣類はほとんど縫った。
- 婦人会で習った生け花に凝り，床の間によく生けていた。
- 老健では，俳画を書くのがとても気に入っていた。

4．プラン立案のポイント

以前支援をしたケアチームから情報を収集することで，ケアの連続性が守られる。

- 精神状態が落ち着くと認知症状も改善が見られるということが，老健のケアプランから分かった。
- 老健の生活支援員と在宅の時に担当していたケアマネジャーに**情報提供を依頼**する。
- 日中の傾眠を少なくするために，声かけを多くし，本人の気持ちが動くように働きかけることを位置づける。
- リーダー的な役割を担ってきたので，レクリエーションへの参加などを促し，会話ができるようになることを目指す。
- 生活リズムの改善状況により，本人が得意であった縫い物や好きな趣味（俳画，生け花）なども日常のケアに取り入れていくことを目指す。

5．課題の優先順位

課題１，課題５：生活リズムをつくり，日中は，お茶会やレクリエーションに参加し，得意な縫い物や趣味で楽しい時間を過ごす。

〔理由〕傾眠も昼夜逆転が原因。生活リズムを改善し，一日を楽しく過ごすことを目指す。改善次第で得意な縫い物に取り組む。

食事時の声かけは，本人にとって励ましであり，食べる動機づけとなる。

課題２：食事は３食ともおいしく食べることができる。

〔理由〕もともと食べることが好きだったが，認知症が進行したため，食べる順番に混乱が見られる。**声かけによる完食を目指す**。

課題３：１人でトイレで排泄ができる。

〔理由〕自分がホームヘルパーだった経験もあるため，排泄介助されることに情けなさを感じている様子。自尊心を尊重して１人でできることを目指す。

どの方言にも微妙なニュアンスがあり，同じ言葉を話す者同士の会話は弾む。

課題４：地元の言葉でコミュニケーションを楽しむことができる。

〔理由〕地元に戻ってきた実感は**なじんだ方言**で会話ができること。地元の言葉でやりとりできるように，お話しボランティアを組み込んだ。

■ サービス担当者会議の要点　第５表

利用者名　J　殿　　施設サービス計画作成者（担当者）氏名　T．T

開催日：平成○年９月25日　　開催場所：介護ステーション　　開催時間：13：30～14：00　　開催回数：２回目

	所属（職種）	氏名	所属（職種）	氏名	所属（職種）	氏名
会議出席者	看護師	T．F	生活相談員	K．H	本人	J
	介護主任	N．Y	管理栄養士	I．N	家族（次男）	A
			介護支援相談員	T．T	家族（次男の妻）	B
検討した項目	意欲の向上と生活レベルの向上を図るためにどのような援助をケアチームで行っていくか。					
検討内容	・傾眠が多ければ，生活リズムを整えるように，日中は刺激のある散歩や人のにぎやかなデイルームで過ごし，起きている時間をつくるようにする。 ・声かけをたびたび行い，会話を楽しめるようかかわりを持つ。 ・本人が意欲的になれることはどのようなことかを出し合う。					
結論	・日中はできる限り離床し，レクリエーションへの参加を促す。また，傾眠している時は声かけをし，会話をするよう支援する。 ・食事を全量食べる，移乗時に立位をとるなど，自分で行っていただけるよう声かけを行う。 ・脱水を予防するため，水分補給をしっかり行い，お茶や水のほか，お茶ゼリーを作っておき，摂取していただく。 ・会話には地元の方言を取り入れる。 ・本人の得意な縫い物や好きな趣味を生活リズムの改善に合わせて取り組んでいく。					
残された課題（次回の開催時期）	どのように生活リズムが整えられるか，今後もいろいろな方法をケアチームで工夫していく。					

■ 施設サービス計画書（1） 第1表

利用者名　J　殿　　生年月日　昭和○年○月○日　　作成年月日　平成○年９月25日

住所　　初回・紹介・継続　　認定済・申請中

施設サービス計画作成者氏名および職種　T．T（介護支援専門員）

施設サービス計画作成介護保険施設および所在地　特別養護老人ホーム□□□　○○県××市

施設サービス計画作成（変更）日　平成○年９月25日　初回施設サービス計画作成日　平成○年９月11日

認定日　平成○年２月15日　認定の有効期間　平成○年３月１日～　平成○年２月28日

要介護状態区分	要介護１　・　要介護２　・　要介護３　・　要介護４　・　要介護５
利用者および家族の生活に対する意向	本人：（現在は意向の確認はできない）ホームヘルパーとして働いていたことから介護の知識もあり，できないことをサポートする介護を受けたいのではないだろうか。施設の生活では，人とかかわって，好きな物を食べたり，旅行に行ったり，家族と過ごす時間を持ったりしたいのではないだろうか。 家族（次男夫婦）：前の施設で転倒して骨折し，歩けなくなったので，転ばずに安全に過ごしてほしい。いつも寝ているばかりではなくて，起きて話をしたり，自分のことが少しでもできたりするといいと思う。地元に帰ってきたので，たびたび会いに来たいです。高齢なのでいろいろ食べさせてやりたいし，好きなおやつなども食べさせてやりたい。元気で長生きしてほしいです。
介護認定審査会の意見およびサービスの種類の指定	なし。
総合的な援助の方針	ホームヘルパーとして働いていた経験もあり，多くの介護に携わってこられたＪさんなので，認知症であっても施設で本人らしい生活ができるように以前入所していた老健○○や在宅のケアマネジャーやご家族の方から暮らしぶりや好みを聞き，丁寧なケアを心がけていきます。 特に体調管理に気を配り，昼夜逆転になりやすいため，生活リズムを取り戻し，元気で過ごしていただけるよう支えていきます。また，生活意欲が少しでも向上され，楽しくハリのある生活を送っていただけるよう，入所されている人たちと楽しく交流ができる場面を増やしていきます。足元がふらつきやすいので，転ぶことのないよう安全面に配慮して支援いたします。ご家族の方が面会に来られた時は，持参されたおいしい物を食べて喜んでいただけるよう，日中の生活意識レベルの向上に努めていきます。 ご本人の得意な縫い物や好きな趣味（生け花，俳画，書道など）も生活リズムの改善に応じて取り組んでいきます。

■ 施設サービス計画書（2） 第2表

利用者名　　J　　殿

生活全般の解決すべき課題（ニーズ）	援助目標 長期目標	（期間）	短期目標	（期間）	援助内容 サービス内容	担当者	頻度	期間
生活リズムをつくり，日中はお茶会やレクリエーションに参加して楽しい時間を過ごす。	日中の生活リズムを整える。	H○ 9/25 〜 H○ 2/29	寝る時間と起きている時間の過ごし方を変え，起きている時間が増える。	H○ 9/25 〜 11/30	①体調に応じて，日中はできるだけ離床して過ごす。	介護員	午前・午後	H○ 9/25 〜 11/30
					②お茶会やレクリエーションに参加する。	介護員 ボランティア	随時	
					③声かけや散歩を行い，日中の覚醒を促す。	介護員 看護師	随時	
食事が３食ともおいしく食べることができる。	自分で食事を食べ，全量摂取できる。	H○ 9/25 〜 H○ 2/29	食事が取れるようにする。	H○ 9/25 〜 11/30	①声かけを行い，できるだけ自分で食べてもらう。	介護員 看護師	毎食時	H○ 9/25 〜 11/30
					②食べられるところまで自分で食べてもらい，途中で止まった場合には介助する。	介護員 看護師	毎食時	
					③楽しく食べてもらえるように声かけを工夫する。	介護員 看護師	毎食時	
			必要な水分が取れる。	H○ 9/25 〜 11/30	①お茶ゼリーなどで水分摂取量を増やす。	介護員	毎食時	H○ 9/25 〜 11/30
１人でトイレで排泄ができる。	１人の介助で排泄動作ができるようになる。	H○ 9/25 〜 H○ 2/29	立位を保つことができる。	H○ 9/25 〜 11/30	①移乗時は，立位を保持できるように２人で介助する。	介護員	適宜 移乗時	H○ 9/25 〜 11/30
					②尿意・便意の確認の声かけをこまめに行う。			
地元の言葉でコミュニケーションを楽しむことができる。	会話を楽しむことができる。	H○ 9/25 〜 H○ 2/29	なじみの地元の言葉でコミュニケーションが取れる。	H○ 9/25 〜 11/30	①なじみの地元の言葉を会話で使い，地元に帰ってきた安心感を持ってもらう。	介護員 看護師 お話しボランティア	随時	H○ 9/25 〜 11/30
					②声かけをこまめに行い，会話を楽しめるようかかわりを持つ。	介護員 看護師	随時	
得意な縫い物や好きな趣味を楽しめるようになる。	施設で必要となる雑巾縫いなどができるようになる。	H○ 9/25 〜 H○ 2/29	俳画や書道が楽しめるようになる。	H○ 9/25 〜 11/30	①ボランティアの協力で小さな色紙に俳画を描く。	介護員 ボランティア	毎週水・金の午後	H○ 9/25 〜 11/30
					②作品は施設内の展示コーナーに並べて見てもらう。			

■ 施設介護経過 第7表

利用者名　J　殿　　施設サービス計画作成者氏名　T．T

年月日	内容
H○.9/11	老健より入所。なぜ入所となったか分からない様子で，しばらく混乱する。
	副食を１品のみ自力で摂取できる。トイレでの立位が不安定。トイレ誘導の継続と食事もできるだけ自立できるよう見守り・声かけを行っていくことを話す。
9/14	入所以来，傾眠が強いため，主治医に相談。眠剤の影響が強いため，判断され眠剤が一時中止になる。
9/20	眠剤を中止しているが，傾眠が続いている。食事中は飲み込みが止まり，口の中に食物をためることが多く，食事摂取量も少ない。水分摂取量も少なく，もう一度見直しを行うこととする。日中は離床してもらい，こまめに声かけを行う。
9/25	サービス担当者会議（別紙）
9/27	移乗時などは，しっかりと自分の足で立ってもらう。夜間には睡眠が取れるようになってきている。日中は，覚醒しているようで介護員がかかわりを十分に持つ。引き続き，水分摂取量の維持が必要。
10/1	次男夫婦から，「ヘルパー仲間の方と連絡がとれて，○○さんと下の名前で呼ばれていたそうです。私たちも初めて知りました」と情報提供が午前中にあった。早速，昼食時に呼んでみると，とてもうれしそうな表情となる。
10/4	日中は，夜間眠れているおかげで，覚醒していることが多くなってきている。廊下を歩く人にもよく話しかけている。言葉が小声なので少し聞き取りにくい。
10/10	食事の際は，自力で食べることが多くなる。口に食べ物をためることは減る。
10/14	「酢の物をよく作ってくれた」と夫から話があり，きゅうりを刻んだ酢の物を食べてもらったところ，とてもおいしそうに食べる。
10/17	この３日間，完食することが多くなる。水分も1,000cc以上摂取できている。お茶ゼリーはよく摂取できている。
10/26	便意を訴え，介助があればトイレでしっかりと排便できるようになる。本人の尿意・便意の訴えを大切にして，訴えがある時には速やかに誘導することを介護員に徹底する。
10/30	食事中は，よく会話もでき，以前に比べると言葉も増え，表情もしっかりしてきた。
	食事量・水分量は，引き続き維持できるように支援していく必要がある。お茶ゼリーは，少し甘いのが好みのようで，摂取量も増えている。
11/3	施設の文化祭。10月からリハビリテーションで始めた書道と俳画の作品を展示。次男夫婦が褒めるとしきりに照れる。この時も本人の愛称で呼んでみる。
11/6	要支援２の夫が面会に来る。しかし夫とは分からないようで会話が進まない。
11/10	体調も良いようなので，リハビリを兼ねてちぎり絵をやる。初めは面白がっていたが，20分ほどすると，集中することができなくなる。
11/14	愛称の「○○さん」と呼ばれるのがすっかりなじんできて，他の利用者から呼ばれるとうれしそうな表情になる。
11/19	次男夫婦が面会。ヘルパー仲間と行った温泉旅行の写真を数枚持ってこられ話が盛り上がる。その時のことを思い出したのか，少し涙ぐんでいた。
11/27	食事はおいしそうに食べることができ，水分量もお茶ゼリーも含めて摂れている。
12/1	手先にも力が入るようになってきたので，得意だった縫い物で雑巾縫いをお願いする。30分かけて１枚縫うことができる。

編注）事例提供施設の記録スタイルを基に本事例において特徴的な部分を抽出した記録であり，記録のすべてではありません。

■ モニタリング総括表

利用者名　J　殿　　　　評価日：平成○年11月30日

課題	短期目標 (H○年９月～ H○年11月)	目標の達成度 ○：達成 △：一部達成されず ×：達成されず		サービスの実施状況 ○：提供できた △：一部提供できた ×：提供できなかった		サービスの満足度 ○：満足 △：一部満足 ×：不満 ××：不明		身体的変化／心理的変化／暮らしの変化 ◎：向上　○：維持 ×：低下		今後の対応および新しい生活課題
生活リズムをつくり，日中はお茶会やレクリエーションに参加して楽しい時間を過ごす。	寝る時間と起きている時間の過ごし方を変え，起きている時間が増える。	○	午前・午後とも離床をできている。	○	離床時間を利用して，コミュニケーションの充実を図ったり，音楽鑑賞を行ったりしている。	○	傾眠状態が少なくなり，日中は覚醒している時間が多くなった。	◎	日中の覚醒を保てるので，夜間はよく眠れ，生活リズムも整い，生活の質も向上してきた。	起きている時間を利用し，レクリエーションなどで余暇の充実を図る。 軽い体操などで体を動かし，ぐっすりと眠れるように試みる。
食事が３食ともおいしく食べることができる。	食事が取れるようにする。 必要な水分が取れる。	○	ほとんど自分で食べることが多くなってきている。	○	声かけをしっかり行った。本人の飲みやすい方法で水分がしっかり取れるようになった。	○	傾眠がちだったが，「○○を食べたい」と自分で要求できるようになった。	◎	食事はほとんど自分で食べられるようになり，表情も明るく笑顔が増えた。	水分・食事共，今の量が維持できるように支援していく。 地元の郷土料理などを調べ，行事食かメニューに取り入れる。
1人でトイレで排泄ができる。	立位を保つことができる。	○	立位が保持できるようになった。	○	移乗時には，両足でしっかり立ってもらうように意識づけを行った。	○	立位を保てることにご家族は大変喜んだ。	◎	下肢筋力の向上が図れ，全身に見られたむくみも軽減した。	自力歩行でトイレに行けるようになる。
地元の言葉でコミュニケーションを楽しむことができる。	なじみの地元の言葉でコミュニケーションが取れる。	○	会話の言葉数が増え，よく会話ができる。表情も良い。	○	離床時に，たびたび声かけを行った。	○	本人は意思表示もできるようになり,うれしそう。家族も喜ぶ。	◎	表情がとても明るくなり，会話もよく通じるようになった。	他の入所者といろいろな話題で会話がもっと弾み，意思表示がしっかりできるようにする。
得意な縫い物や好きな趣味を楽しめるようになる。	俳画や書道が楽しめるようになる。	○	書道の憧れが強いので，書道，俳画と共に取り組むことができた。	○	書道ボランティアの先生から俳画も指導してもらえた。	○	本人にとって展示の機会を持てたことで，やりがいにもなった。	◎	展示の時に記念写真を撮り，壁に貼った。昼間は，進んで展示コーナーに行くことになり，結果的に下肢筋力向上なっている。	これからも定期的に展示すると共に，作品を施設の広報誌に掲載するなどしてやりがいにつなげる。

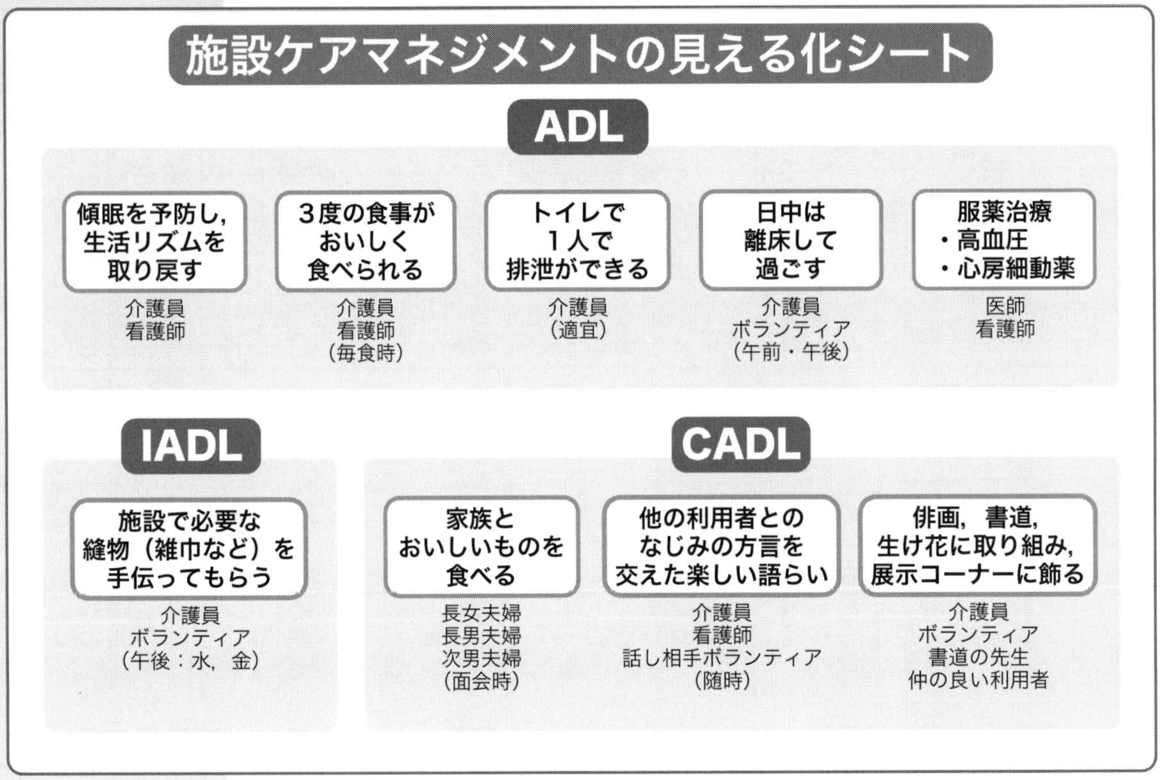

1．施設ケアの評価と助言

評価１：離床時間に，会話や音楽鑑賞，レクリエーション，得意の趣味を行うことで傾眠状態の改善が行え，日中に覚醒している時間が増えた。

〔助言〕日中の覚醒が定着したら，ぐっすりと眠れるように軽い体操などを取り入れることを試みてみる。

評価２：地元の言葉なので気持ちも通じ合い，会話の言葉数が増えた。地元のお話しボランティアの導入は効果的だった。

〔助言〕会話は口腔ケアとしても効果的。民話の**絵本の朗読**なども取り入れることで話題を増やすことができる。

> 絵本にはストーリーがあるので，ただ声を出す口腔ケアより楽しんで取り組める。

評価３：傾眠が改善すると共に食事の量も増え，水分も取れるようになった。食事は，介助がなくても食べられるようになった。

〔助言〕食事を生活のリズムづくりに生かす。**地元の郷土料理**を行事食のメニューに取り入れ，食べる意欲を引き出すとよい。

> 地元の郷土料理名人に協力を依頼することでネットワークが広がる。

2．地域包括ケアシステムにおける施設が果たす役割の提案

・地元の言葉や風景が本人の心の安定には効果的なので，地域の民家などへの「**逆デイサービス**」に取り組んでみる。

・地域のなじみの店やなじみの人が集う場所に出かけることにチャレンジしてみる。その時は，次男夫婦を巻き込む。

・**地元の電気店や写真館に撮影ボランティアを依頼し**，入居者が絵本を朗読する姿などをビデオ収録して家族に配布する。

・この成功ケースを基に，地域の介護支援専門員連絡会と協力して多職種連携の事例検討会を行う。

地域の空き民家で過ごす逆デイサービスを試みるのも面白い。

地域資源である近隣住民が持つ技術や趣味に着目したボランティアを依頼する。

ムロさんのちょっといい話

施設ケアや居住型ケアのケース検討会のススメ

地域の介護支援専門員連絡会や地域包括支援センターなどが主催する多職種連携の事例検討会が各地で行われています。その事例の多くは在宅支援であり，テーマは困難ケース支援，看取り支援，認知症支援，虐待ケースなどです。

しかし，ケアマネジメントの現場は在宅だけではありません。介護保険施設以外にも有料老人ホーム（特定型）があり，住宅型有料老人ホームやサービス付き高齢者向け住宅，指定を受けていない高齢者集合住宅などの居住型施設での暮らしも「自宅」と見なす流れとなっています。

在宅支援の事例検討会ばかりではなく，多職種で施設ケアや居住型ケアにおけるケアマネジメントを考える事例検討会が施設や地域で開催されることが期待されます。

事例11

呼び寄せ高齢者の方言を分析し，レビー小体型認知症の症状が改善する

老健・特養
84歳・女性
要介護度　要介護3
認知症自立度　Ⅳ
自立度　B

既往歴	現病歴
・右大腿部内側骨折（80歳）：温存療法。	・パーキンソン症状（71歳）：薬物療法開始。 ・レビー小体型認知症（76歳）

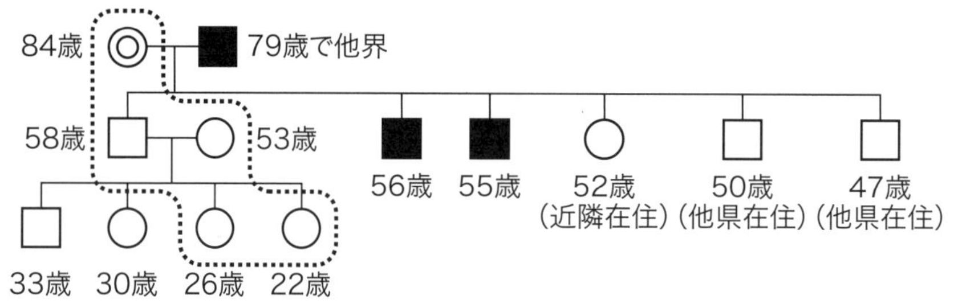

1．入所前サービスなどからの情報および入所に至った経緯

> 長男夫婦に認知症の知識があり，この段階で早期に認知症診断を受けていれば転倒を予防できたかもしれない。

・71歳のころ，手の震えがありパーキンソン症状と診断される。
・その数カ月後，夫が脳梗塞で倒れ入院。要介護4となる。
・夫が大腸がんで亡くなるまで5年自宅で介護。
・夫の他界後，離れ家で一人暮らしを始めると，幻視（「**虫や蛇がいる**」）が現れる。レビー小体型認知症と診断される。
・80歳の時に玄関で転倒して歩けなくなる。受診して右大腿部骨折が判明したが，温存療法で自宅療養となる。要介護3の認定。
・自分で立ち上がろうとするたびに，正しい姿勢がとれず転倒を繰り返す。便秘や不眠，うつ症状も現れるようになる。
・83歳の11月に特別養護老人ホームの短期入所を利用した時も，落ち着きなく小幅で歩き回り，転倒を繰り返す。
・定期的な服薬ができず，パーキンソン症状も進行して長男夫婦の介護負担（**精神的負担**）が大きくなったため，特養入所となる。

> どのような精神的負担だったのかを施設介護支援専門員は丁寧に聞き取ることが必要。

2．初回面接からの主な情報

・パーキンソン症状のため，手が震えてできないことへの否定的な思

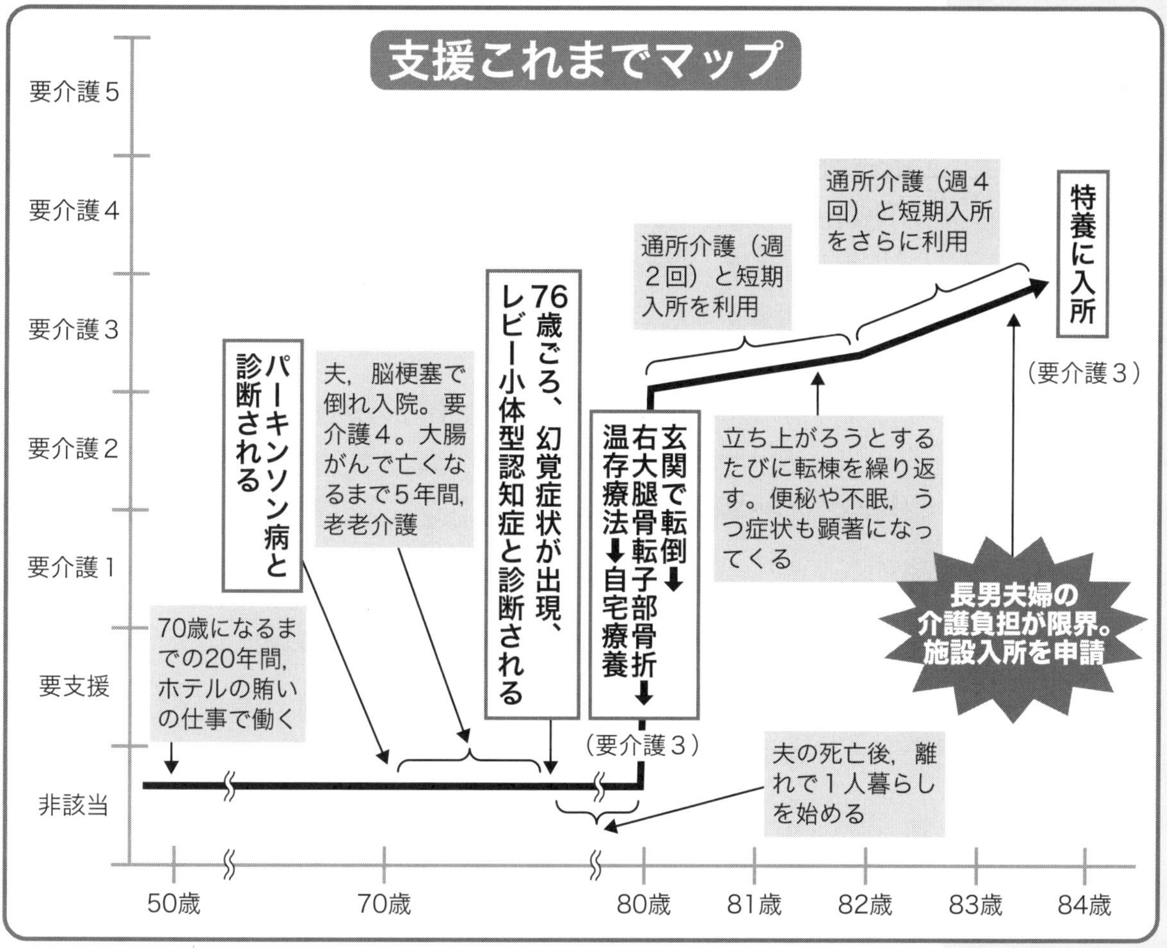

いが強い。身体の震えが歩行にも影響し，転倒の危険がある。

・服薬情報を主治医に伝えたところ，**パーキンソン症状の新薬が処方された。**

・新薬の効果でパーキンソン症状が軽減し体調が改善したことで，帰宅願望が頻繁に見られるようになる。

・自宅でも頻繁に帰宅行為があったとのこと。**どこに帰ろうとしているのか**を家族からも丁寧に聞き取る。

薬の影響で症状が悪化することもあり，服薬情報は具体的に伝達する。

帰宅願望には，本人なりの目的がある。制止だけでなく，行き先や目的（理由，事情）を聞き取り，状況に応じた対応をする。

3．入所前の生活歴および生活習慣

生活歴

・３人姉妹の長女に生まれ小学校卒業後は，実家の農業に従事する。

・25歳の時大工だった男性（30歳）と結婚し，５男１女をもうける。

・長男は学校卒業後，大工の修行をし，35歳で父親が経営する工務店の跡取りとなる。

・末っ子が高校生になったのを機に，50歳でホテルの賄いの仕事に就き，70歳まで20年間働く。

・夫の他界後（９年前），千葉に住む長男夫婦が１人暮らしを心配し，

同一敷地内に2棟建てすることはよくある。隣接していてもかかわりが薄い親子関係も多い。

敷地内の離れに呼び寄せる。

生活習慣

・毎朝4時30分に起床し，夫と子どもの弁当を作るのが日課だった。
・朝食と夕食は，母屋の長男夫婦と一緒に食べていた。
・NHKの番組が好きで，朝の連続テレビ小説はずっと見てきた。
・甘党で，大福とようかんが好物。
・50歳の時，近くの**市民農園で野菜を作る**のが楽しみとなる。

市民農園に実際に足を運び，周囲の写真や育っていない作物などを撮影して本人との会話に活用する。

4．プラン立案のポイント

・パーキンソン症状が手の震えや転倒のリスク，食べづらさに影響しているので，症状の改善をプランの中心に据える。
・薬物療法によってパーキンソン症状の緩和を目指す。
・おむつへの抵抗感が強いので，ポータブルトイレの使用からトイレでの排泄を目指す。
・幻視に対しては，否定せず話を十分聞いた上で，それが存在しないことを共に確かめるというケアに統一する。
・帰宅願望の本人の言葉をケアチームが協力して観察・聞き取りを行い，**本人の言葉（方言）そののままで**意向欄に記載する。本人の思いを観察・推測することをプランに位置づける。

方言には地域性を反映した独特のニュアンスがあるので，そのまま記録するのがよい。

5．課題の優先順位

課題1：手の震えなどの症状が安定し，施設での生活が楽しめるようになる。

〔理由〕「手が震ってくると**何もできねくて**」という主訴が強い。手の震えのおかげで箸や食器が持てない，4点杖が握れない，シルバーカーが押せないなどの影響が出ている。最優先の課題として位置付け，主治医と連携して緩和を目指す。

とかく「何もできない」と言いがち。できないことばかりでなく，できていることやかつてできていたことなどを丁寧に聞き取る。

課題2：おむつを使わず，いつもトイレで排泄できるようになる。

〔理由〕おむつへの抵抗感は強い。ズボンの上げ下げとポータブルトイレの使い方を身につけることで，トイレでの排泄を目指すこととする。

課題3：帰宅願望の言葉が減り，施設での暮らしになじめる。

〔理由〕制止するだけではなく，「**帰って何をしたいのか**」に着目した観察と聞き取りを行うことをケアチームの課題とした。長男夫婦や娘からも情報収集する機会を多く設ける。

「何が気になるのか」「なぜ気になるのか」の視点で分析すると，本人を深く理解できるきっかけになる。

■ サービス担当者会議の要点 第５表

利用者名　K　殿　　施設サービス計画作成者（担当者）氏名　M. T

開催日：平成○年４月14日　　開催場所：会議室　　開催時間：10：00 ～ 10：50　　開催回数：２回目

<table>
<tr><th rowspan="4">会議出席者</th><th>所属（職種）</th><th>氏名</th><th>所属（職種）</th><th>氏名</th><th>所属（職種）</th><th>氏名</th></tr>
<tr><td>管理者</td><td>T. H</td><td>介護員</td><td>T. K</td><td>施設介護支援専門員</td><td>M. T</td></tr>
<tr><td>介護主任</td><td>K. T</td><td>生活相談員</td><td>R. O</td><td>本人</td><td>K</td></tr>
<tr><td>看護師</td><td>M. S</td><td>管理栄養士</td><td>A. G</td><td>家族（長男）</td><td>A</td></tr>
<tr><th>検討した項目</th><td colspan="6">①入所時会議の確認と入所後の評価
②援助内容の情報交換と今後の方向性の確認</td></tr>
<tr><th>検討内容</th><td colspan="6">入所時会議の確認：入所直後は，震えがあり歩行がかなり不安定にもかかわらず，手すりにつかまり玄関へ向かうので，その際は職員が身体を支えて付き添うことにした。帰宅したい気持ちを尊重し，歩行の安定を目標とする。転倒の原因となる震えを減らすにはどうしたらよいか，主治医と相談する必要がある。
〈検討内容〉
看護師：入所後の本人の体調や行動について主治医に相談し，新しく開発されたパーキンソン症状の新薬に変えたところ，手の震えやふらつきが以前より治まった。体調は改善したが，幻視や「帰宅行為」が大変多くなってきたので，どのようにチームで対応するか，方向性を確認したい。
介護員：早朝，夕方，夜に「帰宅行為」が見られる。その際のかかわり方は事故にならないように注意している。最近は，本人の帰宅の理由があいまいになっており，ただ歩き回るような行為が増えている。
介護主任：幻視は，本人にとっては確かに見えているので，否定せず話を聞いた上で，それが存在しないことを一緒に触るなどして確認するよう，ケアを統一してはどうか。
生活相談員：「帰宅行為」は，自宅でも頻繁にあったそうで，どこに帰ろうとしているのか，日常の言葉などから丁寧に拾い，家族にも情報を提供し，ヒントになることを教えてもらうようにしましょう。
栄養士：食器を何度か変えたところ，落ち着いたのでこれを継続します。食事は，十分に食べることができるようになっている。今後，食事の介助は見守り程度でよいかもしれない。</td></tr>
<tr><th>結論</th><td colspan="6">体調が落ち着くと他の利用者とおしゃべりしたりお茶を飲んだりして，自分でできることが行えている。
行動範囲が広がった分，自分なりに意欲が出てきた。制止をしないケア（例：夜間であれば，施設内は明るいので屋外に出てもらい，今は夜であることを実際に感じてもらう）のやり方については，介護職員間でこまめに情報を交換していく。幻視については，否定をしないこと，幻視であると一緒に確認することでケアを統一する。</td></tr>
<tr><th>残された課題
（次回の開催時期）</th><td colspan="6">本人の希望どおり帰宅することになった場合，当日の家族との連携方法について。
（例：来年の正月に自宅に外泊の依頼を行う）
平成○年９月上旬に実施予定。</td></tr>
</table>

■ 施設サービス計画書（1） 第１表

利用者名　K　殿　　生年月日　昭和○年○月○日　　作成年月日　平成○年４月14日

住所　　初回・紹介・（継続）　（認定済）・申請中

施設サービス計画作成者氏名および職種　M. T（介護支援専門員）

施設サービス計画作成介護保険施設および所在地　特別養護老人ホーム△△△　○○県××市

施設サービス計画作成（変更）日　平成○年４月14日　　初回施設サービス計画作成日　平成○年４月１日

認定日　平成○年１月12日　　認定の有効期間　平成○年２月１日～　平成○年１月31日

要介護状態区分	要介護１　・　要介護２　・　（要介護３）　・　要介護４　・　要介護５
利用者および家族の生活に対する意向	本人：手が震ってくるので，ズボンを上まで上げらいね。上げてけれ。手が震ってくると，私はなんもできねくて。そのたんびにやってけねか。便所さに行ぐどき転ぶかもしれねのでおっかねな。そばにポータブルトイレを置いてければいいな。ここには家族のもん（者）がいねがら，寂しとじぇね。身体が震ってくるので歩くのはたいぎだ。たまには家さに行ぐで。 家族（長男）：家の母さんは80歳を過ぎて病気が悪くなって，自分のごどがなんもできねくなった。家族のものもやってきた。でも身体の震えが落ち着いたらやれることもあり，施設で１つでもやれることが増えてくれればうれしいです。４年前に父が大腸がんで亡くなってからは，「虫が背中を這ってる」「押し入れからへびが出はってきた。なして捕かめなんだ。気持ち悪い」のような変な話をするので，家族みんな驚いたこともありました。パーキンソン症状もだいぶ進んでいるとお医者さんも言ってた。早く施設の生活に慣れてほしいですね。週に１回は交代で面会に来ます。
介護認定審査会の意見およびサービスの種類の指定	なし。
総合的な援助の方針	今までの慣れ親しんだ生活とはガラリと環境が変わったので，まずは施設の暮らしと人間関係に慣れていただくことを優先したケア（特に排泄ケアと入浴，食事）を提供します。また，パーキンソン症状がある身体でも安心な日常生活が送れるように，生活のリズムを把握し支えます。 手や足の震えが強くなった時や体調不良の時などは，看護師が主治医と連携し，適切に対応します。トイレに行く時や食堂，廊下を歩く時はふらついて，身体が不安定になります。介護員を中心に，立ち上がり時や歩行開始時の見守りをしっかりと行い，転ばないようにします。幻視への対応方法を統一すると共に薬物療法も検討していきます。帰宅願望の言葉を方言そのままに聞き取り，ケアチームとご家族（長男夫婦，長女）で分析し，働き者のKさんの役割を施設の中で見つけていけるように取り組んでいきます。

■ 施設サービス計画書（2） 第2表

利用者名　　K　　殿

生活全般の解決すべき課題（ニーズ）	援助目標				援助内容			
	長期目標	（期間）	短期目標	（期間）	サービス内容	担当者	頻度	期間
手の震えなどの症状が安定し，施設での生活が楽しめるようになる。	施設で友達をつくり，趣味をしたりして楽しく暮らせる。	H○ 4/14 ～ H○ 1/31	手の震えとふらつきが減り，施設内を安心して移動できるようになる。	H○ 4/14 ～ 9/30	①定期的に受診し，服薬の管理をする。	主治医 看護師	月1回	H○ 4/14 ～ 9/30
					②施設内の移動を見守る。	介護員	毎日	
					③体調をチェックし，一日の生活リズムを把握する。	看護師 介護員	毎日	
	家族と外出し，レストランで一緒に食事ができるようになる。		手の震えが減り，自分で食事が食べられるようになる。	H○ 4/14 ～ 9/30	①食事の時の姿勢をチェックし　高さを調整する。	介護員	随時	H○ 4/14 ～ 9/30
					②使いやすい食器や箸，スプーンを準備し，食事の順番を把握する。	管理栄養士 介護員	毎日	
おむつは使わずに，いつもトイレで排泄できるようになる。	トイレとポータブルトイレのどちらも使えるようになる。	H○ 4/14 ～ H○ 1/31	ズボンの上げ下げができるようになる。	H○ 4/14 ～ 9/30	①ズボンの上げ下げ時に見守りをする。	介護員	随時	H○ 4/14 ～ 9/30
					②ズボンの上げ下げの動作を観察する。	介護員		
			ポータブルトイレの使い方に慣れる。	H○ 4/14 ～ 9/30	①ポータブルトイレの使い方の手順を繰り返し教える。	介護員	毎日	H○ 4/14 ～ 9/30
					②手の震えやふらつきを抑えるため，必要な身体機能の維持と体力の回復に努める。	看護師	毎日	
帰宅願望の言葉が減り，施設での暮らしになじめるようになる。	施設の中で担える役割が見つかる。	H○ 4/14 ～ H○ 1/31	朝夕の帰宅願望の言葉が減る。	H○ 4/14 ～ 9/30	①帰宅願望の言葉から，帰って何がしたいのかを聞き取る。	介護員 施設介護支援専門員 生活相談員	毎日	H○ 4/14 ～ 9/30
					②家族に帰宅願望の言葉を伝え，「本人の思い」を一緒に分析する。	長男夫婦 長女	随時	

■ 施設介護経過　第７表

利用者名　K　殿　　施設サービス計画作成者氏名　M．T

年月日	内容
H○.4/1	施設職員と共に入所。家族（長男夫婦）も来園する。
	本人：歩行は不安定だが，シルバーカー（手押し）で部屋まで行き，すぐに部屋近くのトイレに行く（ズボンの下げ上げ自力で）。
	家族：特に手の震えが治まらないと不便だと，いつも話していましたので，よろしくお願いします。
	介護：お風呂の日なので，少し休んでから「お風呂に入りませんか」と尋ねると「入る」とのこと。
	本人：衣装箱の中から下着とタオルを準備する。
	（浴室まで付き添い，案内する。）
	本人：「膝までしか，ズボン下げれないので手伝ってけれ」
	介護：「いすに座ってズボンを脱ぎましょう」と伝える。
	本人：「脱ぐのはいいけど，はぐどぎ上げらいね」
	（入浴後，紙パンツをはいて，ズボンをはかずに待っている。）
	介護：「自分でできるところまで，やりましょう」と伝える。
	本人：「手が震ってできね［震えていない］，意地わりな［悪いな］」
	（途中まで自分でやって，介護職員が整える。）
4/4	介護：夕食時，配置テーブルが高いので，オーバーテーブルを調整して使用する。手の震えがあるが，食事はゆっくりと自力で３分の２を食する。
	栄養士：朝食は，返しのついた食器と滑りにくい箸に変更するので，本人の状況を知らせてほしい。スプーンも準備する。
	生活相談員：自宅で夜間はポータブルトイレを使用していたので，配置も同様の場所へ準備をする。転倒の危険がないようにしてほしい。
4/7	看護：主治医より，震えを抑えるために○○薬を１週間中止して状態を報告してほしいとの指示があったので，明日から中止する。状態を確認してほしい。生活相談員に本人の状況と薬の中止を電話連絡し，了解を得る。
4/14	サービス担当者会議（別紙）
4/27	看護：血液検査の結果，処方薬の一部減量となる。
	家族：長男の妻の面会あり。面会時現状を説明し了解を得る。
	介護：食事の際，手が震えるので，オーバーテーブルの高さを車いすの肘当てと同じにすると食べやすいと言っていた。
7/20	夜勤：２：30に本人が「じさまの墓に行がねば」と，ハンカチを持って非常口に向かうので，時計を見せたところ，納得して入床する。
	看護：昨晩のことを話すが，本人は覚えていないと答える。穏やかで歩行も安定し，食事の時の手の震えもほとんどない。
7/23	本人：21：30「米３升炊いで，ぼだっこ焼いで，どぶろぐなんとなったが見に行がねば」と話す。
	介護：夜なので，朝起きてから行くようにと話すとうなずく。
	本人：ベッドの上に立ち上がり「おつゆつぐらねば［作らねば］」と話す。
	日中「親戚の者，来ているども，いね」「どごさ行ったー」と叫ぶ。
	深夜２：00「子どもがだどご，海さ連れで行ぐ」「公民館に50人も60人も集まっているがら，酒っこ飲ませねばならね」「ちび子どさ行ったー」と大声で叫び，早足になる。ふらついたので身体を支えると，スリッパで叩くため，職員２人で対応する。
8/22	本人：夕方の5：00に「何ぼしても，子どもだち帰ってこねな，心ぺ［心配］で迎えに来た」と歩いて来る。
	介護：「こっちの方で，今，連れて行くところです」
	本人：「子どもだちさ，ままどおつゆつぐる［作る］」と話し，部屋のタンスの前に立っている。
	介護：「ご飯もみそ汁も，こっちの方で準備してありますよ」と伝える。
	本人：「うあー，いがった，うめぐ作ぐったべなー」と話す。
9/8	本人：夜の７：00ごろ，「父さん死んで，今日お通夜で，お寺でやってるがら，黒い服着てすぐ行がねばならね」と落ち着きなく小走りで来る。
	介護：１時間ほど，シルバーカーで園内を回り，一緒に付き添う。
	本人：「ここに居でも，仕方ねぇ」と部屋に帰る。
	介護：入床介助をすると，５分後に入眠した。
9/24	家族：長男夫妻の面会あり。穏やかな表情で話している。
	生活相談員・看護：電話で報告していた状況の変化を伝える。
	介護支援専門員：入所して半年が経過した。サービス担当者会議に出席してもらいたいので，日時を家族と相談する。

編注）事例提供施設の記録スタイルを基に本事例において特徴的な部分を抽出した記録であり，記録のすべてではありません。なお，本事例においては，利用者の言葉（方言）をより忠実に反映させた記録方法を採用しています。

■ モニタリング総括表

利用者名　K　殿　　　　評価日：平成○年９月30日

課題	短期目標 (H○年４月～ H○年９月)	目標の達成度 ○：達成 △：一部達成されず ×：達成されず		サービスの実施状況 ○：提供できた △：一部提供できた ×：提供できなかった		サービスの満足度 ○：満足 △：一部満足 ×：不満 ××：不明		身体的変化／心理的変化／暮らしの変化 ◎：向上　○：維持 ×：低下		今後の対応および新しい生活課題
手の震えなどの症状が安定し，施設での生活が楽しめるようになる。	手の震えとふらつきが減り，施設内を移動できるようになる。	△	震えの強くなる状態とその前後の状況の把握が不足しているので，転倒のリスクがある。	○	主治医との連携を密にして，薬の調整等ができた。	△	薬の変更などで状態が不安定になってしまうことがあった。	○	身体的には向上したが，心理的な要因（帰宅願望）が出現した。	一時帰宅（年末，お盆）には，家族に介助の仕方などを伝え，本人の希望をかなえていく。
	手の震えが減り，自分で食事が食べられるようになる。	○	手の震えが少なくなり，落ち着いて食事ができるようになる。	○	食事姿勢の確保や使いやすい好みの食器等が分かり，食事介助も少なくなってきた。	○	好みの食器等を使うことで食事が楽しみになり，自分で食べられるようになった。	○	体調不良の時には，ふさぎ込み，全く食べられないことがあった。	食事が取れ，体力も落とさずにいるが，興奮状態の時の対応を確立する。
おむつは使わずに，いつもトイレで排泄できるようになる。	ズボンの上げ下げができるようになる。	△	時間はかかるが，何とか自分一人で行える。	○	朝夕の更衣の際にもズボンの上げ下げの訓練を行ったことで，できるようになる。	△	時間がかかるので間に合わないこともあり，癇癪を起こすことがある。	◎	ズボンの上げ下げには時間がかかるが，体調も安定するようになった。	ズボンの上げ下げがしやすいように工夫やトレーニングを行う。
	ポータブルトイレの使い方に慣れる。	○	トイレよりも部屋のポータブルトイレの方が楽に使えるようになった。	○	排泄の時間も把握でき，排泄後の汚物の回収はその都度速やかにできた。	△	トイレへの移動が必要なく，自由な時間に排泄できるが，自分１人では不便な時もある。	◎	排泄を我慢することが減り，精神的にも安定している。	トイレまで歩く回数が少なくなったので，運動量を増やすために職員が歩くように時々誘うようにする。
帰宅願望の言葉が減り，施設での暮らしになじめるようになる。	朝夕の帰宅願望の言葉が減る。	○	帰宅願望の特徴的な言葉を４つ聞き取る。	○	墓参り，葬式，食事づくり，子どものお迎えの言葉に寄り添うことができた。	○	話を合わせることで，本人の表情が和らぐ。	◎	本人の帰宅への思いに寄り添う言葉をかけることで，帰宅への思いを落ち着けることができた。	施設が「私の暮らす場所」「家族がやってきてくれる場所」と思えるようなかかわりを工夫する。

施設ケアマネジメントの見える化シート

ADL

- **手の震えを緩和し，自分で食事を食べる**
  介護員 看護師
  管理栄養士
  福祉用具専門相談員
  （随時）
- **ふらつきに注意して移動する**
  介護員
  看護師
  （随時）
- **服薬治療・パーキンソン症状緩和薬**
  医師
  看護師
- **起床・就寝時，排泄時にズボンの上げ下げができる**
  介護員
  （随時）
- **ポータブルトイレの使い方に慣れる**
  介護員 看護師
  理学療法士
  （1日2回）

IADL

- **施設のミニ農園のお手伝いをする**
  介護員
  野菜作りボランティア
  （適宜）

CADL

- **幻覚症状を丁寧に聞き取る**
  介護員
  話し相手ボランティア
  （随時）
- **帰宅への思いを聞き取り寄り添う**
  介護員
  話し相手ボランティア
  長男夫婦
- **方言で本人の気持ちや意向を聞き取る**
  介護員
  話し相手ボランティア
  （随時）
- **NHK朝の連続テレビ小説の話題で話す**
  介護員
  話し相手ボランティア
  （適宜）

1．施設ケアの評価と助言

> 症状の進行によって，再度処方薬の調整が必要となる。主治医には，こまめに情報を提供する。

評価1：手の震えは**処方薬の変更**で緩和し，食事姿勢の確保，使いやすい好みの食器などで食事については解決が見られた。

〔**助言**〕ふらつくなどの転倒のリスクが減ることと並行して帰宅願望が強くなる。年数回の一時帰宅ができるように家族に介護技術などを伝える必要がある。

評価2：ズボンの上げ下げは，時間はかかるもののできるようになった。ポータブルトイレも楽に使いこなせるようになった。

> メリットだけでなくデメリットにも着目し，早めの対応しておくことが重要。

〔**助言**〕ズボンの上げ下げができるように，トレーニングや衣服の工夫を行うことが必要。**運動量が減る**ので歩く機会をつくる。

評価3：帰宅願望の4つの言葉の聞き取りができ，本人の気持ちに寄り添ったやりとりで落ち着かせることができた。

〔**助言**〕4つの言葉ごとの対応をマニュアル化し，どの職員も同じように寄り添ったやりとりができるようにする。

2．地域包括ケアシステムにおける施設が果たす役割の提案

・老健の作業療法士などに，パーキンソン症状の人向けの**生活用具**（例：食事，洗身，排泄）の知識や工夫を依頼する。

> 作業療法士は，手作りの福祉用具や生活用具をつくる知識と技術を持っている。

・長男夫婦や長女に，本人がよく作ったおふくろの味を再現してもらい，施設の食事メニューに取り入れる。

・入所前に利用していた居宅介護支援事業所に，在宅での暮らしぶりや幻覚症状の内容などをヒヤリングする。

・入所前に利用していた通所介護に，食事や排泄，入浴時のケアの方法などを情報収集する。

ムロさんのちょっといい話

本人の話し言葉は方言で書く

ケアプランの第１表にある「本人（家族）の意向」欄を読んだ時，いつも不思議に思うのは，どの地方のものであっても標準語で書かれているということです。日本には，北海道弁，東北弁，関東弁，名古屋弁，関西弁，四国弁，九州弁などの方言があります。また，同じもの（同じこと）であってもその地方独特の言い回しや名称があります。

本人らしさを大切にするのなら，できる限りご本人の話し言葉を再現しましょう。

次に例を示しました。

例：「できるなら家でゆっくりと死ぬまで暮らしたい」

→「できんなら，家っこでのんびりさして，死ぬまで暮らしてぇな」（秋田弁）

このように，文意が分かる程度に方言を盛り込みましょう。こうすれば，ケアチームにニュアンスを伝えることにもなり，より個別性のあるケアを提供することが可能となります。

事例12

寝たきり状態から軽作業（南部姫《ひめ》毬《まり》作り）の喜びが離床につながり，車いす自走までになる

老健・特養	
97歳・女性	
要介護度	要介護4
認知症自立度	Ⅱb
自立度	B

既往歴	現病歴
・右大腿骨骨幹部骨折（95歳）：外科的治療を行うが，治癒せず。	・右大腿骨骨幹部骨折，術後に骨癒合不全：歩行を禁止し，治療中。 ・慢性腎障害（96歳）：内服治療中。

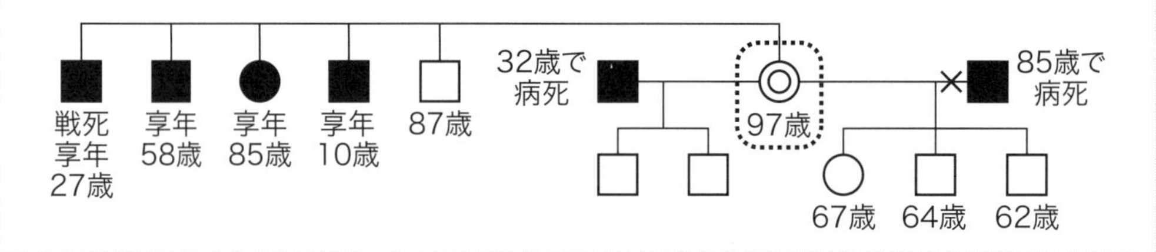

70歳から近所とどのような付き合いだったかを知ることは，本人の人柄を知ることになる。

1．入所前サービスなどからの情報および入所に至った経緯

・**70歳で帰郷**。身寄りがなく年金もわずかでアパート住まい。民生委員の勧めもあり，72歳からは生活保護を受給している。
・80歳のころから物忘れがひどく，鍋を焦がす，失火することがたびたびあり近所から苦情が出る。要介護２となる。
・町内会でごみ出しの手伝いをお願いするが，拒否する。
・難聴気味のため，近所の人とうまく会話ができない。
・体調を崩すことが多く，低栄養と脱水になりがち。
・「ごみ屋敷状態で異臭がする。市は何とかしろ」と近隣から地域包括支援センターに苦情が入る。
・83歳の時，養護老人ホームに入所する。
・入所３カ月間は施設になじめず，うつ症状であった。
・半年ごとに「自分の家に帰りたい」と帰宅願望の強い訴えがあった。
・95歳の時に施設内で転倒して右大腿骨骨幹部を骨折。手術を受けるが骨癒合不全となり，療養型病院に転院。
・ベッド上での安静が長く続いたことで，寝たきりとなった。
・97歳の時に特別養護老人ホームに入所する。

南部姫毬：青森県の伝統工芸品。芯に糸を巻いて幾何学的で色鮮やかな模様を施し，愛らしい房飾りが特徴。

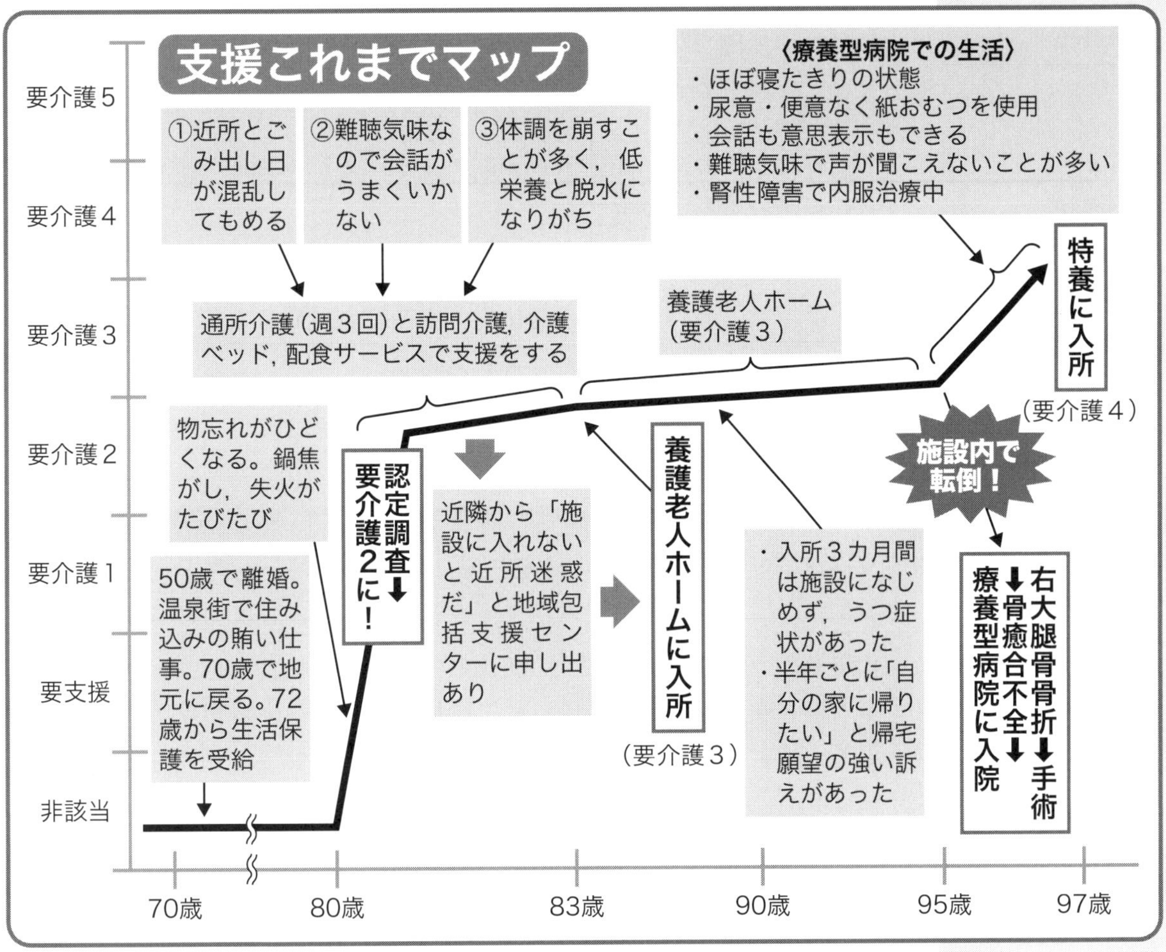

2．初回面接からの主な情報

・療養型病院ではベッド上で過ごし，ほぼ寝たきりの生活となっていた。

・尿意・便意がなく，紙おむつを使用していた。

・高齢で認知症の症状はあるが，意思表示も会話もできる。

・慢性腎障害があり，内服治療中である。

・**難聴気味**なため，会話がよく聞こえないことが多い。

難聴気味だと，会話のやりとりも億劫になるため，孤独・孤立しやすい。

3．入所前の生活歴および生活習慣

生活歴

・３男３女の２番目として生まれる。

・家業の米問屋が倒産し，父親は行方不明の後，３年後に自殺。きょうだいは別々に親戚の家で育てられる。

・母親とも疎遠となり，両親の愛情に恵まれず育った。

・20歳で結婚して２男を出産，夫は結核のため32歳で病死。

・27歳の時にニシン漁の漁師と再婚し，１女２男をもうける。

・30～40代はサンマの缶詰工場で働いていた。

・50歳で離婚し，温泉街の旅館に住み込みで仲居で働く。**70歳の時に地元に戻る。**

なぜ70歳になって地元に戻ったのか。本人の思いを引き出したい。

生活習慣

・清潔好きで，部屋の中が整理整頓されていないと機嫌が悪い。

・食べ物の好き嫌いはない。

・一家離散する前の幼少期の家族写真を大切に持っている。

・趣味は，旅館の仲居だった時に覚えた南部姫毬作り。手先が器用で職人顔負けの作品を作ったこともある。

4．プラン立案のポイント

・転倒骨折し，大腿骨骨折の予後が悪くて歩けなくなり，療養型病院では寝たきりにさせられていた。

・手先が器用で，やり方を説明すると車いすの自走ができるだけの残存能力があった。

・本人の潜在能力と本人のCADLに着目し，意欲を引き出す。

・本人の離床への動機づけとして，施設で飼っている熱帯魚を自分のペットのようにかわいがることに着目した。

・生活への楽しみと自分が**役立つ実感づくり**（熱帯魚の飼育，軽作業の手伝い，南部姫毬づくりなど）で意欲を引き出すことを盛り込んだ。

> 集団の中で何か役に立っていないと，居場所として落ち着けることにはならない。

5．課題の優先順位

課題1：日中はベッドから離れて，他の入所者と楽しく一日を過ごすことができる。

〔理由〕 療養型病院は寝たきりではなく，**「寝かせきり」**だったことが推測される。離床（日中のレクリエーション，玄関の熱帯魚観察など）により，他の入所者と交流できれば施設での暮らしになじむきっかけとなる。

> 支援側がこれまでの状況で思い込みすることなく客観的にアセスメントした結果である。

課題2：尿意・便意を感じたら自分の力でトイレで排泄できる。

〔理由〕 入所前は尿意・便意がなく紙おむつを使用していたが，紙おむつへの拒否は強い。ポータブルトイレの使用からトイレでの自力排泄ができると，本人の自立心や尊厳を尊重することになる。

課題3：施設の玄関に飾れるような南部姫毬を完成させる。

〔理由〕 職人顔負けだった南部姫毬作りを課題に位置づけることで，本人の意欲を引き出すことを狙った。ただ作るだけでなく**施設の玄関に飾る**ことを目指せば，施設の役に立っている実感を抱いてもらえる。

> 施設の玄関は施設の「顔」。そこに飾られることは本人の自己肯定感をさらに動機づけることになる。

■ サービス担当者会議の要点　第５表

利用者名　L　殿　　施設サービス計画作成者（担当者）氏名　S．K

開催日：平成○年１月５日　　開催場所：介護ステーション　　開催時間：13：30～14：00　　開催回数：２回目

<table>
<tr><th rowspan="5">会議出席者</th><th>所属（職種）</th><th>氏名</th><th>所属（職種）</th><th>氏名</th><th>所属（職種）</th><th>氏名</th></tr>
<tr><td>看護師</td><td>N．T</td><td>生活相談員</td><td>K．Y</td><td>家族（長女）</td><td>A</td></tr>
<tr><td>介護員</td><td>T．H</td><td>管理栄養士</td><td>N．O</td><td>本人</td><td>L</td></tr>
<tr><td>機能訓練指導員</td><td>A．K</td><td>介護支援専門員</td><td>S．K</td><td></td><td></td></tr>
<tr><td></td><td></td><td></td><td></td><td></td><td></td></tr>
<tr><th>検討した項目</th><td colspan="6">①入所して２週間のケア情報の共有化
②確定ケアプランの説明
③生活機能の向上を図り自立した生活を送ってもらうためにどのように支援すればよいか。
④本人が意欲的になれるCADLとは何か。</td></tr>
<tr><th>検討内容</th><td colspan="6">・入院していた療養型病院では，ほとんどベッド上で過ごして，寝たきりのような生活だった。高齢だが意思表示も会話もでき，手先も器用である。これを生かすことはできないか。
・患側に力を入れないように，注意して移乗を行い，体調に応じてベッドから離れる時間を少しずつ延ばしていってはどうか。50代から趣味だった南部姫毬作りを生活意欲の向上につなげていけないだろうか。可能性は十分にあると思う。
・排泄自立のために，一度ポータブルトイレを使ってみて，問題がなければトイレ誘導を開始してみてはどうか。</td></tr>
<tr><th>結論</th><td colspan="6">・手先が器用で，力もあるので車いすの自走を促す。ベッドからの移乗は介助するが，車いすでの移動は見守り程度でできるようにする。細かいことも好きな様子なので，タオル畳みなどの軽作業にも参加してもらう。
・健側の下肢には十分に力が入り，立位は良好である。施設の玄関に置いてある水槽の熱帯魚を気に入っているので，食事時に車いすを自走して見に行くなどの動機づけに活用し，楽しい生活を送れるようにする。
・難聴なので，他の入所者と話をする時は，職員がサポートする。職員とも会話を楽しめる時間をつくり，かかわりを持つ。
・尿意・便意があれば，トイレ誘導を行う。
・地域の南部姫毬作りの元職人にボランティアを依頼し，１月中旬から南部姫毬作りに取り組む。</td></tr>
<tr><th>残された課題
（次回の開催時期）</th><td colspan="6">次回は３カ月後の３月20日開催することに決定。家族も参加可。</td></tr>
</table>

■ 施設サービス計画書（1） 第1表

利用者名　L　殿　　生年月日　大正○年○月○日　　　作成年月日　平成○年1月5日

住所　　　　　　　　初回・紹介・継続（○）　　認定済（○）・申請中

施設サービス計画作成者氏名および職種　S．K（介護支援専門員）

施設サービス計画作成介護保険施設および所在地　特別養護老人ホーム○○○　○○県△△市

施設サービス計画作成（変更）日　平成○年1月5日　　初回施設サービス計画作成日　平成○年12月22日

認定日　平成○年6月20日　　認定の有効期間　平成○年7月1日～　平成○年6月30日

要介護状態区分	要介護1　・　要介護2　・　要介護3　・　要介護4（○）　・　要介護5
利用者および家族の生活に対する意向	本人：自分のことは自分でしないといけないが，立てないので困っています。誰とでも話をするのが大好きだから，いろいろな人と話をして，楽しく過ごしたいです。施設で飼っている熱帯魚がとてもかわいいねぇ，見ていて飽きないです。 家族（長女）：立てなくなったので無理なことも多いとは思いますが，できることは自分でしてくれたらと思います。一緒に暮らすことはできないが，施設では体調を崩さず元気で過ごしてほしいです。他県に住んでいるので簡単には面会に来ることはできず，申し訳ありません。こまめに連絡をしてもらえると助かります。
介護認定審査会の意見およびサービスの種類の指定	なし。
総合的な援助の方針	長い間ベッド上での生活でしたが，まだまだやれることはたくさんあります。これからは楽しく活動的な生活を送れるように，食事時はベッドから離れることから始めていきましょう。施設で飼っている熱帯魚を気に入っていただいたようなので，食事の度にご自分で車いすを操作して見に行っていただけるように協力します。他の入所者の方と交流を持ったり，日中はベッドから離れて過ごしたりできるように協力します。排泄も紙おむつからご自分でできるように改善しましょう。夜間はポータブルトイレを使い，日中はトイレが使えるようになることを目指しましょう。 自分でできることは行っていただけるように自立した生活を支援します。

■ 施設サービス計画書（2） 第２表

利用者名　　L　　殿

生活全般の解決すべき課題（ニーズ）	援助目標				援助内容			
	長期目標	（期間）	短期目標	（期間）	サービス内容	担当者	頻度	期間
日中はベッドから離れて施設の入所者と楽しく一日が過ごせる。	日中はベッドから離れ，他の利用者と楽しくおしゃべりをする。	H○ 1/5 〜 6/30	食事時は離床し，起きている時間を１日１時間は持てる。	H○ 1/5 〜 3/31	①食事時・お茶会時にはベッドから離れて過ごす時間を増やす。 ②体調に合わせて，レク活動を促す。 ③デイルームに行き，他の利用者と会話が楽しめるよう援助する。その際，難聴なので利用者の間に入り，サポートする。	介護員 介護員 ボランティア	食事時 お茶会時 離床時	H○ 1/5 〜 3/31
	生活リズムを整え，楽しみの多い生活を送る。	H○ 1/5 〜 6/30	自分で車いすを操作し，食事後に熱帯魚を見に行く。	H○ 1/5 〜 3/31	①車いすでの移動時は自走する。 ②食後に熱帯魚を見に行く。 ③毎日身だしなみを自分で整える。	介護員 介護員	離床時 随時	H○ 1/5 〜 3/31
			施設の軽作業などの簡単な役割を持つ。	H○ 1/5 〜 3/31	①洗濯物畳みなどの軽作業を行う。	介護員 ボランティア	随時	H○ 1/5 〜 3/31
尿意・便意があった時にはトイレで自分の力で排泄できる。	介助なしで排泄ができるようになる。	H○ 1/5 〜 6/30	排泄の失敗を減らし，おむつでの排泄を減らす。	H○ 1/5 〜 3/31	①排泄時にはベッド脇のポータブルトイレを使用する。 ②尿意を感じたら教えてもらうように伝え，速やかに対応する。 ③定時に誘導する。	介護員 介護員 介護員	排泄時 尿意時	H○ 1/5 〜 3/31
施設の玄関に飾れるような南部姫毬を作り上げる。	南部姫毬を同室の入所者にプレゼントする。	H○ 1/5 〜 6/30	趣味だった南部姫毬を３カ月かけて１個は作れるようになる。	H○ 1/5 〜 3/31	①指先・手先のトレーニングをする。 ②芯作り，割り糸を巻く。 ③彩色をする。	介護員 南部姫毬作りのボランティア	水・金の午後	H○ 1/5 〜 3/31

■ 施設介護経過 第7表

利用者名　L　殿　　施設サービス計画作成者氏名　S．K

年月日	内容
H○.12/22	入所する。長い間，療養型病院で寝たきりの生活だったと聞いていたが，実際には右足の立ち方も良く，ベッドからスムーズに移乗できた。食事時以外もベッドから離れて過ごすようにした。
12/23	午後は，お茶会に参加する。気分が不快になることなく過ごせた。明日からも20分程度でも参加することとする。
12/25	退屈そうだったので，役割を担ってもらおうと，軽作業（タオル畳み）をお願いする。予想以上に手際良くタオルを畳み，ガーゼを切る作業も行う。 「私にできることがあったら，何でも言って」と自分から話し，感謝されると機嫌が良い。
12/27	手先が器用で，力もあるので，車いすの自走の方法を説明した。すると，喜んで自走し，熱帯魚の所など自分の行きたい所に自分で行く行動が見られた。体調の変化に注意していくことにする。
12/29	食事時にも声かけのみで自走して行くようになる。
H○.1/5	サービス担当者会議（別紙）。各ケア担当者から入所２週間の報告があった。本人が熱帯魚にとても関心を抱いていること，軽作業にも熱心に取り組んでいることを共有し，１月中旬から南部姫毬作りをするボランティアの協力で南部姫毬作りに取り組んでもらうことを全員で確認した。
1/6	車いすで自走する動機づけとして熱帯魚のことを全スタッフが再度共有する。熱帯魚の水槽の前で，魚にしきりに話しかけている。名前を付け，ペットのようにかわいがっている姿がほほえましい。
1/10	朝食後・昼食後は，自分から熱帯魚を見に行く。 軽作業の手伝いを促してみると，そちらの方にも関心が向いて積極性が出てきた。体調に十分注意して見守る。
1/15	南部姫毬作りをするボランティアの人と初めて会う。材料を懐かしそうにながめる。思い出すように芯作りの作業を１時間行う。
1/16	紙おむつを着けていたが「トイレに行ってみたい」と言う。座位も安定しているので，ポータブルトイレを試してみたところ，座ることができ，大変喜んでいる。
	トイレ誘導もスムーズになり，離床も午前・午後，お茶会時，食事時に行えている。
1/25	すっかり１日３回，熱帯魚を見に行くことが楽しみとなり，行動範囲もかなり広くなってきた。意欲を継続していけるように，本人とのかかわりを大切にしながら支援をしていく。
1/29	リビングルームで南部姫毬作りに熱心に取り組んでいる。
2/9	デイルームでのレク活動に参加する。車いすで居室から時間をかけて自走してやってくる。他の利用者との間に介護員が加わり，難聴の本人との通訳役となる。南部姫毬作りを話題にするとにっこりとほほ笑む。
2/20	おむつでの失敗が減り，ポータブルトイレでの排泄が多くなる。
2/21	紙おむつをやめ，今日からリハビリパンツのみで対応することとする。本人からの尿意・便意の訴えには，介護員が随時適切に対応した。
2/25	リハビリパンツにパッドを使用してきたが，排泄の失敗も減ったので，今日からリハビリパンツから布パンツに移行することとする。肌ざわりが気持ち良さそうである。
3/1	毎回，トイレ誘導を行うこととする。「新聞も読みたい」と言い，意欲の向上が見られる。
3/5	今日はレクリエーション活動で塗り絵に取り組む。南部姫毬作りの経験があるので，カラフルな色合いが好みなのが分かる。とても機嫌が良い。
3/17	毛糸とかぎ針を渡すと，とても熱心に取り組め，赤ちゃんの靴下を編み上げる。
3/22	直径５cm大の南部姫毬が完成する。昼食の時に他の入所者に紹介すると，拍手が起こり，とてもにこやかな顔になる。スタッフが南部姫毬を回覧する。

編注）事例提供施設の記録スタイルを基に本事例において特徴的な部分を抽出した記録であり，記録のすべてではありません。

■ モニタリング総括表

利用者名　　L　　殿

評価日：平成○年２月26日

課題	短期目標 （H○年１月～ H○年３月）	目標の達成度 ○：達成 △：一部達成されず ×：達成されず		サービスの実施状況 ○：提供できた △：一部提供できた ×：提供できなかった		サービスの満足度 ○：満足 △：一部満足 ×：不満　××：不明		身体的変化／心理的変化／暮らしの変化 ◎：向上　○：維持 ×：低下		今後の対応および 新しい生活課題
日中はベッドから離れて生活できる。	食事時は離床し，起きている時間を１日１時間は持てる。 食事時に自分で車いすを操作し，熱帯魚を見に行く。	○	毎食後，自分で車いすを操作して熱帯魚の所まで行き，30分ほど見つめ，起きている時間が増えた。	○	離床を促し，離床後の時間も余暇などで充実できるようかかわっていけた。	○	表情が明るくなり，「うれしい，ありがとう」という言葉がよく聞かれるようになった。	◎	離床している時間が増え，自分で車いすを操作して行きたい所に行くことができている。 施設内の行動範囲が広がっている。	長く現状維持できるように，引き続き支援する。
	施設の洗濯物畳みなどの簡単な役割を持つ。	○	毎日，午後の軽作業（洗濯物畳み）の手伝いができるようになった。	○	声をかけ，体調に合わせてタオル畳み等をお願いする。	○	「私ができることなら，何でも言って」と明るい表情になる。	◎	起きている時間にやることがあり，充実感が得られ，自信が戻ってきている。	施設スタッフからの感謝の言葉が本人の自己肯定感となっている。今後も継続していく。
トイレで自分の力で排泄できる。	排泄の失敗を減らし，おむつでの排泄を減らす。	○	ポータブルトイレで排泄できるようになり，今までなかった尿意・便意が戻ってきた（失敗も１日に１回くらいある）。	○	尿意や便意の訴えには，素早く対応ができ，うまくできた時には一緒に喜ぶようにした。	○	トイレで排泄できるようになり，「うれしい」と大変喜んでいる。	◎	尿意・便意を訴えることができるようになり，紙おむつから布パンツに移行できた。	トイレで一人で用が足せるようになることを目標に，健側で立位をしっかり保て，移動バーを使って方向転換ができるようにする。失敗をさらに少なくする。
施設の玄関に飾れるような南部姫毬を作り上げる。	趣味だった南部姫毬を３カ月かけて１個作れるようになる。	○	手先の記憶は確かで，２カ月で５cm大の南部姫毬を作ることができた。	○	南部姫毬作りのボランティアと介護員が協力して，南部姫毬作りを手伝えた。	○	仕上がりには満足で，他の入所者から褒められると満面の笑みになった。	◎	座っていても手先は動かせるので，リハビリ効果は高い。	１カ月に１個を目標に，完成するごとに玄関の展示コーナーに飾れることを目指す。

施設ケアマネジメントの見える化シート

ADL

- **食事時，お茶会時は離床して過ごす**
  介護員（食事時，お茶会時）
- **指先・手先のトレーニングをする**
  介護員
  機能訓練指導員
  看護師
  （随時）
- **慢性腎障害 骨癒合不全の治療**
  医師
  看護師
- **車いすで自走し食堂に移動する**
  介護員（適宜）
- **ポータブルトイレを使えるようになる**
  介護員（適宜）

IADL

- **洗濯物畳みなどの軽作業を手伝う**
  介護員
  ボランティア
  （随時）

CADL

- **車いすで自走し，玄関の熱帯魚を見に行く**
  介護員
  話し相手ボランティア
  （随時）
- **南部姫毬作りの話題で盛り上がる**
  介護員
  話し相手ボランティア
  南部姫毬作りボランティア
  （適宜）
- **南部姫毬を３カ月に１個作る**
  介護員
  南部姫毬作りボランティア
  （午後：水・金）

1．施設ケアの評価と助言

評価１：玄関の熱帯魚の水槽まで車いすを自走したり軽作業に前向きに取り組んだりすることができ，表情も明るくなった。

〔**助言**〕入所前の寝たきり状態を再アセスメントし，**離床の可能性を求めて**プランニングすることで実現できた。

> 可能性を探り出すアセスメント姿勢がよい。

評価２：尿意・便意の訴えにも柔軟に対応し，ポータブルトイレでの排泄を可能にしたことで本人に自信がついた。

〔**助言**〕布パンツへの移行も可能となったので，トイレで排泄できるようなトレーニングをケアに盛り込む。

> CADLの視点でアセスメントすると，かつての趣味や夢中になったことが意欲づくりに効果があることが分かる。

評価３：**かつて熱中した趣味**を聞き取り，地域の南部姫毬作りをするボランティアを巻き込んだことで本人も安心して取り組め，笑顔を引き出せた。

〔**助言**〕完成した南部姫毬を写真に撮り，施設内に掲示することで本人の意欲をさらに引き出せる。

2．地域包括ケアシステムにおける施設が果たす役割の提案

・この成功ケースを基に，姫毬づくりを施設の**新しいリハビリのプログラム**にしてみる。

・南部姫毬作りをコンセプトにした手先のリハビリテーションのプログラムを地域の高齢者に普及する。

・地域の南部姫毬○○記念館への利用者見学を定例化し，地域との新しいかかわりをつくっていく。

・地域の市民フェスティバルやお祭り，道の駅などで入所者が作った姫毬を販売する。

ユニークなリハビリテーション体操があるように，リハビリテーションのプログラム化にチームで取り組むことで一体感づくりができる。

地域貢献事業のヒント

“出張型”レクリエーションで地域貢献

東京都O区のN社会福祉法人は，地域交流と地域貢献を兼ねて施設のアクティビティ・プログラムを地域に住む一般の人々にも提供しています。

この取り組みは，地域の高齢者が孤独死したことがきっかけで，地域の人々で見守り・交流する場になればとスタートさせたものです。現在は，次のようなメニューに取り組んでいます。

・介護予防体操　・脳トレーニング　・各種の動的プログラム（例：風船バレー）
・お話し会　・健康相談　・介護保険および高齢者の総合相談など

当初，提供していたのは施設内の通所介護などでアクティビティ・プログラムを実施する介護スタッフだけでしたが，今では法人の職員全員が交代で行うようになりました。

この“出張型”レクリエーションの会で活動していた人が要介護認定を受け，同法人の通所介護を利用することになった場合は，アクティビティ・プログラムに慣れているだけでなく，職員とも関係ができているのでスムーズな対応が可能となっているということです。

第4章

施設ケアプラン記載事例 老人保健施設編

事例1

認知症短期集中リハビリで記憶力・集中力・見当識が改善。孫娘との会話が可能になる

老健・特養	
83歳・女性	
要介護度	要介護5
認知症自立度	Ⅲa
自立度	B

既往歴

・一過性脳虚血発作（83歳）：入浴後脱衣場で意識消失，入院せず。
・うつ（74歳）：一時精神科に通院，現在は無投薬。

現病歴

・廃用症候群（生活不活発病）発症（77歳）：ふらつき，心肺機能低下，要支援２の認定。
・アルツハイマー型認知症（81歳）：食欲低下，パーキンソン様症状で入院した後，激しい認知症状が出現。要介護２の認定。
・低栄養・浮腫で入院する（83歳）。

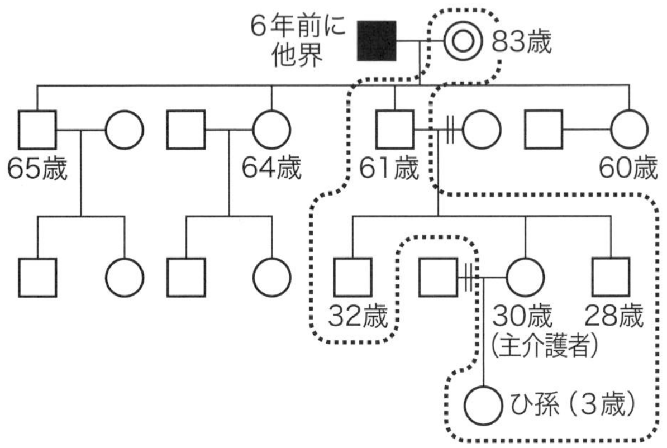

1．入所前サービスなどからの情報および入所に至った経緯

・74歳：うつ症状が出現し，精神科に通院を始める。
・77歳：ふらつきや労作時の息切れが多くなり，認定申請したところ，要支援２となる。
・81歳：食欲低下とパーキンソン様症状が出現したため，入院する。その後，アルツハイマー型認知症と診断される。
・入院中，物盗られの被害妄想や他界した夫が現れる幻覚などの認知症状が激しかった。処方された薬の効果で認知症状は軽減し，１カ月後に自宅に退院。以来，**孫娘が介護**している（同居）。
・２年前，介護者の孫娘が出産のため，約１カ月間短期入所を利用。
・その後，本人が在宅サービスの利用を頑なに拒否したため，孫娘が介護を続けていた。
・83歳：低栄養と浮腫のため，１カ月間入院する。
・入院中にADLがさらに低下し，認知症も進行したため，再認定を申請。要介護５となる。退院にあたり，孫娘が介護支援専門員に相談し，在宅復帰のために介護老人保健施設（以下，老健）に入所する。

家族介護でも，子ども介護から孫介護となっている同居世帯も増えている。

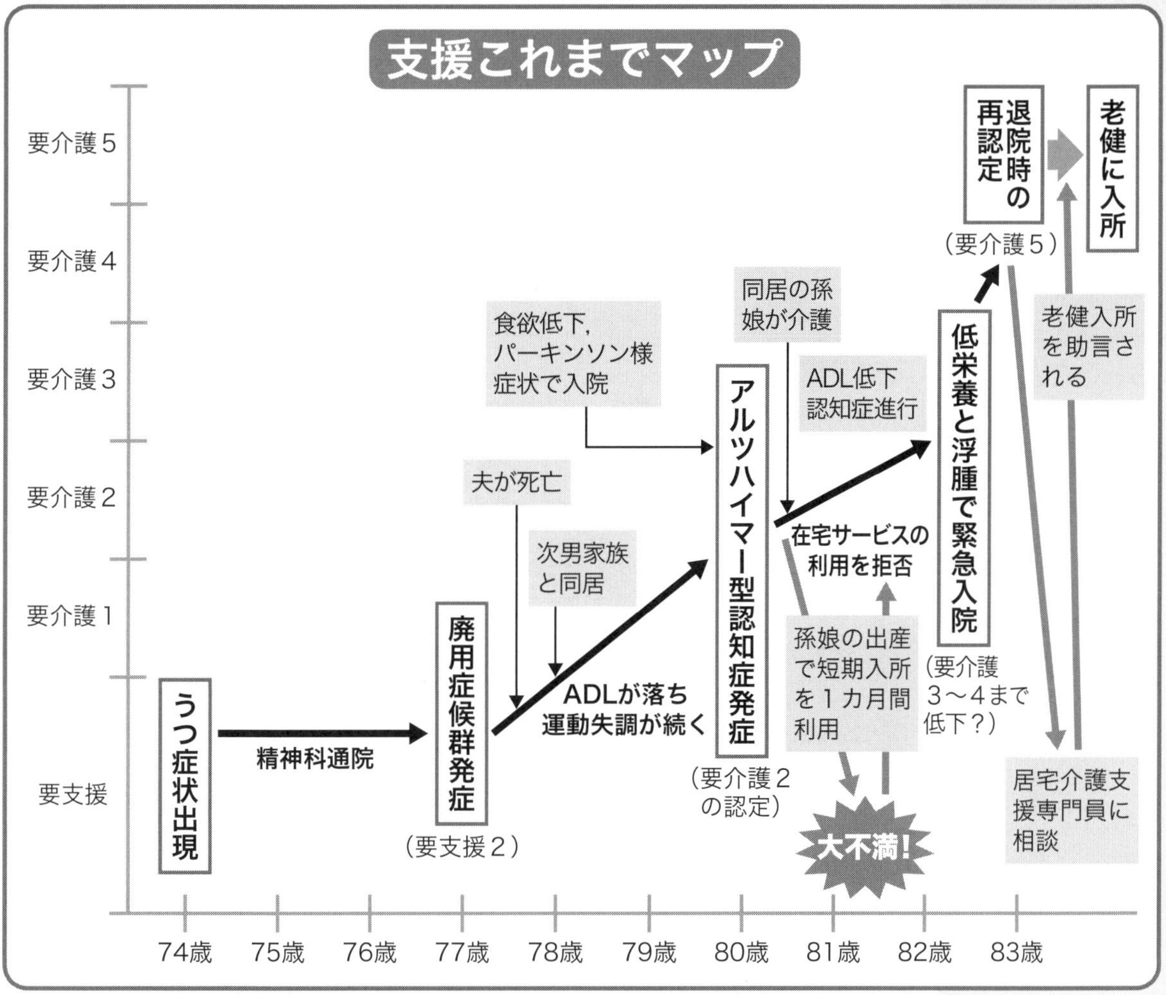

2．初回面接からの主な情報

・認知症のアセスメントでは，短期記憶が衰えており，注意力と集中力に障害があり，生活に影響も大きい。
・寝返りは軽介助で可能だが，その他の起居動作は全介助。
・移動：屋外は車いすで全介助。屋内は孫娘が手引き歩行する。
・排泄：尿意はあいまいで，便意はない。おむつで全介助。
・食事：食べはじめは，自力で摂取するが，途中で疲れて手を止めてしまう。**介助があれば，ほぼ全量摂取できる。**

食べる意欲と体力があることが分かる。食べたいものが何かを知ることが大切。

・入浴：孫娘が全介助。整容も全介助である。
・リハビリテーション：途中で疲労を感じると拒否する。

3．入所前の生活歴および生活習慣

生活歴

・大阪生まれ。18歳で結婚し，２男２女をもうける。
・58歳のころに次男夫婦と同居を始めた。

孫娘が祖母を介護する経緯が分かる。

・次男の妻が精神病を患っていたため，**母親代わりに3人の孫**を育て上げる。次男は3年前に離婚。

介護の担い手は多い。同居する20代の男性の孫にも何らかの役割を担ってもらうことが重要。

・夫は6年前に他界。**現在は次男（61歳，独身），孫娘（30歳，離婚）と孫娘の娘（ひ孫，3歳），孫（32歳・男，28歳・男）の6人暮らし。**

・長男，長女，次女はそれほど遠方ではないが，あまり行き来はない。

生活習慣

・食へのこだわりは強い。味噌汁の具は豆腐となす，出汁は煮干しが好み。甘党だが，カレーパンが好物。麺類は苦手。

戦後の流行歌。リズム歌謡というもので，踊り出したくなるようなハイテンションな曲。

・カラオケでは都はるみの歌を歌う。『**ドドンパ娘**』が流れると，体でリズムを取る。童謡を聴くと落ち着く。

・日中は居間のソファーで過ごす。食事は孫娘が介助をして，ダイニングで食べていた。

4．プラン立案のポイント

・次男や孫の介護負担を軽減し，自宅で暮らし続けることと，怒ることを減らし穏やかな毎日を送ることの支援を柱とする。

・認知症短期集中リハビリテーションでは，孫が手引き歩行をできるように下肢筋力の向上を図り，トイレへの移動介助を支援する。

・認知症からくるBPSD（幻覚，独り言，暴言など）は本人や次男，孫娘にとってもつらく，認知症短期リハビリテーションや音楽療法，レクリエーションなどで落ち着けるようなかかわりをする。

・家族とのつながりを継続するため，家族面会などもプランに加える。

5．課題の優先順位

「なくす」のは現実的に無理。「減らす」と表記し，本人の意欲を引き出す。

課題1：次男や孫娘たちの介護負担を**減らし**，自宅で暮らし続けられる。

〔理由〕次男や孫娘も，介護は負担でも自宅で一緒に暮らすことを望んでいる。ひ孫も3歳となりかわいい盛りなので，本人の在宅復帰の意欲につなげることを目指す。

課題2：怒ることを減らし，心穏やかに毎日を送る。

〔理由〕アルツハイマー型認知症のBPSD（被害妄想，幻覚など）が家族介護の負担になっている。薬を調整すると共に十分な睡眠が取れるよう，日中はフロアーリハビリテーションや音楽療法などで身体と心を十分に使うようにする。**家族面会**も積極的に行うことも動機づけし，家族のつながりを重視する。

家族面会をプランに明記することで，家族も意識的にかかわれるようになる。

■ サービス担当者会議の要点 第５表

利用者名　A　殿　施設サービス計画作成者（担当者）氏名　Y．N

開催日：平成○年１月27日　開催場所：老健会議室　開催時間：15：00～15：40　開催回数：２回目

<table>
<tr><th rowspan="5">会議出席者</th><th>所属（職種）</th><th>氏名</th><th>所属（職種）</th><th>氏名</th><th>所属（職種）</th><th>氏名</th></tr>
<tr><td>施設長（医師）</td><td>K．T</td><td>介護長</td><td>K．H</td><td>支援相談員</td><td>A．K</td></tr>
<tr><td>看護師長</td><td>Y．K</td><td>介護員</td><td>T．F</td><td>支援相談員</td><td>N．H</td></tr>
<tr><td>看護次長</td><td>T．M</td><td>介護支援専門員</td><td>Y．N</td><td>家族（孫娘）</td><td>B</td></tr>
<tr><td>理学療法士</td><td>I．M</td><td>管理栄養士</td><td>I．T</td><td colspan="2">※本人は体調不良のため出席せず</td></tr>
<tr><th>検討した項目</th><td colspan="6">①ADLの改善について
②認知症の改善について</td></tr>
<tr><th>検討内容</th><td colspan="6">①廃用と低栄養による四肢筋力低下と耐久性低下が著明である。３カ月後の在宅復帰に向け，移乗・排泄動作，歩行能力（手引き歩行）などの日常生活動作の改善を目標にする。まずは，離床時間の延長と基本動作の介助量の軽減を目指す。リハビリは，途中で疲労を感じると拒否するため，無理をせず徐々にアプローチする。パーキンソン様の症状を認めるが，固縮はまだない。水分・食事は介助で確実に摂取してもらう。膀胱炎の予防が必要である。
②急に大声を出す，机を叩くなどの行動があり，精神的に不安定が顕著である。夜間も毎日のように独り言や幻覚があり，不安を訴える。HDS-Rは８点，MMSEは11点。短期記憶が衰えており，注意力と集中力に障害がある。学習療法，音楽療法，回想法などを実施して，認知症を改善させる。</td></tr>
<tr><th>結論</th><td colspan="6">①下肢筋力を強化するための短期集中リハビリ，フロアーリハビリ，生活リハビリを実施すると共に，栄養状態を改善する。
②認知症短期集中リハビリを行う。また，計算問題などフロアーでの脳トレーニングやレクリエーションを行う。</td></tr>
<tr><th>残された課題
（次回の開催時期）</th><td colspan="6">４月27日，今回のケアプランの評価と各部署からのモニタリングおよびコメントを基に入所継続判定会議を開き，「入所継続」または「退所」を判断する。</td></tr>
</table>

■ 施設サービス計画書（1）第１表

利用者名　A　殿　生年月日　昭和○年２月12日　　　作成年月日　平成○年１月27日

住所　　　初回・紹介・継続　　認定済・申請中

施設サービス計画作成者氏名および職種　Y．N（介護支援専門員）

施設サービス計画作成介護保険施設および所在地　介護老人保健施設○○○○　○○県○○市△△町

施設サービス計画作成（変更）日　平成○年１月27日　初回施設サービス計画作成日　平成○年１月13日

認定日　平成○年９月15日　認定の有効期間　平成○年10月１日～平成○年９月30日

要介護状態区分	要介護１　・　要介護２　・　要介護３　・　要介護４　・　要介護５
利用者および家族の生活に対する意向	本人：なぜここにいるのか分からない。家で次男や孫たちとまた一緒に暮らしたい。早く家に帰りたいですが，孫娘に世話はかけたくないです。 家族（孫娘）：今回の入院で更に足腰が弱ってしまったので，リハビリをしてほしいと思います。せめて手引きで歩けるようになって欲しいと思っています。希望はトイレで排泄できるようになることですが，それが無理であればおむつでも構いません。高齢なので，望みどおりにいかないことも覚悟しています。もし歩けるようにならなくても，ゆくゆくは自宅で私が介護するつもりでいます。ひ孫も３歳となり，祖母の相手もできると思います。 低栄養で入所したので，しっかり食べてほしいと思います。入院中に膀胱炎になったことがあるので，少し心配しています。夜の睡眠も，不穏になることなく，よく眠れるようになってほしいと思います。自宅では夜の９時ごろから布団に入っていました。
介護認定審査会の意見およびサービスの種類の指定	なし。
総合的な援助の方針	退院後，在宅復帰に向けてのリハビリを通じて，移乗動作，排泄動作，歩行能力（手引き歩行）などの日常生活動作の向上を目指します。認知症については，記憶のトレーニングや計算問題などの学習療法を行い，進行を遅らせるように図ります。また，音楽療法や喫茶コーナーでの回想法など，ご本人の人柄や状況に合わせた個別対応に配慮しながら精神的安定を図ります。早期に自宅を訪問し，住環境の状況とどのようなところに困っているのか，転倒防止のためにはどのような住環境整備と心身の機能改善をすべきかなど，在宅での介護負担が軽減できるように努めます。食事摂取量の低下による低栄養が見られますので，食事方法や好みを観察し，脱水や体力低下を来さないように支援します。

■ 施設サービス計画書（2） 第2表

利用者名　A　殿

生活全般の解決すべき課題（ニーズ）	援助目標				援助内容			
	長期目標	（期間）	短期目標	（期間）	サービス内容	担当者	頻度	期間
次男や孫娘たちの世話になることを減らし，自宅で暮らし続けたい。	体力を付けて自力で移動・排泄ができるようになる。	H○ 1/27 ～ 4/30	下肢筋力の強化を図り，軽介助でトイレへの移動や排泄動作ができるようになる。	H○ 1/27 ～ 2/28	①短期集中リハビリ：下肢筋力の強化を目的としたリハビリ訓練を行う。	理学療法士	月・木・金：午前	H○ 1/27 ～ 2/28
					②フロアーリハビリ：介護員によるリハビリ。206号室と207号室の間を1往復，介護員が介添え歩行する。	介護員	火・金：午後	
					③生活リハビリ：離床時，立位保持を10秒とってから車いすに移乗する。トイレ誘導時は，自力でズボンの上げ下げをする。	介護員	1日2回：午前・午後 随時	
			食事摂取量を増やし，自力で歩けるだけの体力の回復を目指す。	H○ 1/27 ～ 2/28	①食事時のアプローチ：全量摂取のための声かけや介助をする。	介護員	随時	
					②栄養補助食品を毎食摂取する。	介護員	全食事時	
怒ることを減らし，心穏やかに毎日が送れる。	家族と楽しい会話ができる。	H○ 1/27 ～ 4/30	精神面の安定を図り，BPSDの出現が少なくなる。	H○ 1/27 ～ 2/28	①認知症短期集中リハビリ：作業療法士による短期集中リハビリ（塗り絵，神経衰弱ゲームなど）を行う。	作業療法士	火・水・金：午前	H○ 1/27 ～ 2/28
					②フロアーリハビリ：計算問題を行う。	介護員	火・金：午後	
					③刺激の場の提供： レクリエーションに参加する。 音楽療法に参加する。	 介護員 音楽療法士，音楽ボランティア	 月～金：午前 土：午前	
					④喫茶：喫茶室で会話と交流の時間を持つ。	介護員 話し相手ボランティア	水・土：午後	
					⑤家族団欒：家族の協力を得，面会時に散歩や会話など，楽しいひと時を過ごす。	次男 孫娘	面会時	

■ 施設介護経過　第７表

利用者名　A　殿　　施設サービス計画作成者氏名　Y．N

年月日	内容
H○.1/13	入所時は，問いかけにうなずくのみで，状況理解は不明。独り言と大声あり。ナースコールも理解できず。低栄養のため，食事介助する。歯茎がやせて，義歯が合わないため使用できず。起居動作はほぼ全介助。排泄もおむつで全介助。尿意の訴えなし。夜間は不安の訴えがあり，幻覚・独り言などが多い。
1/14	食事は全介助だったが，全量を摂取できる。入浴は全介助。入浴後，本人の意向で臥床せず。時々机を叩いたり，大声を出したりする。
1/15	昼夜問わず，独り言・奇声を上げる。
1/16	隣にいた利用者に「あっち行って！」と言って叩き，大声を上げる。
1/18	トイレの声かけをする前に，自分から「おしっこ出た」と訴えるようになる。着替えをすると機嫌が良くなる。
1/20	喫茶コーナーでコーヒーを楽しんだり，ソファーに座って小グループで過ごしたりすることができるようになり，比較的落ち着いてくる。
1/22	夜間，排尿を尋ねても「出やん」「腹が苦しい」等を訴える。排尿がないため朝方に導尿を行うと，体調が楽になった様子。
1/23	入所10日目より，トイレ誘導を開始する。膝折れしないように注意が必要だが，動作に大きな問題はない。トイレにて排尿ができる。20時のトイレの誘導時は硬便で出ないため，摘便を行う。夜間はおむつ対応。
1/27	サービス担当者会議（別紙）
1/29	深夜２時ごろに「私，何でここに来たんやろ」と訴えるが，「リハビリのためですよ」と説明すると納得する。
1/30	これまで嫌がっていた音楽療法に参加。気持ちは落ち着いている様子。
2/1	短期記憶の訓練を開始。カードを用いた神経衰弱ゲーム（３枚ぐらいから始め徐々に増やす）を始める。他に食事の内容，昨日のこと，先週のことなどを口頭で確認する。徐々に反応が良くなる。
2/2	食事は全量を自力で摂取でき，「もう寝ます」「トイレに行きたい」等をナースコールで伝えることも理解できるようになった。
2/3	節分行事に参加。声かけすると，反応も良く，その後も喫茶コーナーで落ち着いて過ごす。
2/4	「手間かけてごめんな。私なんかおらん方がええな。行くとこないでごめん」と，入所当初に比べ，発言内容に変化が見られる。
2/7	喫茶コーナーで行った回想療法（昭和の写真集）でも，反応は良い。
2/12	今日は誕生日。娘・孫が面会。喫茶コーナーでケーキを食す。何歳になったのかはしっかり自覚している。今日の面会の件をケアチームで共有した。
2/18	トイレ誘導やおむつ交換（特に排便時）に対して「ごめんな」との発言が目立つようになる。会話のキャッチボールも増え，奇声や机を叩く行為は全く見られなくなる。
2/22	夜間のおむつ対応では「出ない」との訴えあり。ナースコールで随時，トイレ誘導をするようになる。以降，夜３回ほど誘導している。
3/12	23時の巡回時に，ベッドから１m離れた辺りで転倒しているのを発見。顔面を打ち，痛みを訴える。大きな傷はない。自力でトイレに行こうと思ったとのこと。
3/19	退所に向け，退所前訪問を行う。自宅内の手引き歩行は可能だった。トイレは屋外にあり，寝室から距離も段差もあるが，手すりを設置すれば安全に誘導できると判断。ただし，孫娘（介護者）は，夜はおむつ対応を望んでいる。それに合わせて退所まで夜間はおむつ対応に変更する。
3/21	夜間のおむつ対応について，本人も理解はしているが，おむつでは排泄できない様子。朝のトイレ誘導まで我慢していた。
4/7	大体22時半～４時半は，トイレを我慢できることが分かる。
4/13	退所前訪問（２回目）は，支援相談員，理学療法士とケアマネジメントの連続性のため，居宅介護支援専門員と通所の相談員も同行し，再度自宅での動きをチェックする。
4/27	サービス担当者会議
4/30	娘や孫娘と共に，穏やかな表情で退所する。

編注）事例提供施設の記録スタイルを基に本事例において特徴的な部分を抽出した記録であり，記録のすべてではありません。

■モニタリング総括表

利用者名　A　殿　　　　評価日：平成○年４月８日

課題	短期目標 （H○年１月～ H○年２月）	目標の達成度 ○：達成 △：一部達成されず ×：達成されず		サービスの実施状況 ○：提供できた △：一部提供できた ×：提供できなかった		サービスの満足度 ○：満足 △：一部満足 ×：不満 ××：不明		身体的変化／心理的変化／ 暮らしの変化 ◎：向上　○：維持 ×：低下		今後の対応および 新しい生活課題
次男や孫娘たちの世話になることを減らし，自宅で暮らし続けたい。	下肢筋力の強化を図り，軽介助でトイレへの移動や排泄動作ができるようになる。	○	基本動作はすべて見守りで可能となった。トイレでの排泄も可能となる。	○	下肢筋力の強化の短期集中リハビリに取り組めた。トイレ動作も見守り介助を行う。	○	自宅内での動作が一部介助でできるようになったので，また在宅介護ができる。昼間なら，外のトイレにも連れて行けそう。（孫娘）	◎	入所当初は，疲労があるとリハビリを拒否していたが，１カ月後には拒否しなくなる。歩行は，片手引き歩行で連続20～30m可能。床からの立ち上がりも軽介助で可能。トイレ誘導も問題なく行えている。	これからもなるべくベッドから離れて生活する習慣化が必要である。自宅では，日常的に伝い歩きや介添え歩行で移動することになるので，ある程度歩行機能の維持ができると思われる。今後，通所リハビリや短期入所でのリハビリを継続していくことで，全体的なADLの維持・向上を図る。
	食事摂取量を増やし，自力で歩けるだけの体力の回復を目指す。	○	３カ月後に1/2量から全量に変更した。全量を摂取できるようになったため，栄養補助食は中止する。	○	食事の際，食べ方や食べる順番を声かけし，自ら選んでもらうように配慮する。	○	しっかり食べてくれるようになって良かった。また低栄養で入院しないよう，家でも食べる方法を工夫したい。（孫娘）	◎	一部介助で１/２量から始めたが，全量を介助なしで摂取できるようになった。本人は元々働き者で，好き嫌いなし。食べることが好きだった習慣が戻ってきた。食べる体力が回復した。	食事摂取量は安定しており，普通量を全量摂取できているので，これから自宅でもしっかり食事を取ってもらう。本人が忘れることもあるので，食事の形状や声かけの方法を家族に伝える必要がある。通所や短期入所でも，今後は観察が必要である。
怒ることを減らし，心穏やかに毎日が送れる。	精神面の安定を図り，BPSDの出現が少なくなる。	○	予想以上に記憶と集中力・注意力の向上が見られ，認知症状も改善した。短期記憶は良好である。	○	日時・人・場所の確認，脳トレ，塗り絵など認知症予防の短期訓練を集中して行えた。	○	入所した時よりも会話が増えたし，こちらが言っていることも随分と分かるようになってくれてよかった。（孫娘）	◎	記憶力・集中力・注意力が向上し，入所当初に見られた独り言，奇声，机を叩くなどの認知症状は見られなくなった。HDS-R８点→26点，MMSEは11点→25点と，かなりアップしている。	自宅・通所・短期入所においても，生活に意欲や楽しみを見つけるケアを提供する。認知症状は改善したが，判断力が低下しているので，たくさんの質問に混乱する恐れがあり，注意が必要である。本人は自信がなく，何もできないと感じているようなので，できていることを普段からフィードバックをしていくとよい。

HDS-R：長谷川式簡易知能評価スケール，MMSE（ミニメンタルステート検査）：認知機能検査

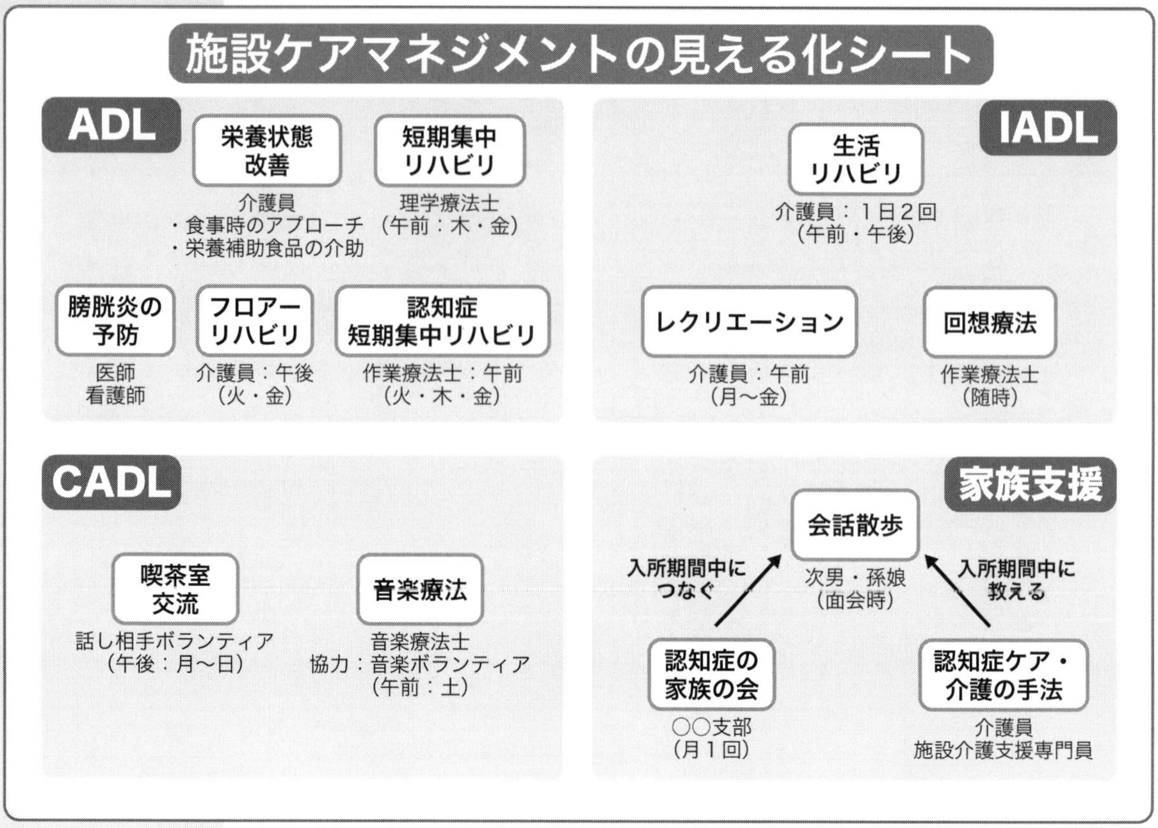

1．施設ケアの評価と助言

評価１：短期集中リハビリテーションに取り組み，基本動作は見守り程度で可能となる。トイレでの排泄も一部介助で可能となる。

〔**助言**〕入所２カ月後に施設介護支援専門員や理学療法士で**お試し退所前自宅訪問**を行い，自宅での手引き歩行やトイレへの移動などができることがわかったことはよい。

> お試し外泊，お試し自宅訪問など，入所期間中に計画的に行うことで，家族の意識づけになる。

評価２：脳トレや音楽療法，フロアーリハビリテーションにより予想以上に記憶力や集中力が改善し，短期記憶も良好で孫娘との会話も良好になった。

〔**助言**〕在宅復帰後も，孫娘でもできる音楽療法や脳トレ，回想法の仕方を教えることで，**家族の認知症ケアの支援**になる。

> 専門家の手法を家族に伝えることで，介護負担の軽減と虐待予防になる。

2．地域包括ケアシステムにおける施設が果たす役割の提案

・孫娘は育児と介護の２つの役割を担っている。引き継ぎのサービス担当者会議では，**孫娘の育児支援**を視点に入れた会議を行うように提案する。

> 子育てと介護を両方を行わなければいけない人には，必要な支援である。

・在宅復帰しても，通所リハビリテーションや短期入所でのリハビリテーションを継続的に提供する。

・次男や孫娘を認知症家族の会の集まりにつなぐ。

事例2

前頭側頭型認知症により意思疎通ができなかったが，ノンバーバルコミュニケーションでBPSDが軽減する

老健・特養
67歳・女性
要介護度　**要介護3**
認知症自立度　**Ⅲa**
自立度　**A**

既往歴

・乳がん（50歳）：右乳房全摘手術

現病歴

・前頭側頭型認知症（66歳）：精神科に通院

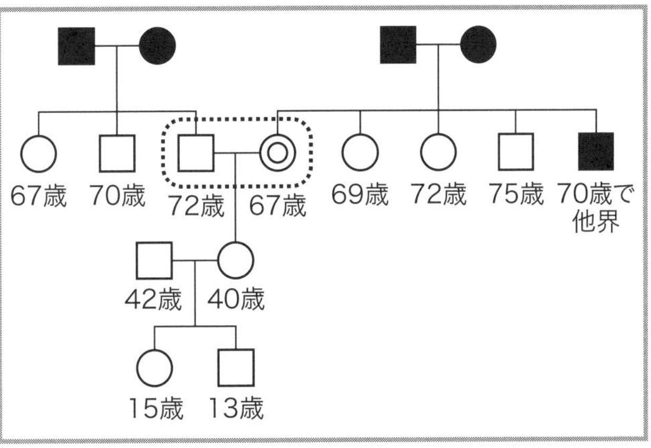

1．入所前サービスなどからの情報および入所に至った経緯

・64歳：料理のメニューが単調になり，何度も買い物に行く，甘い物ばかりを食べるなどの行動が現れる。

・65歳：急速に家事能力が低下し，**興奮症状**が増える。

・66歳：本人は抵抗をしたが夫の説得によって精神科を受診したところ，前頭側頭型認知症と診断される。

・認定は要介護1。週3回通所介護を利用するが，「お年寄りばかりで嫌だ。楽しくない」と2カ月後には利用を拒否する。

・炊飯器の蓋の開閉を繰り返す，突然に怒って孫娘の髪を引っ張る，**信号を無視して道路を渡るといった行動**が現れる。

・67歳：家族介護は困難なため，精神科に入院する。

・4カ月後に退院し，介護老人保健施設に入所する。

> **「抑制の欠如」は前頭側頭型認知症の特徴の一つである。**

> **「道徳的な行動の欠如」からくる交通ルールの無視も特徴の一つ。**

2．初回面接からの主な情報

・精神科に入院した当初は，口に入れた食べ物を飲み込まずに摂取不良になったり，トイレに頻回に行ったりすることがあった。

・パーキンソン様症状が出現し，転倒を繰り返して車いすの生活と

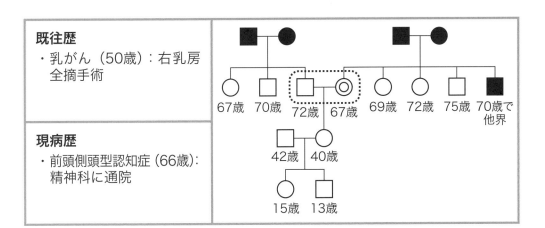

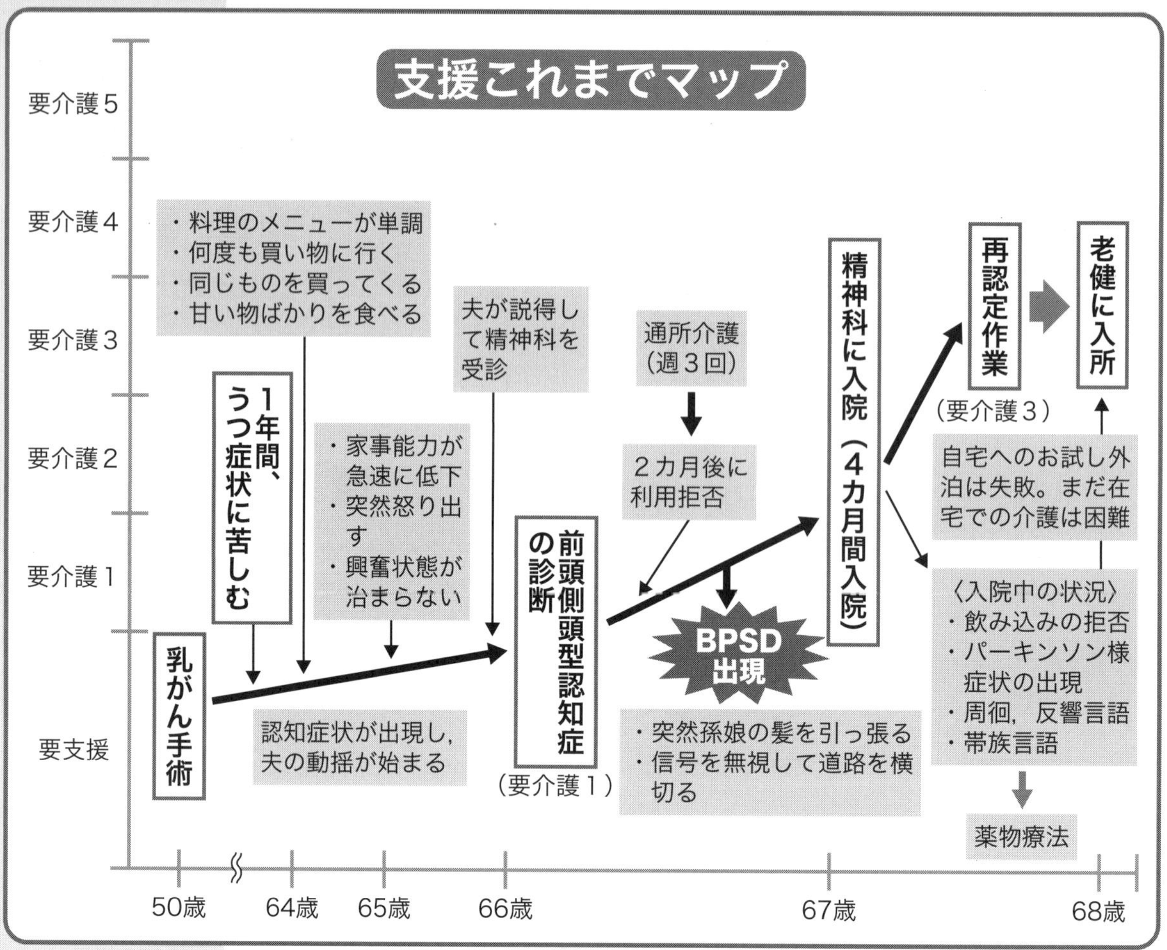

薬物療法からくる「副作用」の可能性もある。

なったが，**薬物療法**によって改善する。

・慣れない病院環境のためか，周徊や反響言語・帯続言語がよく見られたが，徐々に病棟生活に順応した。

受容できたことと対応できることとは違う。夫自身の本音を把握して支援する。

・夫は，入院当初，**妻の病気を受け入れられなかった**が，妻の帰宅願望が強いこともあり，在宅での介護を希望するようになった。

・自宅への外泊を試みたが，突発的に不穏となったため，夫は**在宅での介護はまだ困難とあきらめ**，老健入所を決めた。

・老健で落ち着いた生活ができれば，早く自宅に戻らせたい。

3．入所前の生活歴および生活習慣

生活歴

・東京近郊の金物屋の５人きょうだいの三女として生まれる。

・小・中・高校と成績が良く，18歳で地元の信用金庫に就職する。

・数回見合いをした後，25歳の時に職場の男性と結婚し，１女をもうける。

本人の歌へのこだわりにCADLの要素がある。

・性格は明るく，歌うことが好きだった。**30代の時はママさんコーラスに参加，40代からは市民合唱団に参加していた。**

・親類はがん患者が多い。50歳の時，乳がんのため右乳房全摘手術を受ける。

・術後は精神的に落ち込み，約１年間うつ症状に悩まされる。

生活習慣

・毎朝６時に起き，朝夕の犬の散歩が日課だった。

・40代からはガーデニングに凝っている。日中は庭の花や木に水やりをするのが楽しみの一つだった。

・料理が好きで，料理学校に通うほど凝り性な面がある。出来上がった料理を近所の知人に**おすそ分けをするのも好きだった**。

> 近所付き合いを好む一面を知る手がかりになる。

・月に２回はおしゃれをして，デパートでウインドウショッピングするのが習慣になっていた。

４．プラン立案のポイント

・前頭側頭型認知症の認知症状の進行により，確かな意思疎通ができなくなっていることに配慮する。

・認知症状の進行により発語量が少ないため，本人の心理状態は**ノンバーバルな行動**などのサインから読み取ることを意識する。

> わずかな目の動きなどの表情や指先などの動作から読み取る工夫をする。

・これまでの生活歴に着目し，本人が落ち着ける「歌うこと」を軸にした過ごし方を立案する。

・確実に服薬できるようにスタッフが管理する。

・本人の意思を確認・尊重しながら**施設の観葉植物への水やり**などの活動を一緒にすることで，自主性を引き出すように働きかける。

> 自宅での生活習慣から，日課に盛り込むとよい。

・決まった時間に決まった場所に座ってもらうなど，日課の固定化を図ることで日常生活のパターンをつくる。

・ノンバーバルコミュニケーションのコツなどを夫にも伝え，**お試し外泊やお試しショッピング**が実行できることを目指す。

> 在宅復帰を目指し,お試し外泊と共に本人が好きなお試しショッピングを位置づけたのはよい。

５．課題の優先順位

課題１：楽しい時間を過ごすことができる。

〔理由〕 前頭側頭型認知症の特徴である**抑制の欠如**がある。歌いたい気持ちを尊重し，カラオケの時間を増やして他の利用者とのかかわりをつくり，施設になじむことを最優先した。

> どのようなことに抑制の欠如が見られるかを把握することが重要。

課題２：夫と共に自宅での**落ち着いた生活**に戻る。

> 50代後半〜60代の日々と１年間の暮らしぶりを夫からヒアリングする。

〔理由〕 本人も夫も在宅での暮らしを再開することを希望しているので，お試し外泊やお試しショッピングなどを盛り込み，在宅での暮らしにスムーズになじめるよう取り組むこととした。

■サービス担当者会議の要点 第5表

利用者名　B　殿　　施設サービス計画作成者（担当者）氏名　Y．S

開催日：平成○年6月27日　　開催場所：会議室　　開催時間：10：30〜11：00　　開催回数：2回目

	所属（職種）	氏名	所属（職種）	氏名	所属（職種）	氏名
会議出席者	支援相談員	H．K	作業療法士	O．M	家族（夫）	A
	介護員	K．T	管理栄養士	A．M		
	施設介護支援専門員	Y．S				
	看護師	Y．T				※本人は出席せず
検討した項目	①入所後の状況報告と現況の説明 ②ケアプランの提示 ③今後のケアについて					
検討内容	①1日の生活の様子を報告。活動後に休息を取るなど，生活のリズムがつくれるように援助することで暴言や手ではたく行為がほとんどない。周徊時にレクリエーションなどの活動への参加を促すように声かけをすると，抵抗なく参加できるようになる。 ②ケアプランの提示（現状報告を含む） 身体面の障害はない。施設内のエレベーターなどの周徊，荷物収集などの認知症の周辺症状およびBPSDの対応が課題。認知面の低下により，噛まずに飲み込むリスクがあり，整容への関心が低い。歌うことが好きなので，カラオケによる個別リハビリの内容を説明。 ③夫の負担にならない程度にお試し外泊の回数を増やし，状態が落ち着いてくるようになれば退所に向けてサービス内容を見直す。自宅への外泊から戻った際には，家庭での様子を夫に詳しくヒアリングし，現場のケアに反映する。					
結論	①ケアプランの同意 本人が気に入っている整容道具（ブラシ，鏡など）を自宅から持ってきてもらう（近日中に持参予定）。 ②レクリエーションや個別リハビリ中，安心して活動に参加できるよう本人のその時の感情に配慮した声かけなどで援助する。体調に合わせた生活リズムの調整を図ることにより，日中の疲労感の軽減に努める。常に声をかけ，コミュニケーションを図る。 ③自宅へのお試し外泊の頻度は，状態を考慮しつつ家族（夫）と調整して行う。居宅介護支援専門員とも今後連携をしていく。					
残された課題 （次回の開催時期）	今後体調が変化することで，BPSD症状が悪化することも予測される。本人が発しているノンバーバルなサインを見逃さず，落ち着いて過ごすことができるよう，スタッフと家族が情報を共有し，連携していく。					

■ 施設サービス計画書（１） 第１表

利用者名　B　殿　　生年月日　昭和23年○月○日　　作成年月日　平成○年６月27日

住所　　初回・紹介・継続（○）　　認定済（○）・申請中

施設サービス計画作成者氏名および職種　Y．S（介護支援専門員）

施設サービス計画作成介護保険施設および所在地　介護老人保健施設○○○○　○○県○○市

施設サービス計画作成（変更）日　平成○年６月27日　　初回施設サービス計画作成日　平成○年６月15日

認定日　平成○年４月18日　　認定の有効期間　平成○年５月１日～　平成○年４月30日

要介護状態区分	要介護１　・　要介護２　・　要介護３（○）　・　要介護４　・　要介護５
利用者および家族の生活に対する意向	本人：出席せず。 家族（夫）：感情的になって興奮することがあるが，あまり責めないでほしい。入院していた精神科では転倒することが多く，車いすの生活でした。車いすを使わず歩行は見守ってほしい。もっと妻と会話がしたいと思っています。歌うのが好きなので，そのようなレクリエーションを取り入れたりして，いろいろなことをやって楽しく過ごさせてください。状態の良い時は，一緒に買い物で外出したり，自宅への外泊ができないか検討してもらいたい。
介護認定審査会の意見およびサービスの種類の指定	なし。
総合的な援助の方針	一日の生活の流れも身についてきて，落ち着いた日が多くなっています。レクリエーション活動では，ご本人のなじみのある好きな歌を歌う活動を取り入れ，職員やボランティアと会話をしたりして楽しく過ごせるように支援します。食事はゆっくりとよく噛んで食べられるように声かけを中心とした食事介助をします。施設内を周徊するのが収まらない時などは，スタッフと共に軽作業をしたりして気分転換し，精神症状の安定化に努めます。 体調によって症状が悪化することも予想されるので，ご本人の表情や態度を見逃さないように注意します。 お試しショッピングや自宅への外泊は，ご本人の体調や症状を見て，日数を含めて随時検討します。なお，外泊時の家庭での様子をメモを取るなどして，スタッフと情報が共有できるようにご家庭での協力をお願いします。

■ 施設サービス計画書（2） 第2表

利用者名　B　殿

生活全般の解決すべき課題（ニーズ）	援助目標 長期目標	（期間）	短期目標	（期間）	援助内容 サービス内容	担当者	頻度	期間
楽しい時間を過ごすことができる。	好みの活動ができ，楽しい生活が送れるようになる。	H○ 6/27 〜 12/31	好きな歌を歌うなど，楽しい時間を持つ。	H○ 6/27 〜 9/30	①カラオケなど，歌う時間を増やす。	介護員 作業療法士 カラオケボランティア	レク時	H○ 6/27 〜 9/30
					②レクリエーションなどを活用し，他利用者や職員とのコミュニケーションの場をつくる。	介護員 作業療法士	レク時	
					③気分転換に，散歩をする。	介護員 作業療法士	随時	
			食事や整容動作（化粧を含む）が自分でできる。	H○ 6/27 〜 9/30	①食事はかき込んで食べるため，食事動作を見守る。	看護師 介護員	食事時	H○ 6/27 〜 9/30
					②整容には無関心のため，常に声かけを行う。	看護師 介護員	整容・入浴時	
					③オイルマッサージを活用し，リラックスできる時間をつくる。	看護師 介護員	整容時	
	他利用者とトラブルになることなく，落ち着いた生活ができる。	H○ 6/27 〜 12/31	周徊が多い時には軽作業やレクリエーションを行い，精神状態の安定が図れる。	H○ 6/27 〜 9/30	①活動後の休息をコントロールし，疲労感を軽減する。	看護師 介護員 作業療法士	随時	H○ 6/27 〜 9/30
					②ノンバーバルサインなどを見逃がさないようにする。	看護師 介護員 作業療法士	随時	
					③１つの行動に集中できるような環境をつくる。	看護師 介護員 作業療法士	随時	
夫と共に自宅での落ち着いた生活に戻る。	簡単な家事ができるようになる。	H○ 6/27 〜 12/31	３日間は自宅に外泊できるようになる。	H○ 6/27 〜 9/30	①チームで外泊の計画を立てる。	看護師	帰設前	H○ 6/27 〜 9/30
					②夫に外泊時のケアのポイントを伝え，身につけてもらう。	介護員 家族（夫）		
					③外泊時の服薬などの管理方法を検討する。	薬剤師		

■ 施設介護経過　第７表

利用者名　B　殿　　施設サービス計画作成者氏名　Y．S

年月日	内容
H○.6/15	夫に付き添われ入所。食事のペースが速く，噛まずに飲み込んでしまう傾向が顕著。喉を詰まらせてしまう危険があり，スタッフの見守りが必要。動きに落ち着きがなく，声かけしたスタッフをひっかく行為が見られる。午後は静かにテレビを観ていた。
6/16	エレベーターのボタンを落ち着きなく何度も押したり，トイレや居室，エレベーターを何度も行き来したり，スタッフに暴力をふるったりする行為が多い。
6/17	朝食後に無言で居室に戻り，自らベッドに移動。声をかけるが，一日中反応なし。
	夫の面会あり。食事を普通食に変えてほしいと希望がある。噛まずに飲み込むため，誤嚥のリスクが高いことを伝えると，「自宅では普通食を食べていた」とのこと。１週間食事の形態を工夫して再評価することにする。
6/18	整容への関心が低いため，フロアーにて，ボランティアにオイルマッサージを施行してもらう。とても穏やかに「私，きれい」と何回も話す。爪磨きの際も，両手を出してじっと見ている。
6/22	起床時に不穏行動（大声を出してフロア内を歩き回ったり，机を叩いたりする）が見られ，スタッフが対応する。朝食後は落ち着き，テレビの前に座っている。それ以降，不穏行動はない。
6/25	食事形態を再評価。米飯刻みを嫌がることなく食べているため，このまま刻み食でいくことにする。
6/27	サービス担当者会議。夫が出席。（別紙）
	夫と共に自宅へ２泊の外泊をする。
6/29	外出先のスーパーのエレベーター前で尻餅をついたと夫から連絡が入る。右前腕にすり傷あり。家族と共に午後４時に帰設。
7/7	昨日作った短冊を笹に取り付け，七夕祭りのレクリエーションに参加する。「小学校のころを思い出すわ」とうれしそうに話し，皆と一緒に歌を歌う。短冊には，「第九を歌いたい」と弱い文字で書いてある。
7/12	今日のオイルマッサージはとても機嫌良く，笑い声も上げていた。

年月日	内容
7/18	夫と共に自宅へ２泊の外泊をする。
7/21	帰設後，興奮気味に大声で叫び，他の利用者の頬を軽く叩く行為が２回あり。他の利用者から苦情があるが，本人は悪気はない様子。
8/27	そわそわ感あり。いつもより表情が硬く，歩行スピードが速い。何かを捜している様子。スタッフが声かけをする。
9/1	午後10時ごろ他利用者数人分のコップや歯ブラシなどを持ち歩いている。スタッフが元に戻しても，数分後には，おむつやおしぼり，コップ，ビニール手袋をビニール袋に入れて持ち歩いている。注意しても何がいけないのか分からない様子。
9/3	午後から落ち着きがなく，おむつカートの上にあるビニール袋を手に取り，大きなビニール袋に入れて持ち歩いている。尋ねると，隠す素振りをする。
9/7	３日間の外泊から帰設。表情も良く，楽しそうに話す。
9/8	表情は柔らかく，数日前より会話が可能。自宅で楽しく過ごせた様子である。
9/9	朝食後はずっとフロアー内を歩き回り，荷物を収集している。レクリエーションへの参加を促すように声かけをしても拒否的態度を取る。
9/10	カラオケの時間に，夫から情報収集した得意な歌『瀬戸の花嫁』『愛の讃歌』『大きな古時計』を披露してもらうよう促すと，ボランティアの人の伴奏に合わせてとても楽しそうに歌う。
9/14	午前中動物セラピーでやってきた犬にうれしそうに話しかける。午後になると，不安な表情で施設内を歩き回る。

編注）事例提供施設の記録スタイルを基に本事例において特徴的な部分を抽出した記録であり，記録のすべてではありません。

■ モニタリング総括表

利用者名　B　殿

評価日：平成○年９月15日

課題	短期目標 (H○年６月～H○年９月)	目標の達成度 ○：達成 △：一部達成されず ×：達成されず		サービスの実施状況 ○：提供できた △：一部提供できた ×：提供できなかった		サービスの満足度 ○：満足 △：一部満足 ×：不満 ××：不明		身体的変化／心理的変化／暮らしの変化 ◎：向上 ○：維持 ×：低下		今後の対応および新しい生活課題
楽しい時間を過ごすことができる。	好きな歌を歌うなど，楽しい時間を持つ。	○	入所１カ月は皆と歌う程度だったが，３カ月後には得意な歌を披露できるようになる。	○	カラオケの時間をつくった。レクを活用し，他の利用者とコミュニケーションを図った。	○	入所当初は険しい表情だったが，カラオケなどで楽しそうな表情が増えた。	◎	カラオケなど自己表現する場や，集中して取り組む時間が増えることで，落ち着きが生まれる。好みではない歌の時には，嫌味を言うなどの行動が見られた。	本人の歌への思いは深く，気持ち良く歌い上げることが目標になっている。歌の思い出などを語ってもらうように働きかけてみる。
	食事や整容動作（化粧を含む）が自分でできる。	△	かき込むように食べる様子は変わらず，整容動作への関心を高めることもあまりできなかった。	△	整容道具を持参してもらい，働きかける。 オイルマッサージは数回しかできなかった。	△	整容動作には関心がないが，オイルマッサージと爪磨きはとても気に入っていた。	○	化粧をせず素顔で過ごすことが多い。食べ方には変化が見られない。	認知面の低下により入浴後すぐにその場を離れてしまうため，なじみある化粧道具を使って声をかけてみる。オイルマッサージは個別リハとして導入する。
	周徊が多い時には軽作業やレクリエーションを行い，精神状態の安定が図れる。	△	レクリエーションや軽作業後に休養をとることで，落ち着いて過ごすことができた。	○	レクリエーションや軽作業を促し，関心を向けることができた。	○	感情が顔によく現れ，軽作業やレクリエーションではとても集中しているのが分かった。 七夕祭りの短冊づくりも楽しそうだった。	○	衝動的に暴力をふるうことは少なくなったが，他の利用者の持ち物を収集するなど，常同行為が見られる。 服装なども普通にはなってきたが，着替えなどを面倒がる様子は変わらない。	怒りっぽくならないよう自然にかかわり，役割活動などを提供し，精神面の安定化を図る。 本人が落ち着ける軽作業（簡単な農作業など）をスタッフで見つけていく。
夫と共に自宅での落ち着いた生活に戻る。	３日間は自宅に外泊できるようになる。	○	毎月，３日間は自宅で過ごすことができた。	○	自宅への外泊について，夫を含めてチームで検討することができた。	○	基本的に外泊から戻ってくると機嫌が良い。自宅でも落ち着いている様子である。	○	心理的に落ち着いているのははっきり分かる。ただ，外泊帰設後２日目ぐらいから暴力的になることがある。	引き続き外泊は定期的に行う。本人の自宅での生活をアセスメントし，施設でサポートできることを探す。

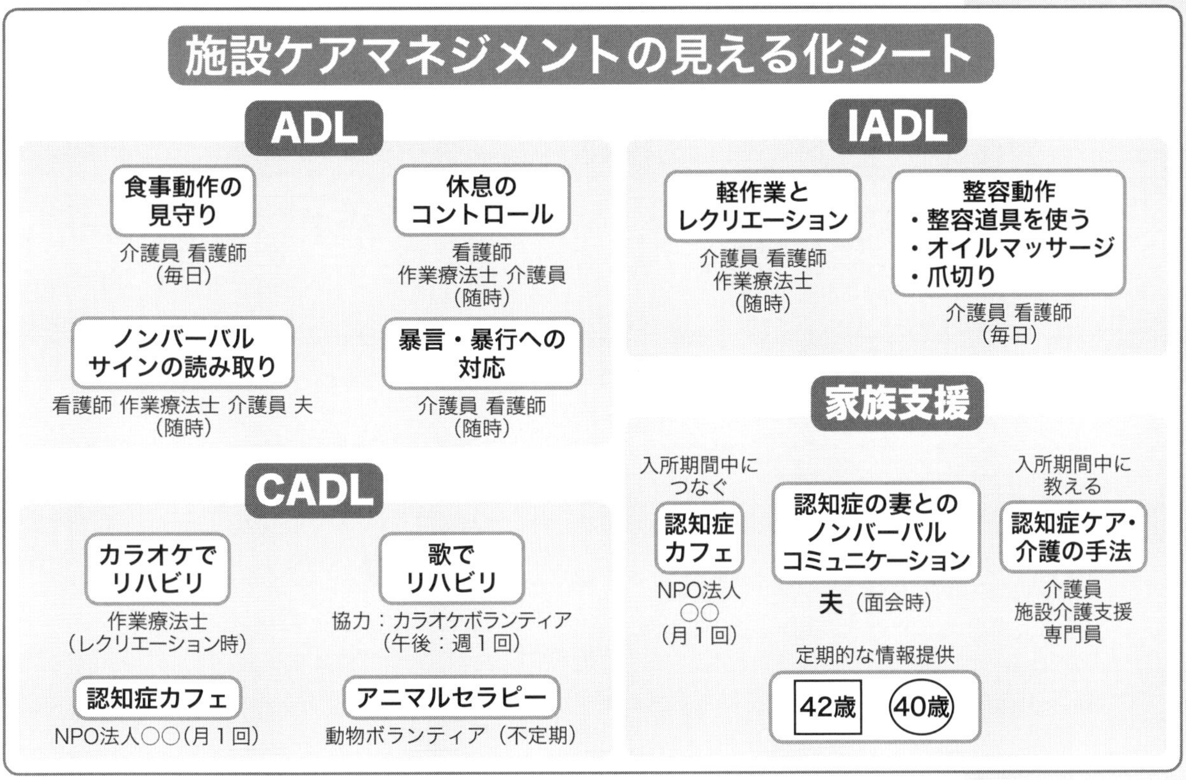

1．施設ケアの評価と助言

評価1：入所1カ月間は皆と一緒に歌う程度だったが，3カ月後にはカラオケで得意な歌を**皆の前で披露できる**ようになる。

〔助言〕ママさんコーラスや合唱団に参加していた時に歌った曲を日常的に聞いてもらうと，意外な反応が期待できる。

> 得意なことに着目することで本人の中に自己肯定感が生まれる。

評価2：かき込むような食事動作は変わらず，整容動作にもあまり関心を持たせることができなかった。

〔助言〕もともと**おしゃれには関心があった**ので，なじみのある化粧道具や服装などで動機づけしてみるとよい。

> おしゃれはTPOが大切。整容動作も「お出かけ」を動機づけることで可能となる。

評価3：毎月3日間はお試し外泊が行え，お試しショッピングで買い物も楽しめた。外泊後は気持ちが落ち着いている。

〔助言〕夫と協力して，喜怒哀楽の感情や意思をノンバーバルコミュニケーションからの読み取り方などを工夫する。

2．地域包括ケアシステムにおける施設が果たす役割の提案

- 在宅復帰後に通える地域の認知症カフェを探し，お試し外泊の時に出かけてみて，**退所前から関係づくりを試みる**。
- 入所中に本人が落ち着ける日常生活のパターンをつくり，ノンバーバルコミュニケーションの読み取り方などを含めて在宅のケアチームに引き継ぐ。

> 在宅復帰後の夫との2人暮らしを想定した環境づくりは，入所時点から始まっている。

事例3

生活不活発病で居室閉じこもり。「塗り絵」描きで本人の意欲を引き出す

老健・特養
88歳・女性
要介護度　**要介護4**
認知症自立度　**Ⅳ**
自立度　**C**

既往歴

- 脳梗塞（85歳）
- 逆流性食道炎
- 誤嚥性肺炎
- 高血圧症

現病歴

- 脳血管性認知症（88歳）：脳梗塞を発症し，入院。退院後より認知症の症状が出現する。

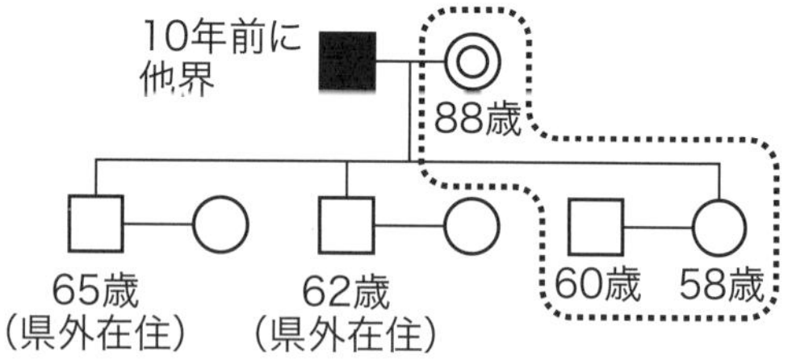

1．入所前サービスなどからの情報と入所に至った経緯

- 長女夫婦と暮らしはじめたころは元気だったが，85歳で脳梗塞を発症する。
- 緊急手術が行われ，麻痺などは残らなかったが，数カ月後から認知症状（物忘れ，会話の混乱と繰り返し）が見られるようになる。
- 買い物の際金銭のやり取りができないことが多くなり，主治医の勧めで介護保険を申請。要介護２と認定される。
- 週３回通所介護と福祉用具（ベッド）を利用してきた。
- 半年経過後，尿失禁でスカートを濡らすことが多くなる。
- 食事はもともと小食だったが次第に残すことが増えてきた。
- 表情も乏しくなり，通所介護も「つまらない」と行くことを面倒がるようになった。

長女夫婦はかかわり方が分からないからそうなったのだろうか？

- **居室で一日中横になっている**ことが日常になる。
- 逆流性食道炎と診断される。

今後，どのようなかかわり方ができるかがポイント。

- 長男と次男は県外に住み，**年１回程度しか会う機会がない**。

2．初回面接からの主な情報

- 長女は仕事で不在のため，日中は１人きりである。
- 知り合いもおらず約１カ月間寝たきりに近い生活だったため，生活

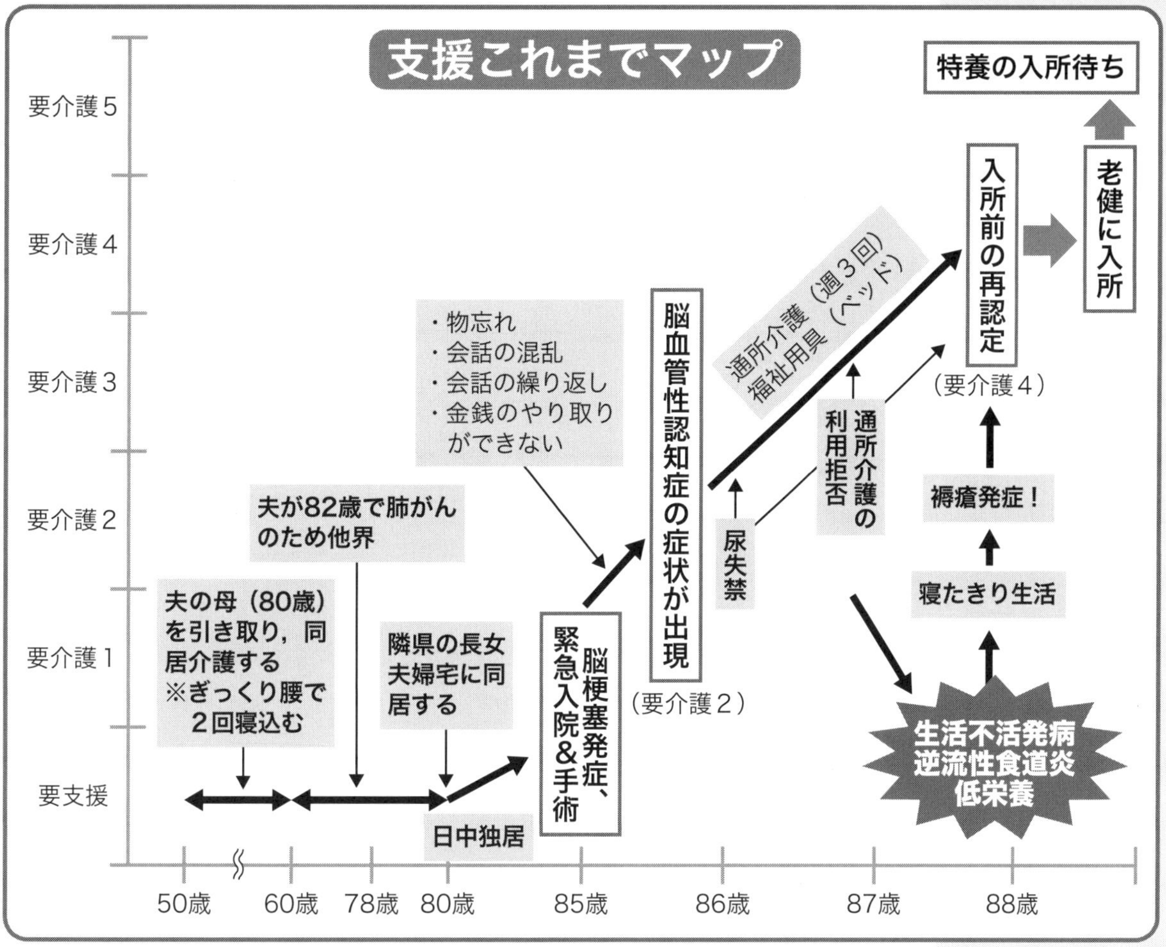

不活発病（廃用症候群）の症状（足がふらつく，立位がとれないなど）が顕著となる。

・**褥瘡が見つかった**ため，低栄養対策と生活機能の向上を目的に介護老人保健施設への入所を長女夫婦が希望する。

・いずれは特別養護老人ホームに入所することを考えており，今回の老健入所は待機という意味合いもある。

褥瘡の発症は体位変換の有無も原因では？　長女夫婦の介護力を把握することが必要。

３．入所前の生活歴および生活習慣

生活歴

・運送会社の経理の仕事をしていた24歳の時に，親戚の紹介で４歳上の男性（次男）と見合い結婚する。

・夫は子煩悩で，愛車のパプリカで家族と伊豆半島にドライブに行くのが楽しみだった。

・50代で夫の母（当時80歳）を引き取り，10年間介護をする。この間，２回ほどぎっくり腰で寝込むことがあった。

・１年後，腰痛予防のため地域の太極拳のサークルに週１回参加する。

・78歳の時，夫が肺がんのため82歳で他界する。

長女夫婦の呼び寄せ介護に，長男・次男の反応は？

・80歳の時，隣県に住む**長女夫婦宅で一緒に暮らしはじめる。**

生活習慣

食は本人の嗜好が影響。可能な限り，こだわりを尊重することが重要。

・**○○牧場特製のアイスクリームが大好物。**
・テレビ番組は時代劇やワイドショーがお気に入りで，１人きりでもずっとテレビを楽しんでいた。
・料理は煮物が得意でよく作っていた。
・庭で季節の花を育てるのが趣味だった。
・高血圧だが漬物好き。たっぷりとしょうゆをかけて食べていた。

４．プラン立案のポイント

・脳梗塞の発症をきっかけに脳血管性認知症になったため，生活不活発病（廃用性症候群）の進行の改善が必要。

低栄養状態と褥瘡は密接な関係がある。

・生気のない表情で意欲が見られず，食事も１～３割ほどしか食べない。血液検査で判明した**低栄養状態の改善**が必要。
・口から食べることを目標に，逆流性食道炎の治療と低栄養状態の改善を行うこととする。
・特養に入所することを前提に，介護職と看護職が協働して褥瘡を治癒し，レクリエーションにも前向きに参加できるようにプランで位置づける。

５．課題の優先順位

課題１：健康状態を維持し，好物の○○牧場特製のアイスクリームを食べられるようになる。

〔理由〕低栄養状態を改善することが最も優先される課題である。６カ月で経口摂取できるようになることを目標とした。具体的な目標となるように，本人の好物である**「○○牧場特製のアイスクリームを食べられること」**を目指す。

食べやすく好物であるアイスクリームが表記されている。

課題２：褥瘡が治癒し，施設のレクリエーションにも参加できる。

褥瘡が治癒されることで「できること」を課題化できている。

〔理由〕褥瘡を治癒することを目的にするのではなく，**施設のレクリエーションに参加できるようになること**をゴールとした。そのためには，３カ月で創部の痛みや苦痛を軽減し，６カ月後には日中は車いすに座っていられることを目指すこととした。

課題３：施設の庭で花を育てられるようになる。

〔理由〕本人の花好きに着目し，車いすに座っていられるようになったら施設の庭の花作りに参加してもらうことで意欲を引き出したい。

■ サービス担当者会議の要点 第５表

利用者名　C　殿　　施設サービス計画作成者（担当者）氏名　M. T

開催日：平成○年１月18日　　開催場所：介護相談室　　開催時間：10：30～11：00　　開催回数：２回目

	所属（職種）	氏名	所属（職種）	氏名	所属（職種）	氏名
会議出席者	施設介護支援専門員	M. T	看護師	S. S	本人	C
	介護員	M. A	生活相談員	K. K	家族（長女）	A
	理学療法士	Y. K	管理栄養士	Y. M	家族（長女の夫）	B
検討した項目	①入所後２週間の情報の共有化 ②ケアプランの提案 ・褥瘡治療の方向性について　・健康状態の維持について					
検討内容	①入所後の情報の共有化（健康状態と栄養・食事について） 施設介護支援専門員：表情に生気が見られない。食事も１～３割程度しか食べておらず，血液検査で低栄養が分かった。７日目に医師の指示により経鼻からの栄養補充と水分補給を始めた。 理学療法士：寝たきりの生活が長かったために，下肢の筋力が落ちている。バランスも悪く，座位が不安定である。 介護員：認知症が進み，食への意欲が感じられない。声かけすると笑顔はある。発語が少ない。 ②ケアプランの提案 ・褥瘡治療の方向性 理学療法士：寝たきりが多く，仙骨部を圧迫。離床と頻回な体位変換が必要。座位の安定が課題だ。 介護員：体位変換を頻繁に行い，入浴により清潔な状態を維持したい。低栄養なので，食事量を増やす工夫をしたい。 看護師：褥瘡の創の観察を頻繁に行う。陰部の洗浄も丁寧にする必要がある。 ・健康状態の維持の方向性 看護師：低逆流性食道炎で，誤嚥性肺炎の危険性がある。医師からは引き続き経鼻からの栄養補充の指示が出ている。 介護員：浮腫など全身の状態を常に細かく観察したい。居室にいると，さらに閉じこもりの状態となるので，家族にも協力してもらい離床してレクリエーションに参加してもらうこともいずれ検討したい。脱水状態にも注意したい。					
結論	・褥瘡治療：看護師と介護員が連携して創の観察・処置を毎日行う。体位変換は２時間おき。体圧分散マットを使用。 ・健康状態の維持：低栄養状態への対応を基本に行う。摂取は困難なため，必要な栄養と水分は引き続き経鼻で行う。逆流性食道炎があるために，上半身を起こすなどベッド上でのポジショニングには特に注意をする。バイタルチェックを行う。					
残された課題 （次回の開催時期）	健康状態を管理しつつ，栄養状態，褥瘡の状態を改善していくためのケアの方法について。					

■ 施設サービス計画書（１） 第１表

利用者名　C　殿　　生年月日　昭和○年○月○日　　作成年月日　平成○年１月18日

住所　　初回・紹介・（継続）　（認定済）・申請中

施設サービス計画作成者氏名および職種　M．T（介護支援専門員）

施設サービス計画作成介護保険施設および所在地　介護老人保健施設○○○○　○○県○○市

施設サービス計画作成（変更）日　平成○年１月18日　　初回施設サービス計画作成日　平成○年１月８日

認定日　平成○年９月15日　　認定の有効期間　平成○年10月１日～　平成○年９月30日

要介護状態区分	要介護１ ・ 要介護２ ・ （要介護３） ・ 要介護４ ・ 要介護５
利用者および家族の生活に対する意向	本人：家に帰ってまた娘と一緒に過ごしたい。風呂が好きなので，しょうぶを浮かべた湯船にゆったりとつかりたい。 家族（長女）：母はもう88歳と高齢なので，食事もあまりたくさんは食べられません。でももともと食べ物にはうるさいので，少しずつでも食べて元気になってほしいです。大勢の人と過ごすのは苦手なので，部屋にこもりきりになりがちのようです。他の利用者やスタッフの皆さんと仲良く楽しい生活を送ってもらいたいですが，心配です。何とかパートの都合をつけて，週１回は顔を見せに来たいと思います。
介護認定審査会の意見およびサービスの種類の指定	なし。
総合的な援助の方針	家で寝たきりの生活が長かったことと，食事の摂取が不定期になっていたために，低栄養状態となり，日々の生活への意欲が低下しています。入所時に褥瘡があり，継続的な処置が必要です。 入所後も居室で寝たきりになることが多くなりがちです。廃用症候群の傾向があるので，座位の固定を工夫し，日中はできるだけ離床し，施設のレクリエーションに参加できるようにします。褥瘡の観察・処置を朝夕に行い，体圧分散マットを使い，体位変換も２時間おきに行います。逆流性食道炎のために口から食べることは難しいので，鼻からの栄養と水分を補充しながら低栄養状態の改善を図ります。誤嚥性肺炎などを防ぐために口腔ケアを丁寧に行います。 「花好き」ということなので，施設の庭の散歩から花の種まきまでお手伝いいただけるようケアチームで取り組みます。 毎日のバイタルチェックと全身チェックを行い，体調の維持・改善に努め，好物の○○牧場特製のアイスクリームが食べられるくらいに改善することを目指します。

■ 施設サービス計画書（2） 第2表

利用者名　C　殿

生活全般の解決すべき課題（ニーズ）	援助目標 長期目標	（期間）	短期目標	（期間）	援助内容 サービス内容	担当者	頻度	期間
健康状態を維持し，好物の○○牧場特製のアイスクリームを口から食べられるようになる。	経口で栄養を摂取できる。	H○ 1/18 ～ 6/30	低栄養状態の改善を図る。	H○ 1/18 ～ 3/31	①1日に必要な栄養と水分は経鼻で摂取する。	看護師	1日3回	H○ 1/18 ～ 3/31
					②逆流性食道炎であるため，嘔吐や誤嚥がないようにベッド上でのポジショニングに注意する（ギャッチアップ，完全側臥位）。	看護師 介護員 理学療法士	毎食後	
					③不顕性誤嚥，誤嚥性肺炎を起こさないように口腔ケアを十分に行う。	看護師 介護員	毎食後	
					④状態に合わせて経口でゼリーなどを摂取する。	看護師 介護員	随時	
					⑤バイタルサインや全身の状態（浮腫など）をチェックする。	看護師 介護員	毎日	
					⑥血液検査で健康状態を把握する。	看護師 介護員	随時	
褥瘡が治癒し，施設のレクリエーションに参加できるようになる。	褥瘡が改善し，日中は車いすに座っていることができる。	H○ 1/18 ～ 6/30	創部の痛みや苦痛を軽減し，ぐっすり眠れるようになる。	H○ 1/18 ～ 3/31	①創部の観察と処置を行う。	看護師 介護員	毎日	H○ 1/18 ～ 3/31
					②創の位置を確認し，2時間ごとに体位変換を行う。	介護員	随時	
					③体圧分散マットを使用する。	介護員	常時	
					④陰部の清潔を保持する（おむつ交換時の陰部洗浄）。	看護師 介護員		
施設の庭で花を育てられるようになる。	車いすに座って施設の庭で花の種を植える。	H○ 1/18 ～ 6/30	体調の良い時は花の塗り絵ができるようになる。	H○ 1/18 ～ 3/31	①塗り絵雑誌を見て，好きな花の話題で話をする。	介護員 理学療法士	週1回	H○ 1/18 ～ 3/31
					②塗り絵ペンを握り，描けるようなリハビリトレーニングを行う。	ボランティア		

■ 施設介護経過 第７表

利用者名　C　殿　　　施設サービス計画作成者氏名　M. T

年月日	内容
H○.1/8	自宅より入所する。ここ１カ月近くは寝たきりの状態だったために，立位も座位もとれない。施設に入所したことを理解していないようにも見える。 おむつ交換時，仙骨部に褥瘡を認める。陰部洗浄を行い，清潔保持のための処置を行う。創部より滲出液が多量に見られ，ガーゼ汚染あり。痛みの訴えあり。
1/12	排便が３日間ないため，便秘薬を投与。泥状便多量にあり，表情が和らぐ。 機械浴にて入浴するが，軽い抵抗が見られた。
1/15	低栄養状態への対応のために，医師の指示により，経鼻で栄養補充と水分補給を行う。
1/18	サービス担当者会議（別紙）。長女夫婦が参加する。
1/25	入浴中は，笑顔で気持ち良さそうな表情。創部を圧迫したためか，少量の出血あり。看護師に報告し，処置する。 入浴時の車いすでの移動や待ち時間が長いために，創部を圧迫している。さらに，車いすから身体がずれ，創部を損傷したものと考えられる。次回の入浴から，入浴直前にストレッチャーで移動することに変更する。
1/28	機械浴にて入浴。今回よりストレッチャーにて誘導する。創部の圧迫やずれは見られず，損傷はなかった。 「お風呂は気持ち良いから好き」と話す。
1/30	長女夫婦が面会に来て，１時間居室で楽しそうに話をして過ごす。面会時にリンゴゼリーの差し入れがあったので，家族に食事介助の方法を説明するが，１口，２口食べただけ。むせなどは特に見られなかった。「いらない」と言うのでやめたと家族から報告を受ける。 おむつ交換時，ガーゼに血液・滲出液が見られる。陰部を洗浄して看護師に報告し，処置する。
2/7	排便が３日間ないため，便秘薬を投与する。排便の様子が見られないので，坐剤を挿肛すると，泥状便多量にあり。 本日は，排便３回（多量２回，少量１回）あったので，創部が便で汚染されたままにならないよう，陰部洗浄を丁寧に行う。
2/13	体位変換時に，創部を圧迫してしまい，創部が悪化。ケアチームで創部の状態についてミニカンファレンスを行い，除圧対策として「体位変換30°，１時間に１度」で統一する。体圧分散マットを明日から使用することとする。
2/19	本人の希望により，水分を経口で摂取してもらう。とろみ剤を使用して対応。お茶はまずいと言うので，ジュースを50ccほど摂取。ゼリーを勧めるが拒否。
2/25	３日間排便がなく，便秘薬を投与。 腹部膨満あり。本人も張った感じがすると訴える。 泥状便の排便が多量あり，腹部膨満が軽減する。腹痛も見られず。
3/1	低栄養状態が改善されない。体位変換時の創部の圧迫で再び悪化し，処置する。
3/3	居室にこもり気味なので，ひな祭りのレクリエーションに誘うと軽くうなずいたため参加した。園児たちの踊りを見てほほえんでいる。体調はつらくなさそうである。
3/10	長女夫婦が塗り絵本を持って面会に来る。居室で１時間ほど話をしていた。長女が持ってきた拡大した家族写真を懐かしそうにながめていた。
3/11	理学療法士の指導で塗り絵本に取り組む。本人，興味を示す。
3/14	機械浴にて入浴。湯船につかると心地良さそうな表情になる。ストレッチャーを使うことで，圧迫は防げているので，創部に損傷はない。
3/15	塗り絵本の１枚が仕上がる。とてもうれしそうである。

編注）事例提供施設の記録スタイルを基に本事例において特徴的な部分を抽出した記録であり，記録のすべてではありません。

■ モニタリング総括表

利用者名　　C　　殿　　　　　　　　　　　　　　　　　　　　　　評価日：平成○年３月20日

課題	短期目標 (H○年１月～ H○年３月)	目標の達成度 ○：達成 △：一部達成されず ×：達成されず		サービスの実施状況 ○：提供できた △：一部提供できた ×：提供できなかった		サービスの満足度 ○：満足 △：一部満足 ×：不満　××：不明		身体的変化／心理的変化／暮らしの変化 ◎：向上　　○：維持 ×：低下		今後の対応および新しい生活課題
健康状態をし，好物の○○牧場の特製アイスクリームを口から食べられるようになる。	低栄養状態の改善を図る。	△	低栄養の状態を改善するまでには至らなかった。	○	毎日の必要な栄養・水分は，経鼻で摂取する。ベッド上でのポジショニングに注意する（ギャッチアップ，完全側臥位）。不顕性誤嚥，誤嚥性肺炎を起こさないように口腔ケアを十分に行う。状態に合わせて経口でゼリーなどを摂取する。毎日のバイタルチェック，全身チェック（浮腫など。血液検査）を行う。	×	経鼻栄養になり，さらに食欲がなくなる。不快感が大きくなった。水分は，ジュースなら50ccは経口摂取できるようになった。	○	栄養摂取はしたものの，改善までには至らない。家族の面会時にリンゴゼリーを食べることを試みるが，１～２口で食べるのをやめる。水分の経口摂取に変化あり。とろみ剤を使用してなら摂取できるようになる。	今後も継続して様子を見ていく。家族には，食欲がわくような食べ物の差し入れを続けてもらうように依頼する。
褥瘡が治癒し，施設のレクリエーションにも参加できるようになる。	創部の痛みや苦痛を軽減し，ぐっすり眠れるようになる。	×	創部が一部悪化してしまった。	△	創部の観察・処置は毎日行う。創部の位置を確認し，２時間ごとに体位変換を実施する。体圧分散マットを使用。陰部の清潔を保持する（おむつ交換時の陰部洗浄）。	×	褥瘡の一部が悪化したため，体位変換時の苦痛が改善しない。入浴時の移動はストレッチャーを使うことで創部の圧迫は防ぐことができた。	○	全体的には改善したものの，一部悪化した。入浴は好んで行うようになる。	創部の改善を考えたケアをチームで話し合い，状態観察を毎日行う。
施設の庭で花を育てられるようになる。	体調の良い時は，花の塗り絵ができるようになる。	△	１週間に１枚程度は描き上げることができた。	△	長女に花柄の塗り絵本を購入してもらい，理学療法士がリハビリトレーニングを行う。	△	低栄養で体調が悪い時が多かったが，絵を描くのは好きらしく，とても楽しそうな瞬間があった。	◎	塗り絵をしている時は笑顔が少し浮かび，完成した作品を褒めるととても機嫌が良くなる。	体調が良く車いすに座れるようになれば，施設の庭を散歩する。

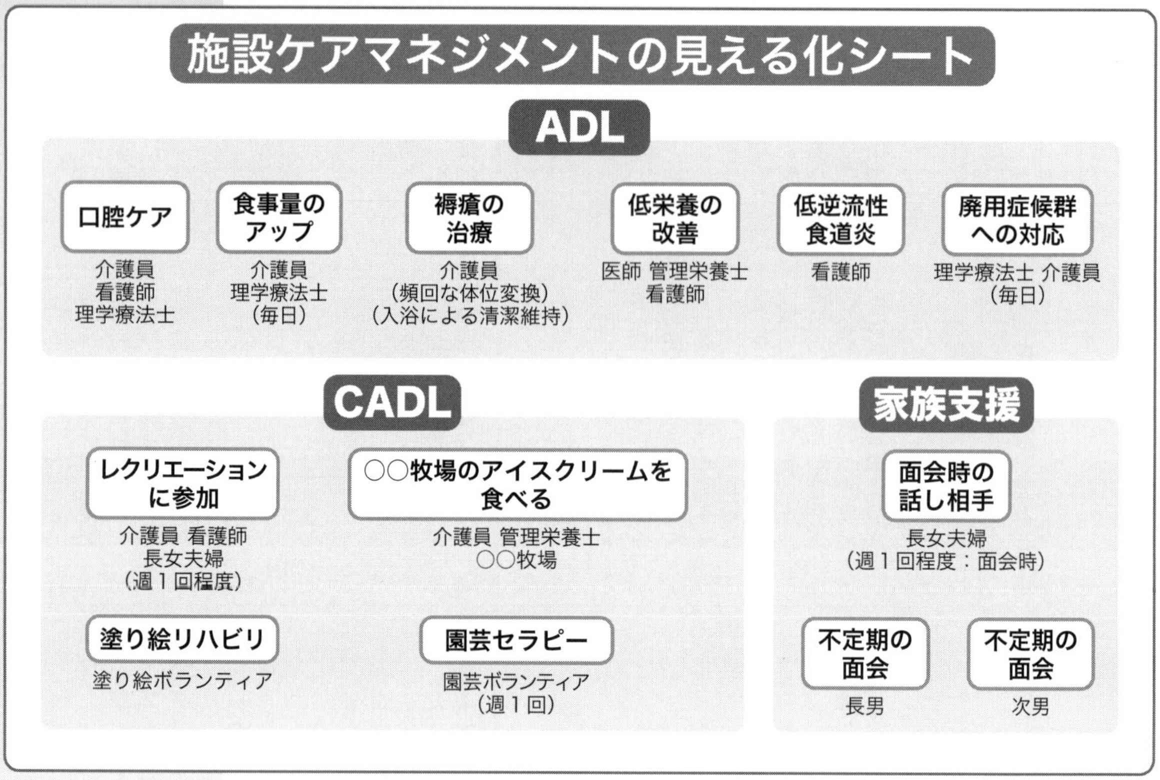

1．施設ケアの評価と助言

> 咀嚼機能に着目することで，口から食べることが可能となり，低栄養改善に結びつく。

評価１：毎日の必要な栄養・水分の摂取は医師の指示で経鼻摂取としたが，口から食べるのはゼリー摂取にとどまり，低栄養状態を改善するまでには至らなかった。

〔助言〕食べやすいゼリー状ばかりでなく，**咀嚼機能の向上**に着目する必要がある。頬や舌のストレッチ体操や唾液腺マッサージ，嚥下体操などを取り入れることも検討する。

評価２：創部が治癒し，施設でのレクリエーションに参加することを目指し，まず創部の痛みを軽減して睡眠が取れることに取り組んだが，創部が一部悪化してしまった。

〔助言〕入浴は行えているのに創部が一部悪化したのは問題である。低栄養の改善ができていないことの他に，居室で閉じこもっていることも原因と思われる。体位変換の頻度と除圧対策を再検討し，日中の離床に取り組む必要がある。

評価３：長女が購入した花柄の塗り絵本に興味を示し，理学療法士の指導のもと，リハビリテーションとしても取り組むことができた。ペースはゆっくりだが，週１枚のペースで仕上げることができた。完成した作品を褒めると笑顔が見られた。

〔助言〕完成した作品を手に持ってもらい，ツーショットの写真を撮って部屋に飾るなどをしてみるとよい。居室で閉じこもってしまっているだけでなく，車いすに座れるようになれば施設の庭の散歩などに取り組むとよい。

２．地域包括ケアシステムにおける施設が果たす役割の提案

・特養入所の際は，**老健の施設介護支援専門員が第１回のサービス担当者会議に出席**する。

・提供したケア内容が引き継げるように，ケアプランや個別サービス計画書などをプレゼンテーションする。

ケアの引き継ぎは地域包括ケアシステムの大切な業務の一つ。

ムロさんのちょっといい話

塗り絵セラピーの取り組み

塗り絵セラピーは，高齢者施設で行われるレクリエーションとしてだけでなく，「大人の塗り絵」として人気が高まっています。書店で塗り絵の本を手に入れらるので，簡単に始めることができます。絵柄は，簡単な花柄から精緻な花柄，動物はもちろん，物語の場面，建物，風景などさまざまな種類がありますので，男性・女性を問わず楽しむことができます。また，色鉛筆を使えば服が汚れることもなく，いつでも取り組めます。

セラピー効果としては，集中することでストレスが解消されリラックスでき，作品が完成した時には達成感を感じることができます。また，同じ絵柄でも使う色や塗り方，濃さなどから利用者の人柄や性格，好みや行動パターンなどを知ることもできます。

完成品を額に入れて施設の壁に飾るなど，「もう一手間」をかけてみるのもよいでしょう。

事例4

多様なリハビリで寝たきりからシルバーカーの歩行にまで改善。退所が実現する

老健・特養
73歳・女性
要介護度　要介護4
認知症自立度　Ⅰ
自立度　C

既往歴　なし。

現病歴

・うつ病：精神科に通院し，薬物療法にて改善（63歳）。亜昏迷状態になり，精神科に入院。薬物療法にて改善。数カ月間経口摂取できず，点滴で対応（72歳）。
・褥瘡：精神科入院中に形成（72歳）。

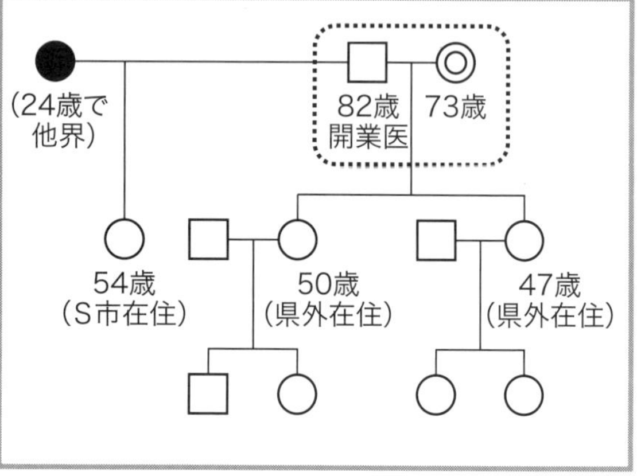

1．入所前サービスなどからの情報および入所に至った経緯

・63歳ごろから無気力になり，趣味活動をしなくなる。精神科の診察を受けたところ，うつ病と診断された。

・精神科に定期通院し，**薬物療法**で改善する。

> 薬物療法の内容を情報収集しておくことが重要である。

・72歳で老人性うつ病が悪化し，家族（夫）の希望もあって入院治療を始めることになった。

・この時は薬物療法で改善したが，数カ月間は経口摂取できず点滴で対応したために寝たきりとなり，ADLが著しく低下。

・経口摂取ができるようになり，退院を伝えられた。

・医師である夫の希望により，介護老人保健施設に入所となる。

2．初回面接からの主な情報

・入院中は寝たきりが長かったため，かなり**大きな褥瘡**（仙骨部に2.5cm×2.5cm大，ポケット2cmを形成）があった。

> 精神科に入院中，褥瘡にはどのような対応がされていたのだろうか。

・初回面接時から，精神的には比較的落ち着いている。認知症状はほとんどなく，意思疎通に問題はない。

・BMI，食事摂取量，血清アルブミン値は，特に問題ない。

・ADLは，食事以外は全介助である。

・下肢に拘縮があり，立位時には後傾姿勢が強い。

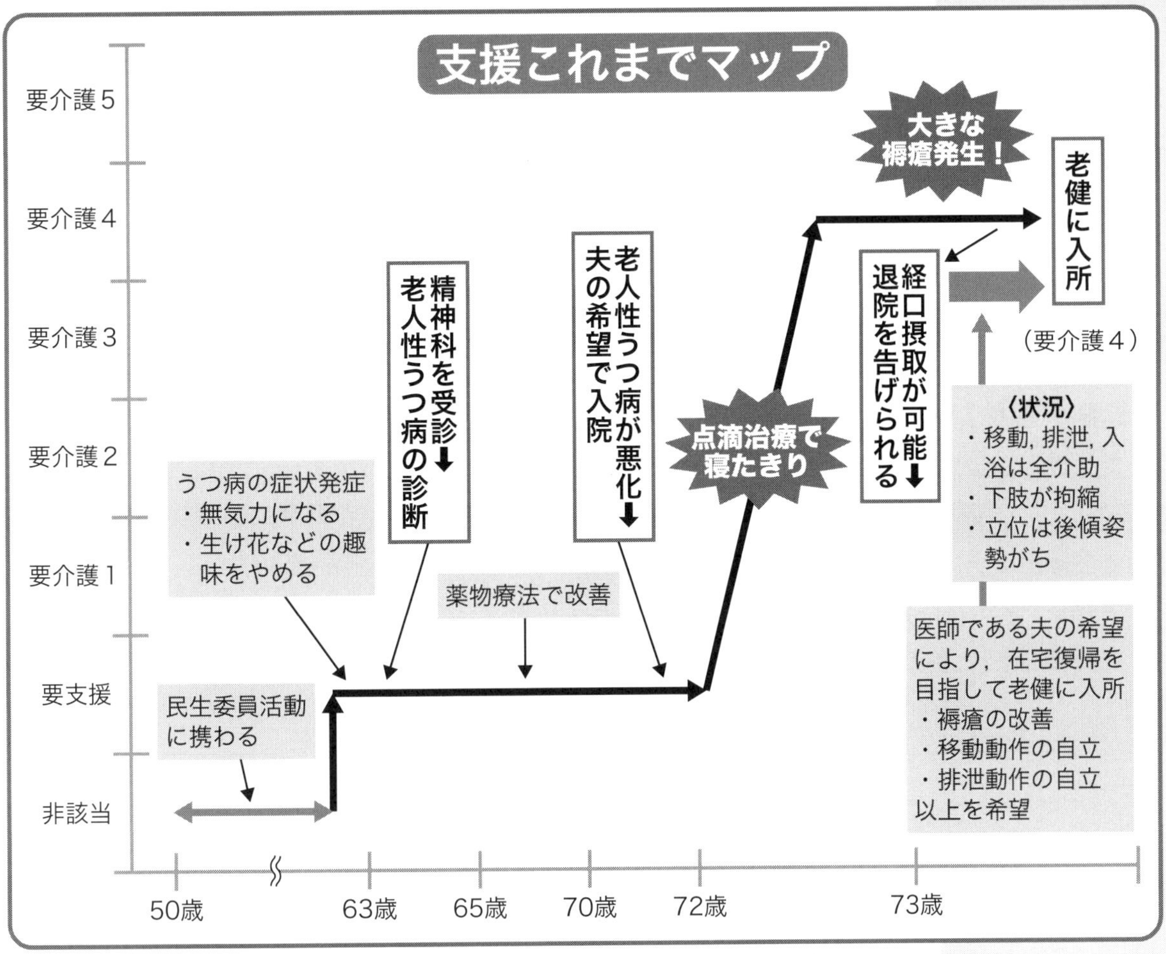

・夫は，褥瘡の改善と移動動作（屋内を歩ける），排泄動作（ポータブルトイレが使える）の**リハビリテーションを希望している。**

在宅復帰のために必要な生活動作を夫が理解している点が良い。

3．入所前の生活歴および生活習慣

生活歴

・M県M市生まれ。実家は大農家で，６人きょうだいの末っ子。

・19歳の時，９歳上の男性（医師）と見合いをする。**両家ですでに話がまとまっており**，３カ月後に式を挙げる。

大農家と息子を医師にできる家との結婚。家柄を想像してみよう。

・夫は25歳で結婚したが３年後に妻（24歳）が難産で死亡。乳飲み子（女：１歳）を育てるために再婚することが必要だった。

・２人の娘に恵まれ，３人を育て上げる。

・夫は36歳で病院を退職し，産婦人科を開業するため同県Y市に移り，診療所の隣に自宅を構える。本人は27歳になっていた。

・書道２段の腕前を生かし，娘たちが中学生になる30代から，近所の子どもを対象に自宅で書道教室を開く。

・生け花，俳画，漢詩，貼り絵など，多趣味だった。

・50歳から10年間は，民生委員活動にも熱心だった。

・夫は82歳の現在も医院を続け，Ｙ市の医師会長を10年務めている。
・長女（54歳，未婚）は車で30分のＳ市に在住。
・精神科に入院している時は，**長女が週３回通って**父親のために食事や洗濯，掃除をしていた。

> 熱心な長女のかかわりを母親の支援にどう結びつけるかがポイント。

・次女と三女は結婚して県外在住。それぞれ２人の子どもがいる。

生活習慣

・朝夕は犬の散歩に行き，公園で犬のペット仲間と30分ほどおしゃべりするのが楽しみだった。
・多趣味だが，**料理や掃除は苦手**。それが夫の不満でもあった。

> 「家事が苦手」なので生活リハビリテーションより趣味による動機づけがよいかもしれない。

・生け花に使う花壇の水やりや剪定が日課となっていた。

４．プラン立案のポイント

・寝たきりだったため下肢の拘縮があるが，まずは「離床」を目指すこととした。
・褥瘡の完治だけでなく，排泄動作の自立も必要である。
・「ポータブルトイレが使えるなら自宅で暮らせる」と言う夫の希望で，ベッド脇での排泄の自立を位置づける。
・個別リハビリテーションやフロアーリハビリテーション，生活リハビリテーションと共に，心のケアにもなる**音楽療法**を組み入れることにする。

> 多趣味な点に着目し，多様なリハビリテーションを試みるのがよい。

・本人のこれまでの暮らしぶりや社会的活動（民生委員）から分かる人柄を尊重し，モチベーション向上のための「スタッフの声かけ」（褒めるなど）も工夫することにした。
・**在宅復帰後の住環境整備**のため，リハビリテーションスタッフが自宅訪問し，アセスメントする。

> 在宅復帰のための住環境アセスメントは重要である。

５．課題とその優先順位

課題１：寝たきりをやめ，褥瘡ができない生活をする。
〔**理由**〕下肢筋力の低下と褥瘡が寝たきり生活の原因となった。

課題２：歩行・排泄動作を改善し，**１年以内に**自宅での生活を再開する。

> 「１年以内」と期間を定めることで，やる気を引き出す効果がある。

〔**理由**〕夫には仕事があることから，日中は独居となる。自宅の環境を想定したリハビリテーションを行うことが必要である。

課題３：元気だったころのように，生け花や書道を楽しむ。
〔**理由**〕本人のモチベーションを上げるには，楽しみの生け花や書道をケアプラン上も位置づけることがポイントである。

■ サービス担当者会議の要点 第5表

利用者名　D　殿　施設サービス計画作成者（担当者）氏名　F. M

開催日：平成○年8月1日　開催場所：会議室　開催時間：15：00～15：30　開催回数：3回目

<table>
<tr><th rowspan="5">会議出席者</th><th>所属（職種）</th><th>氏名</th><th>所属（職種）</th><th>氏名</th><th>所属（職種）</th><th>氏名</th></tr>
<tr><td>施設長（医師）</td><td>A. M</td><td>介護長</td><td>N. O</td><td>支援相談員</td><td>J. K</td></tr>
<tr><td>看護師長</td><td>M. I</td><td>介護員</td><td>E. K</td><td>家族（夫）</td><td>A</td></tr>
<tr><td>看護次長</td><td>T. S</td><td>介護支援専門員</td><td>F. M</td><td>家族（長女）</td><td>B</td></tr>
<tr><td>理学療法士</td><td>K. I</td><td>管理栄養士</td><td>I. T</td><td colspan="2">※本人は体調不良のため出席せず</td></tr>
<tr><th>検討した項目</th><td colspan="6">①4/18～7/27の3カ月間の振り返りとケアプランとリハビリテーションおよび施設生活の評価
②7/28の入所継続判定を受け，在宅復帰を目指したケアプランの検討</td></tr>
<tr><th>検討内容</th><td colspan="6">介護支援専門員：4/18にリハビリ目的で入所し，これまで短期集中リハビリ，フロアーリハビリ，精神面へのアプローチ，褥瘡の処置などを行ってきた。今は精神面は落ち着き，安定している。
介護員：排泄の失敗があると落ち込んでしまうことがある。ADLも全体的に向上している。
理学療法士：移乗動作や立ち上がり動作は改善が見られる。歩行器の使用を始めているが，歩行姿勢が悪い（股関節・肩関節・足関節の可動域制限，体幹の前傾など）ため，改善が必要。歩行距離が徐々に長くなってきており，これから実用歩行に持っていきたい。
看護次長：褥瘡は改善しているが，治癒と再発を繰り返しており，処置や保護・観察の継続が必要である。
家族：私たちも，リハビリの長期目標が達成されるまで入所の継続を望んでいる。</td></tr>
<tr><th>結論</th><td colspan="6">・ADL，精神面共に改善しているが，リハビリの長期目標達成には至っていない。個別リハビリ（理学療法士による拘縮の改善，筋力の向上，起居動作の自立，立位動作の向上など），フロアーリハビリ（関節可動域の拡大や立ち上りの訓練など），生活リハビリ（歩行器歩行や更衣）でさらなる改善を目指す。
・褥瘡の処置や精神面へのアプローチ（レクリエーションや生け花クラブなど）も継続して行っていく。</td></tr>
<tr><th>残された課題
（次回の開催時期）</th><td colspan="6">3カ月後，今回のケアプランの評価と各部署からのコメントを基に入所継続判定会議を開き，「入所継続」または「退所」を判断する。
（次回開催予定：3カ月後）</td></tr>
</table>

■ 施設サービス計画書（1） 第１表

利用者名　D　殿　生年月日　昭和○年○月○日　　作成年月日　平成○年８月１日

住所　　初回・紹介・継続（○）　認定済（○）・申請中

施設サービス計画作成者氏名および職種　F．M（介護支援専門員）

施設サービス計画作成介護保険施設および所在地　介護老人保健施設○○○○　○○県△△市

施設サービス計画作成（変更）日　平成○年８月１日　初回施設サービス計画作成日　平成○年４月18日

認定日　平成○年１月22日　認定の有効期間　平成○年２月１日～　平成○年１月31日

要介護状態区分	要介護１　・　要介護２　・　要介護３　・　要介護４（○）　・　要介護５

利用者および家族の生活に対する意向	本人：褥瘡が痛くてしかたがないし，あまり何かをやりたいという気持ちになれません。病院の生活はつらかったです。ここの生活に慣れるかどうか不安もあります。家に帰りたいけど，歩くことやトイレのことがまだまだできていないので無理です。リハビリは頑張って，歩けるようになって家に帰りたいと思います。家に帰ったら，俳句の会や書道を教えるなど，またやってみたいです。 家族（夫）：妻はもともとこんな人ではありません。寝たきりになることなく，施設でリハビリをして，もっと自分で歩けるようになり，排泄もポータブルトイレでできるようになってほしいです。もう少し自分のことができるようになれば，家での生活が続けられる希望が見えます。ただ，私が産婦人科の仕事をしているので，日中は１人になってしまうのは心配です。

介護認定審査会の意見およびサービスの種類の指定	なし。

総合的な援助の方針	寝たきりの状況で入所されましたが，もともと多趣味で，とても生活を楽しんでこられていますので，これまでの暮らしに戻ることを視野に入れたケアを提供していきます。そのためには，生活リハビリを中心にフロアーリハビリや音楽療法などを行い，身体の各関節の拘縮改善を図り，トイレや食事には欠かせない移動動作や排泄動作などの日常生活動作の向上に努めましょう。 また，褥瘡は感染症などのリスクがとても高くなります。早期治癒を目指し，観察・治療を行います。食事療法や身体を清潔にすると共に，仰向けに寝ることをせず，臀部の圧迫や摩擦を避けるようにしましょう。ご本人の心の安定が得られるように，スタッフが声かけなどにも配慮し，支援していきます。 入所期間中に，自宅に戻って生活ができるように住まいの環境も整えましょう。

■ 施設サービス計画書（2） 第2表

利用者名　D　殿

生活全般の解決すべき課題（ニーズ）	援助目標				援助内容			
	長期目標	（期間）	短期目標	（期間）	サービス内容	担当者	頻度	期間
寝たきりをやめ，褥瘡ができない生活をしたい。	褥瘡を治し，夜間の睡眠が取れるようになる。	H○ 8/1 〜 H○ 1/31	褥瘡を早く治癒させる。	H○ 8/1 〜 10/31	①臀部にエアクッションを使用し，深めの側臥位がとれるようにする。	介護員	随時	H○ 8/1 〜 10/31
					②夜間の排泄介助後，体位変換をする（毎晩2〜3回）。	介護員	夜間随時	
					③患部の処置を行う。	看護師	毎日	
移動動作・排泄動作が向上し，家での生活を再開したい。	移動動作・排泄動作に不安がなくなる。	H○ 8/1 〜 H○ 1/31	立位が安定し，歩行や排泄動作が自力で行える。	H○ 8/1 〜 10/31	①個別リハビリ：水・金曜日の午後，理学療法士によるリハビリを行う。	理学療法士	週2回(水・金)	H○ 8/1 〜 10/31
					②フロアーリハビリ：ROM訓練（股関節の屈伸，足関節の背屈・底屈各5回）を行う。 ・介護員の付き添いで，交互型歩行器につかまって立ち上がり，訓練を行う（10回）。	介護員 理学療法士	週2回(火・木)	
					③生活リハビリ：離床の際，端座位で上体を反らす。その後フロア内の移動は介護員の付き添いでシルバーカーを使用する（安定するまでは他階への移動には車いすを使用）。	介護員 理学療法士	随時	
元気だったころのように，生け花や書道を楽しみたい。	施設での生活が楽しく送れるようになる。	H○ 8/1 〜 H○ 1/31	充実した毎日を過ごすために，趣味を1つでも始めてみる。	H○ 8/1 〜 10/31	好みの手作業（例：生け花の剪定）を一緒に探し，提供する。	介護員	随時	H○ 8/1 〜 10/31
					レクリエーションや音楽療法士による音楽療法，喫茶，生け花クラブなどへの参加を促す。	音楽療法士 ボランティア	週2回(月・土)	

■ 施設介護経過　第７表

利用者名　　D　　殿　　　施設サービス計画作成者氏名　　F．M

年月日	内容
H○.7/28	入所継続判定会議にて「在宅復帰に向け，リハビリの継続が必要なため入所継続とする」となる。褥瘡（仙骨部）の創穴はふさがってきている。音楽療法に参加し，２曲マイクで歌う。その後，面会に来た夫と過ごす。
	20時・22時，ナースコールにてポータブルトイレ介助。なるべく自力でズボンを上げるように促す。
8/1	サービス担当者会議（別紙）
	仙骨部，少量の出血を処置する。施設の納涼祭で焼きそばや綿菓子，ゼリーなどを，夫・娘と一緒に食べ，楽しく過ごす。
8/4	デイルームでの体操に参加。
8/6	夕食後，ベッドサイドにてパジャマの上衣を自力で更衣する。
8/7	仙骨部褥瘡，治癒。保護のみとする。
8/11	夫と共に，２カ月おきの美容院へ外出。きれいに髪を整えてもらい機嫌がいい。
8/12	フロアー内のみ，歩行器で歩行する。
8/15	夫と手すり歩行の練習をする。
8/16	仙骨部に0.5cm大の穴ができる。すぐに処置を行う。
8/17	歩行器歩行，安定しているため見守りのみ。夫との訓練でも歩行器を使用してもらう。
8/23	夫，娘と共に喫茶を楽しむ。
8/29	歩行姿勢はいくぶん前傾しているが，随分安定してきたので，フロア内の移動を歩行器からシルバーカーに変更。夫と歩行訓練する。
9/1	仙骨部褥瘡，治癒。保護のみとする。
9/3	夫と歩行訓練する。
9/5	館内の移動をすべて歩行器歩行に変更。トイレ動作も見守りで行える。ズボンの上げ下げも自立だが，両手を手すりから離してしまうため，ふらつくことがある。起き上がりは時間がかかる。
9/10	夕食後，就寝時まで貼り絵をして過ごす。
9/16	仙骨部，再び小さな穴。処置する。

年月日	内容
9/20	家族音楽療法に夫と参加。夫とマイクで２曲歌う。
9/22	各リハビリが問題なく実施できており，徐々にADLは向上しているが，自信からくる危険な行動が度々見られる。何度も注意するが，「はい」と返事するだけで，同様の行動をとる。
9/23	午前，歩行状態が悪い。検温すると38.8℃の発熱。「胸が苦しい」との訴えあり。昼食後，居室内で風邪への対応をする。
9/28	５日目にようやく風邪の症状が治まり，入浴。通常の生活に戻る。ADLの著しい低下はないが，歩行時の姿勢が少し悪くなった。
10/3	下肢も安定し，腕の力もついてきたので杖歩行に変更する。
10/7	居室より独歩で出てくる。介護員が注意を促す。
10/17	夫より「本人が『ナースコールで介護員を呼ばなくても自分で行けるのに，危ないからってさせてくれない。待つのは嫌だ』と言っているが，やはり駄目なのか」との相談。おおむね杖歩行で自立しているが，転倒などの危険性を考え，もうしばらく見守りで対応したい旨を説明。本人にも「ここまでできるようになったことを，転倒してけがをして無駄にしないためにも職員に見守らせてほしい。リハビリの先生とも相談して，少しずつ決めていきましょう」と説明する。
10/18	仙骨部の褥瘡，治癒。保護のみとする。
10/20	６カ月目の判定会議にて，入所継続となる。
10/24	退所前に自宅を訪問し，家族に在宅介護について説明指導をする。自宅の環境では交互型歩行器が良いことが分かったので，今後練習することを決める。
11/24	トイレ動作，歩行すべてフリーとなる。不安な時はコールを押してもらうことにする。
11/30	２度目の退所前訪問指導。本人，ケアワーカー，理学療法士，介護支援専門員，住宅改修業者同行で行う。
12/22	８カ月目の判定会議にて，退所が決まる。
12/28	夫・長女と共に自宅に戻る。

編注）事例提供施設の記録スタイルを基に本事例において特徴的な部分を抽出した記録であり，記録のすべてではありません。

■ モニタリング総括表

利用者名　D　殿

評価日：平成○年10月31日

課題	短期目標（H○年８月～H○年10月）	目標の達成度 ○：達成 △：一部達成されず ×：達成されず		サービスの実施状況 ○：提供できた △：一部提供できた ×：提供できなかった		サービスの満足度 ○：満足 △：一部満足 ×：不満 ××：不明		身体的変化／心理的変化／暮らしの変化 ◎：向上　○：維持 ×：低下		今後の対応および新しい生活課題
寝たきりをやめ，褥瘡ができない生活をしたい。	褥瘡を早く治癒させる。	○	治癒と再発を繰り返したが，10/18治癒し，処置終了。	○	介護員と看護師が常に観察し，再発した場合はすぐに処置が行えた。	○	本人：やっと治ってうれしい。 夫：褥瘡がとても心配だったので，治って本当に良かった。	◎	10/18治癒し処置終了となったが，保護のためワセリンを塗布。 治癒することで気持ちが前向きになる。歩行練習も頑張れるようになる。	今後も再発の可能性があるため，状態によってワセリンの塗布やデュオアクティブの貼付で保護をする。エアクッションの使用も継続する。また，入浴時に必ず観察し，再発の早期発見に努める。
移動動作・排泄動作が向上し，家での生活を再開したい。	立位が安定し，歩行や排泄動作が自力で行える。	△	シルバーカー歩行または介助で杖歩行に向上。排泄動作も見守りのみ。在宅には復帰できず。	○	歩行器歩行を１カ月行い，夫の協力で安定してくる。９月よりシルバーカーに，10月より杖歩行に変更できた。	○	夫：ここまで歩けるようになれば，もうすぐ家で介護できそうです。面会に来た時は一緒に訓練します。	◎	歩行器からシルバーカー歩行や杖歩行に移行している。まだ前傾姿勢があり，体幹・下肢の柔軟性の悪さは変わらず。自信がついてきたのか，見守りを面倒くさがるようになってきた。	これからも歩行や階段昇降の機会を多く持ってもらう。関節可動域訓練など，維持のためにリハビリの継続が必要と思われる。10/24，退所に向けての退所前の訪問指導を行う。在宅での動作の確認と，住宅改修などを検討する。
元気だったころのように，生け花や書道を楽しみたい。	充実した毎日を過ごすために，趣味を１つでも始めてみる。	○	うつ症状なく，精神面でも安定している。	○	フロアーリハビリと生活リハビリがとても効果的で，本人のモチベーションを維持することができた。改善・向上しているとのスタッフの声かけが本人の励みになった。	○	夫：うつの症状がなく落ち着いているので，本当によかった。家に帰ってもこのままの状態を続けたい。	◎	施設生活にも慣れ，レクリエーション，喫茶，音楽療法，生け花クラブなどに楽しんで参加している。うつ症状はなく，精神的に落ち着いている。ただし，夫の叱咤激励が少しプレッシャーになっているようだ。	これからも，生活に意欲や楽しみを見つけてもらう。最近は貼り絵を好んでしており，あとの疲れが心配なほどである。集中しすぎに注意が必要である。

施設ケアマネジメントの見える化シート

ADL

フロアーリハビリ（ROM訓練）
理学療法士 介護員（週2回：火，木）

全身状態の観察
介護員 看護師（随時）

褥瘡の治癒
看護師 介護員（随時）

個別リハビリ
理学療法士（週2回:水，金）

歩行時の観察
作業療法士 看護師 介護員（随時）

IADL

生活リハビリ
理学療法士 介護員（随時）

CADL

書道教室
協力：書道ボランティア（午後：週1回）

音楽療法
音楽療法士 介護員 夫（週2回：月・土）

生け花作業
協力：生け花ボランティア（午後：随時）

家族支援

住環境のアセスメント 住環境整備
理学療法士 住宅改修業者

在宅復帰に向けた妻への支援
夫（毎日の面会）

在宅での介護方法を実践的に教える
介護員 理学療法士

在宅復帰後の介護支援専門員，通所リハへの情報提供
ケアプランなどの情報提供の準備

1．施設ケアの評価と助言

> ADLの改善が日々の意欲に連動し，在宅復帰に前向きに取り組めることになる。

評価1：褥瘡が治癒し，フロアーリハビリテーションにより交互型歩行器からシルバーカー，介助付きの杖歩行へと向上が見られた。トイレ動作も見守りでできるようになり，**自信がわいてきた**。

〔助言〕褥瘡の治癒と移動・排泄動作の改善が連動してできた。退所に向けた自宅の住環境アセスメントを行い，在宅復帰を目指したリハビリテーションプログラムが重要となってくる。

> 本人の楽しみを生活リハビリテーションとして取り組めている。夫も巻き込めた成果と言える。

評価2：スタッフの声かけが適切で，音楽療法やレクリエーション，生け花クラブなどに**楽しんで参加できた**。

〔助言〕夫の「うつ症状がなくなり，本当に良かった」という言葉を，現場職員のモチベーションアップとする。

2．地域包括ケアシステムにおける施設が果たす役割の提案

> ケアの連続性は「リハビリテーションプログラム」の引き継ぎから始まる。

・機能改善に効果的だったリハビリテーションプログラムを通所リハビリテーションで継続するために「**個別サービス計画の引き継ぎ**」を行う。

・本人のADLの機能低下を想定し，今のうちに夫と長女の介護力向上のための機会（介護教室など）を情報提供する。

> 地域包括支援センターと連携し，かつての医師会長として顔を立てる。

・高齢の夫の体調・体力，心身機能にも配慮し，介護予防事業への誘導を試みる（夫は**医師**なので，健康教室への講師やアドバイザーとしての参加を依頼するのもよい）。

事例5

頸椎損傷後遺症でも短期集中リハビリによって自由気ままな1人暮らしに復帰!

老健・特養
81歳・女性
要介護度　要介護4
認知症自立度　なし
自立度　C

既往歴　なし

現病歴

頸椎損傷（頸椎症性脊髄症）

- 80歳，8月外出先で転倒し受傷。救急車で病院に搬送される。四肢麻痺あり。理学療法・作業療法開始。麻痺が進行し，MRI検査にて頸椎症性脊髄症と診断。
- 同年9月に椎弓形成術施行し，理学療法・作業療法再開。

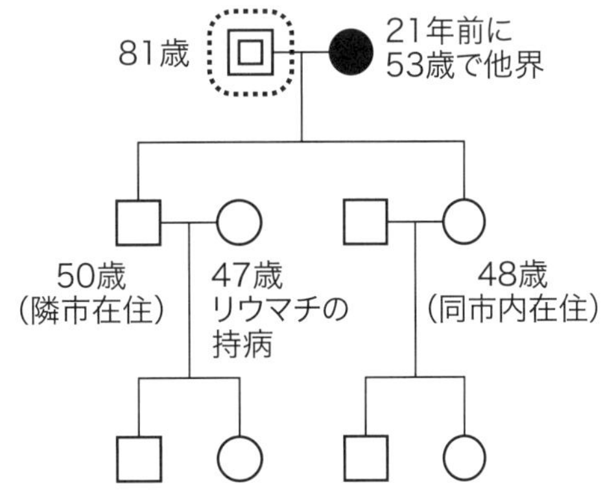

1．入所前サービスなどからの情報および入所に至った経緯

病院からの入院では医療連携室や医療ソーシャルワーカーからの情報入手がポイントとなる。

・妻は21年前に他界し，それ以来1人暮らし。

・78歳のころから頭痛や手足にしびれ感があった。

・80歳になった8月に道路脇で暑さのためにふらつき，転倒。側溝に落ち，救急車で病院に搬送された。

・四肢に麻痺があり，同じ年の9月に椎弓形成術を受ける。

・リハビリテーションを開始した10月の時点では，ADLは全介助だった。

・入院中，本人が頑張ったため，ADLは2カ月でほぼ自立した。

・1人暮らしの生活に戻るには，家事動作などのIADLがまだ不自由。改善を目的に，12月下旬介護老人保健施設に入所となる。

2．初回面接からの主な情報

・入所当日は，U字歩行器を使って来所。ADLはほぼ自立。

・コミュニケーションは問題なくやりとりができる。

・本人も1人暮らしに早く戻りたい気持ちがある。

・長男家族は隣市に在住しているため，同居介護はできない。

・長男がかかわれるのは，仕事が休みの土・日・祝日のみ。

・長男の妻は専業主婦だが，リウマチを10年間患っている。

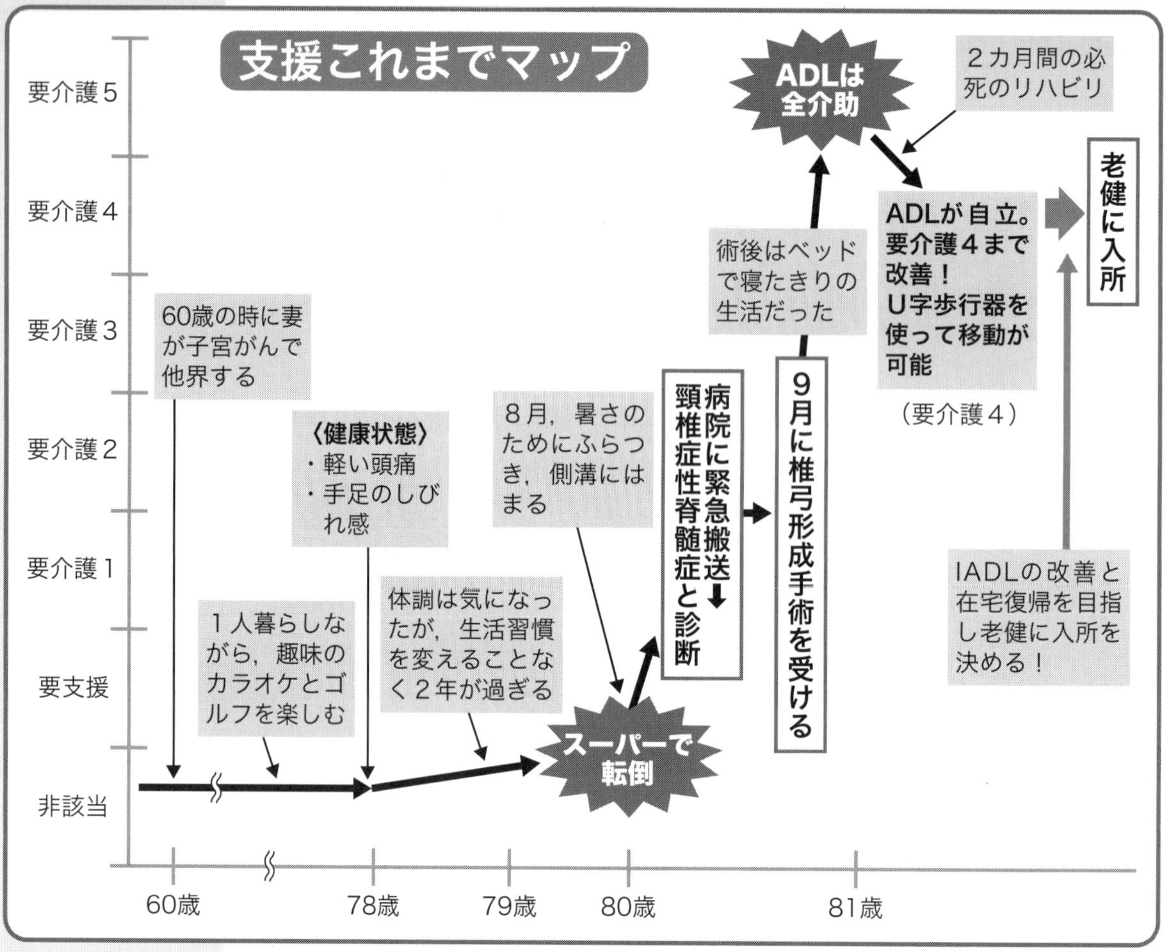

・長女家族は市内に住んでいるが，長女はパートで働いている。
・介護は未経験なので介護できるか不安だと長女から相談がある。

3．入所前の生活歴および生活習慣

生活歴

・Ｓ県Ｈ市生まれ。父は戦地にて35歳で結核を患い亡くなる。
・数学が得意で工業高校を卒業後，大手自動車会社に就職。
・設計部門に配属され32年間勤務する。海外勤務も経験。
・28歳の時，事務課にいた５歳下の女性と**社内恋愛で結婚**。
・40歳までは転勤が多く，新築の家を構えたのは42歳の時。
・工業大学を卒業した長男は，父親と同じ会社に就職。長女は短大を卒業後，美術の教員となったが，結婚を機に30歳で退職。
・60歳の時に妻（享年55歳）が子宮がんで他界する。

高度成長期のころから，お見合いでなく恋愛結婚が一般的になってくる。

生活習慣

・掃除や洗濯はきっちりとやりたい**几帳面な性格**なので，男性の独居ながら家は整理整頓されている。
・負けん気が強く，料理教室に通うほどにこだわるタイプ。

男性でも家事などIADLが自立している人がいる。ここまで把握できていると人柄までイメージできる。

・毎日１万歩を歩き，朝夕の体操も欠かさない生活だった。
・趣味は川釣り。カラオケ店には仲間と週３回は通うほど熱心。

4．プラン立案のポイント

・病院での**リハビリテーションの目的**は，基本的なADL改善のみだった。

病院と老健でのリハビリテーションの目的の違いが明確になっている。

・今回の目的は，「独居生活を再開すること」と位置づける。
・短期間集中型生活リハビリテーションと自主トレーニングを行うことにする。
・カラオケ好きなことから，ケアプランに音楽療法を採用するなど，意欲的になれることを課題にした。
・料理ができるようになることは独居生活を再開するためのポイントとなるので，料理クラブへの参加を位置づける。
・他の入所者との交流は，心の安定には効果的であるため，喫茶コーナーでの交流などもケアプランに盛り込むことにした。
・本人が意欲的である反面，いら立ちや焦りから**癇癪《かんしゃく》を起こす**ことがあると，長女から情報提供があった。

本人の性格を長女から情報収集できている。

・在宅復帰に向け，作業療法士が自宅を訪問して**自宅の住環境**に応じたリハビリテーションを計画に組むことを取り入れる。

自宅訪問によるアセスメントと住環境整備は加算対象となる。

・数回の「お試し外泊」を取り入れ，住環境整備（住宅改修，模様替え，リフォームなど）も並行して進める。

5．課題とその優先順位

課題１：自宅に戻り，**気ままな１人暮らし**をまた始めたい。

「気まま」と書くことで，１人の自由な時間を強調できている。

〔理由〕「１人暮らし」を明記することで自己肯定感の向上を目指す。

課題２：施設の中で知り合いをつくり，楽しい日々を送りたい。

〔理由〕施設の中で知り合いをつくることは大切なリハビリテーションである。ケアチームが「楽しい日々」を考えることをポイントとした。

課題３：A渓谷にある釣り堀センターへ行って，**孫たちと一緒**に鱒釣りを楽しみたい。

子どもや孫たちを巻き込むための課題として効果的である。

〔理由〕気ままな暮らしだけでは抽象的なので，３番目の課題として釣りが好きなことに着目。川釣りは足場が危険なため無理だが，孫たちが協力すれば釣り堀程度なら可能と判断。孫たちとの楽しみを明記することで家族を巻き込むことを試みる。

■ サービス担当者会議の要点　第５表

利用者名　　E　　殿　　施設サービス計画作成者（担当者）氏名　　T．B

開催日：平成○年１月７日　　開催場所：会議室　　開催時間：15：00～　　開催回数：２回目

	所属（職種）	氏名	所属（職種）	氏名	所属（職種）	氏名
会議出席者	施設長（医師）	M．T	介護長	K．S	支援相談員	S．T
	看護師長	Y．K	介護員	T．N	支援相談員	Y．O
	作業療法士	T．T	介護支援専門員	T．B	本人	E
	理学療法士	K．Y	管理栄養士	I．T	家族（長男）	A
検討した項目	①入所時の経緯 ②在宅復帰に向けたプランの検討					
検討内容	①昨年８/21外出先で転倒し，頸髄損傷で入院。MRIで頸椎症性脊髄症と診断される。９/４椎弓形成術施行。術後のリハビリでADLはある程度改善したが，自宅退院は困難であった。独居生活に戻るためのリハビリを希望し，12/20入所。 ②支援相談員：ADLはほぼ自立している。現在U字歩行器では自立だが，松葉杖では廊下２往復程度。自宅で独居生活が送れるよう伝い歩きの実用性の向上と，家事動作の取得，屋外歩行（近所）の獲得が必要と思われる。 作業療法士：リハビリに対して意欲はあるが，頑張りすぎる傾向があるため，無理をしないような声かけが必要。生活リハビリと共に自主トレーニングを身につけてもらう。 介護員：今のところマイペースに過ごし，精神的な問題はなさそう。 看護師長：入所時より体重が2.5kgほど増加しているが，問題はない。入院中便秘があったようだが，入所後はなく医療的な問題はない。					
結論	・独居生活に戻るためには，ADL動作の他に家事動作（IADL）と近所の外出能力が必要なので，リハビリの取り組みとして，体幹のストレッチ，筋力訓練，バランス訓練，起居動作訓練，歩行訓練，屋外歩行訓練，階段昇降訓練を行う。歩行訓練は「松葉杖→ロフストランド杖→T字杖」と段階を上げていく。これらの取り組みは，初めは基本的に見守りで行っていき，ゆくゆくは完全自立を目指す。 ・趣味活動や楽しみの場の提供では，音楽療法としてのカラオケ，喫茶での交流，レクリエーションや料理クラブなどに参加する。 ・在宅復帰を目指した住環境整備を行う。					
残された課題 （次回の開催時期）	次回は，今回のケアプランの評価と各部署からのコメントを基に入所継続判定会議を開き，「入所継続」または「退所」を判断する（３カ月後）。					

■施設サービス計画書（1）第1表

利用者名　E　殿　生年月日　昭和○年○月○日　　作成年月日　平成○年1月7日

住所　　初回・紹介・(継続)　(認定済)・申請中

施設サービス計画作成者氏名および職種　T．B（介護支援専門員）

施設サービス計画作成介護保険施設および所在地　介護老人保健施設○○○○　○○県△△市

施設サービス計画作成（変更）日　平成○年1月7日　初回施設サービス計画作成日　平成○年12月20日

認定日　平成○年10月26日　認定の有効期間　平成○年11月1日～　平成○年10月31日

要介護状態区分	要介護1　・　要介護2　・　要介護3　・　(要介護4)　・　要介護5
利用者および家族の生活に対する意向	本人：早く家に帰りたいので，たくさん歩く練習をしたいと思います。1人暮らしなので，いろいろなことが自分でできるようにならないといけないから，リハビリを頑張ります。入院する前は，ゴルフ仲間とよくカラオケ○○の店に行っていたので，ここでも好きな歌を歌えるとうれしいです。入所している皆さんとも仲良くしたいですね。いずれはパターゴルフくらいやりたいですね。 長男：父は頭はしっかりしているので，それだけにわがままが出るかもしれません。本人が1人暮らしを一番望んでいるので，1人暮らしに戻してやりたいと思います。私たちも，できれば早く自宅に帰してやりたいので，自分で何でもできるように訓練をお願いします。私は仕事があるし，妻はリウマチで介護ができる体ではないので，同居をしたり父の家に行って世話をしたりすることはできません。1人暮らしができなければ有料老人ホームに入所させようと思っています。
介護認定審査会の意見およびサービスの種類の指定	なし。
総合的な援助の方針	ご本人とご家族の在宅での生活への復帰の思いに向けて，リハビリを計画的に集中して行います。特に歩行動作を無理なく行うため下肢筋力を強化すると共に，生活リハビリなどで手指の巧緻動作の訓練を行います。これらを通じて日常生活動作と家事動作などの向上を目指し，安心して1人暮らしの生活に戻れるように支援します。 また，ご本人がカラオケ好きですので，その意思を尊重したケア計画を作成し，短期間でも有意義な施設生活を送れるように多職種で連携して支援します。さらに，自宅の住環境を把握し，自宅での生活を想定したリハビリ計画と住環境整備の方針を立てていきます。

■ 施設サービス計画書（2） 第２表

利用者名　　Ｅ　　殿

生活全般の解決すべき課題（ニーズ）	援助目標 長期目標	（期間）	短期目標	（期間）	援助内容 サービス内容	担当者	頻度	期間
１人暮らしの家に帰って気ままな暮らしを始めたい。	１人暮らし生活が送れるだけの動作ができる。	H○ 1/7 ～ 6/30	日常生活の動作が自立して行えるようになる。	H○ 1/7 ～ 3/31	①短期集中リハビリ：作業療法士によるリハビリ	作業療法士 理学療法士	月・水・金 （午後）	H○ 1/7 ～ 3/31
					②自主トレーニング：いす～手すり～手指～移動の訓練をする。	介護員 理学療法士	毎日	
					③生活リハビリ（更衣）：起床時と就寝前の更衣を自力で行える訓練をする。	介護員	毎日	
					④生活リハビリ（排泄）：ポータブルトイレが使えるようになる。	介護員	毎日	
					⑤生活リハビリ（入浴）：洗髪，足元，臀部の洗身を行う。	介護員	月・水・金	
					⑥生活リハビリ（掃除）：居室をほうきを使ってきれいにする。	介護員 作業療法士	1日1回	
施設の中で知り合いをつくり，自宅に戻って楽しい日々を送れるようになる。	家事動作（料理，掃除，洗濯など）が一通りできるようになる。	H○ 1/7 ～ 6/30	施設生活の中で楽しみを見つけると共に料理作りなどのコツを覚える。	H○ 1/7 ～ 3/31	①音楽療法に参加する。	音楽療法士 歌声ボランティア	火（午前）	H○ 1/7 ～ 3/31
					②喫茶コーナーで，コーヒーなどを楽しみながら他の利用者との交流を図る。	介護員， お話しボランティア	火・木・日	
					③レクリエーションで室内パターゴルフを楽しみ，ゴルフのVTRで盛り上がる。	作業療法士 ゴルフボランティア		
					④デイルームで行われるレクリエーションや料理クラブに参加する。	介護員， 作業療法士 料理ボランティア	毎日（午前）	

■ 施設介護経過 第7表

利用者名　E　殿　　施設サービス計画作成者氏名　T．B

年月日	内容
H○.12/20	U字歩行器で入所する。入院中，夜間はおむつ対応だったが，ポータブルトイレの使用を希望。念のため，見守りで様子観察。移乗動作は安定している様子。リハビリへの意欲が強く，意気込みが感じられる。就寝前，パジャマに着替えるが，ボタンがなかなかかけられないと話す。ふとんは自力で掛けられず，介助する。
12/21	早速，U字歩行器で自主訓練する。焦らないよう声をかける。夜間の排泄は足取りが悪く，ナースコール後に見守りでポータブルトイレ使用。一晩で4～5回のナースコール。
12/22	初入浴。着脱は見守り。洗髪，背中・足元・臀部の洗身は介助を要する。
12/23	音楽療法に参加。3曲マイクで唄う。毎週参加したいと希望する。
12/24	松葉杖で廊下を2往復歩行。夜間のポータブルトイレでの排泄が自立したので，見守りはしない。ふとん掛けのみ介助。
12/30	眠剤（毎日服用）の効きが日によって異なり，夜間の排泄時，足取りに影響するため，服用を悩んでいる。
H○.1/4	体重が入所時と比べ2.5kgほど増加。しかし，標準体重よりも少ないため，そのまま様子を見ることにする。
1/5	夜間のナースコールは一度もない。自力でふとんを掛けられるようになったとのこと。
1/6	松葉杖歩行，3往復して疲れたためか，入浴後も足取りが悪い。
1/7	サービス担当者会議（別紙）
1/14	初めて料理クラブに参加。ソフト餅入りぜんざい。料理には参加せず，できあがったものを料理ボランティアの人と一緒に喜んで食べる。
1/25	自主トレの歩行訓練は，松葉杖からロフストランド杖に変更。介護員の付き添いで廊下を2往復する。
2/2	リフト浴から自立浴に変更。
2/9	眠剤，自己管理に変更。
2/24	夜間，「ガン!」と音がし，訪室すると転倒しており，自力で立ち上がれず介助する。自力で排泄しようとして転倒したらしい。

年月日	内容
2/25	昨夜の転倒に，気分の落ち込みが見られる。自主トレーニングは中止。感情の起伏が若干ある。
2/26	早朝，また転倒している。痛みや外傷はない。安全のため，しばらくはトイレと起床時にナースコールを押し，見守りさせてもらうように話す。午後，自主トレーニング（杖歩行）再開。
2/27	ナースコールをせず，自力でポータブルトイレに排泄。介護員に遠慮している。その後もナースコールしないため，訪室の回数を増やす。
3/4	作業療法士と外に散歩。体重さらに3kg増。食事は大盛りから普通盛りに変更。体重管理の必要性あり。
4/7	入所3カ月経過し，見直し判定会議にて「入所継続」の判定。施設内のリハビリはほぼ終了しているが，独居生活を想定した動作訓練を仕上げる必要がある。自宅への外出とお試し外泊の実施も決定する。長男に伝えると「うれしい」と言う。
4/29	本人，作業療法士，介護員と共に自宅を訪問。長男夫婦と一緒に在宅環境のアセスメントを行う。これ以降，家族と共に数回外泊をすることを決める。
5/10	2回目の自宅での外泊（1泊）を行う。長男夫婦同行。
5/25	3回目の自宅での外泊（1泊）を行う。長男夫婦同行。
6/9	入所6カ月が経過し，見直し判定会議にて「退所」の判定をする。
6/18	本人，作業療法士，支援相談員，居宅の介護支援専門員，住宅改修業者の同行で，退所前の訪問指導を行う。2回目の実践的な住環境整備のアセスメントを行う。
	実際に屋内で長距離の杖歩行を行ったり，作業療法士と外歩きを行ったりして，リハビリをしなくてはいけない点などを明らかにする。近隣の人にあいさつ回りを行う。
7/18	住宅改修も済み，在宅復帰（退所）となる。維持的なリハビリを目的に当施設の通所リハビリと訪問リハビリを継続して利用することを希望する。入浴は通所時以外も，知人の見守りで自宅でも行うこととする。

編注）事例提供施設の記録スタイルを基に本事例において特徴的な部分を抽出した記録であり，記録のすべてではありません。

■ モニタリング総括表

利用者名　E　殿　　　　評価日：平成○年２月28日

課題	短期目標 (H○年１月～ H○年３月)	目標の達成度 ○：達成 △：一部達成されず ×：達成されず		サービスの実施状況 ○：提供できた △：一部提供できた ×：提供できなかった		サービスの満足度 ○：満足 △：一部満足 ×：不満 ××：不明		身体的変化／心理的変化／暮らしの変化 ◎：向上　○：維持 ×：低下		今後の対応および新しい生活課題
１人暮らしの家に帰って気ままな暮らしを始めたい。	日常生活の動作が自立して行えるようになる。	△	ADLは自立しているが，まだ独居生活には必要な生活動作や移動動作などに困難さが残った。	○	短期集中リハビリ，生活リハビリ，自主トレーニングなどは計画どおりに提供できた。	○	本人：入所してから，杖で歩けるようになった。もう少し頑張れば家に帰れそう。コケないように気をつけようと思っている。	◎	U字歩行器を使っての歩行から杖歩行に向上した。階段昇降，起居動作，屋内動作は自立し，バランスも向上。屋外では，杖歩行で見守りレベルまで向上した。	歩行の自主訓練は毎日自分のペースで頑張っているが，頑張りすぎて疲労が残ってしまうことがあるので，適度な声かけが必要。 独居生活に向けた動作訓練を仕上げるのが次の課題。外出やお試し外泊のプロセスで住環境の整備を行い，在宅での生活を実際に試してみて，問題解決をしていく。
施設の中で知り合いをつくり，自宅に戻って楽しい日々を送れるようになる。	施設生活の中で楽しみを見つけると共に，料理作りなどのコツを覚える。	○	音楽療法や喫茶，料理クラブ，レクリエーションを楽しみ，精神的にも安定した状態で過ごせた。	○	カラオケを数曲は必ず歌い，他の利用者とも親しくなる場面もたくさんつくることができた。ゴルフ仲間とゴルフの話題で盛り上がることができた。	○	本人：音楽療法が楽しく，ここ（施設）でもたくさん歌った。自宅に戻ったら，行きつけのカラオケ屋にまた行けるのが楽しみです。パターゴルフゲームが楽しく，またゴルフ場に行ってみたくなりました。	◎	元々カラオケが好きだったこともあり，特に音楽療法を楽しみ，毎回３曲ほどリクエストし，マイクを持って歌っていた。心の安定にも効果があった。 パターゴルフゲームではゴルフの専門用語がポンポンと出て，ホールインワンの連続で気嫌が良かった。	退所までの間，継続して音楽療法，喫茶，料理クラブレクリエーション時のパターゴルフゲームに参加してもらえている。これらを通して，独居生活になってもどのようにしたら刺激的な暮らしが送れるかのアセスメントを行う。

施設ケアマネジメントの見える化シート

ADL

- **生活リハビリ（排泄）**
  介護員
  （随時）
- **生活リハビリ（更衣）**
  介護員
  （朝夜，入浴，排泄時）
- **生活リハビリ（入浴）**
  介護員
  （随時）
- **短期集中リハビリ**
  理学療法士
  作業療法士
  （午後：月，水，金）
- **自主トレーニング**
  理学療法士
  介護員
  （毎日）

IADL

- **生活リハビリ（掃除）**
  作業療法士
  介護員
  （1日1回）
- **料理作り**
  作業療法士
  料理ボランティア
  （午後：水

CADL

- **個別ケア（音楽療法，料理作り，レクリエーション，パターゴルフ）**
  介護員
  ボランティアなど
  （週1～4回程度）
- **音楽療法**
  介護員
  音楽ボランティア
  （午前：火）
- **喫茶コーナー**
  話し相手ボランティア
  （随時）
- **パターゴルフ**
  介護員 ゴルフ仲間
  （午後：土日）
- **近隣のゴルフ仲間とのつながり**
  長男，長女
  施設介護支援専門員，ゴルフ仲間，近隣

家族支援

- **居住環境の整備**
  長女夫婦・孫，作業療法士
  T工務店
- **お試し外泊 お試し外出**
  長男，長女
  作業療法士 介護員

ケアプランなどの情報提供の準備

1．施設ケアの評価と助言

評価1：短期集中リハビリテーションの結果，杖歩行に移行することができ，階段昇降，起居動作，屋内動作は自立。ふらつくこともなくなった。

〔助言〕 **本人の頑張り**が過度な疲労となり，事故につながる危険がある。通所リハビリテーションの利用が必要である。

> 「マイペースな頑張り」はリスクとなることもある。専門職の管理が必要である。

評価2：立位が維持できる3カ月目からは，リハビリテーションの一環としてキッチンで料理の動作や立位でのカラオケができるようになった。

〔助言〕 本人のCADLに着目した課題を設定したことが，意欲を引き出すことにつながった。1人暮らしになっても**継続できるリハビリテーション**を入所中にできるようにしておくことが重要である。

> 改善できたことを「維持するリハビリテーション」の習得は，1人暮らしを継続するためには必要な視点である。

評価3：重めの長い棒を使ったリハビリテーションによって上肢に力が付き，パターゴルフゲームでパターを左右に動かせることができるようになる。

〔助言〕 本式のパターを想定して棒を徐々に重くし，ゴルフ場に再デビューすることを動機づけてみる。

2．地域包括ケアシステムにおける施設が果たす役割の提案

- 1人暮らしの再開に向けて，在宅のケアチームと担当介護支援専門員に老健でのリハビリテーションプログラムの情報を提供する。
- **緊急時（失火，地震，停電など）の協力**を近隣近所に依頼し，緊急搬送時の対応についてサービス担当者会議で決める。

> 緊急時の対応をかかわる資源ごとにルール化しておけば，機敏に対応することができる。

事例6

在宅復帰目的で病院から入所。本人の強い思いを生活リハビリで実現！

老健・特養
78歳・女性
要介護度　要介護3
認知症自立度　Ⅳ
自立度　A

既往歴

- 脳髄膜腫（73歳）：手術するが，76歳に再発し，放射線治療を受ける。
- 左大腿骨転子部骨折（78歳）：手術。

現病歴

- 脂質異常症
- 変形性膝関節症

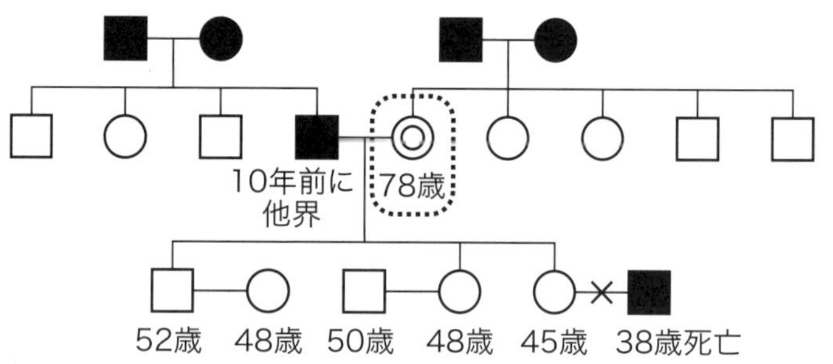

1．入所前サービスなどからの情報および入所に至った経緯

- 3カ月前，自宅の玄関の踏み石で転倒し，救急搬送となる。左大腿骨転子部骨折と診断され，翌日に手術。
- 手術後，4日目からリハビリテーションを開始する。
- 左股関節周囲の筋力が低下し，歩行が不安定。T字杖では転倒の危険があるとの医師の判断により，日中は車いすを使用する。
- 2カ月が経過しても日中は車いすを使用する状態が続いていた。
- 週2回は交代で見舞っていた**長男・長女・次女が，あまりに活気がなくぼうっとして会話も少ないことに不安になる。**
- 「このままではもっと呆けてしまう。すぐに退院をさせたい」と**長男・長女から急きょ退院の希望があった。**

子どもたちのアセスメント力，母を想う気持ちを汲み取ることが重要。

2．初回面接からの主な情報

- 入所は2回目。**1回目は，73歳の時。**頭痛とふらつきがあったため受診したところ脳髄膜腫と診断された。手術を受け，3カ月後にA老人保健施設に入所。
- A老健ではリハビリテーションに励み，3カ月後に自宅に戻ることができた。

1回目の入所時のアセスメントやケアプラン，介護経過記録も参考にしたい。

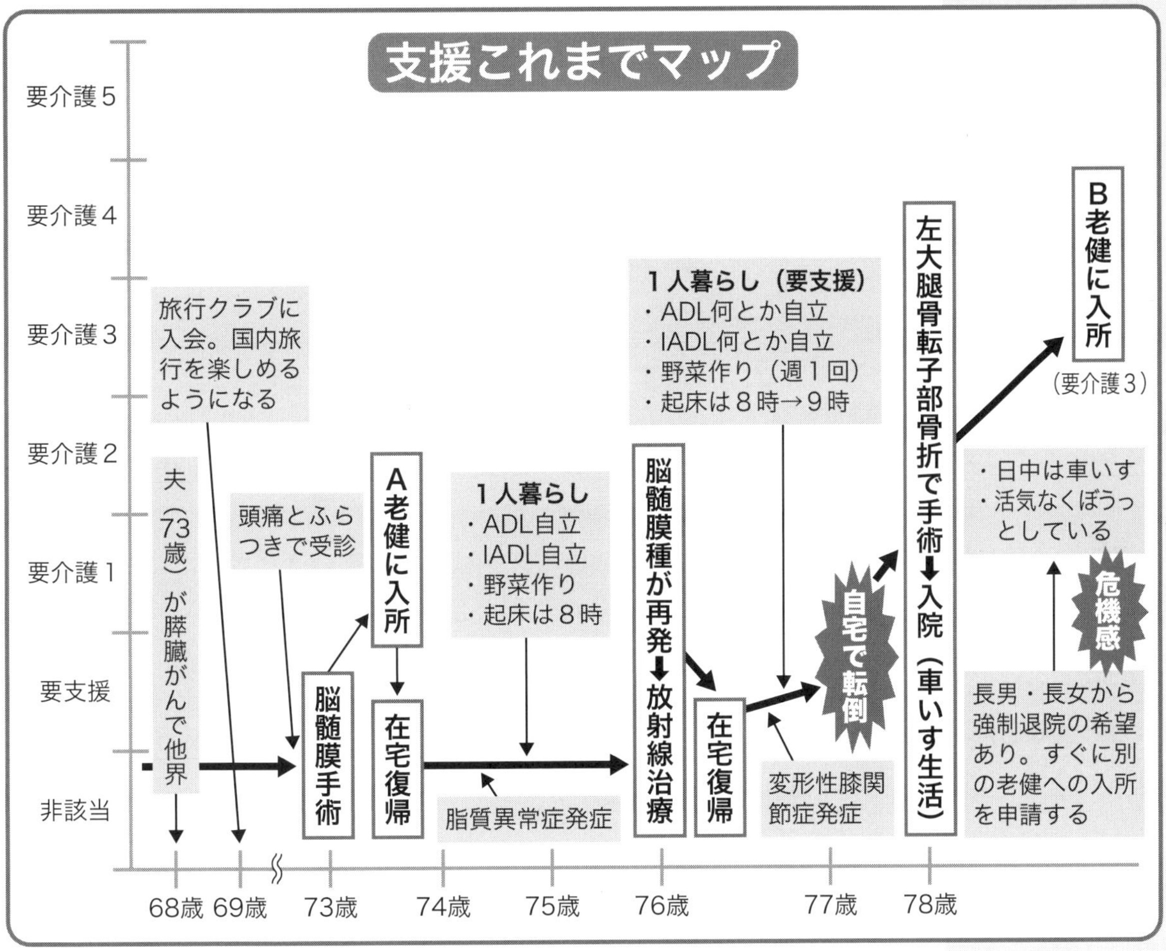

・76歳の時に脳髄膜腫が再発し，短期間入院。放射線治療を受ける。

・この時ADLは自立していたため，そのまま在宅復帰となる。

・地域包括支援センターの地域支援事業（認知症予防）に参加し，何とか不安なく１人で生活できていた。

・長男と長女は，「病院にいたのでは寝たきりになると思った。また自宅で暮らしてもらいたい」と強く希望している。

３．入所前の生活歴および生活習慣

生活歴

・四国の中山間地の中規模のみかん農家に生まれる。祖父母，叔父，父母，きょうだい５人の大家族だった。

・幼少期は利発で，両親の自慢の娘だった。

・地元の青年団で活躍し，**地元の祭りではひときわ目立っていた。**

人柄が分かるエピソードとして大切にしたい。

・24歳の時，叔母の紹介で地元の銀行に勤める５歳上の男性（実家はみかん農家）と**見合いをする。**

家柄を重んじる当時は親同士が決めることが通例だった。

・おとなしい武骨な印象の男性に気乗りしなかったが，叔母の強い勧めと先方がとても気に入っているという話もあり，結婚を決める。

夫の転勤と共に家族が引っ越すのは当たり前だった。社宅制度も一般的であった。

・結婚後，５年間で１男２女をもうける。
・夫は県内の異動を５回繰り返し，**家族そろって引っ越した。**
・夫は60歳で定年退職すると，急に妻に過干渉になる。
・68歳の時，夫が膵臓がんのため73歳で他界。
・69歳の時，寂しさを紛らわせるため旅行クラブに入会する。京都や北海道などの国内旅行に出かけ，新たな友人もできた。

生活習慣

・以前は早起きだったが，独居になってからは８時くらいに起床している。76歳以降は，９時起床が多くなる。
・おしゃべりが好きで，娘との電話はいつも30分ほど話している。
・近隣の人を自宅に招き，もてなすことが好きだった。
・桜が好きで，自宅の庭に家族が集まり花見をしていた。
・50歳のころから庭の畑で**有機野菜を作りはじめる。**

有機野菜へのこだわりに着目しよう。健康志向か？

４．プラン立案のポイント

・認知症の症状はなく，「何とか自宅で気楽に暮らしたいので，リハビリテーションを頑張る」とはっきりと意向を語る。
・子ども３人は「社交的で人懐っこい母に戻ってほしい。何事も楽しくやりたがる母なので，そこを大切にしてほしい。自宅に戻れるのなら，やれることは協力する。**介護の方法も教えてもらいたい**」と熱心である。
・３カ月後の在宅復帰（お試し外泊含む）を目指すこととする。
・実際の居住空間を想定したリハビリテーションを行うため，自宅を理学療法士が訪問し，住環境（玄関，居間，台所，トイレ）や生活動線を撮影する。

子どもたちの意向も詳細に引き出せている。介護の方法を学びたいという意欲を引き出せていることもよい。

５．課題の優先順位

自宅での望む生活が「家族との花見」という表現で具体的になっている。

課題１：４月には，自宅の庭の桜で**家族と一緒に花見ができる。**
〔理由〕本人の前向きな気持ちを引き出すために，家族行事となっていた「庭の桜で花見」を課題として位置づける。

課題２：自宅でもできる新しい趣味を始める。
〔理由〕施設での日々の生活にメリハリをつけるために，新しい趣味を見つけることを課題に位置づける。

課題３：自宅で再び気楽な１人暮らしを始められる。
〔理由〕買い物や調理，掃除，ADLなどリハビリテーションの課題は，「１人暮らしの再開」とした。意向欄の「気楽な」を取り入れる。

■ サービス担当者会議の要点 第5表

利用者名　F　殿　　施設サービス計画作成者（担当者）氏名　S．Y

開催日：平成○年２月10日　　開催場所：家族介護教室　　開催時間：14：00～15：00　　開催回数：３回目

	所属（職種）	氏名	所属（職種）	氏名	所属（職種）	氏名
会議出席者	本人	F	家族（長女）	N	居宅介護支援専門員	K．M
	家族（長男）	C	介護支援専門員	S．Y	通所リハビリ 介護員	O．R
	支援相談員	S．Y	作業療法士	T．H	ヘルパーステーション	Y．S
検討した項目	①独居生活の再開に関する不安の解消とそのためのサポート態勢などの協議・確認。 ②独居生活再開後の，各種サービスの調整に関する協議。					
検討内容	①約７週間が経過して，ADLも向上し，本人も意欲的になり，独居生活が再開できる状態になってきた。徒歩20分の所に長男家族がおり，サポート態勢も整っている。しかし，２カ月以上病院と施設の見守りの中で生活していたので，本人も家族も１人になった時の不安が具体的に想像できない。家事練習など生活リハビリの要素を盛り込んだ取り組みをしてみてはどうか。 ②再発を繰り返している脳髄膜腫も不安の一つであり，独居開始後の医療的ケアについて調整が必要。当施設の通所リハビリの利用を希望しているが，入浴サービスを提供できる回数に限度があり，週１回しか入浴できない。独居生活で身体の清潔を保つにはどのようにすればよいか。 ③在宅復帰時のケアプランをイメージしたケア計画を立ててはどうか。					
結論	・自信を持って独居生活を再開できるように，家事練習（調理練習，内服薬自己管理など）を実際に何度も行い，漠然とした不安をなくす。 ・不安に思うことを具体的に聞き取ったり，動作をしてもらったりして，危ない動作を見つけ，ケアチームで対策を考える。 ・週１回は，自宅でシャワー浴（元来シャワー浴しかしなかった）ができるように練習を開始する。 ・独居生活後は，週１回の通所リハビリ，週１日のヘルパー利用でやっていけることを目標にした在宅復帰に向けたリハビリに取り組む。					
残された課題 （次回の開催時期）	お試し外泊は，家族の都合で困難。独居生活を再開後，しばらくは家族の誰かが泊まる予定。 ８種類ある内服薬の自己管理に若干不安がある。今までの主治医は院内処方だった。一包化できるかどうかを，居宅介護支援専門員が確認し，一包化できるように依頼する予定。 次回の会議は退所前を予定。					

■ 施設サービス計画書（1） 第1表

利用者名　F　殿　　生年月日　昭和○年○月○日　　作成年月日　平成○年２月10日

住所　　初回・紹介・継続（circled）　　認定済（circled）・申請中

施設サービス計画作成者氏名および職種　S．Y（介護支援専門員）

施設サービス計画作成介護保険施設および所在地　介護老人保健施設○○○　○○県△△市

施設サービス計画作成（変更）日　平成○年２月10日　　初回施設サービス計画作成日　平成○年12月26日

認定日　平成○年７月25日　　認定の有効期間　平成○年８月１日～　平成○年７月31日

要介護状態区分	要介護１（circled）・要介護２・要介護３・要介護４・要介護５
利用者および家族の生活に対する意向	本人：病気の再発が心配だが，子どもたちに心配をかけることなくもう一度１人暮らしを始めて，気楽に暮らしていきたい。何とか自宅で生活ができるようなリハビリをしてほしい。 家族（長男）：入院している時に母の気分の落ち込みを見て驚いたが，ここに入所して，随分と元気を取り戻したようです。以前のように，社交的で人懐っこい母を取り戻せるようにスタッフの皆さんも働きかけてください。自宅で生活をすることを意識した補助具の選択などもお願いしたいです。何事も楽しくやりたがる母なので，前向きな生活が送れるようにお願いします。
介護認定審査会の意見およびサービスの種類の指定	なし。
総合的な援助の方針	脳髄膜腫という大きな病気を抱えておられ，今後も季節の変化や体調の状態によっては再発も心配されます。ご本人の希望である「78歳になっても１人暮らしの生活」を安心して無理なく再開できるように，機能訓練では生活リハビリの要素を含めた機能訓練を行い，調理や入浴，排泄などの日常生活動作の向上を目指します。 また，脂質異常症にも配慮した食事管理や，変形性膝関節症が悪化しないような機能訓練を行い，これらを通して少しずつ在宅生活への自信を取り戻せるように支援します。 施設での生活が楽しいものとなるように，書道クラブやレクリエーション活動，パッチワーク教室にも参加できるように支援します。 旅行好きのお話しボランティアさんに協力してもらい，日々を楽しく過ごしてもらえるように協力します。

■ 施設サービス計画書（2） 第2表

利用者名　　F　　殿

生活全般の解決すべき課題（ニーズ）	援助目標 長期目標	（期間）	短期目標	（期間）	援助内容 サービス内容	担当者	頻度	期間
4月には，自宅	自宅の屋内を転	H○	自分で体調管理	H○	①異常の早期発見（髄膜腫）	看護師	毎日	H○
の庭の桜で家族	倒することなく，	12/26	ができる。	12/26	抗かんしゃく剤，精神安定剤，眠剤を	看護師		12/26
と一緒に花見が	移動することが	～		～	内服中。			～
できる。	できる。	H○		H○	身体・精神状態の観察，体温・脈拍，	看護師	週1回	H○
		3/30		2/29	血圧・体重測定			2/29
					体重測定	介護員	月1回	
					②健康的な食事（脂質30g）を提供する。	管理栄養士	毎日	
			不安なく施設内	H○	①適切な施設内移動手段を選ぶ。	作業療法士	随時	H○
			を移動できる。	12/26	②施設内の移動は見守りをする。	介護員・看護師	随時	12/26
				～	③ベッドの介助バーで乗降介助をする。	介護員	随時	～
				H○	④夜間,ポータブルトイレの利用を介助する。	介護員	随時	H○
				2/29	⑤集団リハビリに参加する。	作業療法士	月・木	2/29
					⑥集団体操に参加する。	作業療法士	月～土	
					⑦個別リハビリに参加する。	作業療法士	随時	
自宅でもできる	新しい趣味が見	H○	自分なりに楽し	H○	①書道クラブに参加する。	ボランティア	火	H○
新しい趣味を始	つかる。	12/26	める趣味をやり，	12/26	②レクリエーションに参加する。	介護員	毎日	12/26
める。		～	前向きな気持ち	～	③食事席や居室に配慮する。	介護員	毎日	～
		H○	になる。	H○	④パッチワーク教室に参加する。	ボランティア	金	H○
		3/30		2/29				2/29
自宅で再び「気	在宅での暮らし	H○	買い物，調理，入	H○	①屋外での買い物を練習する。	作業療法士	月2回	H○
楽な1人暮らし」	をイメージしな	12/26	浴の練習に取り	12/26	②調理練習をする。	作業療法士，	週2回	12/26
が始められる。	がら，家事の自	～	組む。	～		介護員,看護師，		～
	立を目指す。	H○		H○		栄養士		H○
		3/30		2/29	③栄養指導を行う。	管理栄養士	月2回	2/29
					④お試し外出・外泊，介護方法の習得	家族	月1回	
					⑤シャワー浴を練習する。	介護員,長男夫婦	週2回	
					⑥在宅訪問指導	介護支援専門員	1回	
					⑦掃除の練習をする。	作業療法士		
					⑧内服薬の自己管理を練習する。	看護師,長男夫婦	朝・昼・夕	

■ 施設介護経過　第７表

利用者名　　F　　殿　　　施設サービス計画作成者氏名　　S．Y

年月日	内容
H○.12/26	車いすの状態で，病院より入所。9/24に自宅で転倒し，左大腿骨転子部を骨折。手術を受け，在宅復帰のためのリハビリを目的で入所。ぼうっとしていることが多く，ADLの見守りが必要と判断。移動は車いす，食事は脂肪30ｇ食（粥・副菜刻み）とする。
12/27	咀嚼・嚥下機能に問題がないことが分かり，食事の形態を米飯・一口大に変更する。
12/28	理学療法士による個別リハビリ（関節可動域訓練，下肢体幹の筋力増強訓練，歩行訓練，階段昇降訓練）を開始。
H○.1/5	下義歯が合っておらず食べづらそうな様子なので，歯科受診を開始。義歯の調整が必要と診断される。
1/11	廊下にブレーキのかかっていない車いすがあり，１人で廊下の手すりで歩行練習をしているところを発見（ひやり・はっとシートに記載）。本人の焦り？か思い込みだろうか。
1/10	サービス担当者会議（第２回） 本人は独居生活を再開したいと思っているが，家族には不安感が強い。入所後，２週間の情報の共有化とプラン確認を行う。
1/12	脳トレを開始。簡単な計算問題や漢字の書き取りも「小学生に戻ったみたい」と楽しそうに取り組んでいる。ただ，10分以上続けると，「頭が痛い」と言って集中力が落ちる。
1/14	U字歩行器の使用を始める。予想外に歩行が安定。本人も安心らしく，施設内の移動は，U字歩行器に変更する。
1/15	入所３週間が経過し，眠剤を服用しなくても良眠が続いている。医師の指示により眠剤頓服に変更する。
1/25	ADL向上の傾向。表情・言動もしっかりしてきた。食事も全量摂取できるようになり，本人・家族とも独居再開に意欲が見られる。施設内の移動は，U字歩行器からシルバーカーに変更，前傾姿勢になるため，前を見ることができず少し混乱が見られる。
2/2	６日前から胃の調子が悪いと訴えがあり，胃腸薬を服用。安静に過ごす。

年月日	内容
2/6	久しぶりのリハビリだが，脳トレや歩行訓練後も疲労感は見られない。午後，旅行の話題でお話しボランティアと盛り上がる。
2/10	サービス担当者会議（第３回，別紙） 体調不良が続いていたが，回復後の体力は衰えていない。以前より自信がある様子だが，不安感がある。家事，内服自己管理，シャワー浴などの具体的な練習をして，不安感の解消を図る。
2/12	本日から在宅生活をイメージした生活リハビリを開始。調理の練習として，包丁の扱い方やまな板の使い方などを作業療法士と共に行う。
2/13	本日も調理の練習。昨日よりコツをつかめてきたらしく，笑顔で取り組めるようになる。
2/20	１人でシャワー浴ができるように，シャワー栓の操作やシャワー口の扱い方，洗身の方法などを実際に少しずつ練習を始める。
2/25	レクリエーションで書道に取り組む。３月３日のひな祭りにちなんだ文字を書いて皆で披露し合う。拍手をもらい，うれしそうである。
3/10	在宅訪問指導のために，本人から自宅での生活ぶりなどをヒヤリングする。午後，パッチワーク教室に熱心に参加する。
3/18	在宅訪問指導を行う。長男は都合が悪く，長女が立ち会う。転倒予防のため，動線を確認しながら家具の配置を変える。
3/25	腕の筋力も回復し，バランスも取れるので，施設内では多点杖歩行に変更。義歯が完成したので，本日より常菜に変更。しっかり噛めることがうれしい様子。
4/9	実践的な調理練習。包丁で野菜を切りながら「なんか自信が出てきた」と笑顔で話す。作りたい料理のレシピを考える。
4/12	サービス担当者会議（第４回）
4/14	屋外歩行練習（買い物）として，長男と外出する。特に問題なし。
4/28	笑顔で退所。「楽しい思い出ばかり，本当はもっと居たかったな。不安はないです。通所でまた伺います」と笑顔で話す。

編注）事例提供施設の記録スタイルを基に本事例において特徴的な部分を抽出した記録であり，記録のすべてではありません。

■ モニタリング総括表

利用者名　F　殿　　　　評価日：平成○年４月28日

課題	短期目標 (H○年12月～ H○年２月)	目標の達成度 ○：達成 △：一部達成されず ×：達成されず		サービスの実施状況 ○：提供できた △：一部提供できた ×：提供できなかった		サービスの満足度 ○：満足 △：一部満足 ×：不満 ××：不明		身体的変化／心理的変化／ 暮らしの変化 ◎：向上　○：維持 ×：低下		今後の対応および 新しい生活課題
４月には，自宅の庭で家族と一緒に花見ができる。	自分で体調管理ができる。	○	睡眠も７時間以上あり，体調も良い。	○	８種類の内服薬も一包化で服薬できるようになる。	○	身体が楽になり，体調が良いので意欲的になれている。	◎	精神状態が良くなり，健康を意識している。 発言が多くなっている。 生活リズムがつくれる。	自宅での体調をどのように自己管理していくかを，家族とこれから話し合っていく。
	不安なく施設内を移動できる。	○	車いす→U字歩行器→シルバーカー→多点杖歩行と約４カ月で回復することができた。	○	U字歩行器で安定して歩けるようになり，施設内を自由に動く。シルバーカーは，初め戸惑いを見せた。3カ月後に多点杖歩行となる。	○	入所時は車いすだったが，退所時は杖歩行となる。この変化に本人・家族はとても満足している。	◎	家族との買い物練習（屋外），散歩などの時にお花見の話題を出すと，前向きにできるようになる。 また下肢のバランスが取れることで，排泄時の不安定さも解消される。	屋外では段差があるため，花見の時の転倒予防をどうするかを検討する必要がある。
自宅でもできる「新しい趣味」を始める。	自分なりに楽しめる趣味をやり，前向きな気持ちになる。	○	書道クラブやパッチワーク教室，各種のレクリエーションに参加し，楽しく過ごせている。	○	週１回の書道クラブとパッチワーク教室，脳トレ，入所者との会話の援助など友達づくりも行う。	○	とても前向きで，退所時に「楽しい思い出ばかり。もっといたかった」と話す。	◎	施設内に友人もできて，楽しく生活していた。退所後は通所サービスに通うのを楽しみにしている。化粧をする余裕も生まれる。	入所中に見つけた「楽しみ」をどのように日々の張り合いにしていくかを検討する。
自宅で再び「気楽な１人暮らし」が始められる。	買い物，調理，入浴の練習に取り組む。	○	家事練習や料理練習に積極的に取り組むことができ，野菜を切るなど，実践的なことまでできるようになる。	○	調理練習，買い物練習，シャワー浴練習を行う。 在宅訪問指導で家具の配置換え行う。 (お試し外泊のみ家族の都合が合わず，未実施)	○	調理練習では，「なんか自信が出てきた」と話す。 シャワー浴も自分なりのコツがつかめたようである。買い物の練習は，長男との同行がとても効果があった。	◎	杖歩行ができるようになり，独居生活にも自信が生まれる。 簡単な料理ならできるようになる。 入浴もシャワー浴なら転倒することなくできるようになった。家族のサポートもあり，元気良く退所。	独居生活後に，どれだけ家事・入浴などが自分で行えるか。 通所サービスでのアセスメントと個別サービス計画書での位置づけを行う。 浴室での転倒防止のための手すりの設置と滑り止めマットおよびシャワーチェアの実践的な使い方のチェックが必要である。

施設ケアマネジメントの見える化シート

ADL

- **ベッドの乗降介助** 介護員（随時）
- **施設内の移動支援** 介護員 作業療法士 看護師（毎日）
- **異常の早期発見** 看護師 介護員（毎日）
- **栄養指導** 管理栄養士（月２回）
- **ポータブルトイレ介助** 介護員（随時）
- **暴言・暴行への対応** 介護員 看護師（随時）
- **集団体操** 作業療法士（月～土）

IADL

- **買物練習 調理練習 掃除練習** 作業療法士（週２回）
- **パッチワークに挑戦** パッチワーク教室（午後：金）
- **個別リハビリ** 作業療法士（随時）
- **集団リハビリ** 作業療法士（月・木）

CADL

- **レクリエーション参加への支援** 介護員（毎日）
- **旅行の話題のおしゃべり** 話し相手ボランティア（週１回）
- **書道クラブへの協力** 書道ボランティア（午後：火）

家族支援

- **介護方法の習得（食事，排泄，入浴，移動）** 家族
- **家族への介護指導** 介護員
- **在宅訪問指導** 介護支援専門員
- **お試し外出** **お試し外泊** 家族

1．施設ケアの評価と助言

評価１：4月には自宅の庭で家族と花見ができ，自宅でもできる新しい趣味（書道，パッチワーク，脳トレなど）にも楽しく取り組める。

〔助言〕本人が意欲的になれることに着目した声かけやかかわりがADLやCADLの改善にも効果的であった。**家族と協力**して，さらに意欲的になれることを探すとよい。

> CADLの改善はケアスタッフだけでなく，家族や近隣の知人を巻き込むとよい。

評価２：自宅で再び気楽な１人暮らしを始めるために，調理の練習にも取り組め，簡単な料理が作れるようになった。

〔助言〕入所中にできるようになったことが自宅で継続してできるわけではないので，通所リハビリテーションでの**個別サービス計画に具体的に位置づけておく**ことが必要である。

> 個別サービス計画に具体化されることで現場のケアとして提供される。

2．地域包括ケアシステムにおける施設が果たす役割の提案

・有機野菜などを作る菜園に出かけ，友人を招くイベント（食事会など）を在宅のケアプランに位置づける。

・きれい好きなので，**介護保険外サービス**で居間や仏間，庭木の剪定などをタイミングをみて導入することも検討する。

> 介護保険外サービスも１人暮らしを支える地域包括ケア資源として位置づける。

・家族の介護の方法を学びたいという希望に，訪問介護事業所に協力をしてもらうように働きかける。先々，認知症が発症することも想定し，グループホームへの見学も提案する。

事例7

肥満と歩行困難で悲観的な入所者が栄養管理とリハビリで自力歩行へ

老健・特養	
81歳・女性	
要介護度	要介護4
認知症自立度	Ⅳ
自立度	A

既往歴
- 髄膜炎後遺症（75歳）
- 糖尿病（76歳）

現病歴
- 脳性四肢麻痺（75歳）
- 糖尿病（76歳）
- 脂質異常症（78歳）

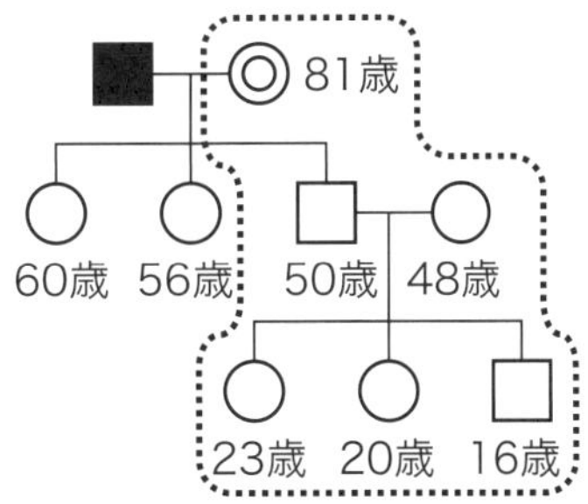

1．入所前サービスなどからの情報および入所に至った経緯

- 75歳の時，脳性四肢麻痺と診断。その後リハビリテーション目的でいくつかの病院に転院したが，目立った改善はなかった。
- 76歳の時，**リハビリテーション目的で老人保健施設に入所**。４カ月後に在宅復帰を果たし，以後は週２回通所リハビリテーションに通っている。
- １週間のうち５日間は日中独居。寂しさを紛らわせるために食べることをコントロールできず，過食状態になる。
- 次第に体重が増加し，64kgとなる（身長149cm）。
- 元々膝に痛みがあったが，体重が増加したことで歩行も困難となる。
- 過食により糖尿病が悪化し，血糖値が高くなる。

> 通所リハビリテーションや短期入所を利用しても改善が見込めない場合は，数カ月老健に入所して短期集中型リハビリテーションを行うことも効果的である。

2．初回面接からの主な情報

- 本人は「自宅に１人でいると，ついお菓子に手が出て食べてしまう」と話す。
- 同居している長男夫婦は**日中は働いているため，見守りができない**。
- 四肢麻痺に加え，体重が増加したことで，１人でベッドから離床したり，車いすに移乗したりするのは不安がある。
- 長男「歩かないから余計に太った。立ち上がるのもやっとの状態。伝い歩きもできず，とても心配」。

> 日中独居だと，誰も注意をする人がいないことに着目する。

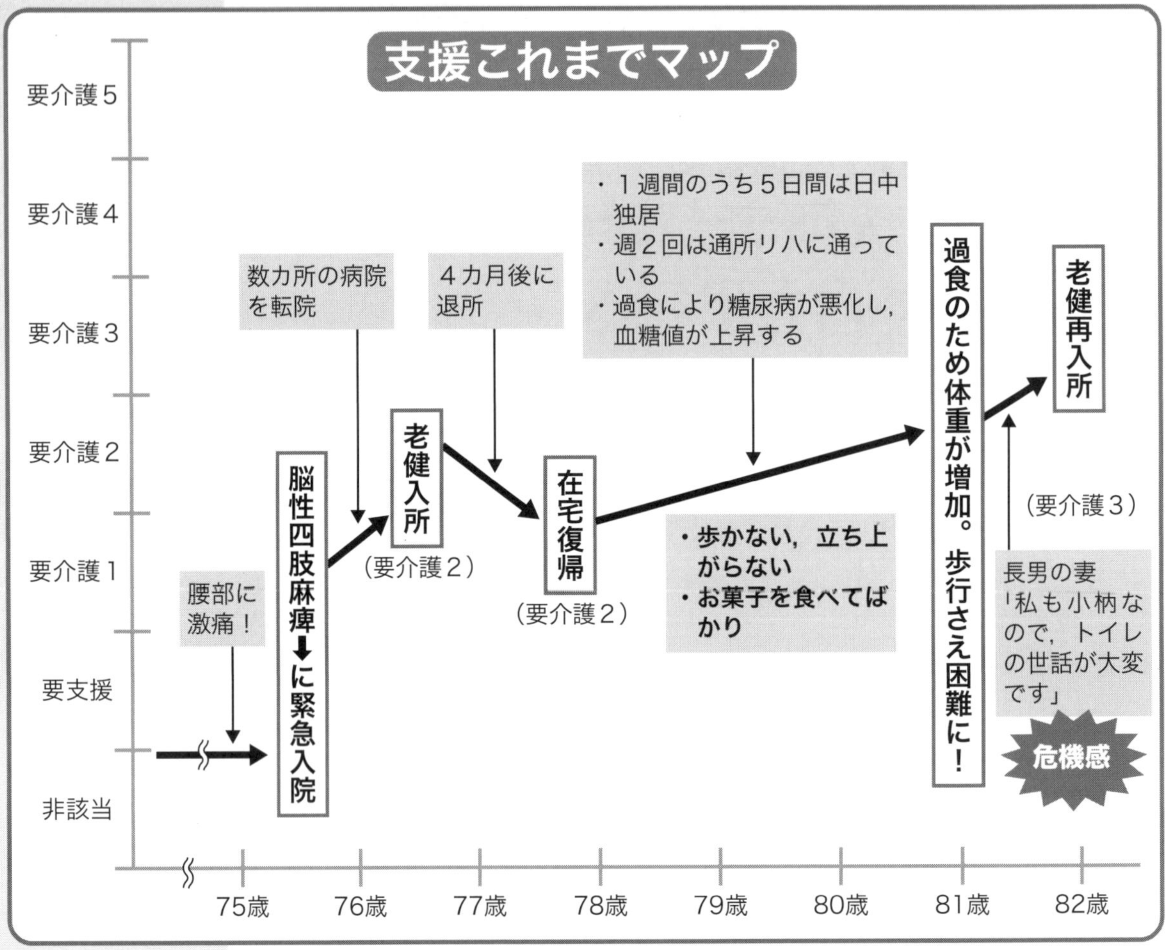

長男の妻はトイレ介助で困っている。正しい介護方法を伝えることも在宅復帰には必要。

・長男の妻「私も小柄なので，**トイレの世話がなかなか大変**。娘たちも祖母のことをとても心配している」。

３．入所前の生活歴および生活習慣

生活歴

・○○県Ｉ郡Ｕ町で，４人きょうだいの末娘として生まれる。家は米屋で，10歳になるとご用聞きに回ることも多かった。

働き者のエピソードは本人らしさを知る上で重要な情報である。

・明るい人柄で，商店街でも人気があった。小柄ながら頑張って米をリヤカーで運ぶ姿から**「米屋のなっちゃん」と呼ばれていた**。
・勉強は嫌いだったが，学校に行くのは好きだった。
・中学校卒業後は，自動車整備工場の事務員として働く。
・23歳の時，整備士として働いていた７歳年上の男性（当時は30歳）と恋愛結婚をする。
・子どもが生まれてからは専業主婦となったが，夫が35歳で独立し，自動車整備工場を営むようになってからは，事務を手伝う。
・長男は，工業高校卒業後，他県で修業。28歳で父親の工場を継ぐ。
・２世帯住宅に改築し，２階に長男夫婦が住む。孫は３人いる。

生活習慣

・料理は好きだが，掃除や洗濯は**どちらかというと苦手**である。

> 料理や洗濯・掃除は苦手・嫌いという女性は多い。勝手に決めつけない。

・３時のおやつは欠かさず，甘い物には目がない。
・以前から静かに横になっているのが好きな性格である。
・専業主婦の時は早起きだったが，元々朝は苦手なので夫の他界後は９時ごろに起きることも度々あった。
・漬物など塩分の強い食べ物も好きである。

４．プラン立案のポイント

・栄養士の栄養管理（**栄養マネジメント加算**）による糖尿病食（**療養食加算**）で，糖尿病の改善を目指す。

> 加算もしっかりと位置づけられている。

・体重が増加したことで，ベッドからの離床や車いすからの立ち上がりを困難になっている。体重10kg減量を目指す。
・本人は社交的であるので，これをケアプランにも生かす。
・**前向きだが短気な性格のため，自分で何でもやってしまおうとする。**トイレでは１人で移乗することが難しく，転倒の危険があるため，ナースコールを押してもらうことを位置づける。

> 本人の人柄がよく把握できている。現場スタッフに伝えることで本人らしさを尊重できる。

・改善への意欲が高く，ケアプランにフロアーリハビリテーションを取り入れる。

５．課題の優先順位

課題１：カラオケルームや玄関まで１人で移動できるようになる。
〔理由〕カラオケが好きなので，週３回あるカラオケ道場に１人で行くこと，玄関に置いてある水槽で飼育している魚もお気に入りなので玄関まで行くことを課題として位置づける。移動のためのシルバーカーを使いこなせるようになることを目指す。

課題２：**体重を53kgに減量し**，お気に入りだった服を着こなす。
〔理由〕体重の減量を目指す上では**数値化**して達成感を感じてもらう。痩せたらお気に入りの服が着られることを盛り込み，成功体験としたい。

> 課題を数値化しているので，具体的である。

課題３：体調が安定し，**日々の会話を楽しむ**ことができる。
〔理由〕社交的でおしゃべり好きな人柄を尊重することが本人らしさでもある。難聴のため会話がうまく続かないが，本人の気持ちが滅入らないために課題に位置づける。

> 本人の意欲を引き出すことを大切にした記述である。

■ サービス担当者会議の要点　第５表

利用者名　G　殿　　施設サービス計画作成者（担当者）氏名　Y. M

開催日：平成○年１月21日　　開催場所：介護老人保健施設　　開催時間：15：00～15：30　　開催回数：２回目

	所属（職種）	氏名	所属（職種）	氏名	所属（職種）	氏名
会議出席者	医師	S. O	看護師	M. I	介護職	K. S
	理学療法士	T. K	作業療法士	T. O	言語聴覚士	S. T
	支援相談員	I. K	栄養士	M. K	介護支援相談員	Y. M
	本人	G	家族（長男夫婦）	K，A		
検討した項目	①どのように体重の調整と健康管理を行うのか ②移動動作をどのように改善するか					
検討内容	①体重の調整と健康管理 適正なカロリーによって体重をコントロールするための栄養のケアマネジメントが必要である。体重を53kgまでに減少させるための適度な運動を行い，ケアチームがカラオケと水槽がある玄関への移動および10年前の服が着られることを働きかける。また，服薬による血糖コントロールを継続する。体調ノートをつける習慣をつくり健康状態をチェックしていく。 ②移動動作の改善 過食により増加した体重を考慮し，歩行能力を向上するためのリハビリ計画を作成する。日常の生活の中でも歩行訓練につながるようなケアプランを作成していく。					
結論	①糖尿食と減塩によって体重減少（目標：53kg）に努める。介護員が付き添い，食事の前後にフロアーを２～３周回ることを行う。また，ケアチームで全身状態の把握するようケアプランに位置づける。 ②平行棒を使って歩行訓練をする。また，フロアーにおいてもシルバーカーを使ったフロアーリハビリを行い，在宅復帰後の移動訓練とする。 ③本人のおしゃべり好きな人柄を尊重したかかわり方をケアチームで行う。難聴のため，他の入所者とのやりとりをサポートする。					
残された課題 （次回の開催時期）	食事のコントロールが適切にできるように家族の協力が必要。また，在宅生活に戻っても日中は独居となるため，嗜好品ばかり食べてしまう食生活をどのように改めることができるかを引き続き検討する。					

■ 施設サービス計画書（1） 第1表

利用者名　G　殿　生年月日　昭和○年○月○日　　作成年月日　平成○年１月21日

住所　　初回・紹介・（継続）　（認定済）・申請中

施設サービス計画作成者氏名および職種　Y．M（介護支援専門員）

施設サービス計画作成介護保険施設および所在地　介護老人保健施設△△△　○○県××市

施設サービス計画作成（変更）日　平成○年１月21日　初回施設サービス計画作成日　平成○年１月７日

認定日　平成○年10月18日　認定の有効期間　平成○年11月１日～　平成○年10月31日

要介護状態区分	要介護１　・　要介護２　・　要介護３　・（要介護４）・　要介護５
利用者および家族の生活に対する意向	本人：すっかり太ってしまい，歩くのが大変。家に居てもすることがないので，ついつい食べてしまいがちです。糖尿病なので，食べてはいけないと分かっているが，やっぱりダメです。また歩けるようになって，家で孫たちと一緒に暮らしたいです。 家族（長男）：食べるのが好きな母なので，１人で家にいるとついつい食べてしまうようです。身体が重いので伝い歩きもできないほどで，膝も痛いと言っています。自分ではトイレに行くこともできず，私たちも苦労しています。リハビリをして，体重を減らし，自分でトイレに行けるようになってもらいたいです。孫たちもおばあちゃんの帰りを楽しみにしています。
介護認定審査会の意見およびサービスの種類の指定	なし。
総合的な援助の方針	在宅の生活を続けるために，体重の減少と体調の管理がとても大切です。乱れてしまった食の習慣を改善するために，入所期間中は糖尿食と減塩による食事でコントロールします。また，日中は離床してリハビリと体操に取り組み，服薬での体調の管理も行います。そのために体調ノートをつける習慣づくりをお手伝いします。 歩行訓練は平行棒の伝い歩きから始め，フロアーではシルバーカーを使った移動のリハビリを行います。いずれは家の中を杖を使って移動できることを目指しましょう。在宅生活での過食の習慣を改善するために，自宅で食事のコントロールができるようにご家族の協力をお願いします。

■ 施設サービス計画書（２） 第２表

利用者名　　G　　殿

生活全般の解決すべき課題（ニーズ）	援助目標				援助内容			
	長期目標	（期間）	短期目標	（期間）	サービス内容	担当者	頻度	期間
カラオケルームや玄関まで，１人で移動できるようになる。	フロアーを杖歩行できるようになる。	H○ 1/21 ～ 10/31	フロアーをシルバーカーで歩くことができる。	H○ 1/21 ～ 3/31	①計画書に基づいたリハビリ。 ②フロアーでのリハビリ。シルバーカーでの歩行，立ち上がり訓練。	理学療法士 介護員 看護師	週３回 毎日	H○ 1/21 ～ 3/31
体重を53kgに減量し，お気に入りの服を着こなす。	56kg以下になる。	H○ 1/21 ～ 10/31	栄養管理し，58kg以下になり，楽に動けるようになる。	H○ 1/21 ～ 3/31	①栄養価1,200kcal，減塩６ｇを基本とした糖尿病食（療養食加算）を提供する（栄養マネジメント加算）。	管理栄養士	毎日	H○ 1/21 ～ 3/31
					②お気に入りの服を部屋に飾り，意欲を維持する。	本人 孫３人	面会時	
			毎日歩行し，体を動かす。	H○ 1/21 ～ 3/31	①日中の運動量の確保。毎食前後にフロアー２～３周。	介護員 本人	毎日	H○ 1/21 ～ 3/31
体調が安定し，日々の会話を楽しむことができる。	体を管理して生活を楽しめる。	H○ 1/21 ～ 10/31	自分で体調が把握でき，異常を早期にケアチームに言えるようになる。	H○ 1/21 ～ 3/31	①全身状態の観察・服薬管理。 ②体調ノートを毎日書く。	医師， 看護師 介護員 本人	毎日	H○ 1/21 ～ 3/31
		H○ 1/21 ～ 10/31	他の利用者との会話が楽しめるようになる。	H○ 1/21 ～ 3/31	①難聴のため，スタッフが利用者の間に入り，コミュニケーションを図る。	全職種	随時	H○ 1/21 ～ 3/31
			カラオケ道場で新しい歌を３曲歌えるようになる。	H○ 1/21 ～ 3/31	①カラオケボランティアの協力により，３週間で新しい曲を歌えるようになる。	本人 カラオケボランティア	週３回	H○ 1/21 ～ 3/31

■ 施設介護経過 第７表

利用者名　G　殿　　施設サービス計画作成者氏名　Y．M

年月日	内容
H○.1/7	長男家族の付き添いで入所。車いすで自走しようとするが，操作に手間取り転倒しそうになる。自力での離床や車いすへの移乗は体重が増加したために，とてもつらそう。介助してようやく移乗できる。
1/19	本人は意欲的で，食後の車いすの自走練習やフロアーリハビリは忘れずにやっている。他の利用者と話をしながらマイペースでやっている。
1/20	入所時の血糖値測定結果を医師に報告する。月２回測定するようにと指示がある。
1/21	サービス担当者会議（別紙）
1/25	夕食の声かけのための巡視中に，せんべいの袋を開けようとしているところを見かける。食事制限があるので預からせてほしいと声をかけるが，「駄目だ，○○さんにあげるんだ」「少しぐらい食べてもいいでしょう」と言う。他の入所者にもカロリー制限している人や糖尿病の人がいることを説明するが，納得せず。看護師に説明をお願いする（せんべいは，面会があった人からもらったと言う）。
2/5	今日からシルバーカーを使った簡単なリハビリを始める。前傾姿勢になるのがつらい。「やっぱり太っていると駄目ね」と笑う。
2/10	今日も床頭台を開けておやつを広げている。おやつを預かることに抵抗が強い。他の人にあげないこと，少量ずつ食べることを約束してもらう。その後の経過を観察する。
2/12	昼食の豚汁作りに参加する。にんじんを切りながら「懐かしいわ」と話す。
2/15	食堂で他の入所者と笑いながら話をしたり，居室でテレビを見たりして過ごしている。昼食前に自主的に廊下で体操をしている。
2/17	歩く時は手すりを使い，いすの上で腰を回すなど自主的にリハビリをする光景が増えている。体重の減少が見られる。
2/22	食事は常に全量摂取である。嚥下体操の後，車いすを自走してフロアーを２～３周する。声かけすると笑顔で返事をする。
3/2	午後のおやつの後に，食堂の西側の非常口の窓を開けようとしているところを発見する。声かけすると「外の様子が見たい」と話す。その後，仲の良い入所者○○さんに「外の様子が見たいが見たいなぁと思っただけなのに怒られちゃった」と話している。
3/7	○○さんの居室で楽しそうに話している。間食をしていないか様子をうかがうが，その様子は見られず。
3/8	体重が60kgとなる。本人に伝えると，とてもうれしそうに「身体が楽になりました」と返事をする。食事コントロールの効果あり。
3/10	すっかり人気者になり，男性の入所者とも楽しく会話をしている光景が多くなる。自発的に体操するなど，リハビリにも熱心である。
3/12	２泊３日で長男夫婦宅に外泊する（お試し外泊）。
3/15	長男宅から戻る。楽しかったと言う。この日はエプロン畳みをお願いする。機嫌がいい。
3/17	他の入所者と話をしていて，ところどころ聞こえていないようだが，相づちを打っている。両足の浮腫がなくなる。
3/20	シルバーカーもうまく使えるようになり，楽しそうに施設内を歩いている。「次は杖を使えるようになりたいわね」と話す。
3/22	下肢筋力の機能が向上し，ベッド脇のポータブルトイレでなく，今日からは居室のトイレを使うことにする。本人もうれしそうである。
3/25	血糖値検査の結果を医師に伝える。適正数値に近づいていると診断される。体重は57kgに減り，短期目標は達成できた。

編注）事例提供施設の記録スタイルを基に本事例において特徴的な部分を抽出した記録であり，記録のすべてではありません。

■ モニタリング総括表

利用者名　G　殿　　　　評価日：平成○年３月28日

課題	短期目標 (H○年１月～ H○年３月)	目標の達成度 ○：達成 △：一部達成されず ×：達成されず		サービスの実施状況 ○：提供できた △：一部提供できた ×：提供できなかった		サービスの満足度 ○：満足 △：一部満足 ×：不満 ××：不明		身体的変化／心理的変化／暮らしの変化 ◎：向上　○：維持 ×：低下		今後の対応および新しい生活課題
カラオケルームや玄関まで，１人で移動できるようになる。	フロアーをシルバーカーで歩くことができる。	○	見守りのもと，フロアーをシルバーカーで歩くことができるようになった。	○	計画書に基づいたリハビリ。 フロアーでのリハビリ。シルバーカーでの歩行，立ち上がり訓練。	○	車いすの生活から，自分でシルバーカー移動できるようになり，満足している。	◎	自分で動けるようになり，他の入所者の居室に訪れることができるようになり，明るくなった。	杖歩行を目指して，さらに歩く時間とリハビリの時間を増やしていく。
体重を53kgに減量し，お気に入りの服を着こなす。	栄養管理し,58kg以下になり，楽に動けるようになる。	○	食事のコントロールで体重が減少し，動きがズムーズになった。	○	糖尿食1,200kcal, 減塩７ｇ。	○	菓子類を少なくしなければならないが，体重が減ったことで，自ら動く意欲が出てきた。	◎	58kgになり，少し動きやすくなった。 服もきつくなくなってきたので楽である。	継続して，さらに体重の減少を目指す。
	毎日歩行し，体を動かす。	○	毎日,フロアー内をシルバーカーで歩くことが運動になっている。	○	日中の運動量の確保。毎食前後にフロアー２～３周。	○	見守りと声かけをしてもらい，励みになっている。	◎	習慣化し，楽しく歩けるようになった。	毎日の歩行を継続する。
体調が安定し日々の会話を楽しむことができる。	他の利用者との会話が楽めるようになる。	○	利用者と会話ができるようになった。	○	難聴のため，スタッフが利用者の間に入り，コミュニケーションを図る。	○	親しい友人もでき，スタッフがいなくても会話ができるようになった。	◎	笑顔が増え，フロアーを歩き，友人に会いに行けるようになった。	いろいろな人と交流できるように，必要に応じて引き続きスタッフが介在する。
	カラオケ道場で新しい歌を３曲歌えるようになる。	○	童謡２曲，演歌１曲を歌えるようになる。	○	カラオケボランティアが同年代だったので，とても上手に引き出してくれる。	○	音痴と思っていたのに，みんなに褒められて自信が生まれた。	◎	呼吸が深くなり，立つ時も下腹に力が入るようになった。	新しい趣味として孫たちと楽しめるように新しい歌も歌えるようになる。

施設ケアマネジメントの見える化シート

ADL

毎食前後のフロアーの移動	異常の早期発見	シルバーカーでの立ち上がり，移動
介護員（毎食前後）	本人 看護師 介護員（毎日）	介護員 理学療法士 看護師（毎日）

体調ノートの記入援助	栄養指導	全身状態の観察・服薬管理
介護員（随時）	管理栄養士（毎日）	作業療法士（週２回）

CADL

ほかの利用者との会話のサポート	カラオケ道場への協力
ケアチーム（毎日）	カラオケボランティア（月・水・金）

家族支援

食事療法の指導	介護方法の習得（移動，排泄）	在宅訪問指導	家族への介護指導
管理栄養士 看護師（退所時）	長男の妻	介護支援専門員	介護員

1．施設ケアの評価と助言

評価１：自分でカラオケルームや玄関に行けるようになっただけでなく，**話し相手の部屋を訪れる**ことができるようになった。

〔助言〕シルバーカーを使って移動できるようになったことで，明るくなった。杖歩行を目指し，リハビリテーションの時間を増やす。

> 移動範囲が広がることが本人の「閉じた世界」を解き放つことになる。

評価２：体重が順調に減り，57kgになる。５年前の服が着られるようになったことは本人の意欲をアップさせている。

〔助言〕痩せたことだけでなく**「きれいになった」ことを本人に伝え**，さらにモチベーションのアップを図る。

> 「きれい」は女性の心を華やかにさせるキーワード。現場スタッフに伝えておきたい。

評価３：難聴気味であっても，スタッフが配慮すれば会話のやりとりにも不自由することもなく，いろいろな人との交流が増えている。

〔助言〕話し好きの人柄に着目したかかわりが行えている。

2．地域包括ケアシステムにおける施設が果たす役割の提案

・在宅復帰を想定し，通所リハビリテーション以外の日は**地域のカフェのようなたまり場**を利用することを働きかけておく。

> 地域包括支援センターや社会福祉協議会で情報を収集しておく。

・痩せることで外出への意欲が湧いてくる。バリアフリーになっている場所（映画館など）に関する情報を収集しておくことが重要である。

・「きれいになる」ことを目標に，美容室などへの外出も大切な動機づけとなる。

事例8

夫の入院で緊急入所。お試し外泊で認知症ケアを家族介護者に同行指導し，在宅生活支援を目指す

老健・特養
80歳・女性
要介護度　**要介護3**
認知症自立度　**Ⅲa**
自立度　**A**

既往歴
特になし

現病歴
・アルツハイマー型認知症（78歳）：精神科を受診し診断される

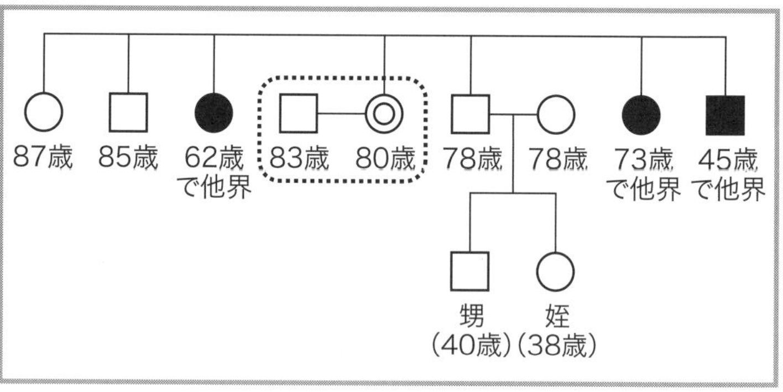

1．入所前サービスなどからの情報および入所に至った経緯

・78歳の時，認知症専門医からアルツハイマー型認知症と診断され，要介護2の認定が下りる。
・通所介護を数回利用した後，「ここは嫌だ」と利用を拒否する。
・福祉用具（ベッド，手すり）を利用するのみだった。
・**几帳面な性格の夫**（83歳）は「私でないとだめなんです，妻は」と献身的に介護し，在宅生活を何とか2年間続ける。
・数カ月前から尿失禁と幻聴が増え，日中もぼうっとしてベッドで過ごすことが多くなる。
・今回の更新の認定調査で要介護3となる。
・**体調が悪いと叱ることが多い夫**に2カ月前，前立腺がんが見つかり，すぐに入院・手術が決まる。
・夫が不在の3カ月間を目途に老人保健施設に入所となる。

献身的な夫の介護は破たんを招きやすい。夫の頑張りが「いいケア」とは限らない。前立腺がんもストレスの結果かもしれない。

2．初回面接からの主な情報

・自宅では日中に寝て過ごすことが多く，昼夜逆転になりがち。**幻聴と妄想が多い。**
・寝返りや起き上がり，移乗は何かにつかまれば可能である。
・見当識障害が進行し，場所や日時が認識できない。

どのような幻聴と妄想が多いのか，具体的に現場で把握をすることが大切。

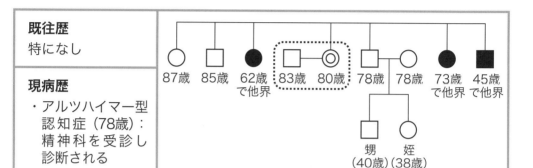

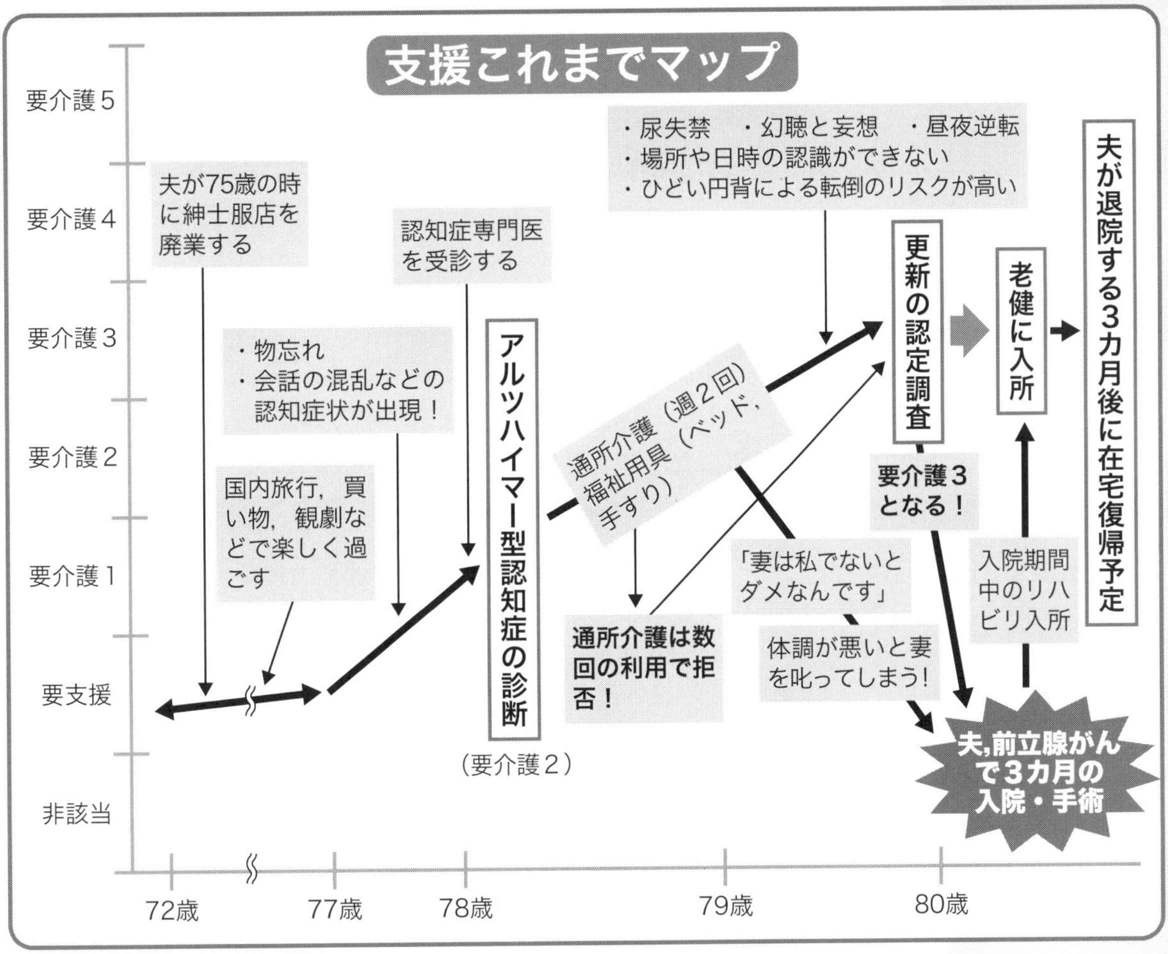

・ひどい円背で前のめりになって歩いているため，ぶつかったり転倒したりするリスクが高い。
・尿意の訴えはなく，失禁が多い。

3．入所前の生活歴および生活習慣

生活歴

・G県○○市のクリーニング店に７人きょうだいの４番目として生まれる。
・父は満州で戦死。母は店の手伝いで忙しく，祖父母に育てられる。
・子どものころは体が弱く，祖母にかわいがってもらい育つ。
・駄菓子屋が大好きで，地元の祭りでは宝塚少女歌劇の真似事をして喝采を浴びるほどの**お茶目な少女だった。**

少女時代の人柄は変わらない。目立つことが好きな人は，褒められることも大好き。

・中学校卒業後は，クリーニング店を手伝い，花嫁修業をする。
・22歳の時，クリーニング店のお客で服飾会社の仕立て職人だった４歳年上の男性からプロポーズされ，結婚する。
・夫は32歳で紳士服店を開業。腕が良いと有名な映画俳優からの注文もあるほどだった。

> 子どもが生まれなかったことへの本人の後悔と夫との仲むつまじさに着目したい。

・夫は75歳で紳士服店を廃業。**子どもが生まれなかったので，廃業後は一緒に旅行や買い物，観劇などで楽しく過ごす。**

・3年前から，同じことを繰り返して言ったり，知人や親戚の名前が思い出せなくなったりする。

生活習慣

・祖母仕込みの料理はおいしく，そのことが夫にとっては大の自慢だった。

> 本人が衣服や化粧にこだわるのは，このような仕事習慣から来ている。当時として華やかな趣味を好んだ。

・夫の紳士服店に立つこともあったので，毎月美容院に行き，**おしゃれには凝る**方だった。

・週末は夫婦で洋画を観るのが習慣だった。フランス映画が好きだった。

・観劇は宝塚少女歌劇。夫婦で宝塚市まで観に行っていた。

・犬（スピッツ）を2匹飼っており，朝30分の散歩が日課だった。

4．プラン立案のポイント

> 認知症ケア加算を位置づけることで専門職のモチベーションを図る。

・夫が入院期間中にアルツハイマー型認知症の妻に**短期集中型リハビリテーション**（週3日限度）を行うこととする。

・第1に自宅での生活の継続を目指し，今のADLを維持する。

・第2に短期入所の経験がないので，施設での生活にできるだけ早く慣れ，楽しく過ごせるようにする。

・第3に本人と夫の在宅生活支援のために，理学療法士と作業療法士が施設介護支援専門員と自宅を訪問し，住環境をアセスメントする。

5．課題の優先順位

> 本人（夫）の願いを具体的に表記することでケアチームがまとまる。

課題1：自宅で再び2人での生活を始め，温泉旅行や観劇を楽しむ生活ができるようになる。

〔理由〕本人（夫）の意向が**「2人だけの暮らし」**と**「楽しい温泉旅行や観劇」**であるので，その点を尊重した。

長期目標1：身の回りのこと（日常生活動作）が自分でできる。

〔理由〕施設生活で依存的になったり意欲が減退したりして，日常生活動作（排泄，入浴，整容）が維持されない状況を予防する。

長期目標2：入所者と交流し，施設生活を楽しく過ごす。

〔理由〕趣味のレクリエーションで社交性を引き出す。

長期目標3：安心して在宅生活ができるようになる。

> これらを明記することでケアチームの役割が明確になる。

〔理由〕3カ月間後に在宅生活への復帰を目指し，**夫との面会，自宅への外出とお試し外泊，住環境の整備**を盛り込む。

■ サービス担当者会議の要点 第５表

利用者名　H　殿　　施設サービス計画作成者（担当者）氏名　K. K

開催日：平成○年２月20日　　開催場所：会議室　　開催時間：16：00～16：30　　開催回数：２回目

<table>
<tr><th rowspan="5">会議出席者</th><th>所属（職種）</th><th>氏名</th><th>所属（職種）</th><th>氏名</th><th>所属（職種）</th><th>氏名</th></tr>
<tr><td>医師</td><td>I. H</td><td>看護師</td><td>A. M</td><td>施設介護支援専門員</td><td>K. K</td></tr>
<tr><td>支援相談員</td><td>H. A</td><td>理学療法士</td><td>T. P</td><td>家族（夫）</td><td>A</td></tr>
<tr><td>介護員</td><td>M. M</td><td>作業療法士</td><td>T. O</td><td>本人(途中から出席)</td><td>H</td></tr>
<tr><td></td><td></td><td></td><td></td><td></td><td></td></tr>
<tr><th>検討した項目</th><td colspan="6">①入所後３週間の施設での暮らしぶりの情報の共有
②ケアプランの提案（・３カ月後の在宅復帰に向けて，どのレベルを目指すか　・在宅復帰を目指した住環境の整備について）</td></tr>
<tr><th>検討内容</th><td colspan="6">①入所後３週間の施設での暮らしぶり
施設介護支援専門員：認知症のため，トイレの場所も覚えられず。昼夜逆転がある。
理学療法士：寝返りや起き上がり，移乗は何かにつかまれば可能。円背のため転倒のリスクがある。尿意はない様子。
介護員：他の利用者のベッドにもぐりこむ，衣類などを勝手に持っていくなどの行動がある。食事は意欲的でよく食べている。
②ケアプランの提案
・３カ月後の在宅復帰に向けて，どのレベルを目指すか
介護員：更衣，入浴，洗面，整容などは声かけと見守りがあればできている。体力もあり，食欲も旺盛。現状の維持を努めたい。
理学療法士：円背による転倒やつまずきが心配。足腰の機能訓練をし，シルバーカーを使えるようにしたい。
・在宅復帰を目指した住環境の整備について
理学療法士：外泊時に一緒に訪問し，手すりや段差などを確認し，機能訓練に取り入れたい。
看護師：認知症状があるので，退所後の自宅での服薬管理ができる環境づくりを考えたい。</td></tr>
<tr><th>結論</th><td colspan="6">②ケアプランの提案
・現状のADLの維持。特に，声かけや見守りがあれば可能なIADLの領域（裁縫，簡単な掃除など）を増やす。
・ADLの維持ができる住環境整備（住宅改修と模様替え）のために入所２カ月目に自宅訪問し，検討を始める。</td></tr>
<tr><th>残された課題
（次回の開催時期）</th><td colspan="6">お試し外泊や外出練習を行い，自宅での生活の課題を確認する。また，夫の体調の回復を待って，介護の仕方や認知症の人とのコミュニケーションの取り方などの指導を行う。居宅介護支援専門員と連携し，在宅復帰後のサービスについて検討する。</td></tr>
</table>

■施設サービス計画書（1） 第１表

利用者名　H　殿　　生年月日　昭和○年○月○日　　　作成年月日　平成○年２月20日

住所　　　　初回・紹介・（継続）　　（認定済）・申請中

施設サービス計画作成者氏名および職種　K．K（介護支援専門員）

施設サービス計画作成介護保険施設および所在地　介護老人保健施設○○○○　○○県○○市

施設サービス計画作成（変更）日　平成○年２月20日　　初回施設サービス計画作成日　平成○年２月３日

認定日　平成○年12月22日　　認定の有効期間　平成○年11月１日～　平成○年10月31日

要介護状態区分	要介護１　・　要介護２　・　（要介護３）　・　要介護４　・　要介護５
利用者および家族の生活に対する意向	本人：やっぱり家でゆっくり暮らすのがいい。主人と一緒に，温泉旅行に出かけ，おいしいものを食べたい。知らない人ばかりで不安ですが，皆さんと仲良くしたいと思います。 家族（夫）：自分は，病気で手術をしなくてはいけないので，自宅で妻を介護することはできません。しかし，自分が退院したら，また自宅で妻を介護していきたいので，今の状態を維持してもらいたい。近所や親戚とは，これからも付き合っていきたいし，旅行やデパートでの買い物，観劇に２人で出かけたりして，まだまだ妻とは人生を楽しみたいと思っています。
介護認定審査会の意見およびサービスの種類の指定	なし。
総合的な援助の方針	ご主人の退院までの３カ月間を期間とし，現状の心身のレベルの維持と生活動作の維持を目標に支援をします。 施設生活ではレクリエーションに参加し，貼り絵や裁縫など家事動作や生活動作の改善につながる生活リハビリを取り入れた機能訓練を行います。ご本人の好みや体調にも配慮し，他の利用者の方々とコミュニケーションがとれるように協力します。 在宅復帰に向けてだけでなく，これまで楽しんでこられた旅行や買い物，観劇などが，再びご夫婦で楽しめるように，機能訓練や失禁コントロール，体調の維持のための服薬管理などができるように支援していきます。 入所２カ月目にはケアチームで自宅を訪問し，住環境に応じたリハビリ計画を立てます。また，住環境整備を含めた助言などを行います。

■ 施設サービス計画書（2） 第２表

利用者名　　H　　殿

生活全般の解決すべき課題（ニーズ）	援助目標 長期目標	（期間）	短期目標	（期間）	援助内容 サービス内容	担当者	頻度	期間
自宅で，再び２人暮らしを再開し，旅行や観劇を楽しむ生活ができるようになる。	身の回りのことが自分でできる。	H○ 2/3 ～ 4/30	身の回りの日常生活動作（更衣，入浴，洗面，化粧，排泄）ができるようになる。	H○ 2/20 ～ 3/31	①更衣，入浴，洗面，化粧は，声かけと見守りにて行う。	介護員・看護師	随時	H○ 2/20 ～ 3/31
					②排泄間隔を確認し，トイレ誘導を行う。排泄時は，声かけと見守りにて行う。	介護員	随時	
					③歩行のための個別リハビリを行う。	理学療法士，作業療法士	火・木	
	施設生活を楽しく過ごすことができる。	H○ 2/3 ～ 4/30	他の利用者との交流や外出ができる。	H○ 2/20 ～ 3/31	①レクリエーションに参加する。	介護員	レクリエーション時	H○ 2/20 ～ 3/31
					②習字，貼り絵，裁縫などの活動に参加する。	介護員，ボランティア（習字，裁縫）	毎日	
					③お芝居が好きな利用者との会話の橋渡しをする。	介護員・看護師 お話しボランティア	随時	
					④外出レクリエーションで化粧品の買い物や外出の機会をつくる。	介護員 家族・○○化粧品店	月１回	
	３カ月後，再び在宅生活送れるようになる。	H○ 2/3 ～ 4/30	在宅復帰に向けた準備を行う。	H○ 2/20 ～ 3/31	①夫との面会の機会をつくり，情報提供する。	甥	月１回以上 月１回程度	H○ 2/20 ～ 3/31
					②介護員が甥と自宅へのお試し外出・お試し外泊に同行し，自宅での介護方法をアセスメントする。	甥，弟（78歳） 介護員		
					③住宅環境を確認し，住宅改修と家具などの配置替えを行う。	介護員・看護師，理学療法士，作業療法士，支援相談員	２カ月後	
					④居宅介護支援専門員との連携を図る。	介護支援専門員，支援相談員	２カ月後	
					⑤夫に認知症ケアの指導をする。	認定認知症トレーナー	２カ月後	
					⑥介護相談で，在宅復帰への不安を解消する。	支援相談員，介護員・看護師	２カ月後	

■ 施設介護経過 第7表

利用者名　H　殿　　施設サービス計画作成者氏名　K．K

年月日	内容
H○.2/3	緊急入所。初めての環境で落ち着かない様子。夫の名前を呼び，自宅へ帰ろうとする。
2/4	昼間は落ち着いているが，夜間帯に徘徊あり。夜間巡視でベッドからいなくなっているのを発見。別の部屋の人のベッドで寝ている。声かけをして自室に誘導する。
2/6	同室の利用者から，「自分の○○がなくなった」と訴えがあり。捜すとHさんが持っていったことが分かる。
2/8	午前中，食後にトイレの場所が分からず失禁している。声かけし，トイレ誘導を行うこととする。
2/12	初めて貼り絵と裁縫を行う。仕立て屋だったので裁縫はぞうきんを縫ってもらう。とてもうまく，すぐに完成する。
2/13	トイレ誘導の声かけをしてきたが，失禁していることが多いため，布パンツからリハビリパンツに変更する。本人の抵抗はない。
2/17	レクリエーションに参加し，他の入所者と楽しく会話している。
2/20	サービス担当者会議（別紙）
2/25	外出レクリエーションで，初めて外で食事をする。夫から「よく寿司屋に行っていた」と聞いていたので，今回は回転寿司に行く。珍しいらしく好物のものが流れてくると，自ら手を伸ばして取ろうとする。「○○が食べたい」など発語も多く，とても楽しそうにしていた。
3/5	方言が似ているためかTさんと会話することが多いようで，楽しそうに話をしていた。
3/10	他の入所者の部屋に入り，持ち物を勝手に持っていってしまったと，トラブルになる。介護員がゆっくりと説明し，納得してもらう。
3/15	フロア内で転倒。外傷や疼痛はなく，様子観察とする。
	外出レクリエーションで，喫茶店に行く。コーヒーを飲みながら他の入所者と会話を楽しんでいる。
3/20	ミニカンファレンスで，この間の変化について情報共有。周囲に興味を持つくらいの余裕が出てきた。認知症予防として脳トレに取り組んでみたいと作業療法士より提案あり。
3/22	計算問題と漢字問題に取り組む。計算方法が分からず，空白が多い。漢字は，何とか読むことはできるが，書き取りはできていない。５問ほどで疲れが見える。
3/25	夫が退院し，初めての面会。とてもうれしそうに話をしている。
3/29	夫は「元気そうで安心した。自分も体調がいいので早く戻ってきてほしい」と話す。
4/2	夫と一緒に近くのスーパーへ買い物に行く。帰設後，何を買ったのか質問するが，「分からない」との返答。夫は苦笑いを浮かべる。朝食時にひどい歯の痛みを訴え，歯科往診を受ける。義歯調整の必要あり。今後も定期的に往診を受けることになる。
4/5	近くの公園に花見に出かける。まだ二分咲きだったので残念な表情をしていた。
4/7	37℃台の発熱があったので，今日は入浴を中止する。
4/12	自室からの異臭に気づく。自室チェスト内に便失禁で汚れたリハビリパンツを数枚発見する。本人に確認したところ，「知らない。私のものではない」と言う。
4/18	夫の体調も良かったので，今日から１泊２日のお試し外泊を実施。夫に認知症ケアの方法，会話のやり取りのコツを介護員より伝える。
4/19	外泊より帰設。自宅であることが分からず少し混乱し，トイレの場所を見つけられず失禁あったとのこと。また，夜間はあまり眠れなかった，教えてもらった会話のやり取りは役に立ったと夫から報告を受ける。
4/20	３回目の外食レクリエーションはレストラン。ハンバーグ定食を食べる。
4/23	２日後に退所が決定。
4/25	夫と共に退所となる。

編注）事例提供施設の記録スタイルを基に本事例において特徴的な部分を抽出した記録であり，記録のすべてではありません。

■ モニタリング総括表

利用者名　H　殿　　　　評価日：平成○年３月20日

課題	短期目標 （H○年２月～ H○年３月）	目標の達成度 ○：達成 △：一部達成されず ×：達成されず		サービスの実施状況 ○：提供できた △：一部提供できた ×：提供できなかった		サービスの満足度 ○：満足 △：一部満足 ×：不満 ××：不明		身体的変化／心理的変化／暮らしの変化 ◎：向上　○：維持 ×：低下		今後の対応および新しい生活課題
自宅で，再び２人暮らしを再開し，旅行や観劇を楽しむ生活ができるようになる。	身の回りの日常生活動作（更衣，入浴，洗面，化粧，排泄）ができるようになる。	○	日常生活動作は，声かけと見守りでほぼ維持されている。	○	更衣，入浴，洗面は声かけと見守り。 排泄は，排泄間隔を確認し，トイレ誘導。排泄時には声かけと見守り。 個別リハビリでは歩行訓練と脳トレ。	○	施設内で活動的な生活が送ることができた。	○	歩行能力は維持しているが，前のめりに歩くため不安定である。 入所当初は混乱があったが，３週目以降はすっかり落ち着いた。	今後は歩行補助具（シルバーカーなど）の使用を検討する。 通所リハビリで使えるように訓練することが必要である。
	他の利用者との交流や外出ができる。	○	他の利用者との交流や，外出・レクリエーションができた。	○	レクリエーションに参加。習字，貼り絵，裁縫などの活動に参加。 他利用者との会話の橋渡し。 買い物や外出。	○	利用者同士の会話や喫茶店への外出，宝塚歌劇での話題などを楽しむことができた。	◎	さまざまな活動に参加し，意欲が出ている。他の利用者とも積極的に会話をしている。 ただ，他人の物と自分の物との区別ができない時がある。	元々は明るい性格で，何かに取り組む意欲が戻りつつある。外出の機会をつくり，刺激のある生活にすることが重要である。
	在宅復帰に向けた準備を行う。	△	夫の体調を見ながらの実施のため，準備が遅れたが，お試し外泊もでき３カ月で退所することが決まる。	△	夫との面会。夫との外出・外泊ができる。 居宅の介護支援専門員と連携する。 外泊の際に，同行した介護員が夫に介護指導と認知症ケアの指導を行う。 住宅改修と家具の配置替えのアドバイスもする。	○	家族の面会があったり，一緒に自宅で過ごしたりして，うれしそうである。 在宅復帰への意識を高めることができた。	○	外泊日数を増やし，在宅復帰を目指してリハビリや活動に意欲的になることができた。本人は自宅に居ることが分からず，混乱するようで，夜間眠れないことがあった。	今後予想される在宅生活での問題を挙げ，夫への介護指導を継続する。住宅の評価訪問を実施し，退所までに間に合わなかった住宅改修の必要性について今後も検討していく。

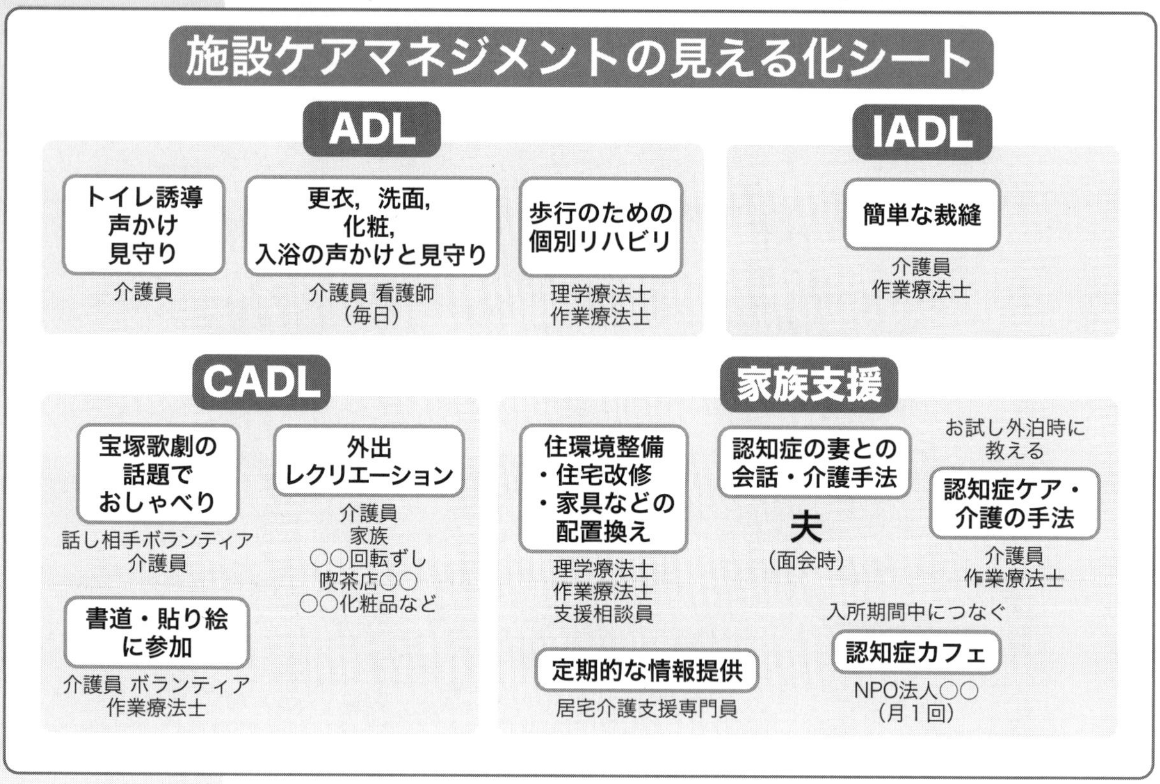

1．施設ケアの評価と助言

評価１：入所当初は混乱が見られたが，更衣，入浴，排泄は声かけと見守りで維持することができた。

〔**助言**〕歩行能力は維持できているが，前のめりに歩く姿勢は改善されていないため，不安定さへのサポートが必要である。

評価２：入所者との会話の輪に入ることができた。レクリエーションでは，書道や裁縫などの活動に参加できた。

〔**助言**〕紳士服店では仕立ても行っていたので，**簡単な裁縫**をリハビリテーションプログラムに位置づけたのがよかった。

評価３：夫が約２カ月で退院でき，１カ月間は在宅復帰の取り組みができた。お試し外泊，夫との外出，夫への認知症ケアへの指導など計画的に行えている。

〔**助言**〕在宅でのケアに引き継ぐために，居宅介護支援専門員への情報提供がポイントとなる。

2．地域包括ケアシステムにおける施設が果たす役割の提案

高齢の夫には，施設で開発したかかわり方の実践的なノウハウを教えることが重要。

・前立腺がん患者の夫の健康の維持と**認知症介護のノウハウ習得**が夫による介護を継続するポイントとなる。医療職と介護職が連携し，きめの細かい支援することが必要である。

・近所の人たちによる見守りなど，地域が支える仕組みづくりを提案する。

事例9

レビー小体型認知症の症状があっても，本人のCADLを引き出し，家族と同居できる関係づくりを目指す

老健・特養
91歳・女性
要介護度　**要介護3**
認知症自立度　**Ⅲa**
自立度　**A**

既往歴

- 左大腿骨頸部骨折（89歳）：転倒。その後，左股関節および左前胸部に痛みを訴える。大腿骨頸部骨折が認められ，手術を施行。
- 高血圧症
- 気管支喘息：喘息発作はほとんどないが，近くの診療所に通院中。

現病歴

- レビー小体型認知症（91歳）：87歳の時に診断を受け，治療を開始。

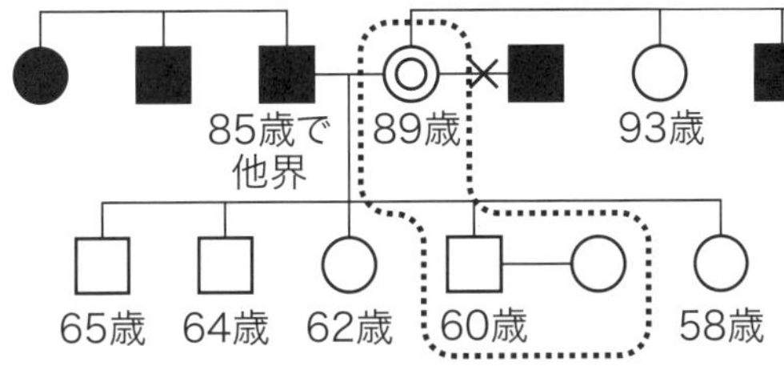

1．入所前サービスなどからの情報および入所に至った経緯

- 86歳ごろから歩行が不安定になり，睡眠障害も現れ，「子どもが走り回っている」などの幻視が見られるようになる。
- 三男の強い勧めで精神科を受診。4年前の1月，レビー小体型認知症（びまん性レビー小体病）と診断され，治療を開始し，現在も治療中。
- 介護保険を申請し，要介護3と認定される。サービスは利用拒否。
- 89歳の時に自宅玄関で転倒し，左大腿骨頸部を骨折。手術後1カ月間入院。リハビリテーションを行った後に退院する。
- 退院後は，10kmほど離れた三男（60歳）の家に同居する。
- 環境が変わったことで，家に引きこもることが増える。
- 認知症状が進行し，幻視で夜中に起きる。**「おかずに毒が入っている」**と，三男の妻への被害妄想や幻聴も出現する。
- 週3回通所介護を利用していたが，送迎時に激しく抵抗し拒否が続いた。

被毒妄想も被害妄想の一種である。

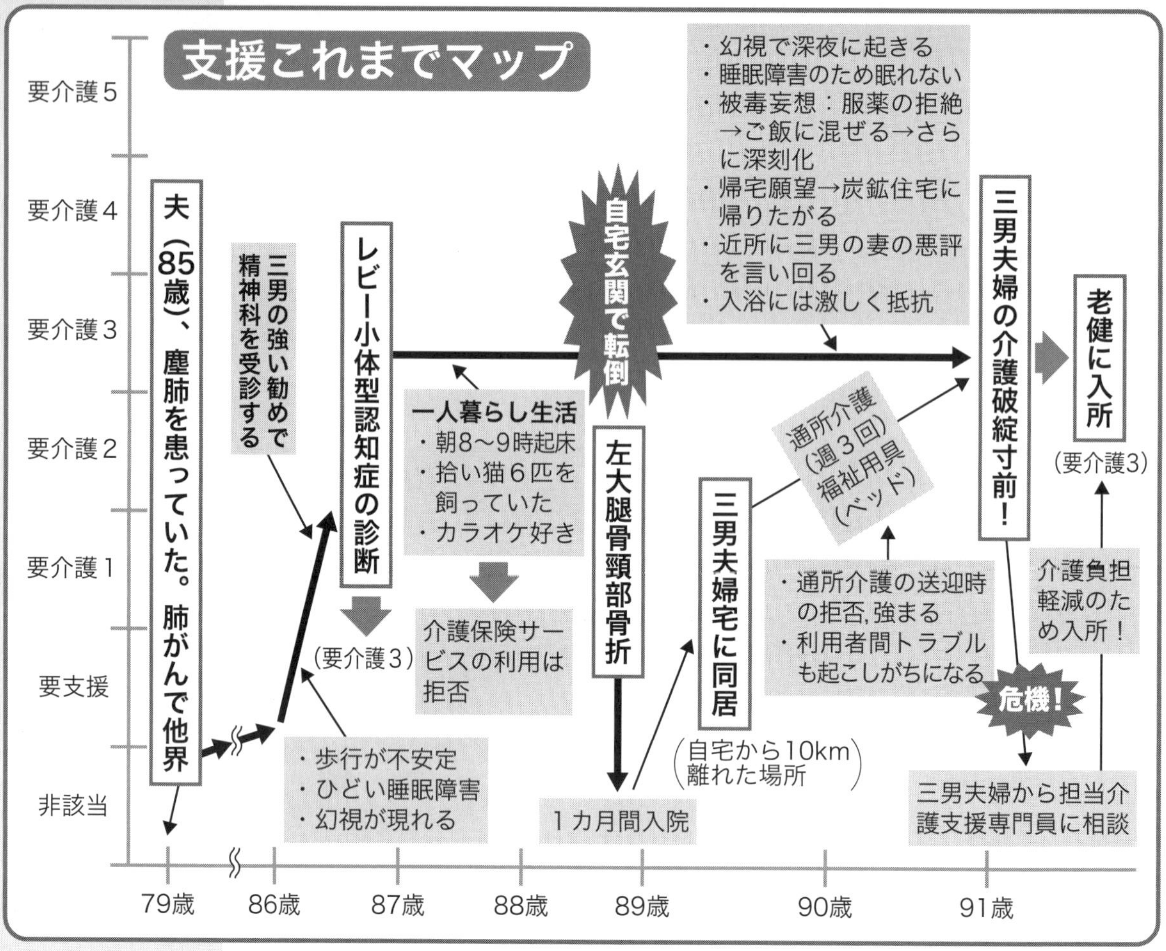

・通所介護では，他の利用者とのトラブルが増えた。

・三男夫婦の生活が破綻寸前となり，３カ月後，介護老人保健施設に入所することとなる。

２．初回面接からの主な情報

・「幻聴と幻視，被害妄想が原因で，とてもひどい言葉を投げつけられ，精神的にも介護をする気がなくなる」と三男が語る。

家族なりの工夫だが，ご飯の中に錠剤を見つけたことで被毒妄想になった可能性がある。

・**被毒妄想**により高血圧と喘息の服薬を拒絶する。そのため，**内服薬は食事に混ぜることが多かった。**

・「あんたたちには聞こえねのか！　助けてって言ってる！」「いっちょん分からん！」と怒って歩き回ることがある。

・炭鉱住宅に帰る（「家に帰りたか」）と帰宅願望を訴える。

本人にとって「三男の妻」がどのように映っているかに着目することがポイントとなる。

・近所の知人に向かって**「嫁が私の悪口を言っている。何てひどい女だ」**と大声を出し，なだめようとする三男の妻に暴力をふるう。

・時には，穏やかな口調で昔話をすることもある。

・風呂に入れようとすると，激しく抵抗する。

・歩行は，やや不安定ではあるが，見守りで可能である。

3．入所前の生活歴および生活習慣

生活歴

・福岡県の炭鉱の町で，４人きょうだいの長女として生まれる。

・性格は，地味でおとなしいが頑固。曲がったことが嫌い。

・10歳の時に父親が落盤事故で右足を切断し，障がい者となる。**家は貧しく**，小学校卒業後は炭坑の食堂の賄い婦となる。

> 生い立ちは人柄に影響する。苦労は芯の強い性格を生む。

・20歳の時に炭鉱夫（26歳）と結婚し，１男をもうけるが，２歳で病死。23歳の時に夫が結核で他界した後は，再び食堂で働く。

・２年後の25歳で６歳年上の炭鉱夫と**再婚**。３男２女をもうける。

> 戦後の混乱期は，生活や子育てのために再婚することは当たり前だった。

・夫は，50代から塵肺で入退院を繰り返し，85歳で肺がんにて他界する。

生活習慣

・夫がいるころは朝５時に起きていたが，**他界後は８～９時に起きている**。

> 夫の生前とその後では生活習慣がガラリを変わることはよくある。

・夫の月命日（毎月○日）には決まって墓参り（徒歩20分）をしていた。

・近所付き合いは良く，おかずをおすそ分けするのが好き。

・町内会の集まりにも夫とよく出席していた。

・ねこ好き。夫が他界した後は，近所の拾い猫を**６匹飼っている**。

> 猫好きの人は数匹以上を飼うことはよくある。

・味噌汁の具は豆腐を決めている。甘党だが，カレーパンが好物。

・恥ずかしがり屋だが，カラオケでは都はるみの曲を歌う。**「炭坑節」**が流れると体がリズムを取る。沖縄の三線を聴くと落ち着く。

> 本人のこだわりに着目することは文化性を知ることになる。

4．プラン立案のポイント

・レビー小体型認知症による幻聴，被毒妄想，徘徊，帰宅願望，睡眠障害などの症状を軽減することをポイントとして位置づける。

・**心の痛み**へのかかわり方をチームで探る。

> 幻視・幻聴を「心の痛み」ととらえることは重要。

・パーキンソン症状の小刻み歩行や不安定な歩行時の転倒を予防するために，スタッフによる見守りとシルバーカーが使えることを目指す。

5．課題の優先順位

課題１：落ち着いた穏やかな暮らしを楽しく送ることができる。

〔理由〕レビー小体型認知症の幻聴・幻視，被害妄想と睡眠障害が症状を深刻にしている。丁寧なかかわりで症状の軽減を図り，穏やかになれることをチームの一致点とし，次の３つを短期目標とした。

①施設内を転ばずに歩くことができる。

②周辺症状が現れても穏やかさを取り戻せる。

③定期的に好きな趣味や回想法で楽しい時間を過ごす。

■ サービス担当者会議の要点　第５表

利用者名　I　殿　　施設サービス計画作成者（担当者）氏名　T．K

開催日：平成○年５月６日　　開催場所：会議室　　開催時間：13：30～14：00　　開催回数：２回目

<table>
<tr><th rowspan="4">会議出席者</th><th>所属（職種）</th><th>氏名</th><th>所属（職種）</th><th>氏名</th><th>所属（職種）</th><th>氏名</th></tr>
<tr><td>支援相談員</td><td>Y．H</td><td>理学療法士</td><td>Y．K</td><td>家族（三男）</td><td>A</td></tr>
<tr><td>介護員</td><td>Y．K</td><td>施設介護支援専門員</td><td>T．K</td><td></td><td></td></tr>
<tr><td>看護師</td><td>M．I</td><td>管理栄養士</td><td>E．M</td><td></td><td>※本人は出席せず</td></tr>
<tr><th>検討した項目</th><td colspan="6">①入所２週間の施設での暮らしぶり
②ケアプランの提案と検討
・転倒のリスクをどう対応するか
・BPSD症状の緩和をどのようにケアするか</td></tr>
<tr><th>検討内容</th><td colspan="6">①入所２週間の施設での暮らしぶり
施設介護支援専門員：入所時に激しく抵抗される。食事，服薬，入浴共に数日間拒否をする。１週間してようやく落ち着いた。
理学療法士：リハビリは数日は気乗りしないながら参加。レクリエーションにも何とか参加できている。
介護員：入所４日目に，「あんたたちは，私の服を盗っただろ」と物盗られ妄想が現れる。
②ケアプランの提案と検討
・転倒のリスクをどう対応するか
理学療法士：見守りがあれば，シルバーカーを使って移動できる。疼痛はあるものの，良くなりたいことへの意欲はまだあるようで，リハビリへの拒否はない。
・BPSD症状の緩和をどのようにケアするか
介護員：幻聴や妄想からくる発語は多い。どのようなタイミングで多くなるかをアセスメントし対応を考える。
看護師：BPSD症状は個別性があり，入所時よりは症状は治まってきている。本人のパターンを把握し，ケアチームとして一貫したかかわりをすることが大切だ。</td></tr>
<tr><th>結論</th><td colspan="6">①ケアプランの同意（転倒リスクの回避，BPSDへの個別対応等）
②家族との関係づくり：スタッフが認知症の周辺症状の経過についての情報を共有し，家族が希望する本人との良好な関係づくりに配慮したケアを行う。そのため，本人の「これまでの情報」を施設に提供してもらい，ケアにつなげる。</td></tr>
<tr><th>残された課題
（次回の開催時期）</th><td colspan="6">家族（特に三男の妻）への被害妄想の出現が著しい。被害妄想の傾向を引き続き観察する。家族の精神的なケアも図る。</td></tr>
</table>

■ 施設サービス計画書（1） 第１表

利用者名　Ｉ　殿　　生年月日　大正○年○月○日　　　　作成年月日　平成○年５月６日

住所　　　　　　　　　　　　　　　　初回・紹介・継続　　認定済・申請中

施設サービス計画作成者氏名および職種　Ｔ．Ｋ（介護支援専門員）

施設サービス計画作成介護保険施設および所在地　老人保健施設○○○○　○○県○○市

施設サービス計画作成（変更）日　平成○年５月６日　　初回施設サービス計画作成日　平成○年４月25日

認定日　平成○年３月26日　　認定の有効期間　平成○年４月１日～　平成○年３月31日

要介護状態区分	要介護１　・　要介護２　・　要介護３　・　要介護４　・　要介護５
利用者および家族の生活に対する意向	本人：目が見づらく，足の付け根が痛いので，歩いていて転ぶのが怖い。みんなが私を馬鹿にしているようで腹が立ち，悲しい気分になります。 家族（三男）：玄関で転んで骨折したことがあり，転倒しそうになることが多いので，けがが心配です。自分で歩こうとする気持ちはあるので，何とか見守りで歩かせてやってもらいたい。何を言いたいのか分からない時もあるが，元々話し好きな人で，炭鉱の話題になると止まらなくなるくらいです。体調が良い時は話し相手になってください。体調が悪い時は攻撃的で，言葉も荒っぽく付き合いづらい。母なりに楽しく生活ができるように，最低限の声かけをお願いします。週に１回は面会に来たいと思っています。いずれまた同居をしたいと思っていますが，正直今は自信がありません。
介護認定審査会の意見およびサービスの種類の指定	なし。
総合的な援助の方針	転倒して骨折したことで，歩行に不安を抱えていますので，安心して施設内を歩行できるように見守りとリハビリを行います。昼夜逆転の傾向もあるので，昼間はレクリエーションなどに参加し，睡眠障害をコントロールし，夜はぐっすりと眠れるように支援します。幻聴などの認知症の症状が現れた時には，安心できる環境を提供し，スタッフが丁寧に傾聴し，本人が落ち着いた気持ちになれるように支援します。また，症状の現れ方を把握するために，24時間のスケールで排泄パターンや行動パターンを把握します。

■ 施設サービス計画書（2） 第２表

利用者名　I　殿

生活全般の解決すべき課題（ニーズ）	援助目標：長期目標	（期間）	短期目標	（期間）	援助内容：サービス内容	担当者	頻度	期間
落ち着いた穏やかな暮らしを楽しく送ることできる。	ふらつくことなく歩行できるようになる。	H○ 5/6 ～ H○ 3/31	施設内を転ばずに歩くことができる。	H○ 5/6 ～ 7/31	①１日の中で身体状況が大きく変動することを念頭に置き，リハビリを行う。前日の睡眠状態を事前に把握する。	理学療法士 介護員	毎日	H○ 5/6 ～ 7/31
					②下肢の筋力低下を予防するため，筋力維持の足腰体操を実施する。	理学療法士	１日１回	
					③シルバーカーを使っての歩行時に邪魔にならないよう，廊下や居室の環境整備を徹底する。	介護員 看護師	随時	
	毎日が苦痛にならないよう穏やかな生活が送れる。	H○ 5/6 ～ H○ 3/31	周辺症状が現れても，穏やかさを取り戻すことができる。	H○ 5/6 ～ 7/31	①幻聴・幻視に対しては傾聴し，受容的にじっくりとかかわる。	介護員 看護師 理学療法士	随時	H○ 5/6 ～ 7/31
					②リハビリや個別のかかわりによってなじみの関係をつくる。	介護員 看護師 理学療法士	随時	
					③拒否が強い入浴などに関しては，時間をおいてかかわるなど，本人のペースに合わせた声かけをする。	介護員 看護師 理学療法士	週３回	
	他の入所者と楽しい時間を多く持つことができる。	H○ 5/6 ～ H○ 3/31	定期的に好きな趣味や回想法で，楽しい時間を過ごす。	H○ 5/6 ～ 7/31	①日内変動による症状の変化を考慮しながら，活動的に過ごせるように働きかける。	介護員 看護師 理学療法士	随時	H○ 5/6 ～ 7/31
					②塗り絵や書道，昔の遊び道具を使ったレクリエーションなど，本人の趣味を尊重した活動を行う。	介護員 ボランティア（塗り絵，書道，紙芝居）	週２回	
					③炭鉱にまつわる仕事道具を使った回想法を行う。	○○市郷土史料館ボランティア	隔週	

■ 施設介護経過　第７表

利用者名　Ｉ　殿　　　施設サービス計画作成者氏名　Ｔ．Ｋ

年月日	内容
H○. 4/25	家族と共に入所する。混乱している様子で，入所に強く抵抗する。家族への説明時も同席することなく，落ち着かない様子でフロアーを歩き回っている。
	夕食，服薬とも拒否。「子どもの声があんたたちには聞こえないの？」と何度も訴える。消灯後もなかなか寝つけない様子だった。
4/26	居室から出ることを拒否。日中はベッドで臥床して過ごす。
4/27	入浴拒否。「あんたたちが，私の服を盗っていくだね」と物盗られ妄想が見られる。食事は３食ともわずかだが食べる。夜間徘徊あり。
4/28	日中，居室で過ごす。昨夜は夜間排徊があったためか，一日中眠そうな様子。
4/29	４日目から下肢のリハビリに参加。リハビリスタッフに子どもの声の幻聴を訴える。施設のレクリエーション（カラオケ）は落ち着いて見学している。
5/1	トイレで転倒しているのを介護員が発見。声をかけると，意識レベルの低下はないが，膝の部分に腫れあり。レントゲンでは骨折なし。
5/2	下肢の痛みの訴えあり。一日中居室で過ごす。夜間の排徊あり。
5/6	サービス担当者会議（別紙）
5/9	集団リハは拒否するので，居室でリハビリを実施。昔の遊び道具（紙風船）を介してスタッフと会話。表情は穏やかでいつもと様子が違う。20分ほど楽しそうに紙風船で遊ぶ。
5/13	服薬を拒否するが，食事に混ぜ，全量摂取する。体調は落ち着く。
5/14	朝から機嫌良くスタッフとあいさつを交わす。幻聴や妄想などの認知症の周辺症状は出現せず，穏やかに１日を過ごす。
5/15	スタッフの入浴への声かけが気に入らなかったらしく，入浴を強く拒否する（入浴せず）。
5/17	夕食の時間になっても居室にいて夕食を食べようとしない。「赤ちゃんの声がする。助けてって言ってるから行かないと」と幻聴を訴える。
5/20	昼食後，「あんたが服を盗ったんでしょう」と隣室のおとなしい利用者とトラブル。スタッフが介入してからも，訴えは２時間ほど続いていた。
5/21	朝から拒食。子どもの幻聴を訴え，食事を拒否している。30分後，自ら食堂に着席し，食事を始める。昼食と夕食は食べる。
5/26	リハビリにて施設の外の花壇の周囲を散歩する。朝から機嫌良く過ごしており，帰宅願望は見られない。歩行はやや不安定。
6/1	歩行時，ふらつきあり。スタッフが声をかけると，「大丈夫，ありがとう」と表情は穏やか。
6/7	リハビリにて他の入所者と共に紙風船作りや色塗りに取り組んでいる。１時間ほど集中して行うことができるようになる。
	昼間，活発に動いていたので，夜間はしっかり入眠している。
6/10	入浴拒否あり。入浴後，物盗られ妄想が見られる。着替えの時に自分の服がどれだか分からないため，このような行動になるようだ。
6/11	楽しそうに食事を取り，服薬の拒否もなく，落ち着いて過ごしている。
6/13	三男夫婦の面会あり。面会時，三男の妻に対して「殴られる。怖い」と被害妄想が出現する。
	家族が帰ってからも興奮しており，被害的発言が多く聞かれる。
6/19	「風呂が怖い」と言って，入浴拒否（入浴せず）。
6/21	入眠傾向強く，居室で過ごす。
6/25	一日中機嫌良く，リハビリに参加する。

編注）事例提供施設の記録スタイルを基に本事例において特徴的な部分を抽出した記録であり，記録のすべてではありません。

■モニタリング総括表

利用者名　I　殿　　　　評価日：平成○年６月26日

課題	短期目標 （H○年５月～ H○年７月）	目標の達成度 ○：達成 △：一部達成されず ×：達成されず		サービスの実施状況 ○：提供できた △：一部提供できた ×：提供できなかった		サービスの満足度 ○：満足 △：一部満足 ×：不満 ××：不明		身体的変化／心理的変化／暮らしの変化 ◎：向上　○：維持 ×：低下		今後の対応および新しい生活課題
落ち着いた穏やかな暮らしを楽しく送ることできる。	施設内を転ばずに歩くことができる。	○	日内変動はあるものの,リハビリへの拒否はなくなった。	○	ゲームや散歩なども活用し，楽しくリハビリができたと思う。歩行環境の整備を実施。	○	楽しくリハビリに参加できた。上手に歩けていると褒めると，うれしそうな表情になる。	○	自発性は低いが，ゲームに参加している時は機嫌が良い。 居室で過ごすことが減った。	今後も継続。 リハビリ時には多職種からの声かけを行い，メンタル面のアプローチも重視するようかかわる。
	周辺症状が現れても，穏やかさを取り戻すことができる。	△	症状がひどくならずに，落ち着くことが多くなったが，家族の面会時は再び出現した。	○	幻視や妄想がある時には，本人の訴えを傾聴するように心がけた。	○	幻視や妄想が減り，しっかり傾聴すると落ち着くようになる。	○	症状は見られたが，治まることが多くなった。 他の入所者とのトラブルも当初の１カ月より減った。	今後も継続して行う。 家族に対して被害妄想が出現しており，今後の面会時には，介護員が同席する必要がある。
	定期的に好きな趣味や回想法で，楽しい時間を過ごす。	○	子育ての苦労や小学校で習った昔話，やりたかった趣味のことを話す時が一番表情が良く，穏やかだった。	○	昔の遊び道具（お手玉）や塗り絵，紙芝居を使ってボランティアがレクリエーションを行ったところ，他の入所者とも遊ぶことができた。	○	表情は穏やかで，楽しそうに過ごすことができた。	◎	楽しんでいる時には，穏やかに「ありがとう」などという言葉が聞かれた。 他の入所者とも仲良く趣味活動に参加できるようになる。	・今後も継続して行う。 ・本人のなじみの物を介してコミュニケーションを増やし，「安心できる関係」を築くことができるように丁寧にかかわる。 ・自宅でも楽しめるように家族にも教えていく。

施設ケアマネジメント見える化シート

ADL

- **体調把握と睡眠把握**　介護員　理学療法士（毎日）
- **廊下・居室の環境整備**　介護員　看護師（随時）
- **幻聴・幻視に受容的に対応**　看護師　介護員（毎日）
- **入浴時の声かけ**　介護員 看護師　理学療法士（随時）
- **シルバーカーの練習**　理学療法士　介護員（週３回）
- **筋力維持の足腰体操**　理学療法士（１日１回）

CADL

- **なじみの関係づくり**　介護員 看護師　理学療法士
- **塗り絵のレクリエーション**　塗り絵ボランティア（週１回）
- **書道クラブへの協力**　書道ボランティア（週１回）
- **紙芝居のレクリエーション**　紙芝居ボランティア（随時）
- **回想法で炭鉱時代の会話**　郷土資料館ボランティア（隔週）

家族支援

- **介護方法の習得（食事，排泄，入浴，移動）**　介護員　理学療法士　看護師
- **認知症ケアの理解と習得（体調管理，やりとりなど）**　施設介護支援専門員　介護員 看護師　認知症トレーナー
- **認知症グループホーム体験**　グループホーム○○の園
- **三男夫婦への在宅ケア支援**　施設介護支援専門員
- **認知症家族の会につなぐ**　認知症トレーナー

1．施設ケアの評価と助言

評価１：リハビリテーションは拒否せず，参加できるようになる。ふらつきもなくなり，歩行できるようになった。

〔助言〕上手に歩けていることを多職種があらゆる機会で褒めることが本人の自信になり，気持ちを前向きにさせる。

評価２：感情の日内変動がある。幻視や幻聴がある時は傾聴することで軽減し，他の入所者とのトラブルを減らせた。

〔助言〕家族（三男の妻）への被害妄想は，面会時に同席してその原因を把握し，**軽減するための対応策を検討**する。

> 在宅復帰と同居の再開のためには，三男の妻への被害妄想を解決することが必要。

評価３：本人のCADL（楽しみ：お手玉，塗り絵）を聴き取り，紙芝居や回想法もレクリエーションに取り入れ，積極性を引き出せた。

〔助言〕手続き記憶に着目して**なじみのものを聴き取り**，回想法に生かすとよい。スタッフとのコミュニケーションをさらに広げる。

> 本人の楽しみケアから回想法の試みが次のテーマと位置づけられている。

2．地域包括ケアシステムにおける施設が果たす役割の提案

- **炭鉱の歴史に詳しい郷土資料館**からスタッフに炭鉱住宅での生活を教えてもらう。
- ２カ月間の施設ケアの成果を**退所時カンファレンス**に参加をしてもらった在宅のケアチームに伝える。
- グループホームのボランティアを家族に体験してもらう。

> 回想法を行うケア職が基本的な知識を学ぶ機会は重要。

> ケアの連続性のためには大切。

参考文献

1）白澤政和：生活支援のための施設ケアプラン，中央法規出版，2003.

2）施設ケアプラン研究会編：生活施設のケアプラン実践～施設ケアマネジャーの役割と可能性～，中央法規出版，2005.

3）施設ケアプラン研究会編：生活施設のケアプラン実践～事例編～，中央法規出版，2009.

4）東京都介護支援専門員研究協議会編：ケアプラン事例集，財団法人東京都福祉保健財団，2008.

5）千葉県介護支援専門員協議会編：介護支援専門員のためのケアプラン作成事例集，中央法規出版，2008.

6）ケアマネジメント原則実践研究委員会編：四訂 居宅サービス計画書作成の手引き～第２版～，財団法人長寿社会開発センター，2010.

7）諏訪さゆり：認知症ケア研修ブック，全国社会福祉協議会，2009.

8）野中猛監修・執筆：支援困難ケアマネジメント事例集，日総研出版，2009.

9）ケアプラン点検支援マニュアル活用の手引編集委員会編：介護保険ケアプラン点検支援マニュアル活用の手引，中央法規出版，2008.

10）高室成幸：新・ケアマネジメントの仕事術，中央法規出版，2015.

11）NPO法人神奈川県介護支援専門員協会：三訂 オリジナル様式から考えるケアマネジメント実践マニュアル 施設編，中央法規出版，2015.

12）福富昌城編著：利用者の思いを映すケアプラン事例集，中央法規出版，2011.

13）遠藤織枝，三枝令子編著：やさしく言いかえよう介護のことば，三省堂，2015.

監修・執筆

高室成幸《たかむろしげゆき》

ケアタウン総合研究所 代表

日本福祉大学社会福祉学部卒業。「分かりやすく元気が湧いてくる講師」として全国のケアマネジャー，社会福祉協議会，地域包括支援センター，施設リーダーの研修で活躍。その指導方法には定評がある。主なテーマは，ケアマネジメント，施設マネジメント，メンタルマネジメント，権利擁護と虐待予防，地域福祉，ファシリテーションなど。主な著書『新・ケアマネジメントの仕事術』（中央法規出版），『ケアマネジャーの質問力』（中央法規出版），「ケアマネジャーの会議力」（中央法規出版），『ケアマネジャーの仕事力』（日総研出版），『「選ばれる福祉職場」になるための採用面接―複数面接＆実技観察』（メディア・ケアプラス），「ケアマネ・福祉職のためのモチベーションマネジメント」（中央法規出版），「地域ケア会議コーディネートブック」（第一法規出版），「本人を動機づける介護予防ケアプラン作成ガイド」（共著：日総研出版）ほか多数。

日本ケアマネジメント学会会員。日本福祉大学地域ケア研究推進センター 客員研究員。

執筆

奥《おく》田《だ》亜《あ》由《ゆ》子《こ》（主任介護支援専門員・社会福祉士）

日本福祉大学 社会福祉学部 非常勤講師
ふくしの人づくり研究所 所長
日本ケアマネジメント学会理事 認定ケアマネジャー
日本福祉大学大学院 福祉マネジメント学修士

日本福祉大学社会福祉学部卒業後，知的障害者入所施設の生活指導員を経て，在宅介護支援センターでソーシャルワーカーとして勤務，平成11年から介護支援専門員も兼務し，特別養護老人ホームの施設ケアマネジャーと居宅介護支援事業所のケアマネジャーとしても実践を重ねる。介護支援専門員の実務研修・更新研修・主任介護支援専門員研修などの指導者となる。日本ケアマネジメント学会理事，愛知県介護支援専門員協会理事。

また，日本福祉大学と金城学院大学では，社会福祉士養成のためのフィールド実践演習のゼミや社会福祉援助技術論，相談援助演習などを非常勤講師として担当している。

著書は，『ケアマネジメントの実務』（新日本法規出版），『施設ケアプラン記載事例集』（日総研出版），『本人を動機づける介護予防ケアプラン作成ガイド』（日総研出版）などの共著がある。

事例提供施設一覧（五十音順）

■特別養護老人ホーム

特別養護老人ホーム偕生園
特別養護老人ホームさくばらホーム
特別養護老人ホームさわたりの郷
特別養護老人ホーム千寿荘
特別養護老人ホーム平成園

■介護老人保健施設

介護老人保健施設いこいの森
介護老人保健施設小金井あんず苑
介護老人保健施設サン・くすのき
介護老人保健施設菜の花
介護老人保健施設ひもろぎの園

施設ケアプラン記載事例集

2011年６月１日 発行　第１版第１刷
2015年７月23日 発行　　　　第５刷
2017年２月26日 発行　第２版第１刷
2023年８月10日 発行　　　　第５刷

監修・執筆：高室《たかむろ》成幸《しげゆき》　執筆：奥田亜由子《おくだあゆこ》©

企　画：日総研グループ
代　表　岸田良平
発行所：日　総　研　出　版

本部　〒451-0051 名古屋市西区則武新町３－７－15(日総研ビル)　☎ (052)569-5628　FAX (052)561-1218

日総研お客様センター　電話 0120-057671 FAX 0120-052690　名古屋市中村区則武本通１－38 日総研グループ縁ビル 〒453-0017

札幌　☎ (011)272-1821　FAX (011)272-1822
〒060-0001 札幌市中央区北１条西３－２(井門札幌ビル)

仙台　☎ (022)261-7660　FAX (022)261-7661
〒984-0816 仙台市若林区河原町１－５－15－1502

東京　☎ (03)5281-3721　FAX (03)5281-3675
〒101-0062 東京都千代田区神田駿河台２－１－47(廣瀬お茶の水ビル)

名古屋　☎ (052)569-5628　FAX (052)561-1218
〒451-0051 名古屋市西区則武新町３－７－15(日総研ビル)

大阪　☎ (06)6262-3215　FAX (06)6262-3218
〒541-8580 大阪市中央区安土町３－３－９(田村駒ビル)

広島　☎ (082)227-5668　FAX (082)227-1691
〒730-0013 広島市中区八丁堀１－23－215

福岡　☎ (092)414-9311　FAX (092)414-9313
〒812-0011 福岡市博多区博多駅前２－20－15(第７岡部ビル)

編集　☎ (052)569-5665　FAX (052)569-5686
〒451-0051 名古屋市西区則武新町３－７－15(日総研ビル)

・ご意見等はホームページまたはEメールでお寄せください。E-mail：cs@nissoken.com
・訂正等はホームページをご覧ください。www.nissoken.com/sgh